Album
DU VIVARAIS.

ALBUM
DU VIVARAIS

OU

ITINÉRAIRE HISTORIQUE ET DESCRIPTIF
DE CETTE ANCIENNE PROVINCE

PAR M. ALBERT DU BOYS

ORNÉ DE DESSINS REPRÉSENTANT LES POINTS DE VUE ET LES MONUMENTS
LES PLUS REMARQUABLES DU PAYS

Par M. V. Cassien.

GRENOBLE
PRUDHOMME, IMPRIMEUR-LIBRAIRE, ÉDITEUR
RUE LAFAYETTE, 14.

1842.

NOTICE SUR LE VIVARAIS.

INTRODUCTION.

Presque toutes les provinces de France ont eu leurs historiens; cependant le Vivarais est sans annales particulières. Nous n'avons pas la prétention de combler cette lacune d'une manière complète; il faudrait, pour exécuter cet immense travail, marcher sur les traces de ces infatigables bénédictins, qui se plaisaient à compulser les chartes et les vieux actes échappés aux ravages des temps. Ce n'est pas non plus, nous devons le déclarer, pour l'Académie des inscriptions et belles-lettres que nous écrivons, c'est pour les gens du monde. La modeste ambition de l'*Album du Vivarais* est de trouver sa place dans les salons plutôt que dans les cabinets des savants. Il veut pénétrer à la fois dans ces vieux châteaux auxquels se rattachent tant de souvenirs, et dans ces maisons nouvelles, dans ces fabriques élégantes que l'on rencontre çà et là au fond des gorges les plus sauvages, comme auprès des cités populeuses. Pour y obtenir un bienveillant accueil, il se met particulièrement sous la protection d'un sexe qui sait apprécier et cultiver les arts et s'en faire un ornement dans le monde ou une ressource dans la solitude.

Les auteurs de l'*Album* ont donc moins fouillé les procès-verbaux et les archives du moyen âge, qu'ils n'ont été recueillir des traditions aux lieux mêmes où ils ont dessiné des sites... Ils ont peu recherché les manuscrits poudreux; mais ils ont curieusement interrogé les souvenirs locaux, et ils y ont quelquefois trouvé d'intéressantes révélations sur la physionomie particulière du Vivarais dans les siècles passés.

Ils ont cru d'ailleurs devoir prendre part à ce mouvement national et artistique qui semble disputer les derniers monuments d'un autre âge au vandalisme de la *bande noire*, si poétiquement dénoncée à notre siècle par les Victor Hugo et les Montalembert. Si nous ne pouvons pas arrêter le marteau des démolisseurs, dont la spéculation et le faux goût ne cessent d'activer les ravages, au moins fixons sur le papier ce qui reste encore de l'architecture des anciens temps dans notre France moderne, si oublieuse ou si ignorante de ses propres richesses dans ce genre.

Il semble qu'il y ait quelque opportunité à entreprendre un *Album du Vivarais*, quand on fait à ses principaux monuments des restaurations presque aussi barbares que des démolitions.

Notre sollicitude ne s'est pas arrêtée à la reproduction de ce qui existe encore; nous avons cherché à retrouver même ce qui a disparu sous des reconstructions récentes, ou sous de vieilles ruines.

C'est ainsi que nous serons assez heureux pour montrer à nos souscripteurs le temple romain de Désaignes tel qu'il était avant qu'on en fit un temple protestant.

Cependant, malgré la prééminence que nous avons donnée au point de vue artistique sur le point de vue scientifique, nous avons cru nécessaire de jeter un coup d'œil sur l'ensemble du Vivarais avant de décrire ce qu'il a renfermé et ce qu'il renferme encore de plus remarquable. Ce sera le sujet de cette notice que nous diviserons ainsi, 1° géographie, 2° histoire depuis les Gaulois jusqu'au quatorzième siècle, 3° constitution politique, 4° guerres civiles, 5° industrie et ses progrès.

§ 1er.

Position géographique de l'Helvie, du Vivarais et du département de l'Ardèche.

Les plus petites contrées comme les plus grands royaumes ont des limites variables qui se resserrent ou se reculent au gré des révolutions politiques; si l'on examine les cartes de la Gaule ou de l'empire romain, on ne trouvera aucune circonscription qui réponde d'une manière précise à celle du Vivarais.

Dans le midi de cette province exista jadis un petit peuple que César nous fait connaître sous le nom d'Helviens. Le territoire des Helviens était borné à l'orient par le Rhône, au nord et au nord-est par la rivière d'Eyrieu, qui les séparait des Ségalauniens; au nord-ouest et à l'ouest par le sommet des montagnes des Cévennes et de la Lozère, qui leur servait de limites avec les Vellariens et les Gabaliens, deux petites peuplades dépendant des *Arverniens* (1); enfin, au midi, il s'étendait au moins jusqu'à l'Ardèche, dont le cours était situé à peu de distance de la capitale de l'Helvie, *Alba Helviorum*.

Il paraît que la ville de Pradelles, située sur le revers occidental des Cévennes, ne faisait pas d'abord partie de l'Helvie : elle n'y fut réunie que dans la suite par les empereurs romains, dont la politique était de diviser, d'une manière toute nouvelle, le territoire des nations vaincues. On sait que les Gaules, avant la conquête, étaient composées d'une multitude de peuples étrangers les uns aux autres, et réunis seulement par les liens d'une origine commune et d'une confédération peu régulière. Ils gardèrent généralement, au moment de la conquête, leurs anciennes lois et le pouvoir de s'administrer eux-mêmes; mais, comme il était à craindre pour le vainqueur que la continuation des relations journalières entre les citoyens de chacune de ces républiques ne leur rappelât la liberté qu'ils avaient perdue, et ne leur facilitât les moyens de la recouvrer, on fractionna de mille manières diverses les circonscriptions des contrées qu'ils occupaient : chaque peuple fut privé d'une partie de son territoire, et reçut en échange une partie de celui qui appartenait aux peuples voisins; par là, les nationalités particulières se trouvèrent bouleversées et confondues. Les cités gauloises, ne présentant plus de masses compactes et homogènes, ne pouvaient plus agir avec autant de concert pour tâcher de recouvrer leur indépendance; et leur patriotisme local, déconcerté, pour ainsi dire, par des combinaisons nouvelles et forcées, n'avait plus assez de ressort et de vie pour tenter de secouer le joug de la domination étrangère.

Fidèles à cette politique habile, les empereurs romains, lorsqu'ils firent une nouvelle division de la Gaule, réunirent au couchant un nouveau territoire à celui des Helviens (2), qu'ils diminuèrent peut-être du côté du nord et du midi.

---

(1) *Mons Cebenna Arvernos ab Helviis discludit* (Jules Cæs).

(2) Le territoire qu'a compris depuis le haut Vivarais faisait partie de la province viennoise, et l'*Helvie* ou le pays des *Alpiens*, qui fut ensuite le bas Vivarais, appartint à la province narbonnaise.

Cette nouvelle agrégation de citoyens cessa de porter le nom d'Helviens, et prit celui d'Albenses ou Alpienses, du nom de la capitale du pays.

Quand la religion chrétienne s'introduisit dans les Gaules, les circonscriptions ecclésiastiques se réglèrent sur les circonscriptions civiles établies par les Romains. Chaque province eut un métropolitain, et chaque arrondissement de province un évêque. La juridiction de celui qui fut placé dans la ville d'Albe s'étendit sur le territoire dont cette cité était devenue la capitale.

Le haut Vivarais ne fit pas partie du diocèse d'Albe, qui eut l'Eyrieu pour limite du côté du nord. Les communes des Ségalauniens et des Allobroges (1), situées au delà de cette rivière, étaient jointes, dans la nouvelle division ecclésiastique, à l'archevêché de Vienne. Quant au bas Vivarais, plusieurs terres qui en ont dépendu plus tard étaient devenues, dans les douzième et treizième siècles, la propriété des puissants comtes de Valentinois.

S'il faut en croire presque tous les historiens, ce ne fut que longtemps après que la plupart des communes situées sur la rive droite du Rhône furent comprises dans la circonscription administrative du Vivarais. Alors le Vivarais (2) s'étendit le long du cours du Rhône jusqu'à Serrières et Limoux, et forma une espèce de triangle qui allait s'amincissant vers le nord. Au temps où périrent les vieilles institutions de notre monarchie française, la plupart des provinces de France furent fractionnées de mille manières diverses ; mais, par une singularité heureuse pour le Vivarais, cette contrée fut admise à garder, sinon ses anciennes libertés locales, au moins ses anciennes limites. Quand on lui imposa la dénomination nouvelle de *département de l'Ardèche*, on n'ôta au territoire du Vivarais, pour former ce département, que la seigneurie de Pradelles, qui fut remplacée par les Vans, dépendant autrefois du diocèse de Nîmes.

La politique révolutionnaire, semblable en cela à la politique romaine, morcelait et brisait les nationalités provinciales, en créant presque partout de nouvelles unités administratives ; mais il se trouva qu'échappés par

---

(1) Le pays qui est au-dessus du Doux était dans la dépendance des Allobroges (*Annuaire du département de l'Ardèche*, an 11, pag. 47). Voir la carte de Danville. Les Ségalauniens occupaient la plus grande partie du territoire entre le Doux et l'Eyrieu.

(2) Dans cette partie, le Vivarais, et par conséquent le département de l'Ardèche, qui a les mêmes frontières de ce côté, a de 35 à 38 lieues de poste en longueur. D'anciens manuscrits donnent au Vivarais 280 lieues carrées. De nouvelles statistiques donnent au département de l'Ardèche environ 250 lieues carrées.

exception aux exigences de ce système, les habitants de l'Ardèche conservèrent la patrie de leurs aïeux, et que les liens traditionnels de leurs annales ne furent pas rompus par la tempête qui bouleversa le reste de la France.

L'histoire du Vivarais offre donc, même dans l'état social où nous nous trouvons placés, un intérêt que n'auraient pas au même degré beaucoup d'autres histoires de provinces.

§ 2.

De l'histoire du Vivarais depuis les Gaulois et les Romains jusqu'au quatorzième siècle.

Il y a des provinces dont les annales se suffisent pour ainsi dire à elles-mêmes; il y en a d'autres qui n'offrent que des faits isolés dont la soudure, si je puis parler ainsi, ne peut être faite qu'à l'aide de l'histoire générale. Les premiers siècles de l'Helvie et du Vivarais offrent cette difficulté à l'annaliste qui voudrait les reproduire avec détail et en corps d'ouvrage.

Nous voyons les Helviens apparaître pour la première fois dans l'histoire comme clients des Arverniens. Ils firent, en cette qualité, partie de la confédération nationale qui se souleva contre les Romains, sous la conduite du roi ou prince auvergnat Bituit ou Betultich. On sait que cette ligue fut bientôt réprimée, et que les Gaulois qui y étaient entrés furent complètement défaits (1) par Q. Fabius, Maximus et Domitius OEnobarbus, entre le Rhône et l'Isère, près de Tain en Dauphiné.

Plusieurs des peuples qui avaient pris part à cette bataille, et entre autres les Allobroges, furent réduits à un état complet de sujétion.

Cependant il paraît que les Helviens furent reçus à merci par le vainqueur, et, quoique annexés à la province romaine de l'Allobrogie, ils continuèrent à avoir des magistrats de leur nation et de leur choix.

Plus tard, ce peuple fut entraîné par une faction de Romains dans le parti de Sertorius (2). Pompée punit sévèrement les Helviens de ce qu'il appelait leur défection, et confisqua une partie de leur territoire qu'il donna aux Marseillais.

(1) En 640 de la fondation de Rome.
(2) Vers l'an 618 de la fondation de Rome.

Cependant l'Helvie continua d'avoir ses magistrats et ses lois, et de jouir d'une existence indépendante. Valerius Procillus, fils de Cabarus, prince de la cité (1), devint l'hôte et l'ami de Jules César ; ce général romain l'appelait le plus honnête homme de la Gaule : il l'employa comme interprète dans sa conférence avec Divitiac, et comme ambassadeur auprès d'Arioviste. Ce dernier retint Procillus comme espion, le chargea de fers, et déjà faisait faire les apprêts de son supplice quand César vainquit Arioviste, et sauva la vie au jeune Helvien (2).

Lors de la grande ligue que Vercingentorix, prince de l'Arvernie, organisa contre les Romains vers la fin de l'année 704 de la fondation de Rome, l'Helvie fut fidèle à César, et combattit les habitants du Gévaudan et du Velay, qui étaient du parti national.

Les Helviens, en récompense de leur fidélité envers les Romains, reçurent de César et d'Auguste (3) le privilége des Latins (*jus Latinorum*). Ce privilége ne cessa chez eux que pour faire place aux droits de citoyens romains auxquels Caracalla associa tous (4) les hommes libres de l'empire.

La civilisation précoce dont la protection et l'amitié des conquérants avaient favorisé l'introduction dans l'Helvie y prépara de bonne heure les voies à la prédication de l'Evangile. Les premières semences du christianisme y furent jetées avant la fin du deuxième siècle. Saint Andéol fut martyrisé, l'an 190, dans la ville de Gentibes, sur les bords du Rhône. Cette ville fut depuis appelée Bourg-Saint-Andéol ; mais ce ne fut qu'au commencement du quatrième siècle que les progrès de la religion furent assez grands dans l'Helvie pour qu'on pût y établir un évêché. Le siége en fut fixé à Albe, qui en était la ville la plus importante. Vers l'an 300 ou 320, en embrassant solennellement la religion chrétienne, Constantin mit fin aux efforts par lesquels le polythéisme mourant cherchait à arrêter les rapides conquêtes de la croix.

---

(1) *Principem civitatis* (Jules César). Le prince de la cité était le chef principal du pays.

(2) Le général historien dit, à ce sujet, que le salut de son ami ne lui causa pas moins de satisfaction que sa victoire.

(3) Auguste divisa les Gaules en quatre provinces : l'Aquitanique, la Belgique, la Lyonnaise et la Narbonnaise ; l'Helvie fut jointe à cette dernière province dont la circonscription était à peu près la même que celle de la province romaine. Auguste s'attacha, dans cette nouvelle division des Gaules, à mêler toutes les petites peuplades qui y habitaient, et à substituer à leurs anciennes dénominations des noms tirés de leurs principales cités. Ainsi les Helviens s'appelèrent désormais Albenses ou Alpienses, du nom de leur capitale (Alba).

(4) (L'an 212 après J.-C.).

Mais bientôt des ennemis, qui semblaient non moins dangereux pour le christianisme que les derniers empereurs païens, ne tardèrent pas à surgir du fond des contrées hyperboréennes. Les invasions des Barbares dans les Gaules commencèrent pendant le quatrième siècle, et se multiplièrent dans le cours du cinquième. Dans les années 406, 407 et suivantes, Crocus, roi des Vandales, passe le Rhin, prend la ville de Langres, la met à feu et à sang, et fait mourir l'évêque Didier; puis il se transporte en Auvergne, étend ses ravages dans le Gévaudan où l'évêque saint Privat devient la victime de ses fureurs; de là il revient se jeter sur Albe: il la prend, la pille et la détruit de fond en comble.

Viviers, qui existait déjà comme forteresse romaine, devint une ville importante quand le siége épiscopal y fut transféré. L'Helvie finit peu à peu par s'appeler *Vivarais*, du nom de sa capitale chrétienne; ses habitants, pendant les incursions des Barbares qui signalèrent la décadence de l'empire, allèrent souvent chercher un abri sous les fortes murailles de Viviers.

A dater de cette époque, une nuit épaisse s'étend sur l'histoire du Vivarais. Cette province, comme toutes celles de cette partie des Gaules, est successivement ravagée et conquise par les Alains et les Visigoths. Ces derniers, qui régnèrent longtemps dans le Midi (1), fondèrent le long de la rive droite du Rhône une domination assez durable. Suivant quelques auteurs, leurs rois Ulric et Alaric réunirent sous la même administration le bas Vivarais, qui dépendait en partie de Viviers et en partie de Valence, et le haut Vivarais, qui dépendait de Vienne. Mais, après les rois visigoths, vinrent les rois bourguignons, et rien ne prouve qu'ils aient respecté ces divisions administratives, en supposant qu'elles aient existé (2).

Les Sarrasins vinrent aussi détruire par leurs ravages beaucoup de circonscriptions gouvernementales. Ils ont laissé une effrayante renommée dans le Vivarais : leur nom y est plus retentissant que celui des Romains, et l'erreur populaire des villageois de cette contrée attribue encore aujourd'hui aux enfants de Mahomet des traces de monuments antiques, qui remontent évidemment au temps de la domination des empereurs.

Les siècles où l'insuffisance des documents laisse des lacunes dans l'his-

---

(1) Voir l'*Histoire de la Gaule méridionale*, par Fauriel.

(2) Il paraît même au contraire prouvé que, sous les rois de Bourgogne, le haut Vivarais dépendait du comté de Viennois, et le bas Vivarais du comté de Valentinois. (Voir, ci-après, notre article sur Annonay.)

toire sont ceux où l'imagination a le plus beau champ pour créer des systèmes; aussi on a soutenu d'étranges paradoxes sur l'origine de la constitution du Vivarais, qui semble avoir surgi tout à coup du milieu de ce chaos obscur.

On a voulu rattacher cette constitution, où l'élément féodal eut une prépondérance marquée, aux municipalités et aux sénats dont les empereurs romains avaient consacré l'existence. On a cru y voir une république qui se serait formée dans un coin de la France, au milieu des rochers du Vivarais, comme la république de Saint-Marin en Italie.

Si l'on entend par république l'affaiblissement, la presque annulation du pouvoir central par suite des envahissements successifs des grands et des petits vassaux, cette qualification s'appliquerait sans doute au gouvernement du Vivarais; mais il faudrait la donner aussi à presque toutes les autres provinces de France dans les dixième et onzième siècles, et ici il devient nécessaire de rappeler quelques faits historiques.

Sous les faibles successeurs de Charlemagne, époque où les grands officiers de la couronne achevèrent de rendre leurs bénéfices inamovibles et héréditaires, un homme se rencontra, qui, plus hardi et plus ambitieux que les autres seigneurs, aspira à quelque chose de plus élevé, la royauté; par ses intrigues, et peut-être par la promesse d'importantes concessions, il se fit un parti parmi les grands feudataires ecclésiastiques et laïques, et dans un concile tenu à *Mantaille*, non loin de la terre d'Albon, sur la rive gauche du Rhône, en Dauphiné, il se fit proclamer roi de Bourgogne et de Provence sous le nom de Bozon Ier.

Ce souverain, élu par les supériorités sociales de son temps, ne fonda pas une dynastie durable. Son petit-fils, Charles Constantin, fut exclu du trône par un seigneur appelé Hugues, qui se fit contre l'aristocratie locale un appui de l'autorité du roi de France; or, le roi de France était alors Raoul, usurpateur du trône de Charles-le-Simple, comme Hugues l'avait été de celui des descendants de Bozon. Les princes de Gothie ou comtes de Toulouse avaient contesté la légitimité de ce roi, qui devait son élévation à la force et non au droit. Pour se les attacher, Raoul leur donna l'investiture de plusieurs contrées importantes, et entre autres celle du comté du Vivarais (1), qui comprenait tout le bas Vivarais entre l'Eyrieu et l'Ardèche.

---

(1) De 925 à 944, *Histoire du Languedoc*, par dom Vic et dom Vaissette, tom. 11, pag. 79; Manuscrit de M. Challamel; *Annuaire du département de l'Ardèche*, de l'an 10, pag. 88.

Le haut Vivarais continua d'appartenir aux comtes ou dauphins de Viennois, et de dépendre du royaume de Bourgogne et de l'empire.

Les princes de Gothie ou comtes de Toulouse s'empressèrent sans doute de faire valoir l'investiture qui leur était accordée, et de s'attacher les habitants de leur nouveau comté du Vivarais (1) en maintenant leurs priviléges et en leur en conférant de nouveaux. Sans doute, ils laissèrent les bénéficiers de ce pays acquérir des droits héréditaires sur les terres gouvernées par eux; mais en même temps ils protégèrent dans quelques villes, et notamment dans celle de Viviers, de précieux restes des libertés municipales autrefois établies dans les Gaules par les Romains. C'est vraisemblablement vers ce temps là que s'établit à Viviers un usage remarquable : quand un évêque était nommé dans cette ville, et qu'il venait se faire installer, on le faisait descendre de cheval à la porte de l'enceinte de la cathédrale, et on lui faisait jurer, avant qu'il mît le pied sur le seuil de l'église, de maintenir les priviléges de la ville et du chapitre.

Cependant, à côté de la domination des comtes de Toulouse, s'élevait l'autorité rivale et puissante des comtes de Valentinois, qui cherchaient sans cesse à agrandir leurs domaines sur la rive droite du Rhône. Au milieu des conflits qui s'élevèrent entre ces seigneurs, et à la faveur des désordres de ces temps malheureux, les évêques de Viviers parvinrent à se créer une puissance presque indépendante. Ils s'étaient adroitement soustraits à la suzeraineté des successeurs de Bozon; ils ne reconnurent pas non plus, à ce qu'il paraît, la royauté de Raoul, ni, par conséquent, l'investiture des comtes de Toulouse; ils cherchèrent auprès des empereurs, dont l'autorité seule leur paraissait légitime, une sorte de ratification de leur domination puissante. Ainsi l'évêché de Viviers, qui possédait déjà les droits régaliens, c'est-à-dire les pouvoirs administratifs et judiciaires, fut érigé en comté (2) par Conrad II. Ces prélats devinrent ensuite princes de Donzère et seigneurs de plusieurs autres terres considérables, dont ils firent encore hommage à l'empereur, comme étant ses vassaux immédiats. Les grandes croisades entreprises pour la délivrance du tombeau de Jésus-Christ augmentèrent partout l'influence du clergé, et par conséquent celle des évêques de Viviers; aussi voulurent-ils se débarrasser des importunes limites qu'imposaient à leur autorité les franchises de leur ville épiscopale. L'un d'entre

---

(1) Mémoire de M. Challamel, intitulé *Essai sur l'antiquité et les pouvoirs des états du Vivarais*. Le comté du Vivarais ne comprenait pas le haut Vivarais et Annonay.

(2) *Notice sur les vingt-deux diocèses du Languedoc*, par Graverol, avocat et académicien de Nîmes.

eux (1), saint Arcons, le tenta par la force et périt victime d'une émeute populaire.

Pendant que les évêques cherchaient ainsi à étendre au dedans de leur ville leur autorité temporelle, ils remplissaient au dehors un rôle tout semblable.

Il paraît qu'à cette époque il se forma une ligue permanente pour l'indépendance du Vivarais, c'est-à-dire pour l'indépendance de l'aristocratie ecclésiastique et laïque de cette contrée, et naturellement l'évêque de Viviers s'en trouva le chef. Aussi, lors de la croisade contre les Albigeois, Simon de Montfort trouva dans l'évêque, comme dans les barons du Vivarais, de puissants et dévoués auxiliaires contre l'infortuné Raymond II, qui fut dépouillé à leur profit de ses terres et de sa puissance.

La baronnie de l'Argentière, qui avait appartenu aux comtes de Toulouse, fut donnée, après la guerre des Albigeois, à Burnon, évêque de Viviers; le pape Honoré III écrivit lui-même à son légat, le cardinal Conrad, ainsi qu'à plusieurs membres du concile de Montpellier, pour les engager *à empêcher que l'évêque de Viviers ne fût troublé dans la possession de cette terre.*

Enfin, plusieurs années après, en 1235, des lettres patentes de Frédéric II confirmèrent (2) toutes les concessions impériales faites précédemment à l'évêque de Viviers, entre autres les droits de péage sur terre et sur eau, depuis Donzère et le bourg Saint-Andéol jusqu'à la rivière d'Ardèche, *qui formait la limite méridionale de l'empire.*

Mais, pendant que les évêques de Viviers recouraient à l'autorité nominale des empereurs pour se faire confirmer leur puissance temporelle, elle se trouvait menacée de ruine par les rois de France. Raymond VII, qui était parvenu à recouvrer une partie de ses domaines, avait fait à saint Louis, en 1229, la cession des contrées qu'il possédait en deçà du Rhône, à la seule condition que Jeanne, sa fille unique, épousât Alphonse, frère du roi Louis. Alphonse et Jeanne moururent sans enfants; les états du comte de Toulouse, parmi lesquels on croyait avoir le droit de comprendre le Vivarais, se trouvèrent donc réunis à la couronne. Afin de jeter dans cette province les premiers fondements de son pouvoir, saint Louis, qui n'y possédait aucun fief direct, acheta de l'abbé de Mazan la terre de Berg. En

---

(1) Fait communiqué par M. l'abbé Barracan.
(2) *Per Dunzeram et burgum Sancti-Andeoli usque ad flumen Ardechii veteris, quod est limes imperii.* (*Columbi, de rebus gestis episcop. Vivar.*, pag. 126 et 127.)

1271, Philippe-le-Hardi établit dans cette terre un juge royal qui relevait du sénéchal de Beaucaire.

Les évêques de Viviers ne voulurent pas reconnaître d'abord la juridiction de ces magistrats royaux; ils soutinrent que les terres qu'ils avaient en deçà et sur les bords du Rhône étaient allodiales et indépendantes de toute souveraineté. Ils attaquèrent la légitimité d'une cession qui émanait d'un prince dont ils ne reconnaissaient pas les droits, et qui aurait dû, pour avoir quelque valeur à leurs yeux, être confirmée par l'empereur.

Or, ils avaient à faire, en ce temps-là, non plus aux comtes de Toulouse, mais aux rois de France. Tous leurs arguments tirés du droit venaient se briser contre un fait, la puissance d'une grande monarchie qui tendait à l'unité, et qui s'accroissait de jour en jour d'une manière gigantesque: à défaut d'autres armes, ils recoururent à l'excommunication; mais ces armes spirituelles, que le despotisme hautain de Philippe-le-Bel avait émoussées, au commencement du quatorzième siècle, entre les mains de Boniface VIII, avaient perdu leur vieux prestige aux yeux des peuples, et elles ne pouvaient plus servir, pour l'évêque d'un petit diocèse de France, qu'à manifester le dernier effort d'une colère impuissante.

Le 10 juillet 1305, les évêques de Viviers finirent par (1) reconnaître la suprématie royale, et par promettre qu'ils ne mettraient plus dans leurs sceaux les armes de l'empire, mais celles de France. Ce traité fut confirmé par un autre à la date de 1307 ou 1308, et signé par Louis de Poitiers. Enfin, en 1314, l'évêque Bertrand prêta son serment d'allégeance et de fidélité à la couronne de France, entre les mains du chancelier d'Orgemont.

A la même époque, le haut et le bas Vivarais paraissent avoir été réunis sous (2) l'administration d'un *bailli royal d'épée du Vivarais et du Valentinois;* en 1320, ces fonctions furent déférées à Pierre d'Auriac. C'est aussi vers le même temps que s'établit un nouveau siége royal à Boucieu-le-Roi, lequel fut transporté à Annonay dans le seizième siècle (3).

Les juges royaux furent d'abord, comme les *missi dominici* des empereurs de la seconde race, des magistrats ambulants; plus tard, ils furent astreints à tenir leurs assises dans des lieux déterminés. Ainsi, Pierre

---

(1) *Notice sur les vingt-deux diocèses du Languedoc*, par Graverol, avocat et académicien de Nîmes. Nîmes, 1816.

(2) *Annuaire de l'Ardèche*, an 10.

(3) En 1565.

d'Auriac-de-Baux d'Orange, après avoir rendu la justice aux Valentinois dans son siége de Valence, allait à Villeneuve de Berg juger les habitants du bas Vivarais, et ceux du haut Vivarais à Boucieu-le-Roi. Ensuite, chaque siége royal eut en permanence un lieutenant général du bailli, et peu à peu la magistrature finit par devenir sédentaire.

Il est à remarquer que la charge de grand bailli d'épée du Vivarais (1) fut toujours remplie par des seigneurs d'une illustre naissance, dont la puissance et le crédit servaient d'appui à l'autorité royale, pour imprimer de l'unité à l'administration du haut et du bas Vivarais. C'est à l'action de cette haute magistrature que fut due la fusion de ces deux contrées, fort différentes d'abord de mœurs et d'origine, en une seule et même (2) province.

(1) Voici la liste des baillis d'épée du Vivarais, du Valentinois et du Diois, qui réunissaient autrefois les attributions militaires aux attributions civiles :

Guillaume du Moulins, chevalier, 1287. Henri de Mondragon, 1288. Raymond de Bachevilliers, 1314. Pierre de Baux d'Orange, 1322. Bertrand de Barbette, 1340. Guillaume de Ledra, chevalier, 1344. Guichard de Marzé, chevalier, chambellan du roi, 1414. Henri de Péquelin, chevalier, 1418. Bermon du Cailar, chevalier, 1417. Pierre de Salminiac, chevalier, 1421. Jacques de Charrier, écuyer, 1424. Etienne de Nogaret, 1424. Guy de Forcade, écuyer, 1425. Guillaume Bastard, écuyer, 1426. Mahin de Lévis, chambellan du roi, 1432. Pierre de Chanaleilles, seigneur de Vals et du Pin, 1435. Robinet de Blarges, damoiseau, 1429. Thomas Alberti, damoiseau, seigneur de Boussargues, 1447. Claude de Châteauneuf, sire de Joyeuse, 1455. Louis de Taulignan, baron de Barrès, chevalier, 1458. Charles Astarce, seigneur de Pierrelate, 1461. Jean d'Apchier, 1465. Béraud, dauphin d'Auvergne, seigneur de Combrande, 1466. Jean de la Gardette, chevalier, 1484. Puis Just, comte de Tournon et de Roussillon, et ses descendants jusqu'en 1644. De 1644 à 1649, le comte du Roure, qui transmit sa charge au comte de Vogüé, son beau-frère. De 1649 à 1738, les comtes de Vogüé. De 1738 à 1789, les de Serres de Saulnier. Les derniers grands baillis d'épée furent le marquis de Gras de Serre, à la sénéchaussée d'Annonay, et le vicomte de Monteil de Villeneuve de Berg. Sur la fin de la monarchie, cette charge, dépouillée de son ancienne puissance, ne conserva guère plus que des priviléges honorifiques.

(2) Seulement il ne faut pas oublier que plusieurs places du haut Vivarais appartenaient jadis à la province de Dauphiné et dépendaient des princes dauphins de la maison d'Albon. En 1349, elles furent réunies à la couronne, et firent partie, avec le Dauphiné, de l'apanage des fils aînés des rois de France.

§ 3.

Des états du Vivarais et de la constitution de cette province.

La plupart des historiens ne font guère remonter qu'au quatorzième siècle la fondation des états du Vivarais. Il est difficile d'assigner une époque précise à ces constitutions, qui sont le lent ouvrage du temps et non des créations à priori, dues à une assemblée législative. Cependant tout porte à croire que l'on doit faire remonter plus haut l'origine première des institutions particulières à la province du Vivarais.

Les rivalités des comtes de Valentinois et de ceux de Toulouse, les résistances de l'évêque de Viviers aux efforts de ces princes ambitieux, les prétentions des empereurs sur le Vivarais, toutes ces circonstances qui écartaient de cette province une autorité forte et durable permirent aux feudataires locaux d'acquérir une sorte d'indépendance plus grande encore que celle que les autres bénéficiers ou possesseurs de fiefs s'arrogèrent sur différents points du royaume.

Quelques-uns purent reconnaître temporairement la suprématie de l'évêque, mais d'autres favorisèrent les tentatives de la commune de Viviers pour reconquérir ses libertés municipales, vieil héritage de la domination romaine.

Le mouvement général qui se fit sentir au douzième siècle, dans une foule de villes de France, ne put manquer de se communiquer au Vivarais. Là aussi l'esprit communal dut avoir son réveil.

Ces espèces d'insurrections municipales, même quand elles furent suivies de peu de succès, laissèrent des germes qui fructifièrent plus tard.

Dès que, par la cession de Reymond VII à Louis IX, le roi de France eut quelques droits à faire valoir sur le Vivarais, et qu'il y eut pris pied par l'acquisition de la terre de Berg, il se fit un parti parmi les seigneurs et les communes pour lutter contre la seule autorité qui refusât de le reconnaître, celle de l'évêque de Viviers.

Dès le commencement du treizième siècle, nous voyons les états du Vivarais (1) composés de douze barons, et du consul de Viviers, espèce de

---

(1) Voir le curieux mémoire manuscrit de M. Challamel sur l'antiquité et sur les pouvoirs des états du Vivarais. Je l'ai souvent consulté avec fruit; mais je n'ai pas pu admettre avec cet auteur que le Vivarais ait été jamais une véritable république.

commissaire ou plutôt de tribun, qui représentait seul les intérêts du tiers état ou de la bourgeoisie. Bientôt ces barons abandonnèrent la réalité de leurs attributions administratives à leurs baillis, comme, dans le parlement royal, les grands feudataires de la couronne finirent par laisser aux clercs et aux docteurs pris dans la bourgeoisie l'exercice du pouvoir judiciaire. C'est ainsi que partout, comme le remarque Boulainvilliers (1), l'aristocratie française, en se dessaisissant de ses plus belles prérogatives par paresse ou par légèreté, préparait elle-même sa décadence; car on ne peut pas comprendre l'existence politique d'un corps de noblesse qui voudrait exercer une véritable suprématie sociale sans se dévouer à la défense et au service de la patrie, par la gestion réelle des fonctions publiques.

Il arriva que les baillis du Vivarais, qui n'étaient d'abord que de simples mandataires, finirent par absorber à leur profit tout le pouvoir administratif de leurs mandants, en sorte que, si un des barons voulait siéger luimême aux états, il n'y était admis que comme membre honoraire et sans droit de suffrage. Seulement, chaque baron, à son tour, conserva le droit de présider les états par lui-même ou par un délégué qu'on appelait subrogé : il avait aussi la faculté d'y désigner le lieu où se tiendrait l'assemblée.

Dans le principe, il n'y avait que douze barons (2) qui eussent le droit de concourir à la formation des états; c'étaient ceux de Crussol, Montlaur, la Voulte, Tournon, Largentière, Boulogne, Joyeuse, Chalançon et la Tourette, Saint-Remèze, Annonay, Vogüé et Aubenas.

Quand le roi de France eut établi son autorité en Vivarais, il prit pour ses commissaires aux états 1° le premier officier de la sénéchaussée de cette province, 2° le premier consul de Viviers, 3° enfin, un des membres présents des derniers états, choisi par le commandant en chef de la province.

---

(1) Recherches sur l'ancien gouvernement de France : il n'en a pas été de même en Angleterre, où les plus nobles lords n'ont jamais dédaigné d'exercer eux-mêmes les modestes fonctions de juges de paix.

(2) En 1768, les baronnies d'Annonay, celle de Tournon et celle de la Voulte appartenaient à M. le prince de Rohan-Soubise, maréchal de France; celles de Vogüé, de Montlaur et d'Aubenas, à M. le marquis de Vogüé, lieutenant général; celle de Crussol, à M. le duc d'Uzès; celle de Chalençon, à M. le marquis de la Tourette; celle de Boulogne, à M. le comte de Fay de la Tour-Maubourg; celle de Largentière, à M. le comte de Montbrison; celle de Joyeuse, à Mme la Comtesse de Marsan; celle de Saint-Remèze, à M. le marquis de Rochemaure; Pradelle était à M. le comte de Baune, et la Gorce à M. le comte de la Gorce.

Cette note est tirée d'un mémoire sur le Vivarais, qui m'a été communiqué par feu M. l'abbé de Farconnet, et qui est à la date de 1768.

Ce troisième commissaire devint le premier en rang, comme représentant le roi d'une manière plus particulière. Le roi Philippe-le-Bel et ses successeurs maintinrent aux baillis particuliers le pouvoir qu'ils avaient acquis par prescription comme représentants des seigneurs.

Ils créèrent trois autres baronnies, celle de Pradelle, celle de la Gorce (1), et enfin celle de Viviers. L'évêque de cette ville eut le droit d'envoyer aussi un délégué aux états, mais seulement en sa qualité de baron, et non en sa qualité d'évêque. On affectait d'appeler son délégué, qui était ordinairement son vicaire général, le bailli de la baronnie de Viviers, et, quand l'évêque lui-même se présentait à l'assemblée, on refusait de l'y recevoir. L'élément ecclésiastique fut donc exclu des états du Vivarais. Ce fut une réaction de l'autorité royale ainsi que de la noblesse et du tiers état contre l'autorité exorbitante dont avait joui quelque temps l'évêque de Viviers.

Ainsi, à la différence des états généraux et de presque tous les états provinciaux en France, ceux du Vivarais se composèrent (2) de deux ordres seulement, et non de trois. Quant à l'élément municipal, il eut de bonne heure une large part dans les assemblées administratives de la province.

Les douze barons eux-mêmes (3), pour se venger de leurs baillis en diminuant leur pouvoir, favorisèrent dans leurs seigneuries l'établissement de municipalités fondées sur le modèle de celle de Viviers, et facilitèrent l'admission des consuls de ces communes nouvelles dans les états du Vivarais. Si l'on opposa quelques difficultés à leur admission, ces difficultés furent bientôt aplanies par la puissante intervention de nos rois, ces grands affranchisseurs des communes françaises. Aussi, dès le temps de Philippe-le-Bel, on voit le tiers état envoyer aux assemblées représentatives du Vivarais à peu près autant de députés que la noblesse.

Le nombre des consuls ou députés fut porté pendant quelque temps à

---

(1) Ces deux baronnies diocésaines étaient représentées par deux bailes, espèces de baillis qui étaient regardés comme inférieurs aux douze autres baillis des baronnies de Tour. Ces bailes n'eurent pas d'abord droit d'entrée aux états; plus tard, ils y eurent leur entrée sans y obtenir voix délibérative; enfin, on finit par leur accorder voix délibérative, mais les barons qu'ils représentaient ne purent jamais avoir le privilège des barons de *Tour*, c'est-à-dire de présider l'assemblée des états particuliers du Vivarais *à leur tour*, et siéger ensuite, en qualité de premiers barons de la province, aux états du Languedoc.

(2) Nous avons retrouvé, à la date de 1648, une transaction faite par les *états du pays du Vivarais*, réunis au château de la Voulte; la formule employée à la fin de l'acte est celle-ci : « Extrait des actes *du pays de Vivarais*, et de l'*assemblée générale et assiette* du pays, tenue à la Voulte, etc. »

(3) Mémoire de M. Challamel sur les états du Vivarais.

quinze (1); il fut réduit à treize, parce que certaines villes qui avaient persisté plus que les autres dans leur révolte religieuse et politique furent privées de leurs droits municipaux : de ce nombre fut la ville de Privas, dont nous aurons à raconter le siége et les longs malheurs sous le règne de Louis XIII (2).

Les états du Vivarais auraient voulu conserver leur indépendance locale ; la politique des rois de France était, au contraire, de tendre à unir les petites provinces aux grandes, pour identifier plus tard toutes les provinces entre elles, sous la domination de leur autorité une et centrale. Philippe-le-Bel, qui voulait préparer les voies à l'union entre le Vivarais et le Languedoc, avait placé ses magistrats royaux de Berg et de Boucieu sous la dépendance du sénéchal de Beaucaire. C'est également dans la sénéchaussée de cette ville qu'il convoqua, en 1303, les barons et les consuls des villes du Vivarais. Les barons de Montlaur et de Tournon y vinrent en personne ; celui de Joyeuse s'y fit représenter par un de ses officiers. Quatre communes seulement y envoyèrent des députés ; ce furent celles de Viviers (3), du bourg Saint-Andéol, de Saint-Marcel et de Largentière. Les autres membres des états ne voulurent pas se créer des précédents dangereux en siégeant hors de leur province, et furent peut-être, d'ailleurs, peu empressés de prendre parti dans la querelle entre Philippe-le-Bel et le pape Boniface VIII. Aussi la réunion de ce petit nombre de seigneurs et de consuls du Vivarais n'eut pas pour le moment les résultats que les rois de France en attendaient, et les états de ce pays continuèrent à avoir leur existence distincte et séparée.

Nos monarques, qui gagnaient toujours du terrain au moyen de la juridiction de leurs officiers royaux, furent obligés de faire une singulière concession aux exigences de l'aristocratie vivaroise. Contre tous les usages observés dans les autres provinces, le *baron de Tour*, qui présidait les états, signait les délibérations le premier (4) ; le *commissaire principal*

(1) Mémoire de M. Challamel. Il paraît que certaines baronnies peu considérables, comme celle de la Gorce, n'avaient point de consul ou de député du tiers, mais alors cette prérogative était transportée à une ville de quelque importance. C'est à ce titre que Saint-Agrève eut le droit de députer son consul aux états du Vivarais.

(2) Le second consul de Viviers eut droit d'entrée aux états, comme représentant la municipalité, quand l'évêque, en qualité de baron, eut droit d'y envoyer son délégué. Le premier consul de cette ville continua d'y assister en qualité de commissaire du roi, jusque vers la fin du dix-huitième siècle.

(3) Mémoire de M. Challamel déjà cité.

(4) Voir les mémoires de M. de Baville, qui a l'air fort surpris et fort scandalisé de cet usage. Il y eut plus tard trois commissaires du roi. Voir ci-dessus.

du roi, qui représentait la personne même du monarque, ne signait que le second.

De grands événements politiques amenèrent entre le Vivarais et le Languedoc cette réunion que la royauté avait vainement tenté d'opérer vers la fin du quatorzième siècle; il se forma entre les trois sénéchaussées du Languedoc (1) une sorte de fédération pour résister aux incursions des Anglais, qui menaçaient toutes les parties du royaume, et Charles VII, qui organisa si habilement la France après l'avoir reconquise, profita des rapports qui s'étaient établis entre Toulouse et le Vivarais, pour donner à une ligue temporaire le sceau de la durée. C'est ainsi que les législateurs, qui veulent fonder quelque chose de solide, s'appuient sur ce qui existait avant eux, et ne font, en quelque sorte, que ratifier l'œuvre des temps.

Le Vivarais continua alors d'avoir ses états particuliers, mais il fut représenté aux états du Languedoc par son baron de Tour, par le consul ou maire du lieu principal de la baronnie de Tour, et par l'évêque de Viviers. A l'assemblée de ces états, le baron de Tour du Vivarais obtint les droits et le rang de premier baron, et son syndic eut place au banc des syndics généraux. Cette prééminence fut en vain contestée par les représentants du Gévaudan et du Vélay, dont les états ne purent pas prouver une origine aussi ancienne.

Après avoir parlé de la formation des états du Vivarais, il reste à faire connaître en peu de mots leurs attributions et, enfin, leurs rapports avec les états généraux.

Il paraît que ces attributions ont toujours été fort étendues. Les états du Vivarais établissaient eux-mêmes l'impôt, le répartissaient, choisissaient les collecteurs chargés d'en faire la levée, réglaient l'emploi qui devait en être fait, et se chargeaient souvent eux-mêmes de cet emploi. Ils faisaient des règlements d'administration publique, et s'en réservaient quelquefois l'exécution. Sous (2) le règne même de Louis XIV, on voit qu'ils nomment des prévôts pour la recherche des malfaiteurs, et qu'ils fixent les gages de ces employés; il y a plus, ils désignent le contingent des milices du pays, arrêtent les salaires des soldats et des militaires de tout grade, et nomment même les officiers qui doivent commander les compagnies. Quand ensuite les états se séparaient, ils confiaient la direction des affaires du pays au

---

(1) Voir les divers *Annuaires de l'Ardèche* et l'*Histoire du Languedoc* de dom Vic et dom Vaissette.

(2) Mémoire de M. Challamel.

baron de Tour ou à son subrogé, conjointement avec le syndic et avec un député du tiers état (1).

Après la réunion du Vivarais au Languedoc, le baron de Tour et le syndic furent tenus de faire exécuter les décisions des états du Languedoc de préférence même à celles des états particuliers de la province. Non-seulement on réduisit autant que possible l'autorité de ces états, mais on voulut leur enlever jusqu'à leur nom, et leur donner seulement la (2) dénomination d'*assiette*; c'est ainsi qu'on appelait les assemblées de diocèse chargées d'asseoir et de répartir l'impôt. Le Vivarais ne cessa de protester contre cette qualification; il prétendit toujours avoir ses états particuliers au même titre que des provinces plus importantes et plus étendues.

Quant aux rapports qui avaient été établis entre les états du Vivarais et les états généraux, ils ne paraissent pas avoir été réglés d'une manière bien fixe.

La nomination des députés aux états généraux était faite, tantôt par la sénéchaussée de Beaucaire au nom du Vivarais (3), tantôt par les états du Vivarais directement, tantôt, enfin, par l'une et l'autre assemblée. Ainsi, en 1560, pour remédier aux troubles du royaume, Henri II avait envoyé les états généraux à Orléans; ces états furent successivement transportés

---

(1) Ce député devait être l'un de ceux des huit villes suivantes : Montlaur, le bourg Saint-Andéol, Tournon, Viviers, Boulogne, Largentière, Joyeuse et Annonay. Les trois commissaires des états devaient s'entendre, au sujet des mesures dont l'exécution leur était confiée, avec les deux subdélégués de l'intendant du Languedoc, siégeant l'un à Villeneuve-de-Berg, et l'autre à Annonay. La charge du syndic était héréditaire. Il y avait aussi un greffier attaché aux états du Vivarais. Les états se tenaient, du 15 mai au 15 juin, dans le lieu désigné par le baron de Tour.

(2) Tous les écrivains amis du pouvoir, l'auteur des *Commentaires du soldat du Vivarais*, et M. de Baville, dans ses mémoires, affectent d'appeler assiette l'assemblée des états particuliers du Vivarais.

(3) Nous avons sous les yeux un ouvrage fort savant, intitulé : *Mémoire pour les états particuliers du Vivarais, concernant l'administration de la justice dans ce pays* (Toulouse, imprimerie de Bayet, 1778), avec cette épigraphe : MULTA RENASCENTUR QUÆ JAM CECIDERE. L'auteur de ce mémoire s'efforce de prouver que le Vivarais avait autrefois une justice indépendante de la sénéchaussée de Beaucaire, *exercée* par un bailli royal et provincial. Il cite un édit de 1631, qui rendit au Vivarais, pour quelque temps, sa justice de ressort en ne la faisant plus relever que du parlement de Toulouse; il montre les inconvénients de la révocation de cet édit, laquelle eut lieu par un autre édit de 1767, et conclut que les juges du *présidial* de Nîmes, ne remplissant pas la condition à laquelle cette justice leur avait été confiée, qui était de la rendre dans le Vivarais même, devaient être privés de cette juridiction.

à Melun et à Pontoise. La sénéchaussée de Beaucaire avait nommé au nombre de ses députés Louis de Lestranges, baron de Boulogne, et Jean d'Albenas. Les états du Vivarais chargés de faire une nomination directe s'assemblèrent le 12 novembre 1560, agréèrent les choix faits pour eux par l'assemblée de la sénéchaussée, et adjoignirent aux deux députés déjà nommés Guillaume de la Mothe, leur syndic.

Les députés de la sénéchaussée de Beaucaire étaient chargés d'appuyer une pétition des religionnaires en faveur de la liberté de conscience, et il est assez curieux de trouver une semblable mission acceptée par M. de Lestranges, qui fut par la suite l'un des plus implacables et des plus persévérants adversaires des religionnaires du Vivarais et du Vélay.

Quant à Guillaume de la Mothe, lorsqu'il revint des états généraux, les états particuliers du Vivarais s'assemblèrent à Rochemaure le 24 février 1561, pour s'enquérir de la manière dont il avait rempli son mandat. Voici ce qui résulte du compte rendu qu'il fit à ses commettants.

Le roi avait demandé que les états avisassent aux moyens de payer quarante-trois millions de dettes contractées par ses prédécesseurs. Il avait fait proposer, à cet effet, d'imposer 15 liv. sur chaque muid de sel, en outre de l'impôt ordinaire des gabelles, et d'établir un autre impôt sur le vin et sur les marchandises. Les états avaient répondu qu'ils ne pouvaient pas délibérer sur cette proposition sans en référer à leurs commettants. Alors le roi avait convoqué les états de chaque province pour les consulter sur l'établissement de ces taxes, et leur demander de les accorder ou de les refuser.

L'assemblée des états du Vivarais consentit à ce que demandait le roi, sous la condition expresse que les impôts seraient perçus (1) par les provinces, qui en transmettraient le produit par leurs députés; que les deniers provenant de ces impôts seraient employés au paiement des dettes du roi; que cette imposition ne se percevrait que pendant six années, et qu'ensuite les taxes seraient réduites au taux où elles étaient du temps de Louis XII.

Ainsi, dans notre ancienne monarchie, que l'on a voulu si faussement faire passer pour absolue, les contribuables n'étaient pas assujettis à des charges nouvelles sans leur consentement. Ils étaient libres de les accepter ou de les refuser, et de mettre à leur acceptation telle condition que bon

---

(1) Il paraît qu'on avait dès lors peu de goût pour les *recensements* et les perceptions opérées par les agents du fisc.

leur semblait. Il est à remarquer aussi que la doctrine du mandat s'observait dans toute la rigueur, et que ni les intérêts, ni les droits des provinces n'étaient sacrifiés au ministérialisme.

Dans la circonstance dont nous nous occupons, nous voyons que la province du Vivarais indemnisa son mandataire, ou du moins celui de ses mandataires qui représentait le tiers état. Guillaume de la Mothe, député du Vivarais, avait employé quatre-vingt-seize journées pour le voyage et le séjour aux états généraux; sa province lui alloua 288 liv. pour sa dépense à raison de 3 liv. par jour (1).

---

(1) *Extrait des délibérations des états du Vivarais*, par M. Challamel. C'était, du reste, un principe assez généralement admis, que tout service public devait être indemnisé aux frais du public.

Voici le tableau des frais d'assemblée des états particuliers du Vivarais :

1° A M. le baron de Tour ou à son subrogé, pour la tenue de l'assiette.....	1,200 liv.
2° Au commissaire principal, pour son assistance à l'assiette.............	300
3° Au sénéchal du Vivarais, premier commissaire ordinaire...............	315
4° Au maire de Viviers, second commissaire ordinaire...................	126
5° Au bailli de l'évêque de Viviers...................................	168
6° A douze baillis, au syndic et au receveur...........................	2,352
7° A treize consuls, deux bailes et le secrétaire-greffier................	2,016
8° Au portier de la salle d'assemblée.................................	10
9° Pour la salle d'assemblée...	60
10° A celui qui prépare les logements des députés.....................	84
11° Au prêtre qui célèbre la messe...................................	30
12° Au deux valets du pays..	60
13° Pour les aumônes et gratifications aux religieux et aux colléges......	500
14° A celui qui convoque les assemblées..............................	12
15° A la maréchaussée à la suite de l'assemblée.......................	150
Total.....................	7,383 liv.

D'autres dépenses venaient à s'ajouter à celles de l'assiette pour les frais de l'administration durant l'année.

Pour la députation aux états du Languedoc on donnait 495 liv. au syndic et 330 au consul diocésain. Le syndic, pour son administration annuelle à titre d'émoluments et de frais de bureau, avait 517 2 liv. Le total de ces dépenses s'élevait à................ 25,491 liv.

Ce qui a ajouté aux frais d'assiette montant à............................ 7,383

formait un total de... 32,874 liv.

D'après le compte rendu des impositions du Vivarais dans l'année 1588, sur 1,570,000 liv. d'impôts, le Vivarais en payait 1,324,000 au roi ou à l'administration du Languedoc, et en employait 246,000 pour ses dépenses locales, c'est-à-dire pour les gratifications et

INTRODUCTION.

Depuis la fin du seizième siècle jusqu'en 1780, la constitution du Vivarais ne subit pas de changement notable; cette province obtint alors (1) ce qu'elle sollicitait depuis longtemps, la création d'une sénéchaussée royale qui ne relevât que du parlement de Toulouse. Le siége de la sénéchaussée fut établi à Villeneuve-de-Berg, et par conséquent les bailliages de Villeneuve et d'Annonay furent supprimés.

Mais cette création d'un haut tribunal dans le bas Vivarais, à la juridiction duquel toute la province serait soumise, éveilla la jalousie et les réclamations du haut Vivarais, qui demanda à son tour une sénéchaussée revêtue de la même juridiction supérieure que celle de Villeneuve. Cette demande fut appuyée par les états du pays, qui représentèrent que « le haut et le bas Vivarais étaient séparés par une chaîne de montagnes escarpées et par la rivière d'Eyrieu; que, pour communiquer de l'une à l'autre de ces deux parties de la province, il n'y avait d'autre grande route que celle qui longeait les bords du Rhône; que la position et la nature des deux parties dudit pays avaient nécessité depuis longtemps, entre les deux bailliages récemment supprimés, l'établissement de deux juges de l'équivalent, de deux subdélégués du commissaire départi dans la province de Languedoc, de deux receveurs des tailles, de deux ingénieurs en chef, un pour chacune desdites deux parties, dans chacune desquelles aussi le roi avait établi un commandant; que l'administration de la justice criminelle y gagnerait en célérité, etc., etc. » On avait affaire alors à un gouvernement toujours prêt aux concessions, et qui poussait la bonté jusqu'à la faiblesse. En conséquence, au mois de février de l'année suivante (2), une ordonnance royale porta la création d'une sénéchaussée nouvelle pour le haut Vivarais, ayant pour siége la ville d'Annonay.

Cette mesure tendait de nouveau à fractionner les deux portions de cette province à laquelle la création d'un grand bailli de tout le Vivarais avait donné une vigoureuse unité, en soumettant au même chef le lieutenant principal du bailliage d'Annonay et celui de Villeneuve-de-Berg.

---

récompenses accordées aux communes et aux particuliers pour l'entretien et la construction de ses routes, et enfin pour les frais mentionnés ci-dessus.

(1) Cette faveur fut également sollicitée par la ville de Privas, qui voulait devenir le siége de cette sénéchaussée nouvelle. Elle ne put pas l'obtenir, malgré sa situation au centre de la province. Peut-être que, si elle l'eût obtenue, on n'aurait pas établi une seconde sénéchaussée. Il fut question plus tard, vers 1789, d'y établir un présidial, qui aurait jugé en dernier ressort les causes au-dessous de 3,000 fr.

(2) En 1781.

Il paraît qu'à dater de la création de ces deux sénéchaussées, les états du pays recevaient dans leur sein, comme premier commissaire ordinaire du roi, le sénéchal du haut Vivarais ou celui de Villeneuve, selon qu'ils se tenaient dans l'une ou l'autre portion de la province.

Mais déjà, à cette époque, un sourd mécontentement fermentait dans toute la France; il fit explosion dans les années qui suivirent. Au mois de juillet 1788, le Dauphiné avait eu à Vizille sa fameuse assemblée, où on avait demandé la *représentation réelle des états provinciaux, le doublement du tiers, et la convocation prochaine des états généraux de la nation*. La contagion de ces idées gagna rapidement le Vivarais.

En outre de l'entraînement général qui poussait alors tous les esprits vers les réformes politiques, les diverses classes de la société avaient, dans ce pays, des raisons particulières de les appeler de leurs vœux. Le clergé, qui était exclu comme corps des états de la province, était particulièrement intéressé à l'établissement des trois ordres, qui lui assurait une participation à l'administration du pays. La haute noblesse, qui regrettait secrètement de s'être laissé remplacer par des baillis dans la gestion réelle des affaires, espérait reconquérir, par l'élection, les prérogatives personnelles qu'elle avait laissé prescrire et tomber en désuétude. Le tiers état, qui était représenté imparfaitement par des consuls qu'élisait la haute bourgeoisie de quelques villes privilégiées, voulait étendre son droit d'élection et augmenter le nombre des localités appelées à y concourir. Privas et Aubenas aspiraient à être relevées de leur ancienne déchéance. Le Pouzin, Chomérac, et plusieurs autres petites villes, dont l'importance s'était accrue depuis quelque temps, réclamaient des droits égaux à ceux des villages de Montlaur et de Boulogne, qui envoyaient leurs consuls aux états du pays.

Les divers ordres du Vivarais, en sollicitant pour eux l'égalité des droits de représentation, ne calculaient pas que cette demande contenait en germe la destruction des priviléges, et, par conséquent, de l'existence même de la province; car le même principe d'égalité devait être appliqué à toutes les contrées de la France, et ne pouvait s'établir que par la destruction des capitulations et des constitutions particulières à quelques-unes d'entre elles. Les priviléges des individus, ceux des communautés et ceux des provinces devaient périr à la fois, écrasés sous le même niveau.

Cependant les trois ordres du Vivarais ne croyaient pas travailler au suicide constitutionnel de leur pays, quand ils se réunirent à Annonay, le 27 octobre 1788, dans cette même ville où avait eu lieu tant de fois, et avec des formes si différentes de celles nouvellement adoptées, l'assemblée générale des états particuliers de la province. Il faut dire pourtant que dans cette circonstance ils articulaient, au nom du Vivarais, un grief assez réel, même au point de vue de l'ancien régime. Ils se plaignaient de n'avoir eu aucun représentant à l'assemblée des notables qui devaient régler le mode de formation de la convocation des états généraux. Ils saisissaient cette occasion pour réclamer les mêmes droits que ceux dont allait jouir le reste du royaume, et pour solliciter l'autorisation de se réunir dans chacune des deux sénéchaussées du pays, où les trois ordres procéderaient respectivement et librement à l'élection de leurs représentants.

Le 18 décembre de la même année, une nouvelle réunion des trois ordres eut lieu à Privas. Celle-là prit une attitude plus franchement et plus vivement réformatrice.

On n'y délibéra pas par ordre, mais par tête.

On y rejeta en principe les bases adoptées en 1614 pour la formation des états généraux.

On demanda que le tiers état fût doublé, c'est-à-dire eût un nombre de représentants égal à ceux du clergé et de la noblesse réunis.

De cet axiome politique, qu'il est de l'essence de toute représentation de ne pouvoir être instituée que par le libre choix de ceux qui doivent être représentés, on déduisit cette conséquence que les *états du Languedoc présentaient une foule de vices anti-constitutionnels, essentiellement contraires aux droits incontestables des peuples dont ils administraient les propriétés.*

Puis venait une critique encore plus acerbe de l'organisation particulière des états du Vivarais, dont on demandait la reconstitution d'après les formes suivies en Dauphiné.

On est saisi, à cette lecture, d'un profond sentiment d'amertume : il semble qu'on entende un enfant porter le premier coup de hache à la maison de ses pères. Il est vrai que, tout en s'occupant à démolir, on parlait de reconstruction; mais trop souvent, quand on a entassé des ruines, on est impuissant à en refaire un édifice nouveau. C'est ce qui arriva pour la constitution provinciale du Vivarais.

Les anciens représentants de la province le comprirent, et ils publièrent, en forme de manifeste, *un compte rendu des impositions et dépenses du Vivarais, suivant les départements de* 1788. Cette pièce, précieuse pour l'histoire, fut rédigée dans la salle des archives de Viviers le 22 novembre 1789, et imprimée au bourg Saint-Andéol au commencement de 1790.

Ce fut en quelque sorte le complément d'un compte rendu semblable qu'avaient déjà fait paraître les états du Languedoc (1).

On trouve, dans les observations préliminaires de cette espèce de budget du Vivarais, les paroles suivantes, qui nous ont paru respirer un esprit de désintéressement et de vrai patriotisme :

« Le fil des projets et des affaires peut se perdre et se briser dans les secousses de la révolution ; il est du devoir de MM. les commissaires des états de le conserver et de le transmettre aux mains de la liberté nouvelle, etc. » Et un peu plus loin : « Si la représentation fut imparfaite dans le corps administratif, du moins le respect de tous les droits, un zèle impartial, des principes d'ordre et de justice, formèrent la base de tous les actes.......... Il sera permis de dire, après avoir rendu ce compte, que, si le pouvoir des états fut étendu, l'usage qu'ils en firent fut toujours circonspect et légitime. »

Les auteurs de ce compte rendu, à l'aide de calculs irréfragables, arrivent à démontrer dans leurs conclusions, que « depuis 1754, les états du Vivarais ont éteint une créance de 1,294,226 liv., et qu'ils auraient marché rapidement à la liquidation du reste de leurs dettes arriérées, si leur administration avait continué de subsister ; qu'avec des emprunts ou avec des impositions acquittées par le pays, ils ont soulagé l'humanité, secondé l'ordre public, encouragé le commerce, l'agriculture et les arts. »

Enfin, ils terminent en disant : « qu'en moins d'un siècle, ils ont créé trois cents lieues de chemins sur une surface de près de trois cents lieues carrées ; que ces chemins entretenaient une circulation vitale des produits du sol et de l'industrie, etc. »

Tel est le tableau simple et concis que tracent de leur administration les états du Vivarais, et certes il est impossible de se retirer avec plus de

---

(1) Les états du Languedoc avaient noblement protesté contre l'abandon qu'on leur demandait de leur droit de nommer directement les députés de la province aux états généraux, et de prononcer eux-mêmes leur arrêt de mort comme corps administratif. Ils disaient, dans leur adresse à Louis XVI : « Une constitution peut admettre des changements utiles et raisonnables, mais les changements doivent s'opérer avec le concours de ceux qui la composent. » Nonobstant ces réclamations, Necker fit appliquer à l'élection des états généraux du Languedoc la règle uniforme posée dans le règlement royal du 24 janvier 1789. Il n'y eut d'exception à cette règle que pour le Dauphiné, qui fit ses élections suivant le mode proposé par Mounier à l'assemblée de Vizille, et qui, après avoir donné l'impulsion démocratique à la France entière, se trouva procéder avec des formes moins démocratiques que les autres provinces à la nomination de ses députés aux états généraux. Necker avait dépassé Mounier.

dignité devant leurs successeurs inconnus; il est impossible de résigner avec plus de noblesse le pouvoir que la révolution les sommait de quitter. C'est le dernier testament de la vieille constitution du pays, c'est l'irrévocable et solennel adieu du passé !

Nota. L'élection pour les députés aux états généraux se fit séparément en Vivarais dans les deux sénéchaussées d'Annonay et de Villeneuve-de-Berg.

A Villeneuve-de-Berg, l'ouverture de l'assemblée des trois ordres du pays eut lieu le 26 mars 1787, sous la présidence de M. de Barruel, juge-mage de Villeneuve, attendu l'absence du vicomte de Monteil, bailli d'épée de Villeneuve.

L'ordre du clergé choisit pour président M. de Savines, évêque de Viviers, et plus tard il le nomma député, ainsi que M. Chauvet, curé de Chomérac. M. l'abbé de Pampelonne, archidiacre de Viviers, leur fut adjoint comme député suppléant.

L'ordre de la noblesse choisit pour son président M. de Balazuc, et pour députés M. le comte de Vogüé et M. le comte d'Antraigues, qui, pour aplanir toutes les difficultés qu'on aurait pu tirer de l'existence de certains droits établis par l'ancienne constitution de la province, déclarèrent renoncer aux priviléges de leurs baronnies. On leur adjoignit, comme député suppléant, M. le baron de Pampelonne.

L'ordre du tiers état de Villeneuve-de-Berg élut pour députés MM. Espic, Madier de Montjau, Maurin et de France, et pour députés suppléants M. Gérard de Montfoi et M. Vacher.

A Annonay, les députés nommés aux états généraux furent, pour le clergé, M. Dode, curé de Saint-Péray; pour la noblesse, M. le comte de Satillieu, et, pour le tiers état, MM. Boissy d'Anglas et Manneron, aîné. M. Saint-Martin, avocat, nommé d'abord député suppléant par son ordre, fut ensuite appelé à remplacer M. Manneron.

Voici maintenant le tableau des changements qu'eurent à subir les circonscriptions judiciaires et administratives de l'Ardèche, depuis la chute de l'ancien ordre de choses :

Le décret de l'assemblée nationale du 28 août 1790 créa la division de la France en départements et en districts. Voici la portion de ce décret relative à l'Ardèche :

Ardèche, district du Mézin, siége du tribunal; Annonay, siége de l'administration; Tournon, district du Coiron, siége du tribunal; Villeneuve-de-Berg, siége de l'administration; Aubenas, district du Camargue, siége du tribunal; Argentière, siége de l'administration, Joyeuse, siége du tribunal.

Le 11 octobre 1795 ou 19 vendémiaire an IV, on crée des tribunaux civils et d'appel au correctionnel. Les tribunaux d'appel sont composés de vingt juges; on en établit un à Privas, qui devient en même temps chef-lieu de département; à Tournon et à Joyeuse sont placés les deux tribunaux inférieurs.

Enfin, le 27 février 1800 ou 8 ventôse an VIII, une nouvelle division de la France est faite en départements et arrondissements, administrés par des préfets et sous-préfets. Un arrêté du 8 mars suivant fait de Privas le siége de la préfecture et d'un tribunal, et place à Tournon et à Largentière, qui sont créés chefs-lieux d'arrondissement, des sous-préfets et des tribunaux.

§ 4.

Des guerres civiles en Vivarais.

La secte des Vaudois (1) n'avait pas pu être assez entièrement exterminée pour qu'il n'en restât pas quelques vestiges dans les pays où elle avait pris naissance et acquis des développements. Les Alpes ne furent pas le seul refuge de ces malheureux : ils trouvèrent aussi çà et là des asiles dans les gorges profondes, dans les sombres forêts du Velay, du Vivarais et de l'Auvergne. Un levain de haine et de colère contre le clergé catholique couvait sourdement, depuis plusieurs générations, dans ces lieux sauvages. Aussi la révolte spirituelle de Luther trouva un terrain bien préparé dans la province du Vivarais.

Cependant la rigueur de François Ier contre les novateurs de son temps ne permit pas à la prétendue réforme de se manifester en France avec le même éclat qu'en Allemagne. On dit que, dès 1528, le (2) luthéranisme fut prêché à Annonay, mais il ne paraît pas que ces prédications y aient fait d'abord beaucoup de bruit. Dès qu'elles furent connues de l'autorité, on les réprima avec une rigueur inouïe. André Bretelin, qui cherchait à propager dans cette ville les doctrines de la réforme, fut condamné à mort et pendu en 1540.

Sous Henri II, Calvin, déjà connu depuis quelques années en France (3), avait quitté Paris pour Strasbourg, Strasbourg pour Genève. Du sein de cette ville, qui devint la métropole de la secte nouvelle, il envoyait ses disciples prêcher ses doctrines dans les montagnes du Dauphiné et du haut Languedoc.

Henri II, l'allié de la ligue protestante de Smalcalde, eut, contre les calvinistes de ses états, des velléités de rigueur qu'il ne soutint pas. Après lui, le sceptre tomba entre les mains d'un enfant, François II. Ce roi de seize ans, dont la majorité légale était une véritable minorité de fait, fut

---

(1) Pierre Valdo, fondateur de cette secte, était de Lyon.
(2) *Annuaire de l'Ardèche*, an x, pag. 94. *Histoire d'Annonay*, par Poncet, etc.
(3) Dès 1537 Calvin se fit connaître comme novateur : il était de Noyons, et son père, secrétaire de l'évêque de cette ville, lui avait procuré des bénéfices ecclésiastiques sans le faire entrer dans les ordres. C'est en 1541 que Calvin se rendit à Genève.

dominé tour à tour par la maison de Lorraine, la maison de Montmorency et la maison de Bourbon; cette dernière était représentée par le roi de Navarre et le prince de Condé, amis des doctrines nouvelles. Catherine de Médicis, qui régnait sous le nom de François II, entretenait des intelligences avec tous ces chefs, pour contre-balancer leur puissance en les opposant les uns aux autres.

En 1560, les états du Languedoc se tiennent à Montpellier et à Nîmes. On y discute sur les moyens de réprimer la secte nouvelle, et ces discussions dégénèrent en disputes orageuses. Terlon (1), avocat de Toulouse, et Chabot, avocat de Nîmes, font de vigoureuses sorties contre les vices du clergé; on n'ose pas sévir contre eux.

Pendant ce temps, la religion réformée, quoique non autorisée et persécutée sourdement par l'influence du cardinal de Lorraine et des Guise, qui dominaient à la cour, s'accroît dans les ténèbres et y fait de nombreux prosélytes. Une caverne du Languedoc prête ses ombres à la première assemblée synodale des protestants du Midi. On montre encore cette caverne au-dessous d'un hameau nommé Aigladine dans la (2) paroisse d'Anduze. Quatorze ou quinze ministres protestants, qui composaient ce synode, prirent la résolution d'aller prêcher la religion nouvelle dans les Cévennes, dans le bas Vivarais, dans le bas Languedoc et dans le Rouergue. Ils se comparaient aux apôtres qui étaient sortis de leur retraite pour se disperser dans le monde et y prêcher l'Evangile. Ils se divisèrent entre eux ces quatre provinces, pour y accomplir ce qu'ils croyaient être leur mission. Leurs prédications y eurent un grand et rapide succès.

A la même époque, des émissaires du prince de Condé et de l'amiral de Coligny parcouraient Annonay et les montagnes du Vivarais pour disposer les esprits à l'insurrection. La découverte de la conjuration d'Amboise avait été suivie de l'arrestation du prince de Condé; mais Annonay avait tou-

---

(1) Terlon, l'un des capitouls de Toulouse, mit en avant, pour la première fois, le projet de dépouiller le clergé catholique afin de soulager le trésor de l'état. Il disait, que « l'expédient le plus prompt était de prendre tout le temporel de l'église, en réservant aux bénéficiers les maisons et terres adjacentes de leurs bénéfices, et une pension équivalente aux revenus de ces derniers, que le roi leur assignerait sur les bonnes villes de son royaume. » (Voir les mémoires de la collection de Petitot, tom. xx, pag. 90.)

(2) *Histoire générale du Languedoc*, par dom Vic et dom Vaissette.

Anduze a longtemps dépendu de la baronnie de Joyeuse, et, quoiqu'enclavée dans le Languedoc, pouvait ainsi être considérée comme appartenant au Vivarais.

jours des assemblées de religionnaires que l'autorité locale (1), malgré les injonctions de la cour, fut impuissante à réprimer. Dans la même année, Privas s'était déclaré pour le prince de Condé, et avait chassé ses prêtres catholiques. De 1560 à 1620, on ne put pas y dire la messe. La ville d'Annonay fut, au contraire, prise et reprise plusieurs fois par les chefs des factions opposées. Le cruel Saint-Chamond y fit verser le sang des protestants ; les protestants à leur tour versèrent le sang des catholiques, sous le commandement du féroce des Adrets et de son lieutenant Sarraz.

Le baron des Adrets, ennemi des Guise sans être protestant lui-même, se jeta à la tête des mécontents politiques et religieux, et organisa la révolte. Sa première campagne en 1562 fut signalée par une série de rapides triomphes. « Autant le craignait-on, dit Brantôme, que la tempête qui passe par de grands champs de blé, jusque-là que dans Rome on appréhenda qu'il n'armât sur mer, et qu'il ne la vînt visiter, tant sa renommée, sa fortune et sa cruauté volaient partout. »

Après qu'il fut sorti du Vivarais, les catholiques firent quelques efforts pour ressaisir les places qui leur avaient été enlevées. Ils reprirent le bourg Saint-Andéol. Mais le parti de la réforme fut soutenu ouvertement par le sire de Crussol, Jacques de Baudiné, et encouragé par la connivence de son frère aîné, le duc d'Uzès. Le massacre de Vassy, dont le duc de Guise parut être le secret complice ou du moins le spectateur indifférent, fut le signal d'un soulèvement général parmi les protestants ; et, en Vivarais, après quelque mélange de revers et de succès, ils reprirent partout le dessus. De cruels et habiles chefs de partisans, tels que Pierre Gourde dans le haut Vivarais et dans le Velay, Noël de Saint-Alban dans le bas Vivarais (2), secondèrent vaillamment les efforts du parti des princes. Grâce à ce dernier, les troupes protestantes s'introduisirent dans Viviers, seule ville importante du Vivarais que le parti catholique possédât encore ; elles massacrèrent les prêtres et les clercs, et pillèrent la riche église des successeurs de saint Arcons : l'Argentière, Aubenas, tombèrent également au pouvoir des protestants. Le comte d'Acier-Crussol, à qui ils avaient déféré le commandement de l'armée, serait bientôt devenu maître de tout le Vivarais sans les diver-

---

(1) Tournon de Roussillon, bailli du Vivarais, alla, bien escorté, dans cette ville ; cependant il fut insulté, menacé, forcé de se retirer, et s'estimant heureux d'avoir rapporté sa tête de cette périlleuse expédition.

(2) On pourrait ajouter à ces noms celui de Jean de Serres, frère du fameux auteur du *Théâtre d'agriculture*, Olivier de Serres.

sions hardies de Saint-Chamond, et sans les efforts héroïques du baron de Lestranges.

Après les trèves qu'amenaient des édits de pacification sans cesse violés, les calvinistes se retrouvaient toujours en armes, plus nombreux et plus ardents.

C'est ainsi qu'en 1568 le comte d'Acier-Crussol parvint à réunir à Bays-sur-Bays une armée de 22,000 hommes de pied et de 4,500 chevaux, en comptant les renforts que lui avaient amenés le provençal Mouvans, le dauphinois Montbrun, et le fougueux Saint-Romain, ex-archevêque d'Aix.

D'Acier-Crussol mena une partie de ses troupes à Moncontour, et il y fut fait prisonnier.

En 1570, l'amiral de Coligny et les princes vinrent rendre, par leur présence, de l'ardeur et du courage aux protestants du Vivarais, un peu abattus par les revers que leur cause venait d'éprouver. Ils occupèrent et fortifièrent les places les plus importantes de ces contrées.

Une de ces fausses paix par lesquelles la cour endormait de temps en temps ses ennemis fait momentanément poser les armes aux protestants de France. Un coup de tonnerre les réveille, le jour de la St-Barthélemy (1): leurs frères sont massacrés à Paris par une populace fanatique; l'illustre amiral est égorgé par les satellites des Guise; alors, après un premier moment de stupeur et d'effroi, tous les religionnaires du Vivarais courent aux armes et cherchent dans leur désespoir une défense contre le fanatisme et la trahison. Le tocsin sonne dans leurs montagnes, et la guerre civile prend un caractère d'acharnement qu'elle n'avait pas eu encore. De village à château, de commune à commune, on se bat, on se pille, on se tue; ce ne sont plus de grands siéges et de grands combats; c'est une guerre fractionnée à l'infini, où protestants et catholiques, animés par le fanatisme de la haine, jurent de s'exterminer sans pitié; il n'y a pas une vallée en Vivarais qui ne retentisse du bruit des armes, pas un ruisseau qui ne se teigne de sang.

Au milieu de cette dévastation universelle, on s'étonne des conventions conservatrices qui y mettaient quelque frein. Dans presque toutes les communes du midi du Vivarais, il fut arrêté entre les deux partis qu'on pourrait tout brûler, excepté les oliviers (2).

---

(1) 24 août 1572.
(2) Le mûrier, introduit en Vivarais par Olivier de Serres, contemporain de Henri IV, était à peine connu au temps des guerres de religion; peut-être aurait-il été l'objet d'une convention semblable, s'il avait été aussi répandu qu'il l'est aujourd'hui.

L'entrée de Henri IV à Paris en 1594 fut pour la France entière le signal d'une ère de paix et de repos après tant de désastres.

Quatre ans après, l'édit de Nantes fut rendu par le roi, devenu catholique; cet édit, qui permettait aux protestants le libre exercice de leur religion, et leur donnait entrée dans les charges de judicature et de finances, leur accordait en même temps un certain nombre de places de sûreté, parmi lesquelles se trouvait Privas.

En 1612, sous le nouveau règne de Louis XIII, Privas fut le lieu de réunion du synode national des églises prétendues réformées.

La mort de Henri IV avait été l'occasion d'une fermentation sourde parmi les protestants du midi de la France. Il ne fallait qu'une étincelle pour rallumer un grand incendie; cette étincelle partit de Privas.

Le château de cette ville, jusque-là possédé par des seigneurs (1) protestants, passa entre les mains du vicomte de Cheylane, fils du baron de Lestrange, par le mariage de ce jeune seigneur avec la veuve de M. de la Tour-Chambaud, dame de Privas.

Tout le parti protestant s'émut à cette nouvelle; du moment où un catholique se trouvait maître et seigneur du château de Privas, cette ville semblait n'être plus une place de sûreté pour les calvinistes.

Les habitants des Bouttières et de Privas se révoltèrent sous la conduite de Beaumont, baron de Brison; une ligue se forma parmi tous les prétendus réformés de France. Le duc de Bouillon en fut déclaré le chef; le comte de Châtillon commanda le cercle du bas Languedoc; le duc de Rohan, celui du haut (2) Languedoc, qui comprenait le Vivarais.

Après la paix faite par le duc de Bouillon avec le roi de France, et quand d'autres seigneurs de son parti, tels que Châtillon, se furent soumis et eurent posé les armes, le duc de Rohan se fit reconnaître généralissime des armées de terre des religionnaires; son frère, le duc de Soubise, fut déclaré, en qualité d'amiral, le chef de leur marine.

Rohan, après avoir fait avec Louis XIII une trêve décorée du nom de paix, reprend les armes en 1627, et soulève tout le midi, depuis Privas jusqu'à la Rochelle; cette dernière place est assiégée par les armées royales. La prise de cette ville, qu'on regardait comme le plus important et le plus inexpugnable boulevard de la religion réformée, n'abat pas encore la fierté

---

(1) Nous donnerons plus de détails à ce sujet dans notre article spécial sur Privas.

(2) En 1611, l'assemblée synodale de Saumur partagea la France protestante en sept cercles. Le haut Languedoc avec le Vivarais et le Vélay en faisait un.

de Rohan; il maintient son parti à Montauban, dans les Cévennes et dans le Vivarais; il envoie à Privas son meilleur lieutenant, l'habile et vaillant Montbrun-Saint-André (1), chargé de seconder ou de surveiller Brison-Chabreilles, gouverneur du Vivarais pour les religionnaires. Louis XIII vient assiéger cette ville en personne avec le maréchal de Montmorency; le cardinal de Richelieu ne tarde pas à le rejoindre. Après dix-huit jours de siége, les troupes royales menacent de donner un dernier assaut : le bruit se répand que les troupes sont secrètement vendues; les habitants s'enfuient dans les forêts ou dans un fort voisin, la ville est livrée aux flammes. Cent des principaux assiégés sont pendus, les autres sont condamnés aux galères; Privas est démoli, et la ruine de ce dernier asile de la révolte en Vivarais entraîne la soumission de toute la province.

La terreur qui suivit ces exécutions découragea pour longtemps tous les fauteurs d'insurrection. Cependant, en 1670, la tranquillité fut troublée dans le bas Vivarais par une sédition violente qui éclata à Aubenas. Le bruit qu'on fit courir de l'établissement d'une taxe imaginaire, qui aurait créé des contributions pour la naissance de chaque enfant, pour chaque habit neuf, pour chaque journée de travail, etc., fut le motif ou le prétexte de cette sédition. Jacques Roure, simple villageois de La Chapelle, en fut proclamé le chef. Il ne tarda pas à réunir sous ses ordres une armée de sept mille hommes, qui commirent mille désordres à Aubenas, et, dans tous les environs, les insurgés, armés contre les nobles et les riches bourgeois, proclamaient hautement que le temps de cette prophétie était arrivé, *auquel le pot de terre devait casser le pot de fer*. Cette révolte s'annonçait, non plus comme une révolte religieuse ou politique, mais comme une guerre sociale, comme une jacquerie nouvelle. Cependant trois mille hommes de troupes réglées, commandées par M. de Castries, lieutenant du roi en Languedoc, mit l'armée des insurgés en pleine déroute. Les auteurs de cette révolte furent condamnés à la mort ou aux galères; Aubenas et quelques autres communes furent dépouillées de leurs priviléges et mises à l'amende. Roure, qui fut saisi par la justice au moment où il allait passer en Espagne, fut rompu vif à Montpellier.

En 1683, à la suite de la démolition de quelques temples calvinistes, il y eut en Vivarais des assemblées séditieuses et des attroupements de protestants armés. Le duc de Noailles, lieutenant général du Languedoc, attaqua,

---

(1) Ce Montbrun-Saint-André était le fils du célèbre Montbrun qui fut quelque temps chef des protestants en Dauphiné, et qui fut décapité à Grenoble, sous Henri III.

dans la montagne au-dessus de Charmes, deux mille huguenots qui y étaient retranchés ; il perdit soixante ou quatre-vingts soldats, mais il tua six cents insurgés, en pendit dix autres, et mit le reste en fuite ; il alla ensuite abattre les temples de Chalancon et de Saint-Fortunat, et n'éprouva plus aucune résistance.

Deux ans après, la révocation de l'édit de Nantes souleva beaucoup de mécontentement et d'indignation dans tout le parti protestant. Ce fut alors que le dauphinois Duserre éleva trente jeunes garçons ou jeunes filles au métier de visionnaires, en échauffant ces cerveaux, encore tendres, par le jeûne, par des pratiques mystiques, et par de fantastiques apparitions. Puis, quand cette éducation sacrilége fut finie, Duserre lâcha tous ces petits prophètes sur le Dauphiné, le Vivarais et les Cévennes. Cette singulière fourberie de quelques calvinistes, désavouée par les hommes sages de leur parti, est racontée par Eugène Sue dans son roman de *Jean Cavalier*, avec des couleurs vives et brillantes. Le jeune Gabriel Astier, l'un des élèves les plus remarquables de Duserre, vint soulever, à l'aide de ses contorsions prophétiques, une portion du Vivarais, et en particulier la sauvage contrée des Bouttières, habitée par des montagnards ignorants et crédules. Des populations nombreuses se pressaient auprès d'Astier et des autres jeunes prophètes de son école ; un peloton de soldats de dix hommes, qui voulut dissiper par la force une de ces réunions, fut massacré. Les enfants et les jeunes gens qui se disaient prophètes prétendaient être invulnérables ; plus de vingt mille personnes assistèrent à ces assemblées.

De pareils désordres finirent par attirer l'attention de l'autorité supérieure, et, d'après les instructions de M. le comte de Broglie et de M. de Basville, l'un gouverneur, l'autre intendant de la province du Languedoc, le colonel Folville, qui fut appuyé par les milices catholiques du pays, attaqua, à la tête de ses dragons, les attroupements des calvinistes retranchés sur les sommets des montagnes ; il tua un grand nombre des prétendus prophètes et de leurs adhérents, après les avoir inutilement sommés de se rendre.

Ces extravagances, qui pouvaient, il est vrai, devenir dangereuses, furent réprimées avec une rigueur excessive ; il aurait fallu envoyer ces malheureux prophètes dans des maisons de fous plutôt qu'à la potence ou aux galères.

La dureté avec laquelle on avait comprimé le feu de la sédition en Vivarais n'eut d'autre effet que de la faire éclater avec infiniment plus de violence dans les Cévennes, où *Jean Cavalier*, à la tête de ses camisards, tint quelque temps en échec le célèbre maréchal de Villars, qui commandait des troupes réglées et accoutumées à la victoire.

Le Vivarais ne fut pas le théâtre principal de cette guerre; mais les insurgés vinrent y faire des incursions, ils s'y recrutèrent, quelques-uns de leurs chefs y avaient pris naissance. Il y a plus: en 1704, un certain nombre d'habitants du Vivarais prirent les armes pour la cause des camisards, et, sous la conduite d'Abraham Charmasson, du hameau d'Arc, près de Vallon; de Dortial, dit Saint-Jean, de Chalancon, et d'un certain de Combes, promenèrent l'incendie et le carnage dans les maisons des nouveaux convertis et dans les églises de Gluyras, de Saint-Maurice, de Chalancon, de Saint-Fortunat, de Saint-Barthélemy-le-Pin, etc., etc. Ils s'avancèrent même jusque vers Tournon, dont les habitants les repoussèrent, puis ils furent traqués par les troupes royales, commandées par le sieur de Julien, et enfin surpris et taillés en pièces dans le village de Franchesin, qui fut pillé et réduit en cendres.

Pendant les années suivantes, les intrigues de la Hollande et de l'Angleterre ne cessèrent d'entretenir beaucoup de fermentation en Vivarais. Plusieurs conspirations furent prévenues ou étouffées à leur naissance. En 1709, un mouvement assez sérieux finit par y éclater. Deux anciens officiers de Cavalier, Dupont et Daniel, et un certain Abraham Mazet, vinrent de Hollande pour rallumer le feu de la guerre civile. Ils rencontrèrent à Vals un gentilhomme appelé Malmazet de Justet, homme entreprenant, audacieux et fanatique. Ils levèrent une troupe assez considérable, la bourgade de Gilhoc leur donna asile, ils tinrent en échec des détachements des armées royales, et lancèrent un manifeste habile où ils demandaient la liberté de conscience, l'amnistie et la libération de leurs coréligionnaires condamnés à la prison ou aux galères, la suppression de quelques impôts, et où ils promettaient aux catholiques de ne leur faire aucun mal, s'ils ne gardaient pas et ne défendaient pas leurs prêtres. Ils tinrent parole, et leur modération, unie à une étonnante bravoure, parut d'abord leur donner des chances de succès que n'avaient pu avoir les premiers camisards à cause de leurs cruautés. Courten et plusieurs officiers du roi furent battus par eux à diverses reprises, du côté de Saint-Fortunat et de Saint-Pierreville. Enfin, le duc de Roquelaure, commandant du Languedoc, vint en personne pour les réduire, et il attendit d'avoir 4,000 hommes pour les combattre. Un de ses officiers, M. de Miromesnil, les atteignit et les attaqua sur la montagne de Leyris, près de Barjac, au-dessus de la rivière de Bresson. Les insurgés firent des prodiges de valeur, mais ils furent forcés de céder au nombre : Justet périt, après avoir cassé le bras à M. de Miromesnil et vendu chèrement sa vie. Abraham Mazet et Daniel rallièrent les fuyards, et, le 19 juillet, éprouvèrent à Fontréal une défaite qui acheva de porter le dernier coup à l'insurrection (1). La commune de Vals et quelques autres qui passaient pour avoir favorisé les rebelles, furent sévèrement traitées. Depuis ce temps, la révolte ne put pas prendre de nouvelles racines dans ce malheureux pays, tant de fois déchiré par les guerres civiles.

La révocation de l'édit de Nantes avait porté d'abord un coup funeste à l'industrie et aux fabriques en Vivarais comme dans le reste de la France. Peu à peu, cependant, le commerce se releva à l'aide de la tolérance et de la paix; il prit même un grand essor dans le cours du dix-huitième siècle. Puis une révolution nouvelle éclata sur la France, et vint encore agiter le vieux Vivarais devenu département de l'Ardèche. Le camp de Jalès fut dénoncé, comme une autre Vendée, aux colères de la convention. A cette insurrection sans consistance succéda une sorte de chouannerie, qui se prolongea sous le directoire, sous le consulat, et créa des réfractaires jusque vers 1804 et 1805 (2).

Depuis que la main puissante de Napoléon a rétabli l'ordre intérieur dans le département de l'Ardèche, il n'y a été troublé que par le contre-coup de nos révolutions, malheureusement trop fréquentes depuis quarante années. Aujourd'hui, quelle que soit la différence des opinions politiques ou des convictions religieuses des habitants de l'ancien Vivarais, ils ont bien compris qu'aucune question de ce genre ne devait plus se décider entre eux par la force : ils ont reconnu que, chez un peuple civilisé, toutes les luttes qui naissent de la division des esprits doivent être transportées dans le noble et pacifique domaine de l'intelligence.

Note sur quelques points de statistique comparée de l'ancien Vivarais et du département de l'Ardèche.

Voici des détails de statistique sur l'ancien Vivarais, tirés de manuscrits qui nous ont été confiés par feu M. l'abbé de Farconet, de Tournon :

La population du Vivarais, en 1768, était évaluée à environ 230,000 âmes, dont 95,000

---

(1) Ces événements seront racontés avec plus de détails dans le cours de cet *Album*.
(2) Je tiens d'un respectable vieillard, M. l'abbé de Rochemure, qu'il sollicita lui-même à cette époque, du préfet du département, une amnistie pour une de ces bandes, que l'on pourrait plutôt comparer aux compagnies de Jésus, du Lyonnais et du Forez, qu'aux chouans de Bretagne. L'amnistie fut accordée, et produisit un très-bon effet. Le pays ne tarda pas à se pacifier entièrement.

dans le Haut et 135,000 dans le Bas-Vivarais. La portion noble passait pour être du cinquantième.. 2,600 ⎫
La bourgeoisie du quinzième........................... 15,332 ⎬ 230,593 fr.
Les roturiers et paysans................................. 212,661 ⎭

Le Vivarais supportait le onzième des impositions totales de la province de Languedoc, et le neuvième de la capitation.

	fr.	
Le Vivarais exportait en vins vendus à l'étranger ou dans les provinces voisines..	600,000	⎫
En bestiaux...	500,000	⎪
En pommes de terre...	50,000	⎪
En marrons...	300,000	⎪
En bois de construction...	300,000	⎪
En fromages et beurre...	100,000	⎬ 5,800,000 fr.
Commerce de soie...	1,500,000	⎪
En ratines du Vivarais, déduction faite des laines achetées à l'étranger...	600,000	⎪
En draps de Tournon..	200,000	⎪
En cadix..	200,000	⎪
Etoffes croisées..	150,000	⎪
Commerce particulier des villes d'Aubenas et Annonay, déduction faite du prix des matières étrangères, évalué à...........	1,200,000	⎭

De cette somme de 5,800,000 fr. il fallait déduire
1° Les importations.

Le Vivarais tirait une partie de ses blés du Lyonnais et de la Bourgogne. Blés 30,000 setiers à 10 fr.. 300,000
Le Vivarais payait annuellement pour l'huile qui lui manquait. 60,000
Pour les savons....................................... 120,000
Pour le sucre et le café............................... 340,000
Pour les épiceries et drogueries...................... 80,000
Pour les fers, cuivre, houille et divers métaux........ 120,000

Total............	1,020,000	⎫
2° Les impositions (1).................................	1,500,000	⎬ 4,820,000 fr.
3° Droits de gabelle...................................	1,500,000	⎪
4° Tabac..	800,000	⎭

Restait en bénéfice net.............. 980,000 fr.

---

(1) En 1788, c'est à dire dix ans après, les impositions avaient été augmentées; elles étaient de 1,570,684 liv. A la vérité, comme on l'a dit dans une note ci-dessus, il y avait à déduire de cette somme 246,500 liv. pour dépenses locales du Vivarais. Par conséquent, dans le tableau que nous empruntons ici au mémoire fourni par M. de Farconnet, on n'aurait pas dû compter en entier comme frais frustratoires pour le pays, la somme de 1,500,000 liv. qui ne se composait pas seulement d'impôts royaux.

Nous avons vainement cherché, pour nous rendre compte de l'état actuel des importations et des exportations du département de l'Ardèche, les éléments d'un tableau complet comme celui qui précède. Cependant, on peut montrer que l'agriculture et l'industrie commerciale ont marché à pas de géant, dans ce pays, depuis la révolution de 1789. On estime à environ cinq cent quarante-cinq mille hectares carrés la superficie totale du département de l'Ardèche, sur lesquels trois cent vingt mille seraient cultivés en prés et terres labourables, vingt-quatre mille cinq cents, en vignes ; cent trente-huit mille ne présenteraient que des landes, et, malgré le déboisement toujours croissant, il y aurait encore près de quarante mille hectares plantés en forêts.

On élève dans l'Ardèche quinze mille chevaux et mulets, soixante mille bêtes à cornes, et trois cent mille moutons produisant quatre cent dix mille kilogrammes de laine par an. On exporte aussi un certain nombre de porcs engraissés.

Le sol produit près de cinq cent mille hectolitres de vin, un million deux cent dix mille hectolitres de céréales et de parmentières, cent cinq mille hectolitres d'avoine et cent soixante mille hectolitres de châtaignes ou marrons.

Les oliviers diminuent sensiblement, et l'huile qui en provient est tout à fait insuffisante pour les besoins de la consommation du département. On y fait beaucoup d'huile de noix.

Le blé ne suffit pas pour l'alimentation des habitants : on y supplée avec des pommes de terre et des marrons.

On vend beaucoup de chevreaux pour la ganterie. Quelques-uns des vins de l'Ardèche, tels que ceux de Saint-Péray et de Cornas, ont une assez grande renommée. On trouve à la Gorce et à Bidon le meilleur miel que la France produise. A Mézilhac et dans les montagnes, on fait un grand commerce de fromage et de beurre.

Quant à l'industrie commerciale, elle a fait des progrès encore plus remarquables. De 1808 à 1812, le département de l'Ardèche, dont le revenu en cocons était d'une valeur moyenne de 2,196,000 fr., produisait, en 1830, pour 16,000,000 de fr. de soie grége, dont la valeur, augmentée par l'ouvraison dans deux cent vingt-six fabriques, a été de 23 à 24 millions.

De nouvelles filatures, de nouveaux moulinages, s'élèvent chaque jour sur tous les points du département, et la matière première s'augmente par la multiplication du mûrier.

Les mégisseries, qui emploient des peaux de chèvres importées, non-seulement du reste de la France, mais des autres pays de l'Europe ainsi que de l'Amérique et de l'Asie, produisent de sept à huit millions par an, dont les deux tiers sont *exportés*.

La papeterie ne comptait que six fabriques en Vivarais avant la révolution, elle en compte dix aujourd'hui. Dans l'Ardèche, elle n'occupait que deux cent soixante ouvriers, et maintenant elle en occupe plus de quatre cents, malgré le perfectionnement des machines qui économisent infiniment la main d'œuvre.

Cette branche de commerce rendait autrefois de 80 à 87,000 fr. de bénéfice net ; à présent elle produit plus de 5 à 6,000,000 par an, dont un tiers est exporté. Le papier d'Annonay a une réputation européenne (1).

Quant au fer, bien loin d'être tributaire des contrées voisines, le département de l'Ardèche peut s'enorgueillir à juste titre de ses belles usines de la Voulte, qui produisent, à aussi bon marché que possible, trois cents quintaux de fer par vingt-quatre heures, et qui occupent cent soixante-dix ouvriers.

On peut voir, d'après ce court aperçu, que les revenus du département de l'Ardèche sont hors de toute proportion avec ceux de l'ancien Vivarais.

La population, qui suit assez ordinairement les progrès de la richesse publique, s'est augmentée dans l'Ardèche avec une grande rapidité. Nous avons vu que le Vivarais comptait, en 1768, deux cent trente mille âmes ; il y en avait, en 1830, trois cent vingt-neuf mille. Le nouveau recensement élèvera ce chiffre à plus de trois cent quarante mille.

---

(1) Maintenant il s'en fabrique de trois cent quinze à trois cent seize mille rames par an, et chaque année la production augmente.

ALBUM

HAUT VIVARAIS.

Serrières et le château Peyraud.

Le Rhône limite le département de l'Ardèche ou l'ancien Vivarais dans la plus grande longueur. Il y a trente-huit à trente-neuf lieues de poste de Limony à Saint-Just-d'Ardèche, ou, pour ne parler que des villes situées sur la rive même du fleuve, il y a trente-cinq lieues de Serrières au bourg de Saint-Andéol. Ainsi, si l'on veut commencer le voyage du Vivarais par le nord, il faut descendre le Rhône et débarquer à Serrières, près du joli pont en fils de fer qui orne cette ville, toujours riche et florissante, quoique récemment visitée par divers fléaux, savoir, le choléra en 1832, et les inondations successives de 1840 et 1841 (1).

Serrières avait un château fort qui fut pris et repris dans le temps des premières guerres de religion. Depuis très-longtemps cette ville fait un commerce considérable de bois de charpente; elle est l'entrepôt des vins que produisent les beaux vignobles des environs. Sa population (2) est de plus de deux mille âmes.

Le quai de Serrières, au-dessous du pont, est assez bien bâti et forme une promenade que des villes plus considérables pourraient lui envier.

A un quart de lieue de Serrières, après avoir traversé un riche et fertile vallon

---

(1) Les populations de nos provinces méridionales sont encore sous l'impression des désastres et des ravages affreux qui y furent faits par le Rhône au commencement du mois de novembre 1840, et qui se sont renouvelés en partie au mois d'octobre 1841.

(2) Il y a à Serrières une justice de paix et un bureau de bienfaisance.

qui s'arrondit en demi-cercle entre le Rhône et des collines parsemées de bois, de prés et de vignobles, on découvre un manoir restauré dans le style moderne et exhaussé sur de vastes et hautes terrasses. C'est le château de Peyraud que possédèrent d'abord les sires de Roussillon, marquis d'Annonay.

Vers le milieu du quatorzième siècle, Aymar de Roussillon (1) eut avec l'église de Lyon des différends qui se terminèrent par une guerre. Il battit les champions de l'archevêché, qui étaient Bernard de Varey et Aymar de Villeneuve; il les fit prisonniers, les jeta au cachot, et, par pure cruauté, fit arracher une dent à Aymar de Villeneuve. Le roi, qui était à Avignon, fut si outré de cette conduite, qu'avant de revenir à Paris il fit raser le château de Peyraud et deux autres places fortes qui appartenaient au sire de Roussillon.

Peu de temps après, Arnaud de Faï devint seigneur de la terre de Peyraud, par suite d'un mariage (2) qu'il avait contracté précédemment avec une parente d'Aymar de Roussillon, marquis d'Annonay. Arnaud de Faï, avec l'autorisation du roi, fit relever le manoir en ruines.

Les Faï eurent dans le Velay le berceau de leur famille. Pons de Faï, qui vivait au onzième siècle, épousa une fille d'Arnaud, vicomte de Polignac. Ses deux fils, Pons et Pierre, vendirent une partie de leur patrimoine pour aller, en 1095, à la première croisade. De tout temps cette famille sut préférer la gloire à la fortune (3).

---

(1) *Histoire d'Annonay*, par Poncer jeune; cet écrivain place cet événement à la date de 1351.

(2) Ce mariage eut lieu en 1330, d'après des titres que possède encore la famille de Fay.

(3) Suivant une généalogie que nous fait communiquer M. de Fortia d'Urban, cette famille aurait mêlé son sang à celui de Saint-Louis; voici cette généalogie :

EXTRAIT
DE LA GÉNÉALOGIE DE LA MAISON DE FORTIA.

Branche des Fortia d'Urban.

XI. Paul de Fortia.................. Il quitta le service en 1681, et se retira à Avignon, où il se maria, le 4 mai de cette année 1681; l'évêque d'Orange, Jean-Jacques d'Obeille, conseiller du roi en ses conseils d'état et privés, abbé et comte de Montfort, fit les cérémonies de son mariage avec haute et puissante dame Marie-Esprit de Vissec de la Tude de Ganges, veuve de haut et puissant seigneur messire Henri de Faï, marquis de Peyraud, en Vivarais, baron de Vézenobres et autres places; fille de haut et puissant seigneur Charles de Vissec de la Tude, marquis de Ganges, baron des états de Languedoc, et de feue haute et puissante dame Diane de Joannis de Châteaublanc, cette marquise de Ganges, dont la beauté et les malheurs qui en furent la suite la rendirent célèbre, et dont l'histoire a été imprimée en 1810. Le contrat de mariage de la marquise d'Urban, sa fille, fut reçu par Thomas Rivasse, notaire à Caderousse. Elle descendait de Saint-Louis, roi de France, et cet honneur, qu'elle transmit à sa postérité, est si flatteur pour la maison de Fortia, qu'il mérite ici quelques détails. On énoncera seulement les noms des alliances qui ont formé ces diverses générations, en passant du père au fils, ou à la fille.

1º Saint-Louis, roi de France, mort le 25 août 1270, eut, de Marguerite de Provence,

2º Philippe III, dit le Hardi, roi de France, mort le 25 octobre 1285, eut, d'Isabelle d'Aragon,

3º Charles, comte de Valois, mort le 16 décembre 1325, eut, de Marguerite de Sicile,

4º Philippe de Valois, roi de France, mort le 22 août 1350, eut, de Jeanne de Bourgogne,

Les Faï-Peyraud, qui s'allièrent aux Montmorency, furent la source des Faï-Gerlande et des Faï-Latour-Maubourg. Nous parlerons des Latour-Maubourg à l'occasion du château de Boulogne qui leur a appartenu, ainsi que la baronnie qui en dépendait.

Il y a quelque temps, l'auteur de cet *Album* était à Malte; il visitait l'église de Saint-Jean-de-Jérusalem. Sur les dalles dont cette église est pavée (1), il aperçut des inscriptions tumulaires dédiées à la mémoire des chevaliers de Malte illustrés par d'éclatants exploits ou par une fin héroïque. Il remarqua, au milieu de beaucoup de noms étrangers, celui d'un Français mort au siége de Malte en portant l'étendard de la religion; c'était un Faï-Soignac.

La branche aînée des Faï, qui produisit plusieurs baillis et commandeurs de Malte et un sénéchal de l'ordre, eut donc aussi son contingent de sang noblement versé. Elle existe toujours en Vivarais.

Les Faï avaient donné au château de Peyraud une haute importance. C'était un de ces manoirs vastes et somptueux tels que ceux de Crussol, de la Voulte, de Rochemaure, qui commandaient alors en Vivarais la rive droite du Rhône.

Les Faï-Peyraud, qui, jusqu'aux guerres de religion, furent des sujets fidèles au roi de France, exercèrent les premières fonctions de la province. Plusieurs d'entre eux furent sénéchaux de Beaucaire et de Nîmes.

François de Faï, baron de Peyraud, était colonel de cavalerie dans les armées protestantes du Languedoc. Il s'empara, en 1562, avec l'autorisation de son général, le baron des Adrets, du couvent des Célestins ou château de Colombier (2); mais il empêcha qu'on y commit aucune espèce de désordre.

Le fils de cet officier supérieur ne sut pas allier comme lui la prudence à l'habileté et au courage.

5º Jean II, dit le Bon, roi de France, mort le 22 avril 1364, eut, de Bonne de Luxembourg,
6º Philippe de France, duc de Bourgogne, mort le 27 avril 1404, eut, de Marguerite de Flandre,
7º Marie de Bourgogne, morte le 6 octobre 1428, eut, d'Amédée VIII, duc de Savoie,
8º Louis, duc de Savoie, mort le 11 novembre 1462, eut, d'Anne de Lusignan,
9º Philippe II, duc de Savoie, mort le 7 novembre 1497, eut, de Bonne de Romagne,
10º René, comte de Villars, mort en 1424, eut, d'Anne de Lascaris,
11º Madeleine de Savoie, morte en 1586, eut, d'Anne, duc de Montmorency,
12º Henri, duc de Montmorency, mort le 1er avril 1614, eut, de Charlotte des Essarts,
12º Marie de Montmorency eut, de Jean de Faï, seigneur de Peyraud, et baron de Vézenobres,
14º Françoise de Faï eut, de Georges de Rousset, seigneur de Saint-Sauveur,
15º Laure de Rousset de Saint-Sauveur eut, de Gabriel de Joannis, seigneur de Châteaublanc,
16º Diane de Joannis de Châteaublanc eut, de Charles de Vissec, marquis de Ganges,
17º Marie-Esprit de Vissec de la Tude de Ganges, dont il est ici question, laquelle épousa en premières noces Henri de Faï, marquis de Peyraud, et en secondes noces, Paul de Fortia, marquis d'Urban.

(1) Les monuments des grands maîtres sont dans des chapelles particulières.
(2) Voir au chap. 3me.

Il perdit son père de bonne heure, quand il aurait eu besoin encore du frein salutaire de son autorité. D'un caractère fougueux et bouillant, il ne rêvait que prises d'armes et grands coups d'épée. Du Peloux (1), chef catholique, plein de sagesse et de talent, avait toujours eu sur l'esprit de ce jeune seigneur la plus heureuse influence. Il avait tempéré sa belliqueuse ardeur et l'avait maintenu dans le parti de la royauté. Mais, en 1574, quand du Peloux donna sa démission des fonctions de gouverneur d'Annonay, le jeune Faï-Peyraud, furieux, jura qu'il n'avait plus de chef à reconnaître et que désormais *il en ferait à sa tête*. En conséquence, il gagna à son parti cinquante jeunes gens d'Annonay appartenant à la religion calviniste, il débaucha beaucoup de soldats de la garnison de cette ville, et, avec cette petite troupe, il s'empara des châteaux de la Barge et de Serrières. Il laissa dans celui de Serrières une garnison qui brûla plusieurs maisons dans l'intérieur de l'enceinte du fort; puis il établit quelques hommes d'armes à Peyraud, et se mit, comme au temps de l'anarchie féodale, à enlever les convois de marchandises (2) qui passaient le long du Rhône sous les murs de sa terrasse.

Le sénéchal du Lyonnais, à la tête de quelques compagnies royales, vint mettre ce noble séditieux à la raison. A l'aide de deux canons et de quelques coulevrines, il battit en brèche, avec tant de vigueur, les deux châteaux de la Barge et de Peyraud, que les garnisons demandèrent à se rendre; pendant qu'on parlementait, le sire de Peyraud s'échappa, avec quelques hommes déterminés, par une porte de derrière, du côté de la montagne. Les assiégeants entrèrent de force dans son château, le pillèrent et le saccagèrent, et firent prisonnières sa mère et sa sœur récemment arrivées du Languedoc; puis ils mirent à rançon les riches paysans de sa terre, firent toutes sortes de meurtres et de violences, brûlèrent le village de Peyraud, et rasèrent les deux forts jusqu'aux fondements. Les moulins de Peyraud furent transportés à Lyon pour la part de butin des canonniers. On appela *vastadours* les pionniers qui détruisirent ces vieux édifices et en jetèrent les matériaux dans le Rhône.

Plus de vingt ans après, sous le règne d'Henri IV, quand on reconstruisit le château de Peyraud, on retrouva une grande quantité de boulets provenant du siége de 1574.

Quant au sire de Peyraud, il se fit le lieutenant de Pierre Gourde, et continua à guerroyer pour le parti protestant.

---

(1) Mémoire d'Achille Gamon et autres mémoires manuscrits.

(2) « Fut par eux arrêtée une voiture de marchandises qu'on estimait valoir plus de 100,000 liv., laquelle fut mise en terre et déchargée au château Peyraud, et en grande partie ravie par les soldats altérés. Toutefois, quelques jours après, les marchands vinrent composer pour le recouvrement du reste, et, pour le paiement, laissèrent audit château deux Allemands en ôtage. » (*Mémoires d'Achille Gamon.*)

Ces événements portèrent un coup funeste à la maison de Faï-Peyraud. « La ruine de cette maison anciennement noble et illustre, dit Achille Gamon, fut beaucoup regrettée et attribuée à la légèreté d'un trop jeune conseil. »

Le dernier rejeton des Faï-Peyraud laissa une fille qui épousa le président de Saint-Priest.

Aujourd'hui le château de Peyraud appartient à M. de Barrin.

Au commencement du treizième siècle, le village de Peyraud a donné le jour au moine dominicain Guillaume, surnommé *Peraldus*, du nom de son lieu de naissance, et connu par son traité *de eruditione religiosorum* (1). Ainsi, tandis que le donjon féodal servait de berceau à de hautes renommées militaires, les chaumières qui s'abritaient aux pieds de ses tourelles n'étaient pas déshéritées de toute chance de gloire. L'église, en ouvrant au pauvre serf les arceaux de ses cloîtres, lui offrait une carrière où il pouvait trouver de la considération et de la renommée.

L'église de Champagne.

A une demi-lieue de Peyraud, on trouve le village de Champagne, qui paraît simple et pauvre. Sur la petite place de ce village se présente l'église; la partie inférieure de sa façade est cachée par une double porte basse et étroite, et par des murailles épaisses. On entre et on s'étonne de se trouver dans une espèce de basilique romaine, forme donnée aux premières églises des chrétiens. C'est un carré long à trois nefs, à deux rangs de piliers et de colonnes. Le chœur forme un demi-cercle environné de six colonnes, sur lesquelles repose la coquille qui termine l'édifice. Deux chapelles latérales, destinées à modifier, par la figure des branches

---

(1) Cet ouvrage sur l'*Erudition des religieux* fut imprimé longtemps après sa mort, sous le nom d'Hambert, général des dominicains. Guillaume Peyraud composa encore 1° la *Somme des vertus et des vices*, faussement attribuée depuis à Guillaume de Brosse; 2° un Recueil de sermons *de diversis et de festis*; 3° un Traité sur la règle de saint Benoît; 4° un Traité *de eruditione principum*; 5° un autre ouvrage intitulé *Virtutum, vitiorumque exempla*. Suivant quelques auteurs, Guillaume Peyraud aurait été suffragant de l'archevêché de Lyon. Il serait mort vers 1260 ou 1275.

de la croix, le plan primitif des basiliques chrétiennes, servaient de support à deux tours ou *campaniles*, dont l'une est maintenant écroulée (1).

L'architecture un peu lourde de cet édifice, où domine le style roman, semble fixer au dixième ou onzième siècle la date de sa construction.

Les colonnes, dont la hauteur n'est pas proportionnée à la grosseur, suivant les règles de l'art grec, sont, d'après l'opinion d'antiquaires habiles, tirées d'un temple romain qui aurait existé sur la montagne du Châtelet, située à un quart de lieue au sud du village de Champagne. Elles auraient été recoupées, ou du moins on les aurait fait servir comme matériaux pour l'église chrétienne.

Les fenêtres sont fort étroites et les murailles fort épaisses. C'est une de ces églises fortifiées où les moines se retranchaient, dans le moyen âge, contre les invasions des barbares et les brigandages des barons mécréants.

Les tribunes ou galeries qui règnent au fond de l'église et sur les nefs latérales sont supportées par des piliers et des colonnettes de fort bon goût, où semble poindre le style gothique.

La corniche de la tribune placée au-dessus de la porte d'entrée est remarquable par six médaillons qui représentent des sujets de fantaisie, dans de petites dimensions.

Le premier, à gauche, offre un satyre à demi renversé, qu'on voit par derrière; son torse est habilement dessiné. Il soutient la corniche avec effort, de ses genoux, de sa poitrine et de ses mains, et semble suspendu dans les airs par une force surnaturelle.

Le deuxième sujet présente un lion qui repose sur les pattes de devant; le troisième et le quatrième médaillons sont moins bien conservés : ce sont deux jeunes faunes avec des pieds de chèvre, accroupis dans des attitudes diverses et soutenant la corniche sur leur dos, qui semble fléchir sous le poids.

Le cinquième morceau est une figure de tigre, à qui le sculpteur a donné la physionomie d'un homme.

Le sixième est un groupe de deux génies, qui se penchent l'un vers l'autre pour s'embrasser. L'un des deux prend d'une main le menton de son ami, qui le regarde en souriant et jette un bras autour de son cou. Il y a, dans la pose de ces deux statuettes, de la grâce et de l'abandon. Je ne serais pas étonné que ces sculptures appartinssent au temps d'Adrien, cet artiste-roi, qui poussa si vivement son siècle à l'imitation des chefs-d'œuvre de la Grèce antique.

Il est à regretter que cette corniche, ces statues et toute l'église soient revêtus de plâtre et de couleurs du plus mauvais goût. Si l'on obtenait, pour réparer cet

(1) Celle du côté du midi.

édifice, des fonds du ministère des travaux publics, il faudrait commencer par tout regratter avec soin.

La corniche qui règne tout autour de l'église est un reste d'entablement romain. Elle présente çà et là des restes un peu frustes de sculpture architecturale. Dans la portion surtout qui s'étend autour des murailles du chœur, on aperçoit de jolies volutes de feuilles d'acanthe, des animaux fantastiques, des têtes de tigres, de chèvres, de louveteaux, le buste d'un berger, celui d'un satyre, etc.

On a incrusté dans les diverses façades des morceaux de sculpture, dont les uns appartiennent au temps des Romains, les autres à l'époque de la barbarie. On a évidemment employé à la construction de cette église des matériaux provenant d'édifices différents.

Tel qu'il est, un pareil édifice serait remarquable partout : on l'admire bien davantage encore dans le pauvre village où il est situé.

Cette église faisait partie d'une abbaye de bénédictins qui fut fondée autrefois, à ce qu'on assure, par la maison d'Albon (1).

Le couvent des Célestins et Annonay.

De Champagne, il faut retourner à Serrières, et prendre la route d'Annonay qui passe par Péaugres, si l'on veut voir près de là le couvent des Célestins, fondé par le cardinal Pierre de Colombier en 1358. Cet ancien couvent est à un quart de lieue de la route. Les immenses bâtiments qui existent aujourd'hui datent de 1675; le monastère gothique, tel qu'il était primitivement, fut détruit dans le temps des guerres de religion. Les Célestins, qui étaient une branche de l'ordre de Saint-Benoît, avaient d'abord défriché avec ardeur le désert inculte qui entourait leur demeure. Après les guerres de religion, ils avaient perdu une partie de leur simplicité et de leur austérité primitives; mais la charité leur restait : dans le cruel hiver de 1709, pour nourrir les villages de Félines, de Péaugres et tous les hameaux

---

(1) Si on voulait avoir des détails encore plus étendus sur l'église de Champagne, on pourrait les puiser dans l'intéressante notice de M. Henri Magnart, insérée dans l'*Annuaire* de l'Ardèche de 1839.

voisins, ils donnèrent d'abord tout ce qu'ils avaient, et firent ensuite des emprunts à des banquiers d'Annonay pour continuer leurs aumônes et pourvoir à leur propre existence. Mais, dans le cours du dix-huitième siècle, la mollesse de ces moines devint proverbiale : « Ils suent en mangeant, disait-on, et tremblent en travaillant. » En 1773, l'ordre des Célestins fut détruit, et le monastère de Colombier supprimé.

En arrivant à Annonay par cette route, on voit sur sa droite, au bas d'une gorge riante, la magnifique papeterie de M. de Canson (1), qui a porté à un si haut degré de perfectionnement cette branche d'industrie commerciale. Cet établissement peut servir de modèle dans son genre.

Malheureusement ce n'est pas de ce côté que la ville se présente le mieux ; mais si l'on vient, comme je l'ai fait une fois, par la route de Tournon, Annonay se découvre du pont de la Canse, assise en amphithéâtre sur ses deux collines, avec son clocher élancé de Trachi, et son château perché sur plusieurs étages de rues et de maisons. Il est fâcheux que ce château ait perdu, non-seulement sa couronne de créneaux, mais même tout vestige de style féodal.

Le château d'Annonay remonte, suivant M. Poncer (2), au douzième siècle, et, suivant d'autres auteurs, à une antiquité encore plus reculée. Au-dessous, près de la Place-Vieille (3) il existait un banc appelé banc des Chevaliers. Là, le seigneur ou son bailli tenait audience : on y proclamait les ordonnances, on y faisait les encans publics, on y passait quelquefois des actes notariés.

Après avoir traversé, en arrivant de ce côté, la plus grande partie de la ville d'Annonay, on trouve un nouveau pont sur une autre rivière, la Deôme. Au-dessus du bord de cette rivière et en face du château, s'élèvent les rochers de Saint-Germain, dont les masses noirâtres, revêtues çà et là d'arbustes et de plantes grimpantes, pendent sur les eaux avec leurs formes pittoresques et variées. Sur ces rochers était autrefois un ermitage auprès duquel on bâtit une chapelle dans le quatorzième siècle. En 1607, on y établit (4) un prieuré, et tous les ans le clergé de l'église de Notre-Dame d'Annonay s'y rendait processionnellement pour y chanter l'office divin. En 1760, l'église s'écroula, on ne la rétablit pas, et les biens dépendant du prieuré furent réunis à ceux du chapitre de Notre-Dame.

Quelques savants d'Annonay ont prétendu faire remonter l'origine de cette ville jusqu'à Jules-César. Suivant eux, ce conquérant des Gaules l'avait choisie pour lieu d'entrepôt de ses vivres. De là, le nom d'*Annona*, Annonay.

---

(1) Cette papeterie, qui était la même que celle de feu M. Montgolfier, père de Joseph et d'Etienne Montgolfier, inventeur des aérostats, a reçu, depuis ce temps, d'immenses accroissements.

(2) Poncer, *Mémoires historiques sur Annonay*, tom. 1er, pag. 15.

(3) « Dans l'étage inférieur de la maison St-Ange-Astier, » dit le même M. Poncer.

(4) Poncer, tom. 1er, pag. 12.

Cette induction, fondée seulement sur une étymologie, peut paraître un peu hasardée à quiconque s'est occupé de critique historique. On ne supplée pas au silence des écrivains contemporains avec des conjectures.

On a trouvé des antiquités à Désaignes, à Mauves, à Tournon, à Saint-Jean-de-Mussol, à la montagne du Châtelet près de Champagne. On a découvert les restes d'un silo romain sur les bords de l'Ay, près de l'habitation de M. le marquis de Mascla. Or, de ce que les conquérants des Gaules ont laissé des traces de leur passage sur plusieurs points du haut Vivarais, tandis que l'on n'a jamais pu en trouver le moindre vestige à Annonay, que devra-t-on conclure? Qu'ils n'ont jamais occupé l'emplacement de cette ville? La logique ordinaire répondrait ainsi; mais celle des érudits est d'une nature particulière, et on les entendra soutenir que les Romains ont dû aussi avoir un établissement dans Annonay, parce que cette ville est admirablement située sur la Canse et la Deôme. Quel puissant raisonnement!

Tout porte à croire, au contraire, qu'Annonay est une ville d'origine féodale. Les anciennes chartes l'appellent *Castrum Annoniaci*. Ce château fut la résidence du viguier du haut Vivarais, puis du bénéficier, qui usurpa, à titre héréditaire, l'autorité révocable ou viagère que le souverain lui avait concédée. Des hommes d'armes se logèrent dans l'enceinte (1) du fort, et des paysans abritèrent leurs chaumières contre ses remparts. Telle nous paraît être l'histoire du berceau de cette ville.

La manie de reculer toutes ses origines dans le lointain des âges a encore donné lieu à la tradition qui reporte jusqu'au quatrième siècle de notre ère la fabrication du parchemin (2), industrie dont l'origine est très-ancienne à Annonay, et qui y a subsisté jusqu'à la fin du quatorzième siècle. Mais, sans détailler ici toutes les raisons de l'invraisemblance de cette tradition, contentons-nous de dire que nous ne trouvons pas de mention positive de l'existence d'Annonay avant le commencement du neuvième siècle. Cette mention est tirée d'un cartulaire de l'église de Vienne, où il y a un acte (3) daté de 805, et relatif à l'archiprêtré de la cité d'Annonay, *civitas*. Cette ville existait donc antérieurement.

---

(1) Suivant M. Poncer, les maisons que les nobles habitaient dans l'enceinte du fort ont formé un faubourg qui s'appelait Bourg-Ville. (Voyez tom. 1er de son histoire, pag. 10 et 11.)

(2) Les mégisseries d'Annonay procèdent sous le rapport matériel de cette industrie dont voici l'origine, suivant Pline : « Eumènes, roi de Pergame, voulant rivaliser, pour l'établissement de bibliothèques publiques, avec Ptolémée, roi d'Égypte, ce dernier, afin d'empêcher son rival de l'emporter sur lui, défendit l'exportation du papyrus préparé ou *charta*. Privés de cette matière, les Pergaméniens imaginèrent de la remplacer par des peaux d'animaux qu'ils préparèrent d'une façon toute particulière, et qui, du nom de leur ville, portent le nom de *Pergamins*. » (Pline, XIII, 2.) Ainsi, le parchemin remonte à l'an 468 de Rome, ou 286 avant J.-C. Le même Pline cite comme un chef-d'œuvre de calligraphie les vingt-quatre livres de l'*Iliade*, transcrits sur une seule bande de pergamin tenant dans une noix. (Plin., VII, 21.)

(3) Cet acte nous a été montré par M. Poncer; il est tiré des statuts dressés par l'archevêque Volfère, sous l'autorité de Charlemagne.

En 844, un acte d'échange fait entre deux seigneurs, le comte Archambaud et le comte Rostaing, désigne Argental comme faisant partie du mandement d'Annonay, et Annonay comme appartenant au pays Viennois (1). Il paraît même que le mandement d'Annonay, appelé depuis haut Vivarais, s'est étendu jusqu'à Cruas (2).

Annonay fut, dans les neuvième, dixième et onzième siècles, le chef-lieu d'une viguerie ou vicairerie, gouvernée par un lieutenant *(vicarius)* du comte de Vienne (3).

Le château d'Annonay et ses dépendances appartinrent ensuite successivement aux comtes de Forez, à l'archevêque de Lyon, aux dauphins de Viennois (4), aux sires de Roussillon (5), aux sires de Villars, aux Lévi-Ventadour et aux Rohan-Soubise. Ces seigneurs accordèrent à Annonay des chartes et des libertés qu'ils confirmèrent et étendirent tour à tour. En 1568, Achille Gamon recueillit et mit en ordre les chartes des libertés et franchises accordées aux habitants d'Annonay, par leurs seigneurs successifs; puis il écrivit aux consuls pour leur offrir ce travail. Il leur fit sentir les avantages qui en résultaient pour leurs concitoyens, dont les charges féodales étaient bien moindres que celles des villes voisines, telles que Tournon, Andance, Satilleux, etc. « Là, dit-il, les habitants sont exposés à des tailles, à des doublements de rentes dans les cinq cas, à des corvées, à la banalité des moulins, et pour la vente des vins, enfin, aux droits de troussage, gelinage et civerage, dont les citoyens d'Annonay ont été délivrés par leurs seigneurs en grande partie (6). »

Quant à l'église de Notre-Dame d'Annonay, son existence, comme nous l'avons vu par l'acte cité plus haut, remonte au temps de Charlemagne; elle avait été en partie reconstruite depuis. Elle était fort grande et d'un beau style; son chœur s'étendait en demi-cercle sur la place appelée aujourd'hui place de la Liberté; elle

---

(1) *Ipsæ vero res consistunt in pago Viennensi, in agro Annonacensi, in loco qui vocatur Argentam...* (*Recueil des historiens de France*, tom. VIII.)

(2) Girard, comte de Forez, donna, pour sa sépulture, à Adelene, abbé de Saint-Pierre-de-Vienne, des fonds de terre *in agro Annonacensi in villa Crudatis*. (Chorier, *Histoire de Dauphiné*, tom. 1er, et Poncer jeune, *Histoire d'Annonay*, tom. 1er, pag. 190 et 191.

(3) Chorier, *Histoire de Dauphiné*.

(4) Aux archives de la chambre des comptes de Grenoble on trouve, à la date de 1230, une déclaration du dauphin comte d'Albon, portant qu'il reçoit en fief, de l'archevêque de Lyon, les châteaux d'Annonay et d'Argental.

(5) Aymar, Artaud et Guillaume de Roussillon, s'étant attachés opiniâtrement au parti des rois d'Angleterre et de Navarre, contre le roi de France, leurs biens furent confisqués en 1353. Ils se maintinrent par la force dans leurs domaines. Aymar fut reçu en grâce par le roi, en 1362, à condition qu'il reconnaîtrait la baronnie d'Annonay comme ressortissant directement de la couronne.

(6) *Notice sur Achille Gamon*, par M. Duret; *Mémoires sur Annonay*, par Poncer. Ce dernier rapporte en entier le texte des libertés et franchises de la ville, tel qu'Achille Gamon l'avait rédigé.

avait plus de vingt-cinq chapelles. Dans le temps des guerres de religion, elle fut démolie, pillée et dévastée à deux ou trois reprises; pendant longtemps l'office divin ne fut célébré que dans l'église de Trachi, la seule qui eût été épargnée. Au commencement du dix-huitième siècle, Pierre de Villars, archevêque de Vienne, vint séjourner à Annonay et fit relever l'église de Notre-Dame, mais sur un plan moins grandiose que le plan primitif. L'architecture en est très-ordinaire; on n'y remarque que deux coquilles fort belles rapportées des Indes en 1791, une chaire d'un très-bon style, et un grand christ en bois, qui est un excellent morceau de sculpture.

Les Annonéens sont très-fiers du clocher de leur église de Trachi; ce clocher est, en effet, très-élancé et se présente sous un aspect pittoresque au milieu de leur ville en amphithéâtre. Le prieuré de ce nom fut fondé en 1320, par Guy Trachi, bourgeois d'Annonay, et par sa femme Ygline de Saint-Jullien; il devait être desservi à perpétuité par huit chanoines de Saint-Ruf, dont l'un devait être prieur, et qui tous étaient chargés de distribuer chaque semaine un pain de seigle de deux sols aux pauvres d'Annonay (1).

En 1552, le clocher de Notre-Dame d'Annonay s'écroula, et celui de Trachi fut désormais destiné au service de cette église. Les protestants voulurent démolir le clocher de Trachi comme ils avaient détruit l'église de Notre-Dame. Voici, à ce sujet, une anecdote qui nous paraît authentique:

M. Claude Carron, médecin distingué d'Annonay, s'était retiré, depuis le commencement des troubles, au monastère des Célestins de Colombier; il fut appelé à Annonay pour donner ses soins au capitaine Rambaud, officier protestant très-redouté. M. Carron ne consentit à sortir de sa retraite qu'à condition que cet

---

(1) Voici le récit que m'a fait, au sujet de cette fondation, un bon Annonéen appelé *Mantelin-de-Pied-de-Bœuf*, qui m'a servi de cicerone :

« Pendant plusieurs nuits de suite, Trachi avait rêvé que, s'il se rendait sur le pont de la Guillotière, à Lyon, il y trouverait moyen de faire sa fortune. Comme c'était un homme sage et pieux, il craignit que ce songe ne vînt pas du ciel, et, avant de céder aux avertissements mystérieux qui s'étaient répétés pour lui à diverses reprises, il voulut sanctifier en quelque sorte, par une bonne œuvre, la démarche qu'il était sur le point de faire. En conséquence, il fit vœu que, si son rêve se réalisait, il consacrerait une portion de ses biens à la construction d'une église et à la fondation d'un prieuré. Il partit donc pour Lyon, et alla sur le pont de la Guillotière. Il s'y promena pendant deux jours fort inutilement; le troisième, il y retourna encore sans beaucoup d'espoir, et, après plusieurs heures d'attente, il était tout pensif, quand une vieille femme, qui l'avait déjà rencontré, lui demanda quel était le motif de sa tristesse et pourquoi il allait et venait sans cesse sur ce pont. « Ah! lui dit-il, c'est que j'ai rêvé que, si je me rendais sur ce pont, j'y ferais ma fortune; mais voilà trois jours que je m'y promène, et la fortune ne vient pas. » — « Bah! lui
» répond la vieille femme, il ne faut pas croire aux songes : j'ai bien aussi rêvé cette nuit que, si j'allais à
» Annonay, ma fortune serait faite, et que je trouverais un trésor sous un figuier dans la vigne d'un
» nommé Trachi. » Aussitôt, sans répondre un seul mot, Trachi repart en toute diligence pour Annonay, fouille dans sa vigne à l'endroit indiqué, et y trouve un riche trésor. Le premier usage qu'il en fait est d'accomplir religieusement son vœu. »

officier lui promettrait de faire garantir le prieuré de Trachi de tout pillage et de toute dévastation. Cette condition fut acceptée; il vint soigner et guérir le capitaine Rambaud, qui tint religieusement sa promesse, et se dédommagea ailleurs du mal qu'il ne pouvait plus continuer de faire au culte catholique d'Annonay (1).

Certes, c'est noblement spéculer sur son talent que de le faire servir ainsi à empêcher un acte de vandalisme; la religion et les arts, dont ce médecin avait si bien mérité, auraient dû lui ériger un monument dans la vieille basilique dont il était devenu en quelque sorte le second fondateur.

Au quatorzième siècle, les sires de Roussillon, qui avaient embrassé le parti de l'Angleterre, introduisirent des hommes d'armes dans Annonay. Vers le même temps, les routiers ou compagnies franches désolèrent le haut Vivarais; ils furent d'abord défaits et chassés par les habitants de la contrée; puis, en 1427, des aventuriers anglais firent des ravages dans le haut Vivarais jusqu'à Saint-Victor, près de Saint-Félicien. Peu de temps après, un Espagnol, Rodrigo (2) de Villandras, nouveau chef de routiers, se cantonna dans Annonay, en fit sa place d'armes, et il sortait de là pour faire des excursions dans les provinces voisines. Enfin, en 1430, il s'engagea avec ses troupes au service du roi, sur la demande de Raoul de Gaucourt et d'Humbert de Grolée, maréchal du Dauphiné, et quitta pour toujours le haut Vivarais.

Au commencement du seizième siècle, des germes de troubles furent répandus à Annonay par l'introduction des nouvelles doctrines religieuses. Un docteur appelé *Machopolis*, qui avait entendu Luther en Saxe, vint prêcher dans cette ville, en 1528, contre les reliques et les indulgences.

Peu de temps après, Etienne Renier, cordelier apostat, chercha aussi à y propager les idées de réforme, et fut brûlé publiquement; en 1553, le carme Pierre Richer fut envoyé par Calvin à Annonay, et, après y avoir prêché pendant quelque temps, il parvint à s'échapper. Sept ans après, cette ville adoptait publiquement le calvinisme (3).

L'année 1561, les protestants commencèrent à persécuter les catholiques de l'intérieur de la ville, à saccager les églises, à s'approvisionner d'armes qu'ils firent venir de Saint-Etienne, et à barricader avec des chaînes tous les carrefours.

Pendant les neuf années qui suivent, Annonay est pris, repris et saccagé cinq

---

(1) L'église de Notre-Dame était déjà démolie à cette époque. (Voir l'*Histoire d'Annonay*, par M. Poncer, tom. 1er.)

(2) Voir Froissard, *passim;* Chorier, *Histoire du Dauphiné*, et *Histoire du Languedoc*, par dom Vic et dom Vaissette.

(3) Voir la préface, § IV.

fois par le sire de Saint-Chamond, capitaine catholique, et par Saint-Romain, son frère, capitaine protestant. Il semblait que l'anéantissement d'Annonay fût poursuivi à outrance par ces deux féroces guerriers, comme un affreux pacte de famille. Le fanatisme des deux partis s'enrôlait tour à tour, pour s'assouvir, sous leurs bannières ennemies.

Enfin, les Annonéens protestants et catholiques, fatigués d'être les instruments de quelques ambitieux étrangers à leur ville, jurèrent de vivre en paix les uns avec les autres, et de se garantir mutuellement la liberté de leur culte. Ils trouvèrent un appui à cette sage résolution dans l'édit de pacification de 1570. Le maréchal de Montmorency, lieutenant général du roi en Languedoc, leur donna pour gouverneur Nicolas du Peloux, jeune officier plein de modération et de courage, et digne fils du magistrat catholique qui avait donné asile dans sa maison aux protestants échappés aux fers des séides de Saint-Chamond.

Annonay respira sous l'administration ferme et paternelle de M. du Peloux. La Saint-Barthélemy éclata (1) et au lieu de suivre servilement les ordres qu'il avait reçus de Paris, le jeune gouverneur fit publier une proclamation par laquelle il défendait aux catholiques d'inquiéter en aucune manière les protestants, soit dans leurs personnes, soit dans l'exercice de leur culte. Cependant ces derniers apprenaient tous les jours que quelques-uns de leurs frères étaient massacrés et que d'autres prenaient les armes pour se défendre. Une inquiétude générale agitait tous les esprits.

Le sage gouverneur d'Annonay parvient néanmoins à comprimer toute rébellion pendant quelques mois.

L'année suivante, les protestants du Vivarais se soulèvent sous le commandement du fameux Pierre Gourde (2); Chalencon est assiégé. Quelques chefs de partisans surprennent les tours d'Oriol et de Munas et en font le repaire d'affreux brigandages (3). Du Peloux parvient à les en déloger et à maintenir Annonay dans l'obéissance du roi, puis il conclut une trêve avec Pierre Gourde, qui va porter ses armes dans le Velay. Il avait rempli honorablement sa mission jusqu'à ce moment; mais, comme on ne lui fournissait aucune ressource pour l'entretien de ses troupes, il crut devoir donner sa démission de gouverneur du haut Vivarais. Alors les habitants d'Annonay se chargèrent eux-mêmes de la garde du château, et, pour la rendre plus facile, ils pratiquèrent une ouverture dans les remparts, du côté de la ville, et ils convinrent de vivre sous l'obéissance du roi en se garantissant la liberté de

---

(1) Le 24 août 1572.
(2) François de Barjac, sire de Pierre Gourde; il sera, dans cet *Album*, l'objet d'une mention spéciale.
(3) Un certain capitaine Erard, de Vernoux, dont nous parlerons plus tard.

conscience, et en jurant de se défendre mutuellement contre les attaques du dehors et les troubles du dedans.

Ils eurent à mettre bientôt à exécution cette noble promesse. Le sire de Pierre Gourde, en revenant du Velay, mit garnison dans *Quintenas* et somma Annonay de lui ouvrir ses portes. Les protestants de la ville repoussèrent toutes ses propositions et menacèrent de prendre les armes; Pierre Gourde prit le parti de se retirer. Un peu après, Saint-Chamond fit, auprès des Annonéens catholiques, les mêmes tentatives. Ceux-ci ne furent pas moins fidèles à leur serment de garantie mutuelle; ils ne voulurent avoir aucune relation avec cet homme qui avait fait tant de mal à leurs concitoyens. Seulement, de concert avec les protestants, ils promirent de ne pas recevoir dans leurs murs les troupes des ennemis du roi.

Peu de temps après, Saint-Romain s'approcha d'Annonay avec une petite armée; cette fois, des protestants lièrent des intelligences avec lui, et livrèrent à ses troupes les portes de la ville. La consternation fut générale, mais, contre toute attente, il n'y eut ni pillage, ni effusion de sang.

En 1576, fatigués des horreurs de la guerre civile, les deux partis convinrent de poser les armes dans tout le haut Vivarais; puis arriva la paix générale, et alors les habitants d'Annonay élurent pour leur gouverneur le sire du Peloux. Ce choix fut confirmé par le maréchal de Damville, qui donna aussi à cet officier le commandement des Célestins et de Boulieu.

La ligue ralluma la guerre en 1580; mais il paraît que M. du Peloux, qui n'épargna ni sa bourse ni sa vie pour garder la ville qui s'était elle-même confiée à lui, parvint à la préserver de tout trouble et de tout pillage. Il était d'ailleurs favorisé dans ses efforts par la lassitude des partis et par le crédit qu'avaient recouvré les bons citoyens, dont les conseils pacifiques avaient enfin prévalu (1). Au surplus, à cette époque désastreuse, les bras manquaient pour ainsi dire à la guerre. Aux discordes civiles s'étaient joints les fléaux de la famine et de la peste, qui en sont souvent les tristes conséquences. Deux maladies contagieuses, qui s'annoncèrent avec un caractère effrayant d'intensité, sévirent sur la France entière: c'étaient la coqueluche et la peste. La première ne dura que six mois, mais la seconde se prolongea pendant cinq ou six années, portant ses ravages tantôt dans une province tantôt dans une autre. Dans le haut Vivarais, elle fut précédée par une famine affreuse, qui désola cette contrée en 1585. Des bourgeois d'Annonay, qui jusque-là avaient vécu dans l'aisance, furent réduits à la dure extrémité de demander l'aumône. Dans les campagnes, les paysans se nourrissaient de glands, de racines et d'herbes sauvages; quelques-uns allèrent jusqu'à manger de l'écorce de pin, et des

---

(1) Voir la préface, § IV, pag. 34.

coquilles de noix et d'amandes réduites en farine. Ces mauvais aliments engendrèrent des fièvres chaudes ; puis, la peste éclata avec fureur à Annonay dans l'été de 1586. La ville se remplit de voleurs qui pillaient les maisons des absents. M. du Peloux et quelques autres généreux citoyens qui avaient eu le courage de rester dans leurs demeures, réprimèrent ces désordres autant qu'il le purent. Le commerce cessa entièrement, l'herbe croissait dans les rues et sur les places publiques. Les châteaux voisins étaient abandonnés par les garnisons à qui on en avait confié la garde; les frères mêmes se fuyaient; les parents redoutaient le contact de leurs propres enfants : la terreur semblait dissoudre les liens les plus sacrés de la nature (1).

La cupidité, il faut le dire à la honte de l'humanité, s'efforça de suppléer aux affections de famille devenues impuissantes devant la crainte de la contagion. Des hommes firent métier de soigner des pestiférés au péril de leur vie, afin de capter des donations et des testaments. Les annales du temps citent entre autres un marchand d'Annonay, qui, par de semblables moyens, acquit plus de vingt héritages. Mais la Providence ne voulut pas laisser subsister l'exemple d'une fortune puisée à cette source impure; la peste frappa à son tour cet étrange spéculateur et n'épargna pas même sa femme et ses enfants. Ainsi, ses richesses si péniblement acquises passèrent à des mains étrangères.

Dès la fin de l'année 1586, la peste cessa dans le haut Vivarais, et Annonay se repeupla en très-peu de temps.

En 1609, la guerre civile se ralluma dans la plus grande portion du Vivarais, mais les Annonéens eurent le bon esprit d'y rester à peu près étrangers; ils surent profiter de l'expérience de leurs pères pour prévenir le retour de ces épouvantables calamités qui avaient pesé sur leur pays. Ils ne prirent pas non plus la moindre part à la guerre des Camisards (2), dont les premières étincelles partirent d'une portion du Vivarais et allèrent allumer dans les Cévennes un vaste incendie.

Quand l'édit de Nantes fut révoqué, que le temple d'Annonay fut démoli, et que les ministres qui y exerçaient leur culte furent exilés, un grand nombre de protestants de cette ville, réduits au désespoir, ne se soulevèrent pas contre la main qui les frappaient, mais ils allèrent en pleurant retrouver, sous un ciel étranger, la liberté de conscience dont ils étaient privés sur leur terre natale. Alors les catholiques Annonéens se montrèrent dignes de ce qu'avaient été leurs pères dans les derniers temps des guerres de religion : ils ne virent que des frères dans leurs concitoyens persécutés. Les archives de leur commune font foi de l'officieuse intervention des magistrats consulaires en faveur de ces malheureux:

---

(1) Voir un vieux manuscrit intitulé : *Discours véritable de ce qui est advenu en Vivarais, Forez et pays voisins, ès années 1585 et 1586, par la guerre, cherté et pestilence.*

(2) Voir la préface ou notice sur le Vivarais, § IV.

enfants du même berceau, les catholiques crurent devoir les aider de leur crédit, de leur bourse et de leurs conseils. Quelques-uns même suivirent les traces des familles exilées, pour les soulager dans leurs peines et les ramener dans leurs foyers. Enfin, en 1686, on osa protester légalement contre les rigueurs de Louis XIV, en choisissant parmi les protestants plus de la moitié des conseillers de la commune.

Peu à peu, cette grande plaie se cicatrisa; la tolérance de fait qui signala la fin du règne de Louis XV et tout celui de Louis XVI, laissa respirer les protestants, et permit à l'industrie, dont ils étaient les principaux soutiens, de se relever avec éclat. Le commerce de la mégisserie et celui de la tannerie y devinrent florissants. On introduisit des fabrications nouvelles, la chamoiserie, la teinturerie et la papeterie. Cette dernière branche d'industrie a pris naissance à Annonay au commencement du dix-huitième siècle. On sait l'extension qu'elle a reçue depuis. Ne semble-t-il pas que cette ville, qui, dès son berceau, était connue par ses fabriques de parchemin, ait été appelée à fournir de tout temps à la France la matière qui sert à fixer les produits de la pensée et les créations du génie?

On doit à des négociants, voués à ce genre d'industrie, une découverte mémorable qui, peu d'années avant la révolution, attira sur Annonay l'attention de la France et de l'Europe entière: je veux parler des frères Montgolfier, qui inventèrent les aérostats. Dans une intéressante notice sur celui des deux frères (1) qui fut le principal auteur de cette découverte, le vénérable docteur Duret (2), qui était son parent, raconte que, dans sa jeunesse, il fut accompagné à Montpellier, où il allait finir ses études de médecine, par Joseph Montgolfier, qui lui servait de mentor; ce dernier, dont la conversation était instructive et variée, revenait souvent à une idée qui semblait le posséder, la navigation dans l'atmosphère. Or, on était alors à la fin d'octobre 1777.

Dans les années suivantes, Joseph Montgolfier, qui avait établi une fabrique de papiers à Voiron en Dauphiné, revint de temps en temps à Annonay, entretenir ses frères du projet d'invention dont il était occupé. Les plus âgés le raillaient de ce qu'ils appelaient sa manie; il ne put faire adopter ses idées que par Etienne, le plus jeune d'entre eux.

Dans l'hiver de 1782, Joseph Montgolfier se trouvait à Avignon, et il était fort

---

(1) Dans cette notice, le docteur Duret donne de curieux détails sur l'enfance de Joseph Montgolfier. Elevé avec une extrême sévérité par son père, ce jeune homme s'échappa du collége de Tournon, où on l'avait mis, et on le retrouva dans la campagne occupé à cueillir de la feuille de mûrier pour gagner son pain. On le ramena à Tournon, où il resta quelque temps; mais on voulut ensuite lui faire étudier la théologie: alors il s'évada de nouveau, et se réfugia dans un obscur réduit à Saint-Etienne, où il ne s'occupait que de fourneaux et de machines dont il calculait les effets. Enfin son père le rappela et lui donna de l'emploi dans la fabrique de papier.

(2) Le docteur Duret vient de mourir, regretté de tous les habitants d'Annonay.

occupé, comme on l'était alors en France, du siége de Gibraltar et du mauvais succès des batteries flottantes. Cette pensée le ramenait à celle de la navigation aérienne; il était assis au coin du feu, tenant entre ses mains un plan qui représentait les travaux du siége. Ses yeux se portaient de ce plan à son foyer; la vue de la fumée, dont les molécules s'élevaient le long des parois intérieures de la cheminée, présente à son esprit comme une sorte de révélation subite. « Pourquoi, se dit-il alors, ne renfermerait-on pas cette fumée de manière à en composer une force disponible? » Et alors, il se fait donner un morceau de taffetas, construit un petit ballon dans sa chambre même, et le voit s'élever jusqu'au haut du plafond. Puis il écrit sur-le-champ à son frère Etienne, qui était à Annonay : « Prépare promptement des provisions de taffetas et des cordages, et tu verras les choses les plus étonnantes du monde. »

Après beaucoup d'efforts pour perfectionner ces premières ébauches, les frères Montgolfier finirent par faire en plein air des essais heureux; puis, quand ils se furent ainsi assurés du succès, le 5 juin 1783, ils firent une expérience publique dans la première cour du couvent des Cordeliers, en présence des états du Vivarais, alors réunis à Annonay. Cette expérience réussit complétement. « Le globe qu'ils avaient construit, dit Grimm (1) dans sa *Correspondance*, avait 35 pieds de diamètre; il était de toile enduite de papier collé. On sait aujourd'hui qu'ils s'étaient procuré le gaz dont ils l'avaient rempli, par un procédé fort simple et peu dispendieux : en faisant brûler de la paille humide et différentes substances animales, telles que de la laine et d'autres matières de graisse plus ou moins inflammables. C'est à la faveur de cette fumée que le globe, livré à lui-même, s'est élevé à perte de vue, à une hauteur estimée, par les uns, cinq cents toises, et par les autres, mille. Il est redescendu dix minutes après, sans doute par la déperdition du gaz qu'il renfermait. Suivant le calcul de MM. Montgolfier, le globe occupait l'espace d'un volume d'air du poids de deux mille cent cinquante-six livres; mais, comme le gaz ne pesait que mille soixante-dix-huit, et le globe cinq cents livres, il y avait un excès de cinq cent soixante-dix-huit livres pour la force avec laquelle le globe tendait à s'élever. »

Les frères Montgolfier furent appelés à Paris par le gouvernement, qui ne fut, en cette circonstance, que l'écho de l'enthousiasme public. Ils renouvelèrent avec succès leur expérience aérostatique dans la plaine du Champ-de-Mars, le 23 août de la même année. Cette fois, ils avaient adapté à leur ballon une galerie circulaire en osier, au moyen de laquelle Etienne Montgolfier, Pilâtre des Roziers et le chevalier d'Arlande s'élevèrent à 30 pieds de hauteur. A cette occasion on avait fait

---

(1) *Correspondance de Grimm et Diderot*, tom. VI, pag. 425.

frapper une médaille d'or, qui représentait, d'un côté, les têtes des deux frères Montgolfier, avec cette inscription : « L'air rendu navigable; 1783, » et de l'autre côté, le Champ-de-Mars, l'école militaire dans le fond, et, au-dessus d'un nuage qui se résolvait en pluie, le globe s'élevant majestueusement dans les airs.

A la tête des souscripteurs de cette médaille, dont la première idée était due à MM. Faujas de Saint-Fond, se trouvaient la reine Marie-Antoinette, Monsieur, Madame, M. le comte et Mme la comtesse d'Artois.

Comme toutes les gloires ont leurs détracteurs, M. de Rivarol fit à cette époque une brochure très-spirituelle, mais très-inexacte et très-mensongère, dans laquelle il s'efforçait de disputer à MM. Montgolfier le mérite de leur découverte, pour en faire honneur à M. Charles, physicien de Paris. Mais cette brochure n'obtint aucun crédit auprès du public; au contraire, l'engouement pour MM. Montgolfier et pour leur invention ne connut pas de bornes. Dans tous les cercles, dans tous les soupers, aux toilettes des femmes à la mode, comme dans les lycées académiques, il ne fut plus question que d'expériences, d'air atmosphérique, de gaz inflammable, de chars aériens. « On ferait, dit Grimm, un livre beaucoup plus fou que celui de Cyrano de Bergerac, en recueillant tous les projets, toutes les chimères, toutes les extravagances dont on est redevable à la nouvelle découverte. »

On s'est servi du ballon pour peser l'air à diverses hauteurs, et pour faire un grand nombre d'expériences de physique; mais on n'est pas parvenu, comme on l'espérait dans le dix-huitième siècle, à diriger sa marche, et notre budget ne risque pas encore d'être grevé d'une augmentation par la création d'une marine aérienne. Les Anglais n'ont pas, que nous sachions, employé ce moyen commode et économique pour aller en Chine. Mais d'autres découvertes sont venues consoler le dix-neuvième siècle de n'avoir pas pu perfectionner celle des aérostats.

Joseph Montgolfier et le marquis de Brantes (1) firent, à Avignon, en 1797, l'expérience du parachute; M. Garnerin s'en est servi depuis pour descendre lui-même du haut des airs, à la suite d'une ascension en ballon.

On a élevé à Annonay, en l'honneur des frères Montgolfier, une pyramide triangulaire, qui a été placée, dit-on, à l'endroit où leur aérostat s'est élevé en 1783;

---

(1) « Ils construisirent une espèce de parasol de sept pieds quatre pouces de diamètre et d'une forme demi-sphérique. Douze cordons, attachés à différentes parties correspondantes de la circonférence, soutenaient, par le bout opposé, un panier d'osier dans lequel était un mouton; au-dessous étaient placées quatre vessies de cochon remplies d'air. On fit tomber cet appareil du haut des tours d'Avignon, c'est-à-dire d'environ cent pieds, après avoir mis le tout en peloton et l'avoir jeté aussi loin que possible pour l'écarter des murs. La chute fut très-rapide dans la première moitié de l'espace, mais ensuite le parachute s'étant ouvert, le mouvement devint très-lent. Dès que l'appareil fut sur la surface de la terre, le mouton en sortit avec liberté et s'enfuit rapidement. » (*Mémoires historiques sur Annonay*, par M. Poncer jeune, tom. 1er, pag. 284.)

mais cette pyramide, reléguée dans un coin de la place du Collége, serait beaucoup mieux placée au milieu. Ce serait le cas de s'affranchir du respect superstitieux qui a voulu consacrer le lieu même de la célèbre expérience.

Il nous reste peu de chose à dire sur l'histoire d'Annonay. Quand on s'approche des temps contemporains, il semble qu'on sente un sol brûlant sous ses pieds. D'ailleurs, à dater de 1788, les annales particulières se ressemblent, et bientôt après vont se perdre dans l'histoire générale. Ainsi, les trois ordres du Vivarais, réunis à Annonay le 27 octobre 1788 (1), demandèrent la tenue prochaine des états généraux, qui détruisit bientôt après et cette province et sa représentation locale. N'est-ce pas là l'histoire de toutes les provinces de France?

Le 25 mars 1789, le tiers état de la sénéchaussée d'Annonay envoya à ses mandataires une pétition en soixante-huit articles, également remarquable par la netteté de sa rédaction et la modération de ses vues. Sous ce rapport, il faut le dire, l'histoire d'Annonay ne ressemble pas à celle de toutes les autres villes à la même époque.

On nous permettra de tirer un voile sur les scènes révolutionnaires dont Annonay fut le théâtre. Nous n'écrivons pas pour ranimer des haines et des vengeances; du reste, nous pouvons, avec la France entière, rendre hommage à l'héroïque fermeté avec laquelle Boissy-d'Anglas, député de cette ville à la Convention, présida la fameuse séance du 1er prairial an III. Tout le monde sait les détails de cette séance, et à ceux qui ne les connaîtraient pas nous dirions : « Allez voir à l'hôtel de ville d'Annonay le beau tableau de M. Vinchon (2). »

Cet hôtel, commencé en 1830 et récemment achevé, est un bâtiment d'une construction noble et sévère. On y a joint la bibliothèque publique, qui s'est accrue des livres d'un cabinet de lecture fondé par souscription en 1823.

Les ouvrages les plus anciens et les plus précieux de cet établissement proviennent des dépouilles des couvents des Cordeliers et des Récollets, et d'un legs fait, en 1763, à la ville d'Annonay par M. le marquis de Faï-Gerlande. Cette bibliothèque se compose déjà de plus de 10,000 volumes.

A droite et à gauche du fronton de l'hôtel de ville, sur les deux portails de la halle, on voit les armoiries d'Annonay, qui consistent en un damier surmonté de la couronne ducale, avec deux cygnes pour support, et la fameuse devise : *Cives et semper cives.*

Le damier paraît être l'emblême de l'égalité, et la devise latine s'explique par le civisme éminent mais exclusif des Annonéens; elle pourrait se traduire ainsi : « Tout

(1) Voir le procès-verbal de cette délibération dans l'histoire de M. Poncer jeune.
(2) Celui de M. Court, sur le même sujet, embrasse plus de détails, mais il offre un peu de confusion, et M. Vinchon a échappé à cet inconvénient.

pour nous et entre nous, citoyens de la même ville, mais rien aux autres. » Aussi, ce qu'on appelle dans notre siècle l'esprit humanitaire ne semble pas y avoir pénétré.

Un autre établissement public que l'on doit mentionner, à Annonay, est le collège, qui a été fondé en 1641 par André de Sauzéa (1), évêque de Bethléem et conseiller du roi. Il fut dirigé d'abord par les cordeliers. Au commencement du dix-septième siècle, il a été rétabli dans le même esprit qui avait présidé à sa fondation. Les principes religieux et moraux n'y sont pas sacrifiés au besoin souvent trop exclusif de l'instruction, et l'enseignement y est néanmoins complet, comme dans tous les colléges de l'université. Les bâtiments viennent d'être restaurés et agrandis.

Il y avait autrefois beaucoup de monastères et de communautés religieuses à Annonay; il y a encore quelques établissements de ce genre. Les dames du Sacré-Cœur y ont un couvent, où elles s'occupent avec succès de l'éducation des jeunes personnes. Il y a, depuis 1810, des frères de la doctrine chrétienne, qui ont de quatre à cinq cents élèves par an.

L'hôpital d'Annonay, fondé en 1686 sous le nom de l'hospice de l'Enfant-Jésus, a reçu des accroissements successifs qui l'ont rendu un des plus riches du département de l'Ardèche. On y loge annuellement environ cent personnes infirmes ou malades, parmi lesquelles il faut compter vingt vieillards.

Annonay possède un tribunal de commerce, une chambre consultative des arts et manufactures, et une société de statistique.

Parmi les créations de l'industrie de ses habitants, on remarque un établissement d'horticulture et d'arboriculture, qui est un des plus beaux du midi de la France. Il s'étend sur un espace de plus de soixante hectares de terrains, et, quoique d'une date assez récente, il prend une grande extension commerciale; il appartient à MM. Jacquemet et Bonnefonds.

Annonay renferme une multitude d'établissements industriels, tels que des fabriques de draps, des filatures de soie et de coton, de nombreux moulins à blé, des brasseries, des tanneries, des mégisseries, des papeteries, etc.

Ces deux dernières branches d'industrie (2) sont celles qui contribuent le plus à la réputation et à la richesse commerciale d'Annonay.

---

(1) André de Sauzéa, disciple et ami de St-François-de-Sales, était le fils d'un juge d'Annonay. Il fut directeur de l'hôpital de Bethléem à Clamecy, dans le Nivernais, avec le titre d'évêque *in partibus*, puis il devint principal du collège d'Autun, à Paris, et mourut en 1643.

(2) Sur les dix papeteries du département de l'Ardèche, il y en a huit qui appartiennent à Annonay et qui produisent, à elles seules, près de 300 mille rames de papier par an; quant aux mégisseries, il y en a soixante fabriques, qui demandent à toutes les parties du monde les peaux de chèvres qui leur servent de matière première. Nous avons dit plus haut qu'on pouvait évaluer leurs produits à plus de six millions par an.

Il y a à Annonay une fabrique de coton, qui produit, par an, 50 mille kilogrammes de coton cardé et filé,

La prospérité toujours croissante dont elle jouit depuis plus d'un siècle a rapidement élevé le chiffre de sa population, qui est maintenant de plus de neuf mille âmes. C'est la ville la plus considérable du département de l'Ardèche.

Les Annonéens sont probes, laborieux, intelligents, de mœurs douces et hospitalières. Leur sagesse, leur modération, leur bienveillance patriotique les uns pour les autres, contribuèrent beaucoup, au temps des guerres civiles, à amortir chez eux ces haines fanatiques, nées des dissensions religieuses, et si vivaces encore aujourd'hui dans certaines villes du midi de la France. « Comme Annonay, dit M. Chomel dans ses *Annales*, se trouve à l'extrémité de la province du Vivarais, ses habitants ont plus de conformité de mœurs et de manières avec ceux du Lyonnais et du Forez, qu'avec ceux d'au delà du Doux et des Bouttières, qui, par le passé, ne craignaient pas la justice dans leurs plus hautes montagnes, et osaient même se la faire des autres lorsqu'ils se croyaient offensés. »

Les Annonéens, dont le caractère a toujours essentiellement différé de celui des montagnards du Vivarais, semblent, en effet, appartenir à cette zone de l'est central de la France, dont Lyon est en quelque sorte le chef-lieu moral. Leurs relations d'affaires avec cette grande ville, si riche et si commerçante, ont encore augmenté ces ressemblances et ces sympathies.

La roche Péréandre.

Sur la rive droite de la Canse, à trois quarts de lieue d'Annonay, dans un endroit où ce torrent est profondément encaissé, on voit s'élever, au-dessus de la surface de ses eaux, un rocher d'une configuration bizarre, dont la partie inférieure semble représenter les traits d'un homme ou plutôt le masque d'un colosse : on dirait un de ces débris du temple des géants qui jonchent le sol de la vieille Agrigente.

Ce rocher, isolé de toutes parts, se termine par une pointe élancée et pyramidale;

---

six filatures de la plus belle soie blanche connue, et neuf moulinages de soie, un tissage mécanique de soie, quarante métiers, une fabrique de gélatine, de bougies, un bel établissement de moulins à farine, système anglais, etc.

il a cent vingt pieds de hauteur : la circonférence de sa base est de deux cent quarante pieds.

Nous allâmes visiter cette curiosité naturelle avec un littérateur d'Annonay et avec le guide dont nous avons déjà parlé, *Mantelin-de-Pied-de-Bœuf*. Chemin faisant, nous devisions avec le littérateur de l'étymologie de ce nom *Péréandre*, qui nous paraissait avoir une physionomie toute hellénique. Selon le savant Annonéen, le pays des Volces arécomices (1) et des Helviens avait été donné aux Massiliens ou Marseillais, par Pompée. Marseille était une colonie phocéenne; rien d'étonnant que quelques noms grecs se fussent conservés dans le pays. Mais le mot *Péréandre* signifierait-il, comme on l'a prétendu dans une volumineuse dissertation, *pierre de l'homme*, *petra andros* (ανδρος)? Il n'y aurait pas d'apparence qu'on eût accolé ainsi une racine latine à une racine grecque. Sans doute Péréandre vient de παρα-ανδρος, *au-dessus de l'homme*, ce qui exprime, en effet, la reproduction *plus grande que nature* du type humain.

Pendant que nous nous tourmentions ainsi à chercher l'origine scientifique du mot *Péréandre*, notre guide souriait d'un air narquois. « Eh bien ! lui dit notre compagnon Annonéen, est-ce que tu aurais aussi ton idée là-dessus, toi? — Pargué! monsieur, » reprit Mantelin en prenant son chapeau et en le faisant rouler entre ses doigts; « chacun peut bien avoir son idée, et puis on peut bien rapporter ce que les anciens ont entendu dire à leurs pères sur ce rocher. — Ah! c'est quelque tradition du moyen âge; voyons, conte-nous cela. — Un conte, non certes pas, monsieur, c'est bien une histoire; le fait est arrivé à un nommé *André*, d'Annonay. Or, cette pierre s'est appelée depuis Pierre-d'André ou Péréandre. Ça n'est pas grec, *sauf votre respect*, mais français ou un peu patois. — Je crois que le gaillard veut se railler de notre érudition, reprit le littérateur, et peut-être, après tout, son étymologie vaut-elle bien la nôtre! Quoi qu'il en soit, dis-nous quel rapport il y a entre ton André et le rocher qui est devant nous. — Si vous voulez avoir un peu de patience, vous allez l'apprendre, messieurs, mais l'histoire est un peu longue. »

Mantelin-de-Pied-de-Bœuf nous fit, en effet, un récit très-prolixe de la singulière aventure de cet André, intrépide pêcheur, qui, après avoir plongé dans le profond bassin creusé par les eaux de la Canse aux pieds de la roche Péréandre, se trouva tout à coup dans une caverne obscure (2) dont il ne savait plus comment

---

(1) Les Volces arécomices étaient limitrophes des Helviens, du côté du midi : du côté du nord, le long des rives de l'Eyrieu, c'étaient, comme nous l'avons vu, les Ségalauniens; et la portion la plus septentrionale du Vivarais, c'est-à-dire la contrée où est Annonay, était occupée par les Allobroges. L'induction de notre savant était donc un peu forcée, sous le point de vue géographique.

(2) Cette caverne aurait, sous la surface des eaux, une communication avec le bassin en question,

sortir. Suivant la tradition rapportée par notre guide, le pauvre André serait resté là plusieurs jours en faisant de vains efforts pour trouver une issue; puis, un soir que le soleil couchant projetait ses rayons dans le fond du bassin, le malheureux, réunissant tout ce qui lui restait de forces, se serait élancé dans les eaux, du côté d'où paraissait venir la lumière, et il en serait ressorti près du rivage de la Canse. Là, après s'être traîné sur le gazon, épuisé, n'en pouvant plus, il s'y serait évanoui; ensuite, vers le matin, il aurait repris la route d'Annonay, où demeuraient ses parents.

« En passant près de l'église de Trachi, disait notre cicerone, André entend chanter un service funèbre; il entre, voit un cercueil tendu de noir, son père qui pleure au pied de l'autel, et comprend alors qu'on prie pour le repos de son âme. Caché derrière un pilier, il assiste à la lugubre cérémonie; puis, quand ses parents en deuil reviennent au logis, le prétendu défunt les suit de loin et se montre à eux au moment de leur réunion autour de la table du festin. C'était la coutume d'alors, remarquait notre guide, de faire des repas de famille après les enterrements. André, livide, desséché, couvert de fange, est d'abord méconnu, repoussé; mais sa mère accourt au bruit de sa voix, elle saute à son cou, et s'écrie que son cher fils, qu'on avait cru mort, est enfin retrouvé. André est alors recherché de tous, fêté par tous : on écoute avec intérêt son étrange histoire. Depuis le jour de sa disparition, il n'avait pu tromper sa faim, dans la caverne de la roche, qu'avec de la mousse, de la terre et de l'eau bourbeuse. On se hâte aussitôt de le faire manger et boire; mais cet empressement lui devient funeste : son estomac irrité repousse les aliments dont on le charge sans discrétion et sans choix, et cet homme, qui avait échappé à tant de dangers, meurt des suites d'une avidité qu'il n'a pas su contenir dans de justes bornes. »

Quel que soit le mérite de cette anecdote, je ne pouvais pas la passer sous silence à côté du dessin de la roche Péréandre, puisqu'elle se lie à cette roche bizarre dans la mémoire de tous les habitants du pays, et qu'elle sert même à expliquer l'étymologie de son nom, suivant l'opinion la plus vulgaire. C'est un fruit du sol que j'ai cru devoir recueillir sur mon passage. Après tout, le voyageur ne doit-il pas être un miroir qui reflète toutes les images, un écho qui répète tous les sons? Ce n'est qu'à ce prix qu'il peut faire bien connaître les contrées qu'il parcourt. Le botaniste ne compléterait pas la flore de nos montagnes, si, après avoir cueilli le lys des Alpes sur sa tige altière, il dédaignait l'humble alchimille qui rampe tout auprès sur le gazon.

---

et se trouverait placée sous la roche Péréandre. « André, nous disait notre guide, en frappant du pied pour revenir sur l'eau, rencontra une pierre dont le contre-coup le renvoya dans la caverne. » Un poëte aurait expliqué cette aventure par les séductions d'une naïade ou d'une nymphe qui aurait attiré le pêcheur dans sa grotte de cristal; la tradition d'Annonay lui a, au contraire, laissé tout son prosaïsme.

Quintenas.

A une heure d'Annonay, sur la route de Notre-Dame-d'Ay, on aperçoit un clocher d'une forme bizarre et originale : c'est le clocher de l'église de Quintenas, dont la fondation remonte, dit-on, au temps de Charlemagne. A voir ces meurtrières étroites qui servent de fenêtres aux chapelles latérales, ces murailles épaisses, ces piliers lourds et massifs, on devine que la construction de cet édifice appartient à des siècles où la sécurité individuelle n'existait que derrière des remparts. Il fallait alors que les monastères fussent des forteresses.

Le prieuré de Quintenas dépendit d'abord de l'abbaye de Saint-Claude, ainsi que le prouve une vieille charte de 1184, par laquelle l'empereur Frédéric déclare prendre sous sa protection les églises appartenant à cette abbaye (1).

Dans le treizième siècle, Quintenas devint la propriété des dauphins de Viennois, puis de la maison de Tournon, qui y fournit des abbés. Les Tournon donnèrent des sommes considérables pour l'entretien du château ou monastère, et se réservèrent un logement dans une de ses ailes ; il paraît que cette jouissance ne leur fut pas enlevée quand le monastère devint une dépendance de l'archevêché de Vienne.

Dans le temps des guerres de religion, Pierre Gourde, Saint-Romain et d'autres capitaines protestants, prirent et reprirent Quintenas; c'était pour eux un poste avancé duquel ils menaçaient Annonay. Le machicoulis qui domine encore aujourd'hui la porte extérieure de l'église est une fortification ajoutée après coup, et paraît dater de cette époque. En 1574, la seconde fois que Saint-Romain prit Annonay, ses troupes brûlèrent le château de l'archevêque de Vienne à Quintenas. Ce fut un grand déplaisir pour la comtesse de Tournon, qui, pendant l'été, faisait ses délices de cette magnifique résidence.

Aujourd'hui il n'y a presque plus de traces des ruines de ce château. L'église, qui avait été changée en caserne ou en place d'armes par les protestants, a été rendue au culte catholique; elle est devenue l'église paroissiale de Quintenas; et les habitants de ce village, en admiration devant leur clocher, le proclament naïvement le plus beau du monde, après celui de Strasbourg.

---

(1) *In pago viennensi ecclesias de Quintinaco cum prioratu, et de Rufiaco et de Ardolio cum capella d'Oriol, ecclesias sancti Albani et sancti Georgii et sancti Romani cum capella de Agio*, c'est-à-dire l'église de Quintenas et son prieuré, celle de Roiffieu et d'Ardoix, la chapelle d'Oriol, les églises de Saint-Alban, de Saint-Jeurre et de Saint-Romain avec la chapelle d'Ay.

(Histoire des Séquanais.)

Notre=Dame=d'Ay.

Quand on arrive à Notre-Dame-d'Ay (1) par Quintenas, à un détour de la route, on aperçoit à quelque distance, sur la gauche, l'église moderne, avec son clocher crénelé, suspendu sur le roc au-dessus du torrent d'Ay, et, derrière l'église, les masses irrégulières et à demi ruinées de la vieille forteresse féodale. Dans le fond du tableau, sur le sommet d'une montagne qui domine tout le vallon, les restes du donjon de Séray, construit, dit-on, sur l'emplacement d'un temple de Cérès, se détachent au loin sur l'azur du ciel.

A mesure qu'on approche du château d'Ay, on juge mieux de la profondeur du précipice qui le sépare du torrent. Des terrasses d'une grande hauteur, comme autant de gradins taillés pour des géants, descendent de la première plate-forme jusqu'aux eaux de la rivière, et abritent, à la chaude exposition du soleil du midi, les productions végétales les plus variées.

Les savants ne sont pas d'accord sur l'étymologie de Notre-Dame-d'Ay; les uns veulent que le mot *Ay* vienne d'Ayg, et que le château d'Ay ait été fondé par Aëgus, fils d'Absucille, roi des Allobroges; d'autres prétendent que ce château a pris son nom d'Ayg ou Aigue, qui veut dire *eau* dans la vieille langue romane. Le peuple, dont la science traditionnelle vaut bien, en pareille matière, celle des érudits, a aussi son étymologie de Notre-Dame-d'Ay, et je déclare qu'elle me paraît plus intéressante et plus vraie. Souvent la légende sert à éclaircir des origines historiques qui se perdent dans l'obscurité des âges. Or, voici la légende populaire relative à Notre-Dame-d'Ay :

Une bergère gardait son troupeau au travers des rochers escarpés qui dominent la rivière. En courant après un de ses agneaux, elle perd l'équilibre et se sent entraînée par le vertige au fond du précipice. « Aye (secours) (2)! s'écrie-t-elle, Vierge Marie ! » Il lui semble alors qu'une main invisible la retient et la rassure; la naïve bergère reconnaît que cette main est celle de la sainte Vierge, et elle élève de ses propres mains un autel formé de quelques pierres, au lieu même où elle a été

---

(1) Notre-Dame-d'Ay est à deux lieues de Paysan, sud d'Annonay; Quintenas se trouve sur la route et partage à peu près la distance.

(2) Aye voulait et veut encore dire *secours* dans la langue d'*oc*; ce fait et quelques-uns de ceux qui suivent sont empruntés à une notice inédite sur Notre-Dame-d'Ay, due à la plume brillante de M. Nampon, prêtre missionnaire de cette maison de retraite.

sauvée. L'autel rustique est bientôt connu et vénéré de tous les environs sous le nom d'*autel de Notre-Dame-d'Ay*, ou du *Secours*.

De même que le christianisme a précédé la féodalité, il est probable que cette fondation pieuse a précédé la construction du château fort (1), qui fut placé tout auprès. Et qui sait si des seigneurs mécréants ne profitaient pas des avantages de leur position pour rançonner les pauvres pèlerins qui venaient, dans leurs misères, invoquer Notre-Dame-d'Ay! Ce ne serait pas l'unique exemple d'un impôt perçu sur la prière et la douleur.

Cependant la chapelle d'Ay s'honorait d'un éminent patronage; elle dépendait du monastère de Saint-Claude (2), en Franche-Comté, et ce monastère, ainsi que toutes les églises ou chapelles qui lui appartenaient, était placé sous la protection spéciale de l'empereur.

La terre d'Ay appartenait, en 1206, à Aymard de Roussillon, qui en faisait hommage au dauphin de Viennois, suzerain d'Annonay. Inféodée plus tard à divers seigneurs, et entre autres aux Bressieu, elle devient, en 1398, la propriété des Tournon. Les Tournon s'affectionnent à ce manoir, l'agrandissent, le fortifient et lui donnent une importance qu'il n'avait pas avant eux.

La terre d'Ay reste dans la branche aînée de cette famille jusqu'à la mort de Just-Louis de Tournon, tué en 1644 au siége de Philisbourg. Elle est adjugée alors, par arrêt du parlement, à Marguerite de Montmorency, duchesse de Ventadour; aujourd'hui elle appartient à Mme la comtesse de la Rochette.

Mme de la Rochette a fait construire une église sur l'emplacement même de la chapelle d'Ay, qui était presque entièrement ruinée; elle acheva cette construction en 1834. A l'église est adossé un clocher en forme de tour, dont la hauteur est de quatre-vingts pieds au-dessus du sol et de deux cent dix au-dessus de la rivière; l'église elle-même est longue de soixante-quinze pieds, large de vingt-cinq, haute de trente; elle est surmontée d'une voûte à pleins cintres, établie dans des proportions parfaites. On y reconnaît tous les caractères d'un style profondément religieux; il est évident que le plan de l'architecte de Notre-Dame-d'Ay n'a pas été corrigé par le conseil des bâtiments civils.

La statue de la Vierge, objet particulier de la vénération des fidèles, est noire comme la fameuse vierge du Puy, et comme toutes celles que les croisés rapportè-

---

(1) *Fortalitium*. La première mention que nous ayons pu trouver de ce château est dans un acte de donation du comte de Forêt à l'abbaye de Saint-André de Vienne. Parmi les signataires de l'acte se trouve un Arbestius de Castro-Ay. Cet acte est du douzième siècle.

(2) Voir l'acte déjà cité dans la notice précédente sur Quintenas. Il en résulte qu'en 1184, Frédéric Barberousse était devenu, par son mariage avec Béatrix, suzerain immédiat de la Franche-Comté et du monastère de Saint-Claude, auquel il conféra divers priviléges.

rent d'Egypte et de Syrie; il est facile de s'apercevoir qu'elle a été restaurée à plusieurs reprises. Elle est placée dans une petite chapelle à gauche du chœur. On lui a attribué, d'âge en âge, de nombreux miracles, et on y est venu en pèlerinage des pays voisins; les dimanches du mois de mai, et surtout le jour de l'Assomption et celui de Notre-Dame de septembre, y rassemblaient et y rassemblent encore une foule immense. Lors de ces dernières fêtes, il y a eu jusqu'à douze paroisses des environs, qui sont venues, avec leurs bannières et leurs confréries, s'agenouiller devant la vierge noire, et promener leurs pompes rustiques sur les bords du précipice, témoin du vœu de la bergère d'Ay. Pendant la révolution, ces pieuses solennités avaient fini par faire place à des divertissements profanes; mais, depuis que l'église d'Ay a été rebâtie et que des missionnaires ont été chargés de la desservir, l'antique vierge noire a vu refleurir son culte dans sa pureté et sa splendeur primitives. Plusieurs pèlerins qui vont à la Louvesc prier sur la tombe de saint François Régis, passent par Notre-Dame-d'Ay, qui semble être pour eux le premier degré de l'échelle mystique.

La fondatrice de la nouvelle église d'Ay s'est efforcée en même temps de tirer parti des bâtiments du vieux château pour en faire une espèce de couvent ou de maison de retraite pour des prêtres missionnaires. C'est dans cette solitude, destinée à devenir la succursale d'une maison semblable établie depuis longtemps à la Louvesc, que se formeront d'austères et sublimes vocations d'apôtres, non-seulement pour la France, mais pour les contrées les plus lointaines et les plus barbares. Peut-être, au moyen âge, est-il sorti de cette forteresse plus d'un chevalier bardé de fer, qui est allé avec son épée conquérir des fiefs et des serfs en Occident et en Orient. Voici maintenant des conquérants d'une autre sorte, qui, par la charité et non par la force, par la parole et non par le glaive, vont travailler à courber des hommes et des peuples sous un joug de paix et d'amour. Ils ne répandront pas le sang des infidèles dans les combats, mais ils verseront le leur dans le martyre. Ce jeune lévite qui s'agenouille devant la vierge noire fait peut-être vœu en ce moment d'aller annoncer l'Evangile dans les climats brûlants d'où l'on a rapporté cette statue miraculeuse! Il va se relever, revêtu de l'esprit de force et doué de la langue de feu. Nouveau François-Xavier, il s'élancera sur les traces de l'apôtre des Indes, pour y recueillir ces palmes si belles, qui ne fleurissent que pour les héros du christianisme.

Telles étaient mes réflexions au sortir de l'église d'Ay, en parcourant, au moment du départ, les arceaux à demi ruinés du vieux manoir : je me plaisais à voir lever le soleil dans un lointain vaporeux, derrière les glaciers des Alpes, tandis que le son argentin de la cloche matinale appelait les fidèles aux messes des missionnaires. Pendant mon séjour dans cette agreste solitude, je m'y suis enivré de cette fraîcheur et de cette paix qui semblent plus particulièrement descendre sur certains endroits de la terre. Et, quand j'ai dit un trop prompt adieu à la vierge de la bergère d'Ay ; quand j'ai quitté cette forteresse devenue si hospitalière, depuis qu'une aimable piété l'habite, je me suis reproché d'y avoir passé comme un enfant du siècle, tout préoccupé d'art et de poésie : comme si dans notre siècle, où il faut toujours se hâter, on ne devait jamais se donner le repos qui vient de Dieu, et comme si cette course insensée ne devait s'arrêter qu'au sein de la tombe !

NOTA. De Notre-Dame-d'Ay à la Louvesc il faut environ trois heures. On passe, pour y arriver, par le joli village de Satillieu, et par une route en pente douce, tracée à travers de magnifiques bois de pins.

La Louvesc.

On a beaucoup dit de nos jours que les peuples n'étaient pas reconnaissants envers leurs bienfaiteurs, qu'ils entouraient de leurs hommages la tombe de ces ravageurs de la terre (1) qu'on appelle conquérants, et qu'ils laissaient dans un ingrat oubli les hommes qui avaient travaillé à leur bonheur en se dévouant à les rendre meilleurs, à les éclairer ou à augmenter leur bien-être; voici pourtant un exemple tout à fait contraire à ces observations, qui d'ailleurs, je le reconnais, peuvent avoir, en général, quelque chose de fondé.

Un homme se rencontra qui, né dans un rang élevé, pourvu de tous les dons de la fortune, abandonna ces avantages pour se consacrer au service de l'humanité souffrante, pour lui prêcher la vérité par ses discours, pour soulager ses misères par la charité. Il se fit pauvre pour vivre avec les pauvres; il quitta le doux climat de son pays natal (2) pour parcourir les âpres montagnes du Velay et du Vivarais.

De longues dissensions civiles et religieuses avaient désolé ces contrées : le pillage et l'incendie les avaient dévastées, le vice et l'immoralité les avaient flétries. L'homme de Dieu le savait, et les pieuses inspirations de son cœur le portèrent là

---

(1) Expression de Bossuet.
(2) Foncouverte, près de Narbonne, en Languedoc.

où il y avait le plus de plaies à cicatriser, le plus de maux à réparer, le plus d'âmes à guérir.

Il n'y avait pas encore longtemps qu'on avait vu, dans ce même pays, de féroces chefs de partisans s'en aller excitant partout les fureurs de la discorde, et se repaissant avec un affreux plaisir du spectacle de la dévastation et du carnage; le ministre du Seigneur suivit en quelque sorte leurs traces encore fumantes; partout il faisait taire les haines et les vengeances, filles de la guerre civile; à sa voix, les hommes, qui n'avaient su longtemps que se combattre et se maudire, apprenaient à se secourir et à s'aimer.

Eh bien! ce missionnaire évangélique meurt dans une pauvre chaumière, victime des fatigues de son admirable apostolat. Il est inhumé dans la petite église d'un hameau perdu au milieu d'une forêt sauvage, sur des sommets d'un accès difficile. Deux cents ans se sont écoulés depuis sa mort. Sans doute sa tombe, privée de mémoire et d'honneur, est maintenant solitaire et ensevelie sous l'herbe; les descendants des habitants de toutes ces vallées d'alentour, auxquels il fit tant de bien, savent à peine le nom de cet homme, et un désespérant oubli sera venu payer un dévouement poussé jusqu'à l'héroïsme.... Ne croyez pas qu'il en soit ainsi; la reconnaissance, dans les cœurs où règne la religion, devient une vertu populaire: de génération en génération, les enfants ont entendu redire à leurs pères, auprès du foyer domestique, les bienfaits, les vertus, les prodiges du saint missionnaire; chaque année, depuis deux siècles, les populations de la contrée et des contrées voisines sont venues à l'envi prier auprès de sa tombe. Ce concours prodigieux, loin de diminuer, est toujours allé en augmentant, et j'ai vu cinq ou six mille pèlerins (1) se presser au dedans ou à l'entour de la modeste église de la *Louvesc,* où reposent les ossements de l'apôtre du Vivarais, de *saint François Régis.*

Des traditions respectables s'attachent à tous les pas que fit ce grand saint dans le lieu consacré par sa mort. Voilà, du côté du nord, une fontaine où vous voyez se diriger une longue file de pèlerins. C'est là, assure-t-on, que François Régis s'assit près du tronc d'un sapin en venant d'une longue et fatiguante mission. Il avait gravi la montagne aux ardeurs du soleil; il était harassé, haletant : « Oh! si j'avais un peu d'eau pour étancher ma soif! » s'écria-t-il, et aussitôt une source d'eau vive (2) jaillit du tronc de sapin qui était près de lui. Cette source et ce tronc d'arbre ont été

---

(1) L'affluence est immense à certaines époques de l'année, et surtout aux mois d'août et de septembre. Une statistique que j'ai lieu de croire exacte porte le nombre des pèlerins qui se rendent à la Louvesc à cent mille par an.

(2) On fait une autre version sur l'origine de cette fontaine. On prétend que *François Régis*, étant en prière près du tronc d'un sapin, fut accosté par un pauvre malade qui se plaignait d'une soif ardente, et que, pour le soulager, le saint fit jaillir une source du tronc de ce sapin.

Enfin, suivant une dernière version, cette fontaine, ombragée autrefois par de beaux arbres, était tout

entourés d'un bassin carré, en maçonnerie ; plus tard on a construit une maison dans laquelle le bassin a été enfermé, et aujourd'hui on rencontre souvent des malades qui boivent de cette eau miraculeuse, et qui en obtiennent, dit-on, des guérisons surnaturelles. Un peu plus loin, entre la fontaine et la croupe de la montagne, vous apercevez une croix (1). On vous dira que ce fut dans cet endroit que François Régis, s'étant cassé la cuisse, se prosterna pour implorer Dieu, afin que cet accident ne vînt pas interrompre le cours de ses travaux évangéliques. Il fut exaucé sur-le-champ ; quand il se releva il était guéri. Du côté opposé, à quelques pas de la route de la Louvesc à saint Félicien, on montre un banc de pierre où le saint se coucha, excédé de fatigue. On assure que cette pierre se serait amollie miraculeusement sous son corps, comme pour lui faire une couche délicate. Il se serait étendu sur le côté, la tête appuyée sur le coude, et on croit encore apercevoir sur le banc l'empreinte de ceux de ses membres qui y portaient immédiatement. Enfin, voilà dans cette église, reconstruite depuis sa mort, la place où il prêchait les bons habitants de la Louvesc, quand il sentit les premières atteintes du mal qui devait l'emporter dans la force de l'âge. A quelques pas de là, on montre le foyer rustique auprès duquel il exhala son dernier soupir entre les mains du Seigneur. On lit, sur la porte de la cabane illustrée par cet événement : ICI EST MORT SAINT JEAN-FRANÇOIS RÉGIS (2).

Sa béatification fut demandée par tous les villages et toutes les villes où il avait exercé le saint ministère. La voix publique proclamait partout la sainteté de Régis ; partout on parlait des miracles opérés sur sa tombe. Le clergé du Languedoc et le roi Louis XIV lui-même se firent en cette circonstance les échos de la foule auprès des papes Innocent XII et Clément XI. Clément XI, après dix ans d'informations et de procédures ecclésiastiques, béatifia solennellement Jean-François Régis.

Cet hommage éclatant rendu par le chef de l'Eglise au saint missionnaire du Languedoc, ne parut pas encore suffisant aux concitoyens de ce grand serviteur de Dieu. Le clergé de France, dans son assemblée générale de 1735, sollicita la canonisation de Régis auprès du saint-siége. La même demande fut renouvelée un an après par un corps dont les attributions paraissaient être exclusivement administratives et politiques. En 1736, les états du Languedoc, réunis à Narbonne, près

---

simplement un lieu où saint François Régis allait se désaltérer, se reposer et méditer dans le silence de la solitude.

(1) Plusieurs autres croix sont placées de distance en distance sur les chemins qui aboutissent à la Louvesc, et presque toutes sont également consacrées par des traditions pieuses. Les pèlerins en coupent des fragments et les rapportent comme des espèces de reliques dans leurs maisons. Au bout d'un certain temps les croix s'amincissent tellement, que le moindre coup de vent les casse et qu'on est obligé de les remplacer.

(2) Il mourut le 31 décembre 1640 ; il était né le 31 janvier 1597.

du berceau de Régis, adressèrent au saint-père une lettre, dans laquelle ils le suppliaient de décerner les plus hauts honneurs du culte catholique au *Saint* national de leur province, dans laquelle il était né, où il avait vécu, où il était mort, et où il semblait encore, du fond de sa tombe, continuer son merveilleux apostolat. Il fut beau de voir les trois ordres qui composaient les états et qui représentaient toutes les classes de la société, se réunir ainsi dans un vœu unanime et pieux, et revendiquer pour leur pays, dans leur orgueil tout chrétien, la gloire la plus pure qui puisse couronner un héros de la foi ; et cependant le dix-huitième siècle était arrivé au tiers de sa course. Les orgies de la régence, la licence et l'impiété de la littérature, commençaient pourtant alors à Paris, contre le beau et grand siècle de Louis XIV, cette triste réaction qui devait se terminer par les saturnales de 1793.

La canonisation de Régis, obtenue en 1737, n'avait été en quelque sorte, de la part du saint-siége, que la ratification, la consécration d'une sorte d'apothéose populaire en Languedoc. Cela n'empêcha pas que, lorsque les jours mauvais de la révolution se furent levés sur la France, une portion du peuple du Vivarais, égarée par des suggestions impies, menaça de profaner ce qui avait été l'objet de la vénération et de l'enthousiasme des générations qui l'avaient devancée. Déjà les richesses du sanctuaire et de la sacristie, des lampes d'argent massif, un calice d'or enrichi de pierres précieuses, avaient été, dans l'église de la Louvesc, la proie des spoliateurs. Leur audace s'était pourtant arrêtée devant la tombe même de Jean-François Régis ; mais, comme elle continuait de faire d'effrayants progrès, on put craindre qu'elle ne finît par consommer l'attentat qu'elle n'avait pas encore essayé.

A un petit quart de lieue de la Louvesc, en suivant le vallon riant qui s'ouvre du côté du midi, on trouve une jolie maison cachée à demi par des bois de pins, des hêtres et des noyers. Là vit depuis plusieurs siècles une de ces familles (1) patriarcales pour qui la foi et les vertus domestiques semblent être une inaltérable tradition. A l'époque dont nous parlons, cette famille se composait d'une mère âgée et de quatre jeunes gens, qui ressentaient dans leurs cœurs une ardente indignation contre les excès sacriléges que la révolution, du sein des villes voisines, déchaînait contre ce qu'il y avait de plus vénérable et de plus sacré. Ces jeunes gens, que la fraternité de la foi liaient d'une manière encore plus intime que la fraternité du sang, conçoivent la pensée d'un hardi et ingénieux stratagème pour mettre le corps de François Régis à l'abri de toute profanation ; cependant, avant d'accomplir leur projet, ils vont trouver le curé de la Louvesc, qui était caché au milieu des bois, dans une pauvre chaumière. Ils obtiennent l'assentiment de leur digne pasteur (2) et reçoivent sa bénédiction.

---

(1) La famille Buisson, dont le nom est respecté dans tout le pays.
(2) Le jeune Bilhot, neveu du curé et plus tard son successeur, se joignit à MM. Buisson.

La nuit suivante, ils partent de leur maison munis d'une lanterne sourde. Les ténèbres étaient épaisses et favorisaient le succès de leur entreprise. Vers une heure du matin, ils s'introduisent dans l'église sans être entendus ni aperçus, ils retirent de la châsse le coffret qui renfermait le corps de Régis, et le remplacent par un autre d'égale grandeur qu'ils avaient rempli d'ossements ramassés dans le cimetière. Chargés de leur précieux fardeau, ils rentrent dans la maison paternelle, où les attendaient le curé de la Louvesc et deux autres prêtres; un procès-verbal fut dressé de la translation des saintes reliques, et tous les assistants le signèrent. Le coffret fut caché dans le salon de la maison, entre la voûte et le plancher. J'ai vu l'un des hommes qui ont concouru à cet acte de courage et de dévouement; c'est maintenant un vénérable vieillard. Lui-même m'a montré le lieu qui renferma, pendant plusieurs années, le dépôt sacré qu'il avait enlevé à l'église de la Louvesc.

Ce pieux larcin trompa, comme on l'avait prévu, la rage révolutionnaire. Les hommes de pillage et de sang qui s'enivraient de leurs sacriléges succès finirent par aller enlever la châsse et la statue de Régis; ils les emportèrent en triomphe jusqu'à Annonay, et firent des feux de joie sur la place publique : ils prirent ensuite l'or et l'argent qui recouvraient la statue et la châsse qu'ils croyaient contenir les reliques, puis ils forcèrent le prêtre constitutionnel Dufour, qui avait longtemps desservi en qualité de chapelain l'autel du saint, à la Louvesc, à jeter dans les flammes cette statue et ce coffret, objets de sa vénération avant son apostasie.

Quelques années s'écoulèrent, et une cérémonie pieuse vint consoler le pays de cette orgie d'impiété.

Des jours plus purs avaient lui sur la France. Le concordat avait rendu la paix à l'église. L'évêque du diocèse de Mende, dans lequel se trouvait la Louvesc, par suite des démarcations nouvelles, s'y transporta, accompagné de plusieurs membres de son clergé; il se rendit dans la maison où étaient les reliques de Régis, il en vérifia l'authenticité, et, après en avoir donné un fragment précieux à la famille qui les avait conservées, il les rapporta dans le temple avec une pompe solennelle. Elles y furent exposées pendant plusieurs jours à la vénération publique, puis on les renferma dans une châsse modeste. A dater de ce moment, les pèlerinages à la Louvesc, qui n'avaient jamais entièrement cessé, devinrent plus nombreux qu'ils ne l'avaient jamais été. On aurait dit que le peuple tout entier voulait expier, à force de dévotion et de ferveur, la tentative sacrilége de quelques hommes égarés.

En 1834, une châsse et une statue de bronze doré, érigées à saint François Régis par la piété des fidèles, furent inaugurées avec éclat sur l'autel du saint, par l'archevêque de Lyon, l'évêque de Viviers et quatre autres prélats.

Outre le curé et le vicaire, des missionnaires, entretenus aux frais du diocèse de Viviers, desservent l'église de la Louvesc; quoique assez nombreux, ils peuvent à peine suffire aux milliers de pèlerins qui réclament les secours de leur ministère.

Cette maison de missionnaires est aussi consacrée à des retraites d'ecclésiastiques et de laïques (1).

Un ordre religieux de femmes (2) a été fondé à la Louvesc, en 1826 ou 1827, sous le nom de Saint-François-Régis. Il a été institué pour faire l'éducation des jeunes filles et donner des retraites aux femmes. Celles des religieuses qui ont eu une vocation plus particulière pour ce premier but ont transporté leur maison d'éducation à Mayres, également en Vivarais. Les autres sont restées à la Louvesc. Leur couvent, construit à l'extrémité du village, se trouve dans une situation magnifique, au-dessus de la route d'Annonay.

Le village de la Louvesc se présente à l'extrémité la plus élevée de deux vallons, qui descendent, l'un vers le nord, et l'autre vers le midi. Il est dominé, de deux côtés seulement, non par des rochers nus, comme ceux de la Grande-Chartreuse, mais par des mamelons élevés, où s'étendent, comme des rideaux noirs, de vastes forêts de sapins.

Il n'y a dans ce site rien de trop accidenté, rien qui frappe ou qui émeuve fortement l'imagination ; il ressemble plutôt à un vallon pastoral du Jura, qu'aux gorges abruptes des Alpes ou des Pyrénées. Elevé seulement à onze ou douze cents mètres au-dessus du niveau de la mer, il est rafraîchi dans l'été par un air pur et fortifiant pour les estomacs débiles, mais pas trop vif pour les poitrines délicates. Ainsi, tout y contribue à la fois à la santé du corps et à celle de l'âme.

La Louvesc, au treizième siècle, n'était autre chose qu'un rendez-vous de chasse au loup des sires de Roussillon, barons d'Annonay. Jean de la Louvesc devint, en 1338, le feudataire de cette puissante famille ; il adossa un petit manoir contre la tourelle primitive de ses suzerains, quelques cabanes s'abritèrent sous la protection de ses créneaux, et le village de la Louvesc se forma ainsi comme presque tous les villages de cette époque : fondé par la féodalité, il fut agrandi, enrichi et illustré par la religion. Maintenant, il est trop petit pour la multitude de pèlerins qui y abondent pendant six mois de l'année ; la dévotion se nuit pour ainsi dire à elle-même dans un espace aussi étroit, et elle devient, malgré elle, désordonnée et

---

(1) Les retraites pour les laïques sont aux époques suivantes : la première, le 15 juillet ; la seconde, le 1er août ; la troisième, le 15 août ; la quatrième, le 3 septembre.

(2) Les retraites que les dames de Saint-Régis donnent dans leurs maisons sont fixées au 1er et au 15 de chaque mois, à partir du 1er mai jusqu'au 1er novembre exclusivement. Elles donnent encore des retraites dans leur maison, à Tournon, depuis le 1er novembre jusqu'au 1er mai.

Une confrérie d'hommes du monde a été fondée également, sous l'invocation de saint François Régis, par M. Gossin, ancien conseiller à la cour royale de Paris. Cette confrérie a pour but de faire marier civilement et religieusement les personnes pauvres qui vivent dans le désordre : elle leur procure, pour arriver à l'accomplissement de ce but, tous les secours spirituels et temporels qui leur sont nécessaires. Elle est répandue dans les principales villes de France.

tumultueuse. Il serait donc à désirer que la maison des missionnaires, pour s'isoler complétement du bruit qui y pénètre quelquefois, fût reconstruite sur la croupe de montagne qui s'élève du côté du Puy ; on y joindrait une chapelle pour l'usage des fidèles qui viennent y faire des retraites : cela n'empêcherait pas que l'église de la Louvesc ne conservât son saint *palladium*, et qu'on ne vînt toujours y vénérer le corps de l'apôtre du Languedoc.

Qu'on pardonne ce vœu, peut-être indiscret, à un voyageur que le pèlerinage de la Louvesc a profondément intéressé et vivement ému. Ce n'est pas un vain amour du changement qui l'inspire, c'est le désir sincère de voir de nouvelles dispositions correspondre aux nouveaux besoins d'une ferveur toujours croissante.

Nous étions à la Louvesc au commencement du mois de septembre 1841. Cette époque de l'année est celle où les gens de la campagne sont le moins occupés, et où leur affluence est la plus considérable. Nous revînmes par la route de Saint-Félicien (1), riche bourgade qui s'étale au soleil du midi, au sein d'un vallon fertile ; là, une étroite enceinte de collines ne laisse qu'une échappée de vue sur les montagnes qui séparent le Dauphiné de la Provence. Mais, presque toujours, du haut de ces lieux élevés, où le chemin descend avec lenteur en tournant autour des croupes arrondies des montagnes, l'œil ébloui découvre d'immenses et magnifiques perspectives. Quand on est au versant, du côté du sud, la colline pyramidale de Saint-Romain-de-Lercq, surmontée de son église, se détache sur les monts de l'Aiguille et du Ventoux, et sur la chaîne intermédiaire dont ces pics sont les points extrêmes. Quand on est sur le versant opposé, les *Grandes-Alpes* de la Savoie et du Dauphiné déploient leur ligne vaste et dentelée, depuis les cimes de la Moucherolle et de Belledonne, jusqu'aux brillants sommets du Mont-Blanc. Mais, à tous moments, nous étions distraits de ces grands spectacles de la nature par la rencontre des groupes nombreux de villageois et de villageoises qui allaient au saint pèlerinage ou qui en revenaient, disant leur rosaire ou chantant des cantiques en chœur ; quelquefois on les voyait s'asseoir à l'ombre des bois de pins, pour laisser reposer de jeunes enfants fatigués de cette longue route, et ces courts moments de station étaient encore mis à profit pour la prière.

Nous nous arrêtâmes au village de Saint-Victor, qui s'élève en amphithéâtre sur le sommet d'une colline, puis nous descendîmes du hameau de la Crémollière, avec les ombres du soir, dans les profondeurs de la gorge du Doux, torrent souvent furieux que nous traversâmes sur l'arche hardie (2) du grand pont. Une demi-heure après, nous étions à Tournon.

---

(1) Saint-Félicien est chef-lieu de canton ; sa population est de 2,100 âmes. On y fabrique des draps qui sont recherchés par les négociants de Tournon et d'Annonay. Cette bourgade est située sur un sol peu fertile mais bien exposé au soleil du midi.

(2) Par lettres patentes du roi, données à Lyon le 8 février 1350, un droit de péage fut accordé sur le

Tournon.

Nous n'avons pas la prétention d'écrire une histoire complète de chaque lieu dont nous donnons un dessin, à l'exemple du paysagiste chargé de faire la partie peut-être la plus attrayante de cet ouvrage; nous devons nous borner, dans nos tableaux historiques, à saisir un point de vue dominant, auquel nous joignons ensuite les accessoires qui viennent naturellement s'y rattacher.

Annonay présente un vaste amphithéâtre de maisons, parmi lesquelles on a peine à distinguer le château complétement restauré à la moderne. A Tournon, au contraire, l'objet qui se place au premier plan et qui absorbe presque entièrement l'attention, est le château gothique perché sur un rocher pittoresque. Des débris de vieilles fortifications qui en dépendent se dessinent au loin sur la montagne voisine. Toute l'histoire de Tournon est dans cette page écrite par le burin de l'artiste; je n'en serai que le froid commentateur.

La famille de Tournon qui, avec les Balazuc et les Roussillon, partageait, dès les onzième et douzième siècles, le sceptre féodal du Vivarais, non-seulement créa en quelque sorte la ville, qui vint s'abriter sous son fier castel, mais elle l'agrandit et l'enrichit, de génération en génération, par des libéralités immenses. Cette noble et illustre famille ne domine plus du haut de son donjon sur sa cité vassale, mais elle y règne encore par le souvenir de ses bienfaits et de ses fondations quasi-royales, dont quelques-unes, échappées en partie aux orages révolutionnaires, continuent de contribuer encore à la prospérité des habitants de Tournon.

Quelques antiquaires font remonter cette ville au delà de l'époque féodale, et lui attribuent une origine romaine. Ils s'appuient sur la découverte qu'on a faite d'une pierre calcaire encastrée à l'angle du mur occidental de l'église de Saint-Jean-

Doux, aux habitants de Tournon, pour en employer le produit à la construction, sur cette rivière, d'un pont d'autant plus utile qu'il devait assurer les communications entre Avignon et Lyon. De plus, le 17 novembre 1376, les habitants de Tournon tinrent une assemblée générale en l'église de Saint-Julien, qui décida qu'ils payeraient double dîme de leurs blés et vins durant deux années, pour achever de réunir les sommes nécessaires à la confection du pont. Le 20 mai 1382, comme l'inondation du Doux avait emporté les ouvrages commencés, sur l'humble supplication des habitants de la ville de Tournon, il leur fut octroyé un secours pour faire ce pont (voir l'inventaire des archives de Tournon, pag. 69). Cependant, on ne vint à bout de la construction de ce pont que longtemps après. Le cardinal de Tournon contribua à le faire achever en 1583. On voit encore ses armes dans la petite arche qui sert d'avenue et de naissance au pont, sur la rive droite du Doux.

Nous parlerons ailleurs des ruines du pont dit *Pont-de-César*, qui est à peu de distance du grand pont, en remontant la rivière.

de-Muzols, où on lit l'inscription (1) suivante dont les caractères sont d'une beauté remarquable:

> IMP. CAES. DIVI
> TRAIANI PAR-II GI.
> FIL. DIVI NERVAE
> NEPOTI TRAIANO.
> HADRIANO AVG.
> PONT. MAX. TRIB.
> POTEST. III COS. III.
> N ♥ RHODANICI
> INDVLGENTISSIMO
> PRINCIPI.

Saint-Jean-de-Muzols est à une demi-lieue de Tournon, au delà du Doux, et ce village aurait pu être autrefois lui-même le siége de l'établissement des bateliers qui dédièrent cette inscription à l'empereur. Mais on prétend que la pierre sur laquelle elle est gravée, a été trouvée au-dessous des murs du château. Il faudrait alors prouver que cette pierre, qu'on fait ainsi voyager, n'eût pas subi un premier déplacement. Or, s'il faut en croire un passage de Grégoire de Tours (2), le rocher lui-même, sur lequel le château est assis, se serait détaché violemment de la montagne qui le domine, et aurait repoussé le Rhône au delà de son ancien lit. On a dit, je le sais, que ce passage était une interpolation faite par les copistes de Grégoire de Tours; mais l'inspection des lieux rend ce fait assez vraisemblable, et sans doute les annalistes qui auraient fait cette addition au texte du saint historien se seraient appuyés sur une tradition encore vivante de leur temps.

Quoi qu'il en soit, aucun fait certain (3) ne se rattache à l'histoire de Tournon avant l'époque de Charles Martel. On sait que ce célèbre vainqueur des Sarrazins distribua à ses compagnons d'armes des bénéfices dont il dépouilla le clergé : c'étaient, à ses yeux, les indemnités légitimes que la religion devait aux guerriers qui l'avaient sauvée. Le clergé ne goûta pas cette morale, et aussitôt que le *marteau de fer* cessa de peser sur lui, il réclama contre les spoliations dont il avait été

---

(1) Cette inscription serait de l'an 119 ou 120, époque à laquelle Adrien, consul pour la troisième fois, aurait fait un voyage dans les Gaules.
(2) IVe livre de ses histoires.
(3) Les Romains, suivant toute probabilité, ont eu des établissements dans les environs de Tournon. Tout près de cette ville, au territoire de l'Olme ou de Cornillac, on a trouvé beaucoup de médailles romaines et des débris antiques. En 1750, on y a même découvert un bain presque entier dont le fond était pavé en mosaïque.

l'objet. Tournon appartenait à l'église de Lyon (1), qui ne cessa, sous les règnes de Pepin, de Charlemagne et de leurs successeurs, de lutter avec ténacité pour obtenir la restitution de cette terre importante. Pendant longtemps les empereurs furent sourds à ces réclamations. Cependant, en 855, Lothaire ordonna la restitution que Charlemagne avait refusée. A cette époque, les bénéficiers prétendaient à l'inamovibilité et à l'hérédité; en conséquence, les seigneurs de Tournon dénièrent au souverain le droit de leur arracher une terre qu'ils regardaient déjà comme une propriété de famille. Les archevêques de Lyon armèrent alors leurs vassaux pour revendiquer les droits qui leur étaient reconnus, mais le château de Tournon, fort de sa position et du courage de ses possesseurs, leur opposa une invincible résistance. Cette espèce de guerre civile, que le pouvoir affaibli des derniers Carlovingiens était impuissant à réprimer, dura jusqu'au temps de Charles-le-Simple.

Un siècle ou deux après, nous trouvons une famille féodale établie dans le château de Tournon. On ne sait si elle était issue de ces fiers paladins qui ne craignirent pas de lever leur bannière contre l'une des premières églises de France. Cependant, suivant les généalogies les plus authentiques, le premier baron de Tournon aurait été Odon Ier, qui rendit hommage à Philippe-Auguste, en 1192. Mais, antérieurement, l'histoire nous montre un membre de cette famille, Pons de Tournon, abbé de la Chaise-Dieu, élu évêque du Puy en 1130.

En 1309, Guy de Tournon donna à ses villes de Tournon et de Tain une charte dont nous avons une vieille traduction française. Cette charte contient vingt-trois chapitres composés chacun de plusieurs articles. Des garanties réelles y sont accordées aux habitants de Tournon et de Tain, contre *les enlèvements de leurs biens et les captures de leurs personnes* (chap. IV et V). Les corvées y sont limitées à des réquisitions annuelles d'ânes et de chevaux pendant quatre jours. Tous les habitants domiciliés sont exempts des droits de péage. On y trouve des lois pénales fort curieuses contre divers genres de crimes. En terminant cette œuvre de législation locale, Guy de Tournon déclare reconnaître la juridiction du Dauphin; il demande que le sceau de son suzerain soit apposé à l'acte, pour lui donner une plus grande solennité légale, et il jure sur les saints Evangiles d'observer la charte octroyée par lui à ses sujets. Il enjoint à ses successeurs de renouveler le même serment quand ils auront atteint leur quinzième année; enfin, il se soumet à toutes les réparations de droit, en cas de violation de son serment, envers les habitants de Tournon, qui ont leur recours réservé par-devant la cour du Dauphin. Le contrat est passé à Tain, dans le jardin des enfants Sabatier; il est rédigé par

---

(1) Suivant une tradition ancienne, le territoire de la ville de Tournon aurait été donné, au cinquième siècle, à saint Just, archevêque de Lyon; et ce prélat, avant d'aller finir ses jours dans la Thébaïde, aurait fait passer cette donation sur la tête du chapitre de son église.

Durand Gilibert, notaire *impérial*. Ainsi, dans l'acte même où le Dauphin (1) est désigné comme le seul seigneur du Viennois, la souveraineté de l'empereur, espèce de foi sociale qui domine tout, est encore indirectement rappelée.

Les Tournon tinrent toujours à conserver intactes leurs prérogatives chevaleresques et féodales. En 1249, Jean, frère d'Anselle (2), chevalier, sire de Tournon, demanda à prêter foi et hommage à son évêque, qui voulut l'investir par le bâton ou le fêter suivant le mode symbolique adopté par les puissances temporelles et séculières. Jean refusa cette investiture, en disant qu'il ne pouvait en accepter une autre que celle par l'anneau d'or : c'était la forme d'investiture particulière aux ecclésiastiques ; elle rappelait la mystique union des évêques avec l'Eglise, *sigillum peccatoris*, et elle était une reconnaissance de la suprématie spirituelle, plutôt que de la suzeraineté politique.

Quand le Dauphiné fut réuni à la France, la puissance territoriale des Tournon leur assura la faveur de nos rois, qui avaient besoin de s'appuyer sur les grands vassaux.

Vers 1484, la charge de grand bailli du Vivarais, qui était encore à cette époque une sorte de vice-royauté, fut conférée à cette famille, qui la remplit avec gloire jusqu'en 1644, c'est-à-dire pendant près de deux cents ans.

Les Tournon s'allièrent tour à tour aux Adhémar, aux Coligny, aux Crussol, aux Joyeuse, aux Polignac, aux d'Agoult de Sault, aux Lévi-Ventadour et aux Montmorency.

La générosité des barons de Tournon fut comme une source intarissable de richesses pour la ville qui s'étendait au bas de leur château, dans l'enceinte de remparts qu'ils avaient tracée autour d'elle. Du haut de ce rocher s'épanchaient sans cesse de nouveaux bienfaits pour le peuple.

Augustin Thierry remarque, avec cette impartialité historique dont il donne plus d'un exemple dans ses ouvrages, que les fondations religieuses étaient les institutions de bienfaisance, les actes de générosité populaire du temps du moyen âge. Au milieu de cette société travaillée par tant de désordres, et où existait si peu de sécurité, ouvrir des asiles où pussent vivre paisiblement et à peu de frais des hommes réunis en communauté sous l'aile du Seigneur, c'était sans doute faire une œuvre de charité; que si ces hommes se vouaient à l'instruction religieuse du peuple et aux soins du ministère sacré, l'aumône morale se joignait à l'aumône physique, et, dans ces siècles peu civilisés, on ne pouvait mieux travailler au progrès social.

Or, nous trouvons plusieurs établissements de ce genre créés depuis le quin-

---

(1) Tournon était au nombre des villes de la rive droite du Rhône qui dépendaient du Dauphiné. Tain et Tournon ne faisaient qu'une même seigneurie.

(2) Ducange, III, pag. 1528.

zième siècle par les Tournon. C'est le couvent des *Cordeliers de l'Observance*, fondé par Jacques de Tournon et Jeanne de Polignac, sa femme, en 1473, en vertu d'une bulle de Sixte IV, de 1471. C'est ensuite celui des Capucins, dont la fondation, projetée par Just-Louis, baron de Tournon, fut accomplie au mois de novembre 1619, par son fils, Just-Henri, chevalier des ordres du roi. Le couvent fut dédié à saint François, l'église du couvent à saint Just, et une chapelle particulière à saint Charles, patron de la baronne de Tournon. Appelé à la cour par le roi, Just-Henri fournit aux religieux, avant son départ, les meubles et les ornements qui leur étaient nécessaires. Son fils, Just-Louis II, continua de surveiller les travaux de cette fondation, et posa, en son nom, la première pierre de la chapelle de Saint-Charles, en 1626. Dans ce temps, on menait à bonne fin les créations les plus importantes, parce qu'elles étaient l'œuvre de plusieurs générations, et, grâces à l'esprit de famille qui régnait dans toute sa force, les plans que formaient les aïeux étaient religieusement exécutés par les enfants de leurs enfants.

On sait que l'une des missions spéciales des capucins, cet ordre si admirable de piété et d'abnégation chrétienne, est de se dévouer aux soins corporels et spirituels des populations atteintes de la peste ou de toute autre maladie contagieuse. Il y a peu d'années encore, l'Italie et la Sicile furent témoins de leur héroïsme à l'époque du choléra. A peine s'élevaient à Tournon les dernières pierres qui couronnaient le faîte de leur monastère, que la peste y éclata avec fureur; elle parvint à son plus haut degré d'intensité au commencement de l'automne de l'année 1628. Trois capucins furent désignés pour administrer les sacrements aux malades de Tournon et de Mauves; ils s'acquittèrent de cette tâche avec un zèle et un courage sublimes. Deux d'entre eux périrent victimes de la contagion.

Déjà Tournon s'était ressenti de la peste de 1586, qui fit tant de mal à Annonay et dans le haut Vivarais; mais, en 1628, cette maladie y exerça encore plus de ravages. Suivant l'état qui en fut dressé par les consuls Gonneton et Chaux, deux mille personnes composant les deux tiers de la population d'alors, furent enlevées en quelques mois par cet affreux fléau. Au plus fort de la contagion, un capucin, le père Albert de Fontgerolles, apporta, du couvent des Augustins déchaussés de Paris, une image en relief de la Sainte Vierge, faite avec le bois de ce chêne miraculeux de Montaigu (1), qui a été en Belgique l'objet d'une si célèbre légende. On

---

(1) Cette image, qui est encore l'objet de la vénération des habitants de Tournon, est placée aujourd'hui dans l'église de Saint-Julien. Voici quelques mots sur la légende de Montaigu:

Montaigu est une colline située à quatre lieues de Louvain. Au quinzième siècle, cette colline était entièrement nue et stérile, seulement un gros chêne en occupait le sommet. Des bergers firent dans le corps de cet arbre une niche, et y placèrent une image de la sainte Vierge. Déjà cette image commençait à être honorée au loin dans le pays, lorsqu'en 1505, un berger, qui faisait paître ses moutons sur la colline, voulut la dérober et l'emporter dans sa maison. A peine eut-il tenté de faire ce larcin, qu'il fut

le plaça dans la chapelle de saint Charles de l'église des Capucins. Les habitants de Tournon s'engagèrent, par un vœu perpétuel, à faire devant cette image une procession solennelle le jour de la fête de la Présentation. Tous les jours, après complies, les capucins allaient chanter devant elle le *Stella cœli*. La peste diminua d'abord, puis s'éteignit au mois d'août 1629.

Le couvent des Capucins fut, ainsi que beaucoup d'autres institutions du même genre, détruit par la révolution, qui ne savait pas respecter le souvenir des plus grands bienfaits, quand ce souvenir se rattachait à un froc monastique.

Un autre monastère, celui des Carmes, fut fondé à Tournon, en 1344, par la famille Romanet du Mazel. Le 21 août 1562, le baron des Adrets ayant pénétré à Tournon, saisit les vases sacrés et tous les trésors de ce couvent, ainsi que de celui des Cordeliers, et les fit vendre au profit de la ville; il chassa ensuite les religieux, et s'empara de leurs propriétés (1) qu'il mit à l'enchère. Mais le jour de la réaction ne tarda pas à arriver : peu de temps après, les catholiques reprirent la ville, et alors les Carmes furent réintégrés avec solennité dans leur monastère par Just II, baron de Tournon, et par Claudine de Turenne, sa femme.

La salle du réfectoire des Carmes était immense, et les états des trois ordres du Languedoc y tinrent plusieurs fois leurs séances. Les évêques de Viviers, qui ne pouvaient siéger personnellement dans les assemblées de l'assiette du Vivarais, occupaient encore dans ces états un rang distingué.

Il y avait aussi autrefois à Tournon un couvent de religieuses de Notre-Dame, qui s'y étaient établies en 1624, et dont la maison mère était au Puy. Ces religieuses s'occupaient de l'éducation de la jeunesse, et entretenaient une classe gratuite pour l'éducation des pauvres de la ville.

De plus, un hôpital y avait été fondé en 1305, par Pierre Chaste, prêtre en l'église de Valence (2).

---

frappé d'une immobilité absolue. Son maître, inquiet de ne pas le voir revenir, l'alla chercher *au Montaigu*, et, le voyant pris par un engourdissement général, lui demanda la cause de ce singulier accident : le berger lui avoua sa pensée coupable. Le maître prit l'image et la replaça dans la niche du chêne ; alors le berger retrouva l'usage de ses membres.

On vint alors de tous côtés vénérer la Vierge du chêne, et couper des branches de l'arbre par dévotion et pour en faire des statuettes sur le modèle de l'image miraculeuse. On bâtit au Montaigu une chapelle, puis une église, et le tronc du chêne qu'on avait abattu fut donné à l'archiduc Albert et à sa femme Isabelle, qui avaient été les fondateurs de la nouvelle église. Le père Ange, capucin flamand, ayant reçu du prince Albert la permission d'entrer, vers 1618 ou 1619, au noviciat des Augustins déchaussés de Paris, reçut de lui, en présent, une partie du bois du chêne de Montaigu, et c'est de ce couvent des Augustins que le père Albert de Fontgerolles rapporta la statuette qui est encore vénérée à Tournon. Il y a un beau tableau de la Présentation, de l'école italienne, sur l'autel de la chapelle consacrée à Notre-Dame-de-Montaigu, dans l'église de Saint-Julien.

(1) Comme ces biens ne trouvèrent pas d'acheteurs, on se contenta de les affermer : ceux des Cordeliers furent affermés pour un an à un nommé Clément Descombes.

(2) Inventaire des archives de Tournon, pag. 76. L'instrument de fondation et donation dudit hôpital,

Ces couvents ont été détruits par la révolution, et leurs biens ont été confisqués; une partie même des propriétés de l'hôpital a été vendue au profit de la nation. Mais cet établissement a pourtant survécu à la tourmente politique; la philanthropie n'a pas osé détrôner la charité : les pauvres malades ont gardé leur asile et les soins tutélaires des bonnes sœurs (1) qui se sont consacrées à leur soulagement.

Nous citerons encore une des anciennes institutions religieuses de Tournon, qui a échappé aux orages révolutionnaires; c'est la confrérie des pénitents du Gonfalon, qui s'y forma en 1603, et à laquelle Just-Henri de Tournon s'associa en 1604. La chapelle des pénitents, attenante à Saint-Julien, est ornée sur un de ses murs, à droite de la tribune, d'une fresque qui représente simultanément la montée du Calvaire, la passion et la descente de croix, et où le diable et les anges se disputent les âmes des larrons crucifiés à côté du Sauveur.

Cette peinture rappelle le genre de Cimabué, c'est-à-dire les premiers efforts que fit l'école italienne pour se débarrasser des traditions de l'école de Bysance, où les types de laideur semblaient consacrés par la fausse interprétation que les Grecs donnaient à l'Ecriture.

Deux monuments principaux, en outre du château auquel nous reviendrons tout à l'heure, restent encore debout parmi les fondations du passé; je veux parler de l'église de Saint-Julien et du collége.

L'église de Saint-Julien était affectée à un de ces chapitres (2) appelés collégiales, parce qu'ils n'appartenaient pas à des siéges épiscopaux. Cette église, dont la construction primitive remonte au treizième ou au quatorzième siècle, eut, vers le commencement du quinzième, une collégiale qui fut confirmée bientôt après par une bulle d'Eugène IV, à la date de 1443. Elle était une annexe de Notre-Dame-de-Tain, qui dépendait elle-même de l'abbaye de Cluny.

Saint-Julien, dont on a fait l'église paroissiale de Tournon, est un édifice gothique inachevé, et maladroitement restauré à diverses époques. On l'a revêtu dernièrement d'un badigeon (3) qu'on a bien tâché de mettre en harmonie avec son

---

reçu par Mes Giraud Dussollier et Bonhomme, de Saint-Antoine. (Communiqué par M. Deville, maire de Tournon.)

(1) Ce sont des sœurs du Saint-Sacrement, dites sœurs de Saint-Just.

(2) Ces chapitres étaient composés d'abord de dix-huit membres, puis de quatorze, savoir : d'un doyen, d'un chantre, d'un trésorier, d'un sacristain, de six chanoines et de quatre habitués; et la collégiale ne fut plus composée que de dix membres. Le décanat, les six canonicats, et les autres emplois étaient électifs, et c'était le chapitre lui-même qui en disposait; le curé, qui n'était que chanoine honoraire, était nommé par le prieur de Notre-Dame-de-Tain.

(3) Le dôme du chœur de l'église possédait des fresques sorties du pinceau de Paul Sévin, peintre du roi Louis XIV; le badigeon les a fait disparaître.

Il y a encore un tableau de ce peintre dans le chœur de l'église de Saint-Julien. Ce tableau représente

caractère d'architecture, mais qui ne vaut pas la teinte brunâtre que les siècles impriment à la pierre.

Cependant, si l'on regrette que les arceaux de la nef, qui devaient être surmontés d'une voûte hardie, soient écrasés par des plafonds lourds et peints de diverses couleurs; si les croisées de la nef du côté droit, qui communiquaient jadis à trois grandes chapelles, se présentent, avec leurs pans coupés, sous les formes les plus disgracieuses, en revanche, il reste cinq fenêtres gothiques du goût le plus pur. La plus apparente est celle qui se trouve derrière l'autel; elle est garnie d'assez beaux vitraux, qui projettent sur le sanctuaire une douce et mystérieuse lueur.

Un monument encore plus remarquable, et resté également debout jusqu'à nos jours, est le célèbre collége de Tournon, qui fut fondé en 1542.

Le cardinal de Tournon, qui eut la plus grande part à cette fondation, jouissait à juste titre de la confiance de François Ier. C'était, en France, l'une des plus grandes notabilités de son siècle. Il fut successivement évêque, archevêque, lieutenant général de plusieurs provinces, gouverneur de Lyon, primat des Gaules, puis ambassadeur en Angleterre, en Espagne, à Venise, et enfin à Rome où il eut des voix pour succéder au pape Paul IV, sur le siége de saint Pierre. Le cardinal de Tournon a droit de prétendre à la gloire d'avoir contribué avec ce prince à la renaissance des lettres. Il fut le Mécène chrétien du nouvel Auguste. Les littérateurs, les artistes et les savants trouvèrent toujours en lui un protecteur éclairé et généreux.

Dans le but de perfectionner l'éducation de la jeunesse française, ce noble prince de l'Eglise établit un collége à Auch dont il était archevêque, et il donna l'idée à son frère, le baron Just, d'en fonder un autre dans sa ville natale (1). Il concourut à cette fondation, en 1536, avec ce seigneur et avec ses neveux Jacques de Tournon, évêque de Valence, et Charles de Tournon, évêque de Viviers (2).

Dès la fin de l'année 1542, une ordonnance royale de François Ier approuvait et confirmait la création du collége de Tournon. Des prêtres séculiers furent attachés à cet établissement, et l'un d'eux, nommé Pélisson, en fut le principal ou directeur. Quoique les bâtiments qui composèrent depuis le collége ne fussent pas même commencés, cet établissement prit, en moins de trois années, une rapide et immense extension; alors, le cardinal pressa l'exécution du plan de l'édifice qu'il s'était promis de faire élever. Quand cet édifice fut achevé, le nombre des étudiants devint

---

un Christ dont la figure nous semble plus énergique que noble. A sa droite est la nouvelle loi, à sa gauche l'ancienne. Sur sa tête on aperçoit, dans un nuage, la tête du Père éternel, et la colombe symbolique qui complète la Trinité. Sévin mourut au commencement du dix-huitième siècle, dans un état voisin de l'indigence, quoiqu'il y eût dans son mobilier des traces d'un luxe presque royal.

(1) Notice sur le collége de Tournon, par M. Nenier, professeur (Valence, Marc-Aurèle frères, 1841).
(2) Histoire du Languedoc, par dom Vic et dom Vaissette, tom. 5, pag. 160.

plus grand encore. Peu de temps après, le pape Jules III, par une bulle, et Henri II, par des lettres patentes, érigèrent le collége en université pour l'enseignement des langues grecque, latine, hébraïque, chaldaïque (1), et pour celui de la grammaire générale, de la philosophie, de la théologie et des mathématiques. Cette université, qui jouit dès lors des droits et prérogatives attribués aux autres universités de France, compta près de douze cents élèves (2).

Mais un venin secret vint s'insinuer dans cet établissement, en apparence si prospère, et le frapper au cœur; ce venin était celui de la prétendue réforme. Certes, il eût été cruel pour l'illustre François de Tournon (3), dont la vie entière était consacrée à la défense de la vieille religion de ses pères, de voir cette université, qu'il avait confiée à des prêtres catholiques, devenir entre leurs mains une œuvre de propagation des doctrines luthériennes et calvinistes. Dès que le cardinal sut de quel péril son institution nouvelle était menacée, il se rendit à Tournon en toute hâte : la ville et l'université furent loin de l'accueillir comme un bienfaiteur et comme un père. Sa fermeté ne fléchit pas devant cette attitude hostile : il reprocha sévèrement au prêtre Pélisson et aux autres professeurs l'espèce de trahison morale qu'ils avaient commise à son égard, mais ces reproches n'eurent aucune efficacité et ne firent que lui attirer de nouvelles peines. Des placards injurieux pour sa personne furent affichés sur les avenues et sur la porte même du château où il demeurait; alors il songea sérieusement, ou à détruire l'établissement qu'il venait de créer, ou à faire table rase des maîtres et des élèves. Il s'arrêta à ce dernier parti; ensuite, pour être sûr que des doctrines de la plus stricte orthodoxie fussent toujours enseignées dans l'enceinte qu'il avait élevée, il y appela des disciples de saint Ignace de Loyola. A Rome, il avait connu autrefois ce grand saint au concile de Trente; il avait pu apprécier Lainèz, qui était encore à cette époque général des jésuites. Il obtint, pour diriger son collége, des hommes d'un rare mérite; on lui

---

(1) Dans une petite brochure intitulée : *La triomphante entrée de très-illustre dame Magdeleine de la Rochefoucauld, épouse de messire Just Loys de Tournon* (*Lyon*, 1584), j'ai trouvé des vers en langue orientale que les professeurs du collége avaient faits en l'honneur de la noble dame. Ces compliments, inintelligibles pour elle, durent peu la flatter; elle fut, sans doute, beaucoup plus sensible au magnifique feu d'artifice que les habitants de Tain tirèrent le soir *en l'île qui était sur le Rhône*, et où ils simulèrent le siège d'un fort attaqué par eau et par terre.

(2) Suivant une lettre de Vincent Laure au supérieur des jésuites, à la date du 1er octobre 1560, Tournon comptait 800 feux et près de 1,200 élèves. On a prétendu que le nombre des élèves n'a pas pu être aussi considérable : il faut remarquer que Tournon était une université où on venait passer ses grades; la population des étudiants y était donc essentiellement flottante. 800 feux supposent de 3,200 à 4,000 âmes; et il serait, sinon impossible, au moins bien difficile qu'autour de ces foyers, fort pauvres et fort étroits pour la plupart, 1,200 étudiants, qui s'y seraient agglomérés à la fois d'une manière stable, eussent pu s'y loger et s'y nourrir.

(3) C'est peut-être le cardinal de Tournon qui a empêché François Ier de se laisser séduire par le luthérianisme, en l'empêchant de recevoir Mélanchton à la cour.

envoya d'abord, pour recteur ou principal, Eleuthère Soutan, théologien fort distingué, puis Edmond Auger, prédicateur si éloquent, que les calvinistes disaient de lui : « Il faut rayer cent des nôtres toutes les fois qu'il monte en chaire. »

Le 3 mai 1561, les jésuites furent mis en possession de leur nouvelle maison, la première qu'ils aient possédée en France. Mais, au printemps de l'année suivante, la mort frappa leur illustre protecteur. Avant la fin de l'année 1562, les protestants s'emparaient du Vivarais et du Dauphiné, et le père Edmond Auger était traîné dans les prisons de Valence par les séïdes du baron des Adrets. Echappé au supplice comme par miracle, l'intrépide recteur revient dans son collége, où il recommence ses entraînantes prédications. Les réformés du Dauphiné et du Vivarais, furieux de voir encore éclater contre leurs doctrines une voix qui valait des armées, font dire au comte Just de Tournon qu'ils mettront à feu et à sang sa ville et son château, s'il ne leur livre tous les jésuites du collége. Le comte Just fait part à tous ces religieux du danger qui les menace. D'abord ils se refusent à abandonner leurs chaires et leurs élèves : « Plutôt le martyre que la fuite, » s'écrient-ils à l'envi! Cependant M. de Tournon leur fait comprendre qu'ils ne seraient pas les seules victimes de leur téméraire obstination, et, à force d'instances, il les décide à se retirer dans les montagnes de l'Auvergne.

Bientôt après, une bande de prétendus réformés vint s'emparer de Tournon, saccager les couvents, piller les églises et occuper le collége. Mais ce succès fut de courte durée; le comte Just fit venir des troupes catholiques de Lyon, devant lesquelles les calvinistes prirent la fuite. Les jésuites reprirent alors possession de leur collége. Cet établissement, malgré les troubles qui continuèrent à désoler le Vivarais, s'éleva en peu de temps à une incroyable prospérité. Avant la fin du seizième siècle, il compta jusqu'à deux mille élèves (1).

Henri IV, sur la demande de l'université de Paris, décréta l'expulsion des jésuites; mais le parlement de Toulouse les protégea avec énergie, ainsi que les états du Languedoc, et l'arrêt du conseil du roi ne reçut pas d'exécution dans cette province. Les pères du collége de Tournon restèrent à leur poste, et le roi lui-même révoqua, à leur égard, sa rigoureuse sentence; seulement ils furent mis dans la dépendance de l'université de Valence, à laquelle on les affilia.

Un incendie dévora tous les bâtiments du collége, en 1649; il réduisit en cendres la riche bibliothèque (2) que lui avait léguée le cardinal de Tournon, et qui avait encore fait de précieuses acquisitions depuis sa mort. Outre les revenus provenant des élèves, le collége avait de belles terres et des rentes considérables, et, grâce à ses

---

(1) On a contesté l'exactitude de ce chiffre par les raisons ci-dessus exposées. Il est pourtant attesté par le père Charles Fleury, dans sa *Biographie du cardinal de Tournon*, liv. VIII.

(2) Il y avait entre autres plusieurs manuscrits très-rares en langues orientales.

ressources pécuniaires, l'habile administration des jésuites répara en peu de temps tout ce qui était réparable dans ce désastre.

Un édit royal du mois d'août 1766 supprima l'ordre des jésuites dans tout le royaume de France. Il leur fallut donc quitter Tournon, et ce magnifique établissement qui leur devait tout l'éclat dont il brillait depuis plus de deux siècles.

Après eux, le collége fut pour quelque temps confié à des prêtres séculiers, puis, en 1776, on y plaça des oratoriens, et on en fit une division de l'école militaire.

Les jésuites avaient créé la nouvelle église qui avait été consacrée en 1721 : les oratoriens refondirent les bâtiments et leur donnèrent la forme qu'ils ont aujourd'hui.

Quand ces ordres religieux furent supprimés (1), les pères de l'oratoire gardèrent encore la direction de l'établissement, non comme corps, mais comme individus.

Ce n'est qu'en 1819 que le père Verdet renonça à la direction de l'établissement, et se désista, entre les mains du gouvernement, de la jouissance des bâtiments qui lui avaient été concédés par un décret du 29 ventôse an 13. On en fit alors un collége universitaire de troisième classe. Il semblait, par son importance matérielle et sa vieille réputation, mériter un rang plus élevé dans la hiérarchie nouvelle où on l'avait fait entrer. On assure aujourd'hui que le gouvernement se propose de réparer cette injustice, et d'en faire un collége de deuxième classe.

L'église est d'une architecture noble et simple qui rappelle celle qui fut usitée en France dans toutes les églises de jésuites.

Le frontispice de l'ancien portail du collége était masqué par d'ignobles planches : il a été récemment découvert par les soins de l'un des derniers proviseurs, M. l'abbé Brunon. A la droite et à la gauche de ce frontispice étaient la statue de la Justice et celle de la Piété, emblèmes des vertus sous les auspices desquelles le cardinal de Tournon avait fondé cet édifice. Les ornements du milieu et l'inscription *non quæ super terram*, qui sont bien conservés, étaient les armes et la devise du cardinal.

Derrière les bâtiments du collége il y a un grand parc planté de très-beaux arbres et un immense jardin potager.

Cette institution, qui a repris quelque accroissement depuis plusieurs années, promet de s'améliorer de plus en plus (2) sous le triple rapport de l'éducation religieuse, de la force des études et des soins matériels donnés aux élèves.

L'établissement qui, aujourd'hui encore, contribue le plus à la gloire et à la richesse de Tournon, doit son origine première à l'illustre famille qui tira son nom de cette ville.

---

(1) La plus grande partie des propriétés territoriales qui appartenaient au collége de Tournon fut vendue nationalement, par suite du décret du 8 mars 1793.

(2) On a le projet de faire agrandir les bâtiments, suivant l'ancien plan des oratoriens, pour suffire ainsi aux nouveaux besoins de l'établissement. Il y a maintenant plus de 180 élèves dans ce collége.

Les Tournon, qui donnèrent ainsi, à diverses époques, tant de preuves de leur éclatante générosité écrite encore sur les pierres de plusieurs monuments, ne se distinguèrent pas moins par leur habile et équitable administration de la justice, tant qu'ils furent sénéchaux ou baillis du Vivarais; ils obtinrent aussi dans les armes une juste renommée, et le courage fut héréditaire chez eux comme la piété. Dans le temps des guerres de religion, ils eurent toujours leur épée au service de la foi catholique; une sainte contagion d'héroïsme semblait gagner jusqu'aux femmes mêmes qui portaient ce beau nom. Deux fois le château de Tournon fut attaqué par les religionnaires, deux fois Claude de Turenne, comtesse de Tournon, le défendit vaillamment en 1567 et en 1570 : elle ne se contenta pas de leur faire lever honteusement le siége, « elle fit encore jeter dans le Rhône tout ce qu'elle put prendre de ces rebelles, juste châtiment de leur révolte, » dit Lenglet du Fresnoy (1). Elle rétablit ensuite les églises et les lieux saints détruits par les calvinistes.

Cette rude guerrière, qui, en quittant les faiblesses de son sexe, semblait aussi en avoir dépouillé l'humanité, n'était pas bien tendre dans ses manières pour les personnes de sa propre famille. Elle avait été dame d'honneur de la reine de Navarre, qui parle d'elle et d'Hélène de Tournon, sa fille, dans ses spirituels mémoires. Voici comment s'exprime, à ce sujet, le royal écrivain :

« Comme Mme de Tournon était femme un peu terrible et rude, sans avoir égard que sa fille Hélène était grande et méritait un plus doux traitement, elle la gourmande et crie sans cesse, ne lui laissant presque jamais l'œil sec, bien qu'elle ne fît nulle action qui ne fût très-louable, mais c'était la sévérité naturelle de la mère, etc. »

La reine de Navarre raconte ensuite, avec des couleurs brillantes et romanesques, comment le jeune abbé de Varambon, non encore engagé dans les ordres, devient amoureux d'Hélène de Tournon. Hélène répond avec ardeur à cet amour; elle espère qu'un prompt mariage avec ce jeune seigneur la soustraira aux tracasseries tyranniques qui font sans cesse couler ses larmes. Séparée quelque temps du jeune Varambon, elle le retrouve à Namur, en Belgique. Là, par je ne sais quel travers de fatuité, Varambon, qui apparemment voulait mettre Hélène à l'épreuve, ne répond aux manéges de son innocente coquetterie que par une froideur calculée, puis, il s'éloigne pour quelques jours. Le mécompte d'une passion ardente et indignement repoussée fait monter au cœur d'Hélène un affreux désespoir. Elle tombe malade et meurt au bout de huit jours. Varambon, qui avait appris sa maladie,

---

(1) Histoire justifiée contre les romans, pag. 295. Lenglet du Fresnoy avait puisé ce fait dans un poëme en vers latins de Jean Vuillemin, intitulé : *Historia belli quod cùm hæreticis rebellibus gessit, anno 1567, Claudia de Turenne, auctore Joanne Villemino. In quarto; Parisii*, 1569. Cette pièce a été traduite en vers français par Belleforest.

revient en toute hâte chercher son pardon; il ne doutait pas que l'amour d'Hélène ne le fit absoudre de son crime : *Forza d'amore non riguarda al delitto*, dit la reine de Navarre. Il arrivait avec l'espoir de consoler et de guérir celle qu'il n'avait jamais cessé d'aimer. En arrivant à Namur il rencontre son cercueil : au nom d'Hélène de Tournon il tombe évanoui, et on l'emporte comme mort au logis de son père.

Deux ans après, le marquis de Varambon quittait décidément la robe longue, et il épousait une autre femme........

Pour en revenir au château de Tournon, d'où cet épisode nous a éloignés, nous devons rappeler d'autres souvenirs qui s'y rattachent.

Le dauphin François, fils de François Ier, vint loger dans ce château : après avoir fait une partie de paume dans la cour, il tomba malade par suite d'une imprudence (1), et il mourut le 10 août 1536. On montre encore la chambre qu'il occupait. Son corps fut déposé dans l'église de Saint-Julien, et n'en fut tiré qu'au mois de janvier 1543.

Quand Just-Louis de Tournon, qui avait noblement gagné, sur le champ de bataille, les épaulettes de lieutenant général, fut tué au siége de Philisbourg (2), le château et la terre de Tournon passèrent, par héritage, aux Ventadour, puis aux Montmorency, et enfin aux Rohan-Soubise : maintenant il appartient à la ville de Tournon, qui a placé, sur la gauche, le tribunal; dans le centre, la mairie, et dans le haut donjon, la prison publique. Ce changement de destination de l'ancien siége de l'autorité féodale semble contenir, en résumé, toute l'histoire des transformations administratives et politiques de la France.

Le pont en fil de fer qui joint Tournon à Tain, est une création de l'industrie moderne, contraste vivant avec le vieux castel, monument du moyen âge. Ce pont (3) est le premier de ce genre qui ait été fait en France.

---

(1) Suivant quelques auteurs, il avait très-chaud, il but de l'eau du puits, qui était glacée, et prit une fluxion de poitrine qui l'emporta en peu de jours. Suivant quelques autres, il aurait été empoisonné par les ennemis de la France. S'il faut en croire le père Charles Fleury, biographe du cardinal de Tournon, on trouva de l'arsenic dans la cassette de Montécucully, écuyer du jeune prince. Ce auteur paraît, en cette circonstance, s'être fait l'écho d'un bruit populaire qui n'avait rien de fondé.

(2) Le 5 septembre 1644. Just-Louis de Tournon s'était particulièrement distingué à la bataille de Sédan, à la prise de Tamaris en Catalogne, à la bataille de l'Erida et au combat de Fribourg.

(3) Les ponts en fil de fer étaient déjà connus en Amérique. Au commencement de l'année 1821, M. Plagnol, ingénieur des ponts et chaussées, eut l'idée d'en construire un semblable à Tournon: M. Séguin, à qui ce plan fut communiqué, hésita longtemps à l'accueillir; enfin, il finit par se rendre aux instances de M. Plagnol, après avoir lu un article du *Moniteur* du 8 décembre 1821, sur les ponts américains. Ils se concertèrent alors tous les deux pour présenter un mémoire au préfet de l'Ardèche, qui y apposa son visa à la date du 6 avril 1822, et, l'année suivante, M. Séguin entreprit de faire le pont, seul et à ses frais, après avoir désintéressé l'auteur du plan primitif, qui n'avait pas voulu rester son associé. Le pont de Tournon fut béni par l'évêque de Valence le 25 août 1825, et livré au public le 29 du même mois, jour de la foire.

Tout près de l'extrémité du pont s'élevait la seconde tour du château, dont le faîte était à demi ruiné. Rien n'eût été plus facile que de la réparer et de la consolider; on a mieux aimé mutiler un des membres les plus essentiels de la forteresse féodale, et le vendre, pour quelques centaines de francs, à un entrepreneur. Cet incroyable marché a été consommé, il y a cinq ou six ans, par l'administration municipale de Tournon. Aujourd'hui, une mesquine construction moderne s'élève à la place de la tour antique, et forme une affreuse dissonance avec le vieil édifice auquel elle est adossée.

Longtemps auparavant, on avait miné le rocher de granit où sont suspendues les hautes terrasses du donjon, pour frayer le passage à l'établissement du quai. Les bâtiments de dépendance du château, placés sur les bancs inférieurs du rocher, étaient unis, par une arcade en maçonnerie, à des moulins fortifiés et à une tourelle jetée comme un phare au milieu des flots : cette arcade est tombée de vétusté, et sur la base de la tourelle du moulin, isolée maintenant de la terre, on a planté, il y a plus de vingt ans, une belle croix de mission, en fer. Lors de l'inondation de 1840, le Rhône, qui rompait ses digues et roulait dans son lit immense les dépouilles des forêts, les débris de villages entiers et jusqu'à des cadavres humains, brisa en vain sa fureur contre les restes encore debout du moulin de Tournon ; il ne fit que les couvrir de ses flots qui montèrent lentement jusqu'au pied de la croix, comme si Dieu leur avait dit : *Vous n'irez pas plus loin*. Cette croix immobile, qui semblait portée mystérieusement sur les eaux, rayonnait au loin, vrai symbole d'espérance et de salut, au milieu d'un tableau de mort et de désolation !

NOTA. Tournon est le siège d'un tribunal de première instance et d'une sous-préfecture. Sa population est d'environ 4,000 âmes ; on y fait un commerce considérable de vins fins des bords du Rhône, et il y a des entrepôts de bois de construction. A une demi-lieue de Tournon, se trouvent des eaux minérales, sur le penchant d'une colline qui domine la route royale latérale au Rhône.

Châteaubourg et Crussol.

§ 1er. — Chateaubourg.

Glun, la Roche-de-Glun, Châteaubourg (1), trois forteresses qui se correspondaient sur la rive droite et sur la rive gauche du Rhône; trois repaires du même brigand féodal; trois nids du pirate, au onzième et au douzième siècle de notre ère.

« Le sire du château de la Roche-Glun, qu'on appelait Rogier, avait, dit Joinville, grand bruit de mauvais renom de détrousser et piller tous les marchands et pèlerins qui là passaient, etc. »

Saint Louis, qui allait combattre les infidèles et mécréants, crut faire une œuvre non moins méritoire que la croisade elle-même, en mettant le sire de Glun à la raison. Le tyranneau s'avisa de résister aux injonctions et sommations royales. En sévère justicier qu'il était, Louis IX assiégea le château de Roche-de-Glun, le principal manoir de Rogier, par eau et par terre; il le prit, le rasa, et passa ses habitants au fil de l'épée.

On montre, en dessus de Tournon, un rocher de forme ovale et plate, qui élève au milieu du Rhône sa masse de granit. On prétend que saint Louis s'y arrêta pour déjeûner, et c'est pour cela, dit-on, qu'on l'appelle depuis ce temps *la table du roi*. On aime à retrouver ainsi le nom de ce grand prince dans nos traditions populaires.

Probablement l'héritage de Rogier, le détrousseur de passants, se divisa entre plusieurs mains; car l'histoire fait mention plus tard des sires de Châteaubourg, qui ne possèdent que la terre de Châteaubourg (2), et qui, au lieu de tirer l'épée contre leur roi, l'emploient noblement à son service.

Cette famille s'est éteinte dans le dix-septième siècle.

Les propriétaires actuels de Châteaubourg ont restauré ce vieil édifice avec assez de goût, en lui conservant le caractère d'architecture qui lui convenait. Ce promontoire qui domine le Rhône, surmonté d'un donjon et d'une terrasse entourée d'un

---

(1) Mémoires de Joinville, Guillaume de Puy-Laurens, chap. 48, Nangis; la chronique de Saint-Denis, Guillaume Guiart, etc. La Roche-de-Glun était le seul de ces trois forts qui se trouvât sur la rive gauche du Rhône. Glun est entre Tournon et Châteaubourg.

(2) Dans le temps des premières guerres de religion, Pierregourde s'était rendu maître de Châteaubourg. C'était un digne successeur de Rogier, s'il faut en croire les traditions locales.

mur crénelé, semble s'avancer d'un air hostile contre la rive opposée, vers laquelle il rejette le courant du fleuve. On a, du haut de cette terrasse, une vue délicieuse sur la fertile plaine du Valentinois que traverse l'Isère. Cette rivière se jette dans le Rhône à peu de distance au-dessous de Châteaubourg, et on aperçoit les arcades élégantes de son grand pont de pierre à travers un voile de verdure, formé par les aulnes et les peupliers de ses rives. Les montagnes du Vercors et du Diois forment à ce paysage un arrière-plan aux teintes les plus riches et aux formes les plus variées. C'est là un caractère commun à tous les sites de cette belle route en terrasse qui longe le Rhône du côté du Vivarais. Si nous en reproduisions sans cesse la description, notre prose finirait par lasser nos lecteurs; heureusement nous ne leur parlons pas seulement avec la plume, mais aussi avec le crayon : il appartient au peintre de pouvoir rendre les mille nuances de ce cadre toujours le même et toujours divers, tandis que le poëte, même le mieux doué par la nature, n'évite pas toujours, quand il s'adonne exclusivement au genre descriptif, le triste défaut de la monotonie.

§ 2. — Crussol.

En partant de Châteaubourg, nous continuâmes à longer les beaux rivages du Rhône. La route passait aux pieds des riches vignobles de Cornas et de Saint-Péray (1). De Saint-Péray, nous aperçûmes toute une ville en ruines, avec ses fortifications, ses nombreuses maisons sans toit et sans porte, le tout surmonté d'un donjon qui semble ne faire qu'un avec la crête aiguë du rocher : c'était Crussol.

Crussol fut une création du moyen âge; les guerres de religion conservèrent à cette forteresse son ancienne importance. Le souffle féodal, quoique s'affaiblissant de plus en plus, continua de l'animer encore jusque dans le dix-huitième siècle; il s'éteignit complétement en 1789, et Crussol cessa d'exister. Ces grands monuments d'une société qui n'est plus n'ont survécu à sa destruction qu'à condition de s'infuser dans une nouvelle vie en rapport avec les besoins de la civilisation actuelle. Les uns ont servi de siége aux pouvoirs municipaux et judiciaires du régime nouveau, comme le château de Tournon; les autres, comme celui de la Voulte, sont

---

(1) Les vins de Saint-Péray, que l'on fait mousser en les mettant en bouteille lors de l'équinoxe du printemps qui suit la récolte, deviennent naturellement très-secs au bout de peu d'années, comme les vins blancs de l'Ermitage et ceux de Sauterne. Ils ont une grande supériorité comme vins secs, mais, dans le commerce, ils ne sont guère connus que comme vins mousseux.

A quelque distance de Saint-Péray, on aperçoit l'ancien château de Beauregard, qui a servi de prison d'état et de maison de réclusion. On le laisse sur la droite quand on monte à Crussol.

devenus les humbles dépendances des vastes établissements de l'industrie moderne, cette orgueilleuse héritière du baronnage féodal.

Le cœur se serre en parcourant les ruines désertes de Crussol, que ses habitants ont successivement abandonné pour aller peupler dans le bas du vallon la ville de Saint-Péray, aujourd'hui si florissante. Le donjon, que l'on aperçoit de très-loin, est connu sous le nom de *Cornes de Crussol*; les deux pignons de son toit sont encore debout, et semblent défier tous les orages. Les fenêtres de ce donjon, toutes démantelées, s'ouvrent sur le précipice du côté de Valence. Quand on s'accoude sur leurs appuis branlants pour sonder la profondeur du rocher sur lequel ont est comme suspendu, on ne peut se défendre d'un sentiment de terreur, et les plus hardis n'échappent pas aux fascinations du vertige. Que si un de ces vents impétueux qui règnent souvent dans ces contrées vient à s'élever, on croit entendre gémir de mystérieux souterrains; on frémit et on tremble comme tous les murs dont on est entouré. Autrefois le rocher de Crussol formait un talus dont le Rhône baignait l'extrémité inférieure; aujourd'hui le Rhône s'est éloigné, et le rocher, miné jusqu'aux pieds même du donjon, surplombe d'une manière étrange au-dessous du vieux géant, qui, privé de sa base séculaire, vacille comme un roseau au souffle de la tempête.

La pierre qu'on a exploitée en ce lieu, justement renommée pour sa dureté et son joli brillant, a servi à construire les colonnes du palais de justice de Lyon. C'est comme un symbole de la ruine de la justice des seigneurs, complétée par la justice royale, son antique ennemie. Ne semble-t-il pas, en effet, que, pour construire le nouvel édifice social, on achève de déraciner, jusque dans ses fondements, le monument antique de la féodalité, qui bientôt roulera dans l'abîme, et, brisé en mille éclats, deviendra *un je ne sais quoi qui n'aura plus de nom* (1)?

Nous avons recueilli pieusement les traditions qui se rattachent à ces majestueux vestiges du moyen âge; nous avons évoqué les souvenirs de la famille illustre qui porte encore le nom de ce manoir, son premier berceau. Les Bastet, sires de Crussol, étaient de ces hommes de fer qui, à une époque de courage et d'énergie, s'élevèrent encore, par ces qualités mêmes, au-dessus de tant d'autres seigneurs, leurs émules et leurs égaux. Géraud Bastet, qui vivait en 1110, se plaça assez haut pour pouvoir faire contracter à son fils une magnifique alliance; il obtint pour lui la main de Béatrix de Poitiers.

Dans le quinzième siècle, nous trouvons des Crussol hauts dignitaires à la cour et dans l'Eglise : l'un d'eux est comblé de faveurs par Louis XI, qui, après l'avoir nommé son chambellan, le fait successivement gouverneur du Dauphiné, sénéchal du Poitou, et surintendant de l'artillerie du royaume.

---

(1) **Bossuet**.

Mais c'est au seizième siècle que les Crussol prirent l'essor le plus élevé. Au premier bruit des guerres civiles, ils firent réparer leur vieille forteresse et leur inexpugnable donjon. L'aîné de la famille tint pour le parti catholique: il était gouverneur du Dauphiné et commandant des troupes catholiques du Languedoc et de la Provence. Les deux cadets se jetèrent dans le protestantisme; l'un d'eux, Jacques d'Acier-Crussol, sire de Beaudiné, devint bientôt l'un des chefs les plus célèbres et les plus redoutés de son parti (1).

Rien n'est curieux à lire comme la correspondance de Catherine de Médicis avec le baron de Crussol: elle ne ressemble guères à ce que serait celle d'un ministre de la guerre de nos jours; il y règne un langage poli et douceureux, sous lequel se cache, sans s'abaisser, l'autorité du rang suprême. Quand on pense que cette reine avait des correspondances semblables avec tous les gouverneurs des diverses provinces de France, on ne peut s'empêcher de concevoir une haute idée de l'infatigable activité de son esprit, ainsi que de sa souplesse et de son habileté.

Voici ce qu'elle écrit de Fontainebleau, le 22 février 1567, à *Antoine de Crussol, duc d'Uzès*, au moment où elle apprend que les calvinistes du Languedoc préparent un nouveau et formidable soulèvement:

» « Mon cousin, nous eûmes hier des nouvelles du Languedoc, et un avis que vos
» deux frères Beaudiné et Galliot ont avec eux bonnes troupes, et tous les jours
» voient lever gens et argent, on ne sait à quelle occasion, et semblent qu'ils veu-
» lent remuer des premiers. Ce que je m'assure que vous ne leur conseilleriez pas,
» si étiez par de là, mais au contraire les feriez marcher d'une autre façon. Et
» d'autant que je suis assurée qu'ils croiront du tout ce que vous leur manderez, je
» vous prie, mon cousin, de leur écrire une bonne lettre, et leur faire bien entendre
» que le roi, mon fils, n'est pas délibéré d'endurer leurs méfaits; dont j'ai bien
» voulu vous avertir, afin que vous y donniez ordre, priant Dieu, mon fils, qu'il vous
» ait en sa sainte et bonne garde.

» *Post-scriptum.* Je vous prie, mon cousin, de bien faire entendre à vos deux frères
» qu'ils se gouvernent d'autre façon, et de suivre votre chemin, et non pas de faire
» ce qu'on dit qu'ils font. Car ceux qui leur font faire n'auront pas moyen de les
» conserver, comme vous aurez, s'ils croient votre conseil, que je sais ne sera jamais
» que pour le service du roi et repos du royaume, etc.

» *Signé*, Catherine. »

L'influence du duc d'Uzès, sur laquelle Catherine paraît compter pour retenir ses

---

(1) C'est Jacques d'Acier-Crussol qui fit arrêter des Adrets, quand ce grand et sanguinaire capitaine devint suspect à son propre parti.

deux frères dans le devoir, ou fut impuissante, ou ne fut pas franchement exercée. Pendant cette année, d'Acier-Crussol, baron de Beaudiné, leva en Vivarais un grand nombre de troupes pour le parti calviniste; un peu plus tard (1), il fut rejoint par Mouvans, Montbrun et Saint-Romain, et se trouva à la tête d'une armée de vingt-deux mille hommes. Les armoiries symboliques représentées sur sa cornette ou bannière étaient bizarres et remarquables; elles semblent réfléchir tout ce qu'il y avait de bouffonnerie sanguinaire et de fanatisme sauvage dans les passions populaires de cette époque. Cette cornette était verte, et on y avait peint une hydre composée de plusieurs têtes de cardinaux et de moines, qu'Hercule abattait avec sa massue, avec cette inscription : *qui casso crudeles;* ce qui était l'anagramme des noms et prénoms : *Jacques de Crussol.* Je suis persuadé que ces emblèmes grotesques étaient, de la part de ce général huguenot au fond fort peu intraitable, comme nous le verrons plus tard, un moyen de caresser les préjugés d'une population grossière et enivrée de haine contre le sacerdoce catholique.

Jacques d'Acier-Crussol amena son armée au prince de Condé, et combattit à ses côtés à Moncontour. Mais là la fortune lui fut contraire : il fut fait prisonnier, et il fallut tout le crédit de son frère pour le sauver des ressentiments de la cour.

Il éprouva bientôt les heureux effets de ce crédit dans une circonstance non moins importante; ce fut lors du massacre de la Saint-Barthélemy. Jacques d'Acier-Crussol (2), désigné aux poignards des fanatiques catholiques comme un des chefs calvinistes les plus redoutables, parvint à s'échapper, quoiqu'il logeât tout près de l'hôtel de Coligny. Il paraît qu'il fut averti à temps, par son frère, du secret de la terrible nuit.

L'année qui suit la Saint-Barthélemy, Catherine de Médicis apprend que la fermentation la plus vive existe dans le Languedoc et le Dauphiné, et elle exprime au duc d'Uzès la crainte que d'Acier-Crussol ne se laisse entraîner aux suggestions perfides des ministres calvinistes. « Je suis avertie, dit-elle, que ceux-là ont jusqu'ici fait
» ce qu'ils ont pu pour gagner le sieur d'Acier, votre frère, mais qu'ils en ont eu
» très-mauvaise réponse. Toutefois ils ne laissent de le solliciter et presser très-
» vivement. Et encore que je suis bien certaine qu'il ne fera rien au contraire de ce
» qu'il vous a juré, et du devoir d'un fidèle serviteur, étant gentilhomme d'honneur,
» et ayant sa parole aussi chère qu'il doit avoir. Toutefois, connaissant par expé-
» rience le pouvoir que les persuasions et artifices de ses ministres ont sur ceux
» qui ont fait profession de ladite nouvelle opinion : mêmement n'étant confortés, ni
» assistés de personne qui les détourne de penser aux ruses desdits ministres,
» comme je crois qu'est à présent votre dit frère étant seul en votre maison, je vous

---

(1) En 1568, et la bataille de Moncontour eut lieu en 1569; voir la préface.
(2) Gaillot, son autre frère, périt dans le massacre.

» prie d'y pourvoir de bonne heure, selon que vous estimerez nécessaire, m'en re-
» mettant entièrement à vous, etc., etc. »

D'Acier-Crussol ne trompa pas les espérances que Catherine avait placées en lui, et il persista à refuser son concours au parti religionnaire.

Peu de temps après que le duc d'Uzès eut reçu la lettre que nous venons de citer, il mourut dans son château de Crussol sans postérité; Jacques d'Acier, son frère, succéda à son nom, à ses terres et à son titre. Pour récompenser l'attachement qu'il témoigna par la suite à la royauté et à la religion catholique, Henri III le créa chevalier de l'ordre du Saint-Esprit, lors de la première création en 1578.

Depuis ce temps, les Crussol abandonnèrent leur vieux donjon du Vivarais pour le château d'Uzès. Ils obtinrent dans l'armée de hauts emplois qu'ils remplirent dignement. L'un d'eux (Jean-Charles de Crussol), comme premier pair de France, eut le singulier honneur de conduire à Saint-Denis les funérailles de Louis XIV; mais ce fait, ainsi que tous ceux d'un autre ordre qui illustrèrent cette famille sous la dynastie des Bourbons, appartient à l'histoire générale de la France, et non aux annales particulières du château de Crussol (1), non plus qu'à celles du Vivarais.

Vernoux.

ROUTE DE CRUSSOL ET DE SAINT-PÉRAY AU CHEYLARD ET A SAINT-MARTIN, RETOUR PAR SAINT-AGRÈVE ET DÉSAIGNES.

La route de Saint-Péray à Vernoux tourne sur des mamelons pelés, sur des collines rocailleuses, dont la laideur n'a pas assez de grandiose pour s'élever jusqu'à l'horrible; çà et là, pourtant, l'œil trouve à se reposer sur des espèces d'oasis qui contrastent avec l'aridité générale du paysage. Ainsi, après avoir dépassé la colline

---

(1) De Crussol à Soyons, il n'y a qu'une demi-lieue. On peut y aller par la montagne, si on ne craint pas d'acheter par un peu de fatigue de magnifiques points de vue; mais il est plus commode et même plus court de revenir prendre la grande route à Saint-Péray.

de Leyris, on découvre sur la droite une espèce de parc anglais où les eaux et les bosquets sont distribués avec goût, et parent, de leur verdure, le fond d'une vallée : une jolie maison, un *cottage* élégant, se détache sur un rideau de forêts ; c'est Crozat, terre de M. le baron du Bay, ancien député et membre du conseil général du département de l'Ardèche. Un peu plus loin, on aperçoit, sur un mamelon isolé, la commune de Bofres, surmontée de son clocher et des ruines de son château féodal. Puis, on arrive au hameau de la Justice. C'est près de là que le manoir de Chabret (1) cache son toit hospitalier au milieu d'une touffe de hêtres trois fois séculaires et d'une vaste forêt de pins, de chênes et de mélèzes. Les grands bois annoncent le séjour et la surveillance des grands propriétaires, qui seront toujours, quoi qu'on en dise, à la tête des conservateurs du sol, comme des vrais principes d'ordre et de liberté. Eux seuls peuvent nous empêcher de devenir complétement les tributaires de l'étranger pour les bois de construction, les grands bestiaux et les remontes de notre cavalerie (2). Les économistes qui ont poussé pendant si longtemps au morcellement de la terre en France, commencent à s'apercevoir de cette vérité.

Le hameau de la *Justice* s'appelle ainsi, parce qu'il était situé sur les limites des trois seigneuries, et que les baillis ou juges de ces seigneuries y avaient établi un prétoire, où ils venaient tour à tour rendre la justice aux villageois soumis à leurs juridictions respectives.

A une demi-heure plus loin, Vernoux se déploie au milieu d'un plateau bien cultivé, mais nu au point que pas une haie ni un arbuste ne vient en rompre l'uniformité; sur la droite, Saint-Félix-de-Châteauneuf élève sa vieille tour et ses antiques masures entremêlées à la verdure des noyers, des mûriers et des châtaigniers. S'il nous avait fallu choisir entre ces deux séjours, nous aurions préféré celui où nous aurions pu cacher notre vie, à l'abri des orages du monde comme de ceux de la nature.

Vernoux est un chef-lieu de canton ; c'est une commune qui renferme plus de deux mille neuf cents âmes : elle est le centre du commerce des draps qu'on fabrique dans les villages voisins, l'entrepôt des marrons d'alentour, le marché d'où s'exportent quatre à cinq mille porcs par an. Vernoux a gagné tout ce qu'ont perdu Silhac et Chalencon, petites bourgades qui étaient plus importantes et plus populeuses il y a deux siècles, et qui le sont moins aujourd'hui que leur heureuse rivale. On remarque aujourd'hui à Vernoux une église gothique d'un assez bon style et un collége communal très-bien situé. La population de cette ville renferme à peu près

---

(1) Appartenant à M. d'Indy, ancien sous-préfet.
(2) On peut ajouter que le morcellement des propriétés a amené les défrichements, et que les défrichements ont été cause de ces ravins qui sillonnent nos montagnes et qui conduisent dans les lits de nos torrents et de nos rivières ces déluges d'eau dont chaque année signale le retour.

autant de protestants que de catholiques. On y retrouve encore vivante la mémoire des guerres de religion, surtout de celles qui ont suivi la révocation de l'édit de Nantes. De la place même de Vernoux on nous a montré, au-dessus de Saint-Félix-de-Châteauneuf, la montagne des Isserlets (1), où eut lieu, en 1709, un rassemblement de Camisards, commandé par Justet de Vals ainsi que par Abraham Mazel, Dupont et Billard. Ces derniers avaient servi sous Cavalier, et Billard avait été son principal lieutenant. M. de Vocance, catholique ardent, et M. du Bay, qui, quoique protestant, avait courageusement défendu son ami, avaient été massacrés par Justet, près de Mezilhac. Bientôt un grand nombre d'anciens Camisards s'étaient enrôlés sous les ordres de ce chef, qui s'était fait une réputation par sa force herculéenne et par son fanatisme intrépide; Billard leur apportait le prestige de son nom, associé à celui de Cavalier dans les victoires remportées aux pieds des Cévennes sur le maréchal de Villars, pendant les premières guerres des Camisards. Un colonel suisse, appelé Courten, dont le régiment était en garnison à Vernoux, envoya vainement des détachements à leur poursuite; ces détachements furent battus près de Gilhoc, et lui-même, à la tête de plusieurs compagnies de son régiment, essuya deux défaites successives à Saint-Fortunat et à Saint-Pierreville.

La terreur fut portée au comble parmi les catholiques, quand le bruit se répandit que Cavalier lui-même était revenu d'Angleterre et présidait à ces combats. Sur les instances réitérées de Courten, le duc de Roquelaure, gouverneur du Languedoc et M. de Baville, intendant général, vinrent en personne à Vernoux. Quand ils eurent réuni une armée de cinq à six mille hommes, composée, soit de volontaires du pays, soit de troupes régulières venues du Dauphiné, ils se mirent en devoir d'attaquer le camp des Isserlets.

Les protestants, qui y étaient retranchés depuis quelques temps, s'y tenaient sur la défensive. Là leurs ministres élevaient la voix avec une liberté sauvage, et plus d'une fois, sans doute, ils comparèrent le héros des Cévennes à Judas Macchabée. Le mystique langage de l'Ecriture était reproduit avec enthousiasme par les prophètes et les prophétesses (2) du culte nouveau, qui se disaient miraculeusement inspirés. Le soir, on entendait, du sein des forêts, s'exhaler de mystérieux accents:

---

(1) Cassini écrit Assarlès. Il ne faut pas confondre cette montagne des Isserlets avec celle d'Issarlès, célèbre par son lac; cette dernière est près du Béage. Il paraît que les chefs insurgés comptaient plus, cette fois, sur les Vivarois que sur les Cévenols : « Ceux-ci, dit Brueys, par le commerce qu'ils ont avec leurs voisins du Bas-Languedoc, ont un peu adouci la rusticité de leur naturel, et, quoiqu'ils soient demeurés légers et malins, ils sont néanmoins devenus assez faciles et sociables : Ceux-là (les Vivarois), qui ne sortent jamais de leurs montagnes, ont conservé toute leur férocité et sont farouches et intraitables. » Nous ne croyons pas qu'aujourd'hui les Vivarois soient moins avancés en civilisation que leurs voisins les Auvergnats et les Cévenols.

(2) Voir la préface historique, troisième partie.

c'était une multitude d'hommes, de femmes et d'enfants qui s'étaient réunis autour des Camisards et qui chantaient en chœur les hymnes et les psaumes français. Pendant la nuit, Vernoux voyait briller sur la montagne les feux allumés autour de leurs tentes de feuillages.

Quand les Camisards apprirent qu'ils allaient être sérieusement attaqués par les troupes royales, ils s'empressèrent de renvoyer toute cette foule désarmée ; ils quittèrent la montagne avec elle, l'escortèrent jusqu'en lieu de sûreté, et allèrent ensuite se poster sur la montagne de Leyris. Cette montagne est hérissée de précipices, et à demi entourée par la petite rivière de Bresson. Le 8 juillet à six heures du soir, les détachements de l'armée royale, partis de Saint-Pierreville et de Vernoux, parvinrent à les joindre aux pieds de leurs nouveaux retranchements. Ils étaient tout au plus quatre-vingts, suivant Court de Gebelin (1), et environ deux cents, suivant Brueys (2). « Ils ne voulurent pas, dit ce dernier, se servir de l'avantage de la hauteur que nous n'avions pu encore gagner sur eux ; ils vinrent fièrement à nous, s'approchèrent à dix pas des bataillons, et firent leur décharge un genou en terre, etc. »

Les troupes royales essuyèrent leur feu sans se rompre, et coururent sur eux avec tant d'impétuosité, qu'ils enfoncèrent leurs rangs à la baïonnette, sans leur donner le temps de recharger. Ces malheureux se défendirent en désespérés, les uns à coups d'épées, les autres à coups de faux, d'autres, enfin, avec les pierres ou les quartiers de rocs qu'ils trouvaient sous la main. C'est alors que l'on vit Justet égaler par le courage les héros de l'antiquité. Il s'élança avec impétuosité au milieu des ennemis, perça leurs rangs, se saisit (3) d'un drapeau en blessant l'officier qui le tenait, puis il se faisait jour de nouveau pour revenir vers les siens, en terrassant tout ce qui s'opposait à son passage, quand deux grenadiers voulurent l'arrêter, chacun d'un côté ; il les saisit alors tous les deux par les cheveux et « il se mit, dit Brueys (4), à les secouer avec tant de violence, qu'il les aurait brisés, si un de leurs officiers n'était survenu qui le perça de plusieurs coups d'épée, sans pouvoir lui faire lâcher prise qu'après qu'il les eût entraînés tous deux par terre avec lui et qu'il eût expiré sur eux. »

Certes, il est tel acte de bravoure, dont Tite-Live et Thucydide ont entretenu notre jeunesse, qui n'est pas comparable à celui de cet obscur chef de partisans.

Les précipices de Leyris furent les Thermopyles des Camisards. Suivant Brueys, il y en eut plus de cent vingt qui y trouvèrent la mort. Le peu d'entre eux qui

---

(1) *Histoire des Camisards*, tom. III, pag. 327 et suiv.
(2) *Histoire du fanatisme*, pag. 68 et 69, tom. III. (Edit. de la Haye, 1755.)
(3) *Histoire des Camisards*. (Edit. de la Haye, 1755.)
(4) *Histoire du fanatisme*. (Edit. de la Haye, 1755.)

échappèrent furent traqués de toutes parts ; chaque jour on amenait quelque rebelle, qui était aussitôt roué ou pendu. Pourtant une bande se reforma du côté de Saint-Agrève, et alla se fortifier à Fouréal, entre Chalencon et Saint-Jean-de-Chambre : on la poursuivit, on l'atteignit et on la tailla en pièces. Dupont (1) avait péri à côté de Justet; Billard fut tué par un paysan de la paroisse de Serre, son corps fut exposé sur la roue dans un champ près de Vernoux, et il y resta longtemps. Une croix fut élevée à la place où ce cadavre avait été livré aux outrages publics, et on l'appela la croix de Billard (2); aujourd'hui elle a été remplacée par une croix de mission. Abraham Mazel fut tué près d'Uzès, après avoir vendu chèrement sa vie. Sa tête fut envoyée à Vernoux; elle y fut exposée et brûlée publiquement.

L'impression de ces scènes de deuil a été effacée par celle de scènes encore plus douloureuses qui se sont passées à Vernoux même, à une époque plus récente. Un vieillard centenaire, qui vient de mourir et qui en avait été le témoin, ne répondait que par des larmes à ceux qui lui en demandaient le récit. C'est tout autre chose de lire l'histoire froidement résumée dans un livre, ou de la saisir encore toute chaude et toute palpitante dans les traditions des foyers domestiques. « C'est ici, me disait-on, qu'un soir, en 1745 (3), un détachement de maréchaussée et de troupes royales amena un ministre protestant, accusé de prédications séditieuses. Ce ministre, appelé Majal Deshubas, était chéri dans la contrée : dénoncé depuis quelque temps à la vindicte des lois, il était poursuivi par la police; on avait fini par le saisir dans une chaumière isolée (4) et on le conduisait à Montpellier pour lui faire son procès. En apprenant son arrestation, toutes les montagnes du haut Vivarais s'émurent et se soulevèrent instantanément : du fond de ces âpres vallées, du haut de ces sommets escarpés, huit à neuf cents protestants accoururent pendant la nuit; ils se rassemblèrent armés de fusils, de faux et de vieux sabres, sur la route de Vernoux à Saint-Laurent-du-Pape, dans le champ qu'on appelle Pré-Long. Là ils s'organisèrent pour attendre l'escorte qui devait emmener Deshubas. Mais c'est en vain qu'ils tentèrent d'arracher sa proie à la justice : les troupes royales sortirent pour aller au-devant de l'attroupement et le cernèrent entre deux murailles, le prenant à la

---

(1) Ancien secrétaire de cavalerie.

(2) Je tiens ce fait de M. Bouvier, maire de Vernoux, dont l'obligeance éclairée est allée au-devant de tous les renseignements que j'avais à lui demander.

(3) Le jour de Noël 1745, s'il faut en croire une note de M. Challamel (manuscrits déjà cités).

(4) Au hameau de Mazel, dépendant de la paroisse de Saint-Agrève, chez un villageois nommé *Menu*. Menu expia par les galères la courageuse hospitalité donnée au ministre proscrit. Ses biens furent confisqués et mis en régie par le gouvernement. Comme ils n'avaient pas été vendus encore à des particuliers, les héritiers de Menu, en 1792, en demandèrent la restitution, et ils l'obtinrent. M. Gaillard Rabarin, vénérable et savant jurisconsulte, m'a dit avoir opéré le partage de ces héritiers et fait prononcer leur envoi en possession. C'est ainsi qu'on mettait un terme à d'anciennes confiscations au moment où on en exécutait de nouvelles.

fois et par devant et par derrière; après deux décharges de mousqueterie, quatre à cinq cents de ces malheureux montagnards restèrent sur le carreau, le reste parvint à prendre la fuite dans diverses directions (1). Pré-Long fut rougi de sang et couvert de cadavres : parmi eux, Vernoux reconnut avec effroi quelques-uns de ses enfants. Quant au ministre Deshubas, il fut conduit à Montpellier, jugé et condamné au dernier supplice : on le pleura comme un martyr. Cet affreux carnage, exagéré encore par l'esprit de parti, par le fanatisme religieux, a laissé de longues traces dans tout le haut Vivarais, où presque chaque village eut à regretter des victimes. Le souvenir de l'oppression est une vengeance qu'on ne saurait interdire aux opprimés; cependant, nous avons eu dans nos plus belles cités, à une époque plus rapprochée de nous, des massacres dont l'horreur a surpassé celle de ce combat inconnu dont une contrée reculée fut le théâtre. Si, dans l'histoire, le sang doit effacer l'empreinte du sang, on ne devrait plus reconnaître les vestiges de celui qui fut versé à Vernoux, il y a un siècle. Entre cette époque et la nôtre se trouve la révolution de 1793.

Du reste, nous ne comprenons plus aujourd'hui ces persécutions violentes contre une croyance et contre un culte. La liberté de conscience est devenue une espèce d'axiome gouvernemental que nous avons tous adopté. Grâce à cet esprit de tolérance, grâce à la multiplicité des communications (2) qui ont frayé la voie à la civilisation jusque sur les plus hautes cîmes du Vivarais, les protestants et les catholiques vivent en paix, mêlés et confondus dans les mêmes lieux, sans se souvenir des haines fanatiques qui armèrent leurs aïeux les uns contre les autres.

La Tourette.

A trois quarts de lieue au sud de Vernoux, en prenant, sur la droite de la route du Pape, un sentier à travers les bois, on arrive à la vue d'un vieux castel qui se composait de deux donjons ou grandes tours, bâties sur deux rochers isolés l'un de

---

(1) Note de M. Challamel.
(2) Les gouvernements de Louis XIII et de Louis XIV ouvrirent un grand nombre de routes stratégiques en Vivarais par le même motif qui a engagé le gouvernement actuel à multiplier les chemins dans la Vendée et la Bretagne.

l'autre par la nature, mais réunis sans doute autrefois par des remparts et des galeries. Le donjon le plus élevé, qui était aussi le plus considérable, a encore presque tous ses murs debout; il est flanqué de tourelles et de bastions à cul-de-lampe, et hérissé de consoles, de machicoulis, que devaient jadis surmonter des créneaux. De hautes fenêtres cintrées s'étagent sur la façade avec assez de régularité. Deux pans de murs ruinés, dont l'un soutient encore une tourelle (1) au haut de sa pointe aiguë, dominent la porte d'entrée du préau. La tour inférieure, à moitié rasée, s'avance à l'extrémité d'une espèce de promontoire escarpé, au pied duquel coulent, à une immense profondeur, les deux branches de la Dimière. Ce torrent bat de ses flots écumants les deux côtés et la pointe du triangle formé par la montagne de granit où fut assis, carrément et fièrement, le donjon de la Tourette.

D'immenses conduits souterrains qui y amenaient les eaux et dont on voit des vestiges, des terrasses assez vastes, des restes de longues et belles allées, tout annonçait la puissance et le luxe du temps dans ce séjour féodal.

Aujourd'hui, à la place de ces créneaux d'où le châtelain allait examiner les signaux des forts du voisinage, croissent les graminées et les arbustes dont le vent balance dans les airs les tiges fleuries. Là sont les nids de l'orfraie et du vautour qui planent en rond au-dessus du précipice. Quelquefois, parmi les débris gisants sur le sol, un serpent se glisse, siffle et disparaît; on pourrait voir en lui un vivant symbole : la haine et l'envie jettent aussi leur bave impure sur notre glorieux passé, tout en s'abritant sous ses ruines.

La terre de la Tourette et celle de Chalencon formaient les deux moitiés d'une baronnie de cour qui donnaient le droit à leurs titulaires d'assister, à tour de rôle, aux états du Languedoc. Cependant, ce droit ne doit remonter qu'à l'époque à laquelle cette baronnie (2) fut détachée du Dauphiné pour être réunie à la sénéchaussée de Nîmes et au Vivarais.

La baronnie de *Chalencon et la Tourette* fit d'abord partie de la principauté de Valentinois : or, le dernier des comtes de Valentinois déshérita la branche cadette de sa maison et fit héritier (3) de ses états Charles, fils de France et dauphin de Viennois. Ce dernier, pour se mettre à l'abri de toute réclamation de la part des Saint-Vallier, transigea avec eux, obtint qu'ils fissent une renonciation expresse à toutes leurs prétentions sur le Valentinois, et leur donna en dédommagement la baronnie de *Chalencon*, les seigneuries de Durfort, de Saint-Fortunat (4) et leurs dépendances, sur lesquelles il se réserva l'hommage et la souveraineté.

---

(1) De là sans doute le nom de Tourette.
(2) Sous Louis XIII.
(3) En 1419.
(4) Chambre des comptes de Grenoble, caisse du Valentinois. *Tertius liber copiar.* Valentin et Dieus, fol. 215.

La baronnie de Chalencon se trouvait alors, à titre de gage, entre les mains du duc de Savoie. Le Dauphin, pour tenir lieu au sire de Saint-Vallier de la possession de cette terre, lui céda cinq mille florins d'or à prendre sur plusieurs terres du comté de Valentinois, entre autres sur Privas et Tournon.

Le dauphin Louis, depuis roi de France sous le nom de Louis XI, reprit la baronnie de Chalencon au duc de Savoie (1) et la remit aux Saint-Vallier, sous la réserve de l'hommage et de la souveraineté qui lui appartenaient.

Le dauphin Louis créa la sénéchaussée de Valentinois pour tout le comté, par lettres patentes à la date de 1447. La cour de la sénéchaussée fut divisée en trois siéges : l'un fut établi à Crest, l'autre à Montélimar, et le troisième à Chalencon du Vivarais, avec les juridictions sur les terres nouvellement remises au Dauphin par le duc de Savoie. L'appel de ces trois siéges fut attribué au conseil delphinal, qui fut érigé en parlement peu de temps après.

La baronnie de Chalencon-la-Tourette arriva par succession à la dernière descendante des Poitiers Saint-Vallier, la fameuse Diane de Valentinois. En 1553, noble Claude du Cheylard, seigneur de Roche-Bonne, rendit hommage de la coseigneurie du Cheylard à Diane de Poitiers, baronne de Chalencon. Nous ne saurions exprimer combien ce séjour sauvage de la Tourette nous parut s'animer par le souvenir de cette brillante protectrice des arts et des lettres sous François 1er et ses deux successeurs. Nous avions vu, quelques temps auparavant, l'emplacement de son château d'Etoile en Dauphiné, dont il reste à peine quelques vestiges, malgré le soin que son propriétaire actuel (2) met à les conserver. Elle préférait, dit-on, cette magnifique résidence à tous les manoirs qu'elle possédait en Vivarais. Cependant, les machicoulis de la Tourette sont encore debout, et les murs du palais d'Etoile sont rasés presqu'au niveau du sol.

Peu de temps après la mort de Diane de Poitiers, qui ne laissa pas d'héritiers directs, sa baronnie du Vivarais passa dans la maison des Ginestons, à laquelle s'unit, vers le commencement du règne de Louis XIII, la famille de Rivoire de la Tourette. Les la Tourette, placés au centre de la révolte des religionnaires, évitèrent de prendre, comme les Lestranges, trop chaudement parti contre eux ; mais ils furent toujours fidèles à la cause royaliste et catholique. Leur modération leur valut la conservation d'une influence que beaucoup d'autres seigneurs avaient perdue à cette époque : ils en usèrent dans l'intérêt de la paix et du bon ordre.

Ainsi, en 1683, des symptômes d'agitation se manifestèrent dans le Vivarais, les Cévennes et le Dauphiné. Des émissaires venus de Nîmes et de Lyon y apportèrent

---

(1) Chambre des comptes de Grenoble, caisse du Valentinois. *Nonus liber copiar.. Vienn. et terræ Turris.*

(2) M. Parisot de la Boisse.

des sommes d'argent pour soudoyer la sédition. « Les seules terres de Chalencon dit le maréchal de Noailles dans ses mémoires (1), appartenantes *(sic)* au marquis de la Tourette, avaient fourni vingt compagnies : ce gentilhomme fidèle engagea heureusement les officiers à se retirer. » Ce fut apparemment en reconnaissance de ce service rendu à la royauté, qu'il fut nommé commandant du haut Vivarais en l'absence de M. de Joyeuse. Il s'efforça d'y rétablir le bon ordre, et, pour empêcher les troupes royales de se livrer au pillage, il leur fit donner une haute solde, qui leur fut fournie au moyen d'un emprunt forcé imposé à tous les protestants du haut Vivarais (2).

Le dernier évêque de Valence, qui a laissé dans son diocèse une si grande réputation de mansuétude et de charité évangélique, appartenait à cette honorable famille, qui n'est pas éteinte pour le Vivarais.

Chalencon.

Nous sommes allés en une heure et demie de Vernoux à Chalencon. A peu près aux deux tiers du chemin, nous avons laissé sur la gauche l'église de Silhac pittoresquement posée sur un petit mamelon, et un peu plus loin, sur la droite, un joli bâtiment qu'on nous dit être une école normale. Ce que nous avons rapporté des destinées communes de la terre de la Tourette et de celle de Chalencon, abrége un peu notre tâche relativement à celle-ci. Chalencon fut l'une des places les plus importantes des religionnaires pendant les guerres civiles qu'ils soutinrent dans le seizième et le dix-septième siècle ; ce fut le centre et le foyer le plus actif de leurs révoltes dans le haut Vivarais. Nous devons donc décrire sa position topographique et dire quelques mots de son histoire.

On arrive de Silhac par une pente douce mais continue. Chalencon est au haut d'un vallon riant dont le revers est occupé par des rochers et des précipices sur lesquels sont étagées des cultures soutenues par des murs : c'est un de ces prodiges

---

(1) Tom. I, édit. de 1777, par l'abbé Millat.
(2) *Histoire d'Annonay*, par Poncer, tom. II, pag. 73.

de travail et de patience dont le Vivarais offre plus d'un exemple. Pour bien jouir de cette vue plongeante, il faut aller sur la terrasse au-dessous de l'église, à l'ombre du Sully (1), vieux contemporain de l'édit de Nantes, et signal de paix dans ces contrées. Près de là, sur la droite, on voit la porte de l'ancienne ville, construite en blocs énormes et revêtue de fortifications imposantes. La rue montueuse et étroite qui s'ouvre derrière conduisait au château fort qui dominait et défendait Chalencon. On a peine aujourd'hui à reconnaître les vestiges de ce château. La population de Chalencon a été beaucoup plus considérable autrefois qu'elle ne l'est aujourd'hui.

En 1573, le fort de Chalencon avait pour commandant catholique le seigneur de Calaux, frère du gouverneur d'Annonay, Charles du Peloux. Il y fut assiégé par les protestants, qui établirent des retranchements dans le faubourg de la ville et qui se préparaient à assaillir ensuite les remparts du fort; heureusement il fut secouru par son frère, qui arriva d'Annonay avec des troupes royales et quelques volontaires. Il surprit les protestants et les força de se retirer en désordre.

Plus tard, les protestants s'étant rendus maîtres de Chalencon, les catholiques reprirent cette ville, en abattirent les remparts, et la démantelèrent entièrement.

En 1586, Chambaud, l'intrépide capitaine protestant qui avait soutenu deux siéges meurtriers à Saint-Agrève, continuait contre les catholiques une lutte désespérée. Chassé de Charmes par les troupes royales, il se retira, de poste en poste, jusqu'à Chalencon. Les murs de cette petite ville étaient presque entièrement rasés; il se hâta de les faire reconstruire : cet ouvrage se termina en présence des ligueurs qui l'avaient poursuivi et avec qui il se battit encore pendant dix-huit heures. Pour encourager les soldats, il les comparait orgueilleusement à ces pieux Israélites qui, en rebâtissant le temple de Jérusalem, tenaient l'épée d'une main et la truelle de l'autre.

Pendant ce rude et long combat, il arriva souvent, disent les historiens du temps (2), que les guerriers protestants furent forcés de jeter à l'ennemi la pierre qu'ils venaient de prendre pour bâtir leurs murailles.

Leur constance lassa les ligueurs, qui les laissèrent maîtres de Chalencon. Cette place resta, à ce qu'il paraît, au pouvoir des protestants jusqu'à la reconnaissance d'Henri IV par les catholiques.

En 1683, dans la dernière défaite des Camisards, nous avons vu qu'ils cherchèrent un refuge momentané à Chalencon, où ils n'osèrent se retrancher.

Plus de la moitié de la population de cette ancienne ville, devenue maintenant une petite bourgade, appartient encore à la religion protestante.

---

(1) On appelle ainsi des arbres plantés par l'ordre du ministre de ce nom, sous Henri IV.
(2) D'Aubigné, tom. III, liv. I, chap. 2.

Le Cheylard.

Il y a une route directe qui conduit en trois heures de Chalencon au Cheylard. Nous ne l'avons pas suivie ; nous sommes revenus à Vernoux, et nous avons pris, le lendemain, la voiture publique. Le grand chemin fait un assez long circuit par Cluac et par les Nonnières, et laisse sur la gauche Saint-Jean-de-Chambre, patrie de M. Boissy d'Anglas; il contourne toujours des mamelons élevés, puis descend dans des gorges profondes. Les montagnes y affectent les mêmes formes que dans le reste du haut Vivarais, et la monotonie, si difficile à éviter quand on cherche à décrire même des objets variés, serait ici un défaut inévitable du sujet. Il faut dire cependant que la nature y offre une végétation plus verdoyante et des aspects plus riants que sur la route de Saint-Péray à la Justice. Je recommande aux amateurs de frais et gracieux paysages *le moulin du Noyer*, à une lieue de Vernoux.

Le Cheylard est sur les bords de l'Eyrieu, qui est encaissé dans cet endroit entre de hautes collines ; il est, par conséquent, situé au fond d'une gorge assez étroite.

On y retrouve la vigne, les noyers et les mûriers, signe d'un climat tempéré.

Le Cheylard a une grande place où il se tient des marchés et des foires considérables (1). A la différence de Chalencon et de Vernoux, la population protestante ne s'élève pas au cinquième de la population totale, qui est de deux mille trois cents âmes; cependant un temple y a été établi, il y a environ onze ans. Le Cheylard est chef-lieu de canton.

Le Cheylard est une place très-ancienne; il est cité comme ayant déjà de l'importance dans de vieux actes du onzième siècle. Les Anglais, qui sillonnaient le centre de la France de leurs bandes dévastatrices, s'avancèrent jusqu'au Cheylard dans le treizième et le quatorzième siècle, s'emparèrent du château, et y tinrent garnison pendant quelque temps. Ils faisaient de là des excursions jusqu'aux bords du Rhône.

En 1429, nous trouvons dans une vieille charte que Brion était seigneur du Cheylard et de Sarraz.

En 1553, noble Claude du Cheylard, seigneur de Rochebonne, rend hommage de la coseigneurie du Cheylard à Diane de Poitiers, baronne de Chalencon.

Le Cheylard se jeta de bonne heure dans le parti des religionnaires. En 1567, les troupes du roi en firent le siége : « Mais n'ayant pu, dit d'Aubigné, y mener le

(1) Il y a onze foires.

canon pour la difficulté des passages, et ayant vu l'opiniâtre défense des habitants, qui mettaient le feu dans leurs propres maisons et en défendaient les masures jusques aux coups d'épée; sur la nouvelle aussi d'un amas qui se faisait du côté de Privas, pour le secours, le siége fut levé (1). »

Il paraît que les habitants du Cheylard persistèrent avec opiniâtreté dans leur attachement au protestantisme.

Obligés de se retirer momentanément du château, par suite d'un de ces édits de pacification où les chefs protestants sacrifiaient quelquefois leurs coréligionnaires dans leurs arrangements avec la cour, ils s'étaient réservé les moyens d'en recouvrer facilement la possession. Ils y avaient construit un souterrain secret, dont l'entrée était soigneusement masquée dans l'intérieur du fort, et qui avait son issue dans une des caves de la ville; cinq ou six habitants du Cheylard, seulement, en avaient connaissance. Une garnison de cent vingt hommes occupait le château. Persécutés sans cesse dans leur culte par ces importuns voisins, ils résolurent de s'en défaire; en conséquence, pendant une nuit obscure du mois de novembre 1572, le propriétaire de la cave où donnait le souterrain, aidé de quatre ou cinq conjurés qui connaissaient son secret, se met à la tête d'un grand nombre de protestants de la ville, et fait tout à coup irruption dans le château: il surprend la garnison, tue cinquante hommes, à peine armés, qui avaient essayé de se défendre, et en emprisonne quelques autres, qui se rendent à composition. M. de la Motte, capitaine commandant de la ville et du château, se trouvait absent; mais sa femme, s'étant retranchée dans une tour avec quelques soldats qu'elle avait éveillés au premier bruit et ralliés autour d'elle, se défend avec vigueur, et repousse la première attaque des assaillants: enfin, plutôt que de laisser forcer son asile, elle annonce qu'elle se fera sauter avec les siens. Etonnés de cette héroïque résistance, les protestants lui accordent une capitulation honorable et la laissent se retirer avec sa petite troupe.

En 1621, les troupes royales occupaient encore le château du Cheylard, et les protestants essayèrent de nouveau de s'en emparer par surprise pendant la nuit. On trouve les détails de cette tentative, qui leur devint si funeste, dans une petite brochure imprimée à Lyon, en 1621, par François Yvrard, et intitulée ainsi: *La trahison découverte et foi faussée de ceux de la religion prétendue réformée de la ville du Cheylard, en pays de Vivarais, contre le roi et M. le duc de Ventadour, leur seigneur naturel, ensemble le sacrilége inhumain par eux commis en l'église, et volerie des catholiques dudit lieu.*

On rapporte dans cet écrit une espèce de procès-verbal adressé par le capitaine commandant du château du Cheylard, à Mgr Anne de Lévy, duc de Ventadour et

---

(1) D'Aubigné, 1re partie, chap. 12, liv. IV.

baron du Cheylard; il en résulte que, vers minuit, le 6 juillet 1621, un certain nombre de prétendus réformés, habitants de la ville du Cheylard, y introduisirent les ennemis du roi, perturbateurs du repos public, puis ils s'efforcèrent, pendant deux jours et deux nuits de suite, de prendre et de forcer le château. Ils en firent le siége dans toutes « les règles, en y employant des machines et artifices de guerre, tels que petards, échelles et mantelets, et ils auraient fini par s'en emparer et exécuter leurs pernicieux desseins, sans l'assistance que Dieu a faite au sieur Dubourg, capitaine châtelain dudit lieu, assisté de cinquante bons hommes de garnison. » Quelques-uns des assaillants furent tués, entre autres le beau-père du ministre protestant du Cheylard. Ces fanatiques, furieux d'avoir trouvé une résistance inattendue dans la petite garnison du château, reportèrent leur rage sur l'église : ils brisèrent les autels, brûlèrent les images, et livrèrent au pillage et à la profanation tous les objets consacrés au culte. Ce n'est pas tout : ils saccagèrent encore les maisons du petit nombre de catholiques qui se trouvaient dans la ville.

M. de Ventadour, qui avait juridiction sur le Cheylard, en sa double qualité de seigneur de ce lieu et de gouverneur du roi pour le Vivarais, s'empressa de donner communication du rapport de son châtelain au bailliage de Villeneuve, puis il rendit une ordonnance ainsi conçue :

« Nous, duc de Ventadour, vu réquisitions faites par le procureur du roi du bailliage de Villeneuve et du syndic du Vivarais, avons ordonné et ordonnons que les murailles, portes et tours de la ville du Cheylard seront rasées et démolies, sans que ores, ni à l'avenir, elles puissent être réédifiées, à moins de 100 mille livres d'amende. Ordonnons à nos officiers d'informer, et commettons le sieur Dubourg, châtelain, pour procéder promptement et diligemment à l'exécution de la présente ordonnance, en se faisant assister de bon nombre de gens de guerre, maçons et pionniers, attendu que lesdits rebelles sont encore au nombre de plus de deux cents dans le château du sieur de la Chièze, qui n'est qu'à une portée de mousquet de celui du Cheylard, et lequel appartient à un de nos vassaux, gentilhomme catholique, qui néanmoins l'a remis au pouvoir des rebelles ; contre lequel il sera aussi informé.

» En foi de quoi avons signé, etc.

» Bourg-Saint-Andéol, 13 juillet 1621. »

A la nouvelle de cette fulminante ordonnance, les auteurs du coup de main du 6 juillet, placés sous la redoutable accusation de félonie (1) et de *lèse-majesté*, prirent la fuite et se sauvèrent dans les montagnes. Quelques-uns furent saisis, condamnés et exécutés ; au bout d'un certain temps, les autres obtinrent des lettres d'abolition ;

---

(1) **La félonie** signifiait ici la foi faussée envers le seigneur ; le crime de lèse-majesté était commis contre la personne du roi.

mais il n'en revint qu'un petit nombre au Cheylard. Quant au sieur de la Chièze, qui s'était fait leur complice, nous n'avons pu savoir quelle fut sa destinée.

Nous avons vu que, dans le dix-septième siècle, la seigneurie du Cheylard appartenait aux Ventadour; à la fin du dix-huitième, elle était devenue la propriété du comte de Saint-Polgue.

Le Cheylard avait autrefois beaucoup de tanneries et de mégisseries; presque tout son commerce en ce genre a été absorbé par Annonay. Des fabriques de soie se sont établies au Cheylard, mais elles n'ont remplacé que d'une manière bien incomplète les mégisseries qui y étaient autrefois si florissantes.

Rochebonne. — Saint-Martin-de-Valamas.

Nous sommes allés à pied, du Cheylard à Saint-Martin-de-Valamas (1). Le chemin est heureusement accidenté; à mesure qu'on s'avance, les collines s'élèvent et deviennent des montagnes à l'aspect sévère et grandiose. A une demi-lieue du Cheylard, on commence à apercevoir, sur la droite de la route, des ruines d'une physionomie étrange et sauvage. Ces ruines se confondent d'abord avec les rocs auxquels elles s'adossent et qu'elles surmontent; puis, elles s'en dégagent peu à peu et surgissent à l'œil étonné, entre deux torrents qui descendent en cascades de la montagne supérieure. La tour la plus élevée est bâtie sur un rocher qui semble être lui-même une tour gigantesque et qui est complétement inaccessible; l'ancien donjon s'élevait sous l'abri même de ce rocher, et n'en était séparé que par une ruelle étroite. Une espèce de pont communiquait de ses créneaux à la base inférieure de la tour perchée dans les airs. L'entrée du donjon était pratiquée le long d'un banc de rocher; le précipice était dessous et dessus, mais sans doute une balustrade élégante en masquait l'horreur du côté où il y aurait eu du danger. On nous montra les restes de la chapelle et deux bénitiers dont l'un a été transporté, depuis, à Saint-Martin-de-Valamas. Des débris d'escalier, des cheminées richement sculptées et suspendues à

(1) Il y a une lieue et demie de distance.

diverses hauteurs, annoncent que cet édifice avait trois étages tous habités. Le caractère de l'architecture ne paraît pas remonter au delà du seizième siècle. Ce donjon appartenait, au temps des guerres de religion, à M. de Rochebonne, sénéchal, gouverneur du Puy. C'était un rude catholique et ce fut un farouche ligueur ; la physionomie que lui donne l'histoire n'est pas moins sauvage que l'aspect de son manoir. Voici un des traits de ce sévère justicier : douze jeunes marchands de la ville de Crest (Dauphiné), accusés de venir au Puy en qualité d'espions du camp des religionnaires, furent condamnés par le sire de Rochebonne; d'après ses ordres, ils furent pendus et étranglés, la nuit, à la lueur des torches, sur la place de Martouret, devant un peuple immense (1) : cette sanglante exécution eut lieu en 1569.

Il paraît que le même sire de Rochebonne commandait les catholiques lors du siége de Saint-Agrève, dont nous parlerons bientôt. Il s'était préparé à la prise de cette ville en s'emparant de quelques places voisines, telles que Fay, Bonnefoi, etc.

Nous trouvons encore sur le château de Rochebonne les deux lignes suivantes d'une lettre de M*me* de Sévigné : « M*me* de Rochebonne doit bien s'ennuyer dans sa terre du Vivarais. » On comprend, en effet, que cette demeure aérienne devait offrir peu de ressources de société.

D'après l'état actuel des ruines, il semblerait que ce donjon ne devait pas être en état d'avoir de si nobles hôtes sous Louis XIV. Cependant, le propriétaire actuel de Rochebonne (2) nous a assuré qu'on aurait pu, à peu de frais, le rendre habitable, il y a quarante ou cinquante ans; mais, à cette époque, la foudre y tomba et le ravagea tellement, qu'elle fit en un moment le travail destructif de deux siècles.

Saint-Martin-de-Valamas se présente assis sur une colline, au confluent de deux torrents, l'Eyrieu et la Dorne, et au-dessus de jolis vergers qu'ombragent des mûriers et des noyers centenaires. En montant vers cette bourgade, on laisse sur la droite une jolie maison, celle de M. Abrial, juge de paix. Saint-Martin-de-Valamas possède un couvent des sœurs de Saint-Joseph (3), ces institutrices des campagnes qui font tant de bien à la jeunesse pauvre des chaumières. Par une singularité assez remarquable, il n'y a pas ou presque pas de protestants à Saint-Martin-de-Valamas (4).

On compte environ deux mille âmes de population à Saint-Martin-de-Valamas (5), qui est devenu chef-lieu de canton. Ses foires sont au nombre de douze.

---

(1) *Guerres civiles et religieuses dans le Velay, pendant le seizième siècle*, par Francisque Mandet.
(2) M. Soulié-Lafayolle, ancien notaire.
(3) Ce couvent est une maison professe de cet ordre si utile.
(4) Il n'y en a en ce moment que trois, qui sont tous étrangers et nouvellement établis.
(5) La seigneurie de Saint-Martin-de-Valamas appartenait autrefois à M. de la Varenne.

Saint-Agrève.

C'est avec regret que nous quittâmes la jolie bourgade de Saint-Martin-de-Valamas pour poursuivre nos pérégrinations aventureuses. Une montée longue et rapide nous conduisit en une heure et demie sur les plateaux élevés de Saint-Agrève, qui commencent à la *Grange du Seigneur* (1) et à Beauvert. Un peu plus loin, nous laissâmes sur notre droite les ruines pittoresques du château de Truchet. La nature du pays se transformait complétement. Ce n'étaient plus ces gorges étroites et enfoncées, où l'on achète une belle végétation par la privation des vues vastes et grandioses; ici l'horizon se perdait dans une immensité sans bornes. De noires forêts de pins, parsemées de prairies et de champs de seigle, couvraient les molles ondulations du terrain. Cette nature sauvage, ces aspects lointains des Alpes du Dauphiné, de la Suisse et de la Savoie, me rappelaient les cimes du Jura, entre Pontarlier et Neuchâtel. Du côté de l'ouest, on apercevait les pics les plus élevés des montagnes du Velay et de l'Auvergne; des troupeaux de brebis qui rentraient au bercail achevaient de me transporter, par la pensée, dans les montagnes pastorales qui servent de remparts à la Suisse, du côté de la Franche-Comté.

Après trois heures d'une marche incessante, nous vîmes surgir, comme un écueil au sein d'une vaste mer, la butte peu élevée sur laquelle est bâtie l'antique ville de Saint-Agrève.

Là, comme dans bien d'autres lieux, on distingue facilement la ville neuve de la ville ancienne. La ville neuve s'est bâtie depuis que la fin des guerres civiles et l'apaisement de la fermentation des esprits en Vivarais ont fait renaître partout l'ordre et la tranquillité. Les besoins du commerce ont fait placer d'abord les auberges sur la route du Puy; plus tard, des propriétaires y ont construit des maisons confortables et même élégantes (2). La commodité de l'accès a été préférée à l'avantage d'une position élevée, quand la sécurité a été la même partout.

Saint-Agrève, chef-lieu de canton, est l'entrepôt des vins, huiles, savons, châtaignes et autres objets importés des cantons voisins ou des départements méridionaux; son exportation consiste en grains, légumes, beurre, fromage et bestiaux. Sa population, qui est de deux mille deux cents âmes, est composée à peu près en égal nombre de protestants et de catholiques.

---

(1) Il y avait là, autrefois, un petit manoir appartenant aux Vogüé.
(2) Entre autres celle de M. Mauze, l'un des propriétaires les plus riches du haut Vivarais. Cette portion de Saint-Agrève s'appelle le bourg de Lestra.

Saint-Agrève est à vingt-trois kilomètres nord-est du mont Mézenc et à soixante-quinze kilomètres de Privas.

Saint-Agrève est une des villes les plus anciennes du Vivarais, ainsi que le prouve la légende que nous allons rapporter sur l'origine du nom qu'elle porte aujourd'hui.

Sous le pontificat du pape saint Martin, qui régna depuis l'an 647 jusqu'en l'an 655, Agrippanus ou Agrève, quinzième évêque du Puy, fut martyrisé en Vivarais.

Agrippanus, d'une bonne famille d'Espagne, avait, dès sa jeunesse, manifesté les plus tendres sentiments de piété. Pressé par ses parents de se marier, il s'était échappé du sein de sa famille et était allé secrètement à Rome. Quoiqu'il y vécût dans la plus humble retraite, la bonne odeur de ses vertus le trahit, sa haute science fut bientôt renommée, le pape le prit en affection, et l'appela à l'évêché du Puy en Velay, où il eut à combattre trois mortels ennemis, l'idolâtrie (1), non encore éteinte dans ces montagnes, l'hérésie d'Arius et celle d'Helvidius. Agrippanus s'imposa une rigoureuse abstinence de viande et de vin pour être toujours prêt à cette guerre spirituelle, et sans cesse il rassemblait ses ouailles, afin de les prémunir contre l'hérésie et le paganisme par sa vive et éloquente parole. Plusieurs fois ses adversaires religieux, irrités par l'ardeur de son zèle, lui tendirent des embûches pour lui ôter la vie. Enfin, un jour qu'il revenait de Rome, où il était allé faire un voyage, comme il passait avec son serviteur Ursicinus dans un lieu appelé Chinac, à vingt milles du Puy, il tomba au milieu d'une assemblée de gens qui se livraient à l'adoration des idoles. Il voulut leur adresser d'énergiques remontrances sur l'abomination et la folie de leur culte; ces païens, animés par la dame du lieu, qui était à leur tête, se jetèrent alors sur le saint évêque et le mirent à mort ainsi que son serviteur. On construisit, quelque temps après, une église dédiée à saint Agrève ou Agrippanus, au lieu même où avait eu lieu sa mort. Les descendants des idolâtres de Chinac expièrent le crime de leurs aïeux en rendant un culte au saint martyr; de plus, ils se mirent plus particulièrement sous son invocation en donnant le nom de Saint-Agrève à la ville qu'ils habitaient.

Saint-Agrève joua, dans les guerres de religion, un rôle important : elle se défendit deux fois à outrance contre les catholiques. Le capitaine Chambaud s'en était emparé par surprise pour les protestants, au moyen des intelligences qu'il avait pratiquées dans l'intérieur de la ville; de là, il se répandait dans les campagnes d'alentour, pillait les églises et rançonnait les catholiques, puis il revenait mettre son butin en sûreté, à l'abri des remparts de Saint-Agrève. Les fortifications qu'il y avait

---

(1) La légende de Saint-Agrève est confirmée sur ce point par les travaux de M. Beugnot, sur le paganisme des Gaules, qui, suivant cet auteur, durait encore au septième siècle.

faites, son intrépidité et son habileté bien connues, le grand nombre de religionnaires qu'il avait ralliés sous son drapeau, répandaient au loin la consternation et l'effroi. On jugea que, pour réduire un tel ennemi dans une pareille forteresse, il fallait employer des moyens extraordinaires. Aussi, le gouverneur du Puy, en outre de ses propres troupes, demanda des renforts dans le Gévaudan et le Velay, et jusqu'à Lyon, d'où on lui envoya une formidable artillerie. Bientôt de nombreuses bouches à feu vomirent, sur la petite bicoque de Saint-Agrève, la mort et la destruction sur plusieurs points ; ses murailles furent réduites en poudre, et l'armée catholique monta sur les brèches encore fumantes. Elle fut vivement repoussée par les assiégés : l'assaut, trois fois renouvelé, eut trois fois le même sort. Mais la disette de vivres et de munitions réduisit les vaillants défenseurs de Saint-Agrève à la dernière extrémité ; ils savaient qu'ils avaient tout à craindre de la fureur fanatique des assiégeants, et que, s'ils obtenaient une capitulation, on ne se ferait peut-être pas scrupule de la violer. En conséquence, ils prennent la généreuse résolution de se faire jour à travers le camp ennemi. Ils font leurs préparatifs en silence pendant la nuit, et, avant l'aube du jour, ils sortent à l'improviste par une brèche, renversent tout ce qu'ils trouvent sur leur passage, et repoussent le choc de la cavalerie dont une partie avait eu le temps de se mettre en bataille pour les attaquer. Puis, avant que le reste de l'armée soit en état de les poursuivre, ils gagnent, avec quelques drapeaux enlevés à l'ennemi, le bourg de Saint-Martin-de-Valamas. « Là, dit un contemporain (1), ayant fait quelques haltes pour se reconnaître et attendre les plus pesants, ils mettent sur cul les plus hâtifs des poursuivants ; puis, en tournant la tête à toute occasion, arrivent au Cheylard.

» La colère des assiégeants se passa sur quelques vieillards et blessés, et sur le brûlement et rasement de la ville et château, qui demeurèrent en cet état jusqu'aux troubles de 1585, etc. »

Le second siège de Saint-Agrève, que d'Aubigné paraît placer à la date de 1585, eut réellement lieu en 1580. Comme nous n'avons pas la prétention de refaire ce qui déjà a été bien fait, nous emprunterons le récit de cet événement à la plume élégante de M. Francisque Mandet (2).

« Le nouveau capitaine protestant (3) sut adroitement profiter de l'absence du gouverneur du Velay (4) ; il assit son quartier général à Saint-Agrève, dans le cœur

---

(1) D'Aubigné, première partie, liv. IV, chap. 12, *ad finem*.
(2) Auteur d'un ouvrage déjà cité et intitulé : *Guerres civiles dans le Velay*; voir les pag. 160 et suiv.
(3) Ce nouveau capitaine protestant était le capitaine Chambaud qui succédait à M. de Bargeac, ainsi que l'atteste d'Aubigné, d'accord, en cela, avec le manuscrit d'Arnaud, cité par M. Mandet.
(4) Antoine de Latour, seigneur de Saint-Vidal et Saint-Chaumont, lieutenant du roi en Forêt, et le baron de Saint-Herens, lieutenant du roi en Auvergne, se soutenaient mutuellement et inspiraient une grande terreur aux religionnaires.

des montagnes, s'empara des châteaux de *Rochebonne*, *Clavières*, *Truchet*, *la Mastre*, *la Bâtie*, et s'en forma une ligne de défense qui lui servait de point d'appui et assurait sa retraite.

» Saint-Vidal ne fut pas plus tôt de retour, qu'il jura de se venger, du moins sur ceux-ci, de tous les mécomptes que les autres venaient de lui faire subir. Il se ligua avec le gouverneur du Vivarais, comme lui intéressé dans l'affaire, et chacun, de son côté, fit ses dispositions. — Conformément aux ordres du roi, on venait de publier, dans tout le Velay, une ordonnance par laquelle les citoyens avaient immédiatement à se rendre, armés, au chef-lieu, et à fournir, proportionnellement à leurs facultés, les provisions de bouche nécessaires. Quant aux munitions de guerre, il arriva d'Auvergne huit pièces d'artillerie, près de quatre-vingts barils de poudre ou de plomb, et trois à quatre cents pionniers, enseignes au vent. Cette contribution était urgente; aussi, dit le chroniqueur, *les pauvres paysans étaient contraints, pour de leur part, satisfaire au paiement, d'emprunter argent à gros intérêts, ce qui causa grandes complaintes et regrets.*

» Aussitôt que les gouverneurs furent prêts, celui du Vivarais vint au Puy rejoindre Saint-Vidal; de là les troupes, six cents chevaux et soixante enseignes de gens de pied environ, se mirent en marche pour Saint-Agrève. — C'était le 12 septembre 1580; le lieutenant de Mgr de Nemours, l'évêque, le vicomte de Polignac, Latour-Maubourg, les seigneurs d'Adiac, de Chaste, et les meilleurs gentilshommes de la province, voulurent prendre part à cette expédition. — Le 16, la place fut investie; le 22, le siége commença; le 23, les catholiques repoussèrent avec valeur plus de douze cents arquebusiers huguenots qui accouraient au secours de Saint-Agrève; le 24, les assiégeants firent une brèche importante. Dans cette fatale journée, le succès fut acheté bien cher: ils perdirent leurs plus braves soldats, et Saint-Vidal, qui marchait toujours à la tête de ses colonnes, eut un œil crevé d'un coup d'arquebuse. Le 25, enfin, les religionnaires, repoussés de poste en poste et obligés de se retrancher dans le château, comprirent qu'une plus longue résistance allait leur devenir funeste; aussi, attendirent-ils la nuit pour jeter des brandons sur les chaumières et se sauver ensuite.

» Alors, les deux gouverneurs entrèrent triomphants dans la ville. Saint-Vidal, encore tout couvert du sang de sa cruelle blessure, envoya faire proclamer par les bourgades environnantes que les villageois eussent à venir au plus tôt avec leurs pioches, leurs faulx, leurs maillets, pour tomber et arraser les murailles de Saint-Agrève.

» Après la victoire et le pillage, les troupes catholiques, voire même grand nombre de huguenots en fuite, se débandèrent pour se répandre dans le pays. Les maisons, les fermes isolées, amies ou ennemies, furent tout à coup surprises et saccagées. Les chaumières n'étaient pas épargnées davantage, et le bétail des pauvres gens leur servait de rançon : chose lamentable! dit Burel. De telle sorte que du matin au soir les portes du Puy restaient ouvertes pour donner asile aux malheureux qui se sauvaient épouvantés (1). »

Le 14 octobre 1842, je relisais avec plaisir cette page brillante et animée d'un auteur à qui il n'a manqué, pour se faire une célébrité digne de son talent, que de vivre à Paris et d'écrire une histoire générale au lieu d'une histoire particulière ; je charmais ainsi les ennuis d'une longue soirée d'automne dans une triste et sombre auberge. Muni de quelques lettres de recommandation pour Saint-Agrève, j'avais trouvé absentes toutes les personnes auxquelles elles étaient adressées. Comme les touristes n'ont pas encore fouillé ce sol, tout riche de souvenirs qu'il puisse être, il y manque nécessairement un de ces cicerone officiels, qui sont souvent le fléau, mais aussi quelquefois la salutaire ressource des voyageurs solitaires et pressés par le temps.

Le lendemain matin, je m'aperçus, avec une douloureuse surprise, qu'au soleil brillant de la veille avait succédé un brouillard froid et épais ; ainsi, plus d'espoir de jouir de cette vue magnifique que l'on m'avait promise du haut de la butte de Saint-Agrève. J'attendis vainement une heure ou deux, et je finis par m'acheminer vers la ville haute, pour voir les traces des boulets du siége et les restes du château.

On m'introduisit dans un jardin ceint de murs à demi achevés. Des allées de lilas, des parterres émaillés de dahlias et de pivoines, étaient la riante avenue qui conduisait à des ruines et à des tombes. Des pans de murs inégaux et croulants, un champ fraîchement remué et couvert d'ossements humains blanchis par le temps, occupaient l'extrémité supérieure de la colline. Parmi ces débris, j'aperçus deux puits qui, quoique construits à une grande hauteur, avaient de l'eau en abondance. Des restes de voûte, que l'on me fit remarquer, appartenaient à la chapelle, où l'on avait découvert quelques cadavres très-bien conservés ; les autres, au nombre de près de deux ou trois cents, avaient été trouvés et entassés dans le sol : il est probable que ce sont les corps des guerriers qui défendirent si vaillamment, au seizième siècle, le château de Saint-Agrève. On a déterré aussi, près de là, une multitude de boulets, dont quelques-uns étaient du calibre de 48. Une maison de la haute ville porte encore des traces de ces boulets.

Bientôt une jeune et fraîche végétation viendra cacher ces vestiges de dévastation et de carnage dont les remparts du vieux château conservent encore l'empreinte. Les ossements disparaîtront sous les fleurs ; des arbustes odorants entoureront ces

---

(1) Ce second siége de Saint-Agrève est raconté, avec des couleurs non moins dramatiques, dans l'*Annuaire de l'Ardèche*, de 1839, pag. 365 ; mais nous avons préféré le récit de M. Mandet, parce qu'il nous a paru plus exact.

murailles décrépites. La nature, livrée à elle seule, les aurait tapissées de lierres et de plantes sauvages ; elle se serait pittoresquement harmonisée avec ce groupe de forts et de bastions en ruine. Nul artiste n'en sait plus qu'elle en ce genre ; on reconnaît bien dans le clos du château de Saint-Agrève la main d'un homme de goût, mais c'est encore la main d'un homme.

Du reste, nos réflexions critiques se ressentaient du malaise que nous faisait éprouver le brouillard humide et glacial. Nous ne pouvions pas y voir à vingt pas de distance, et on nous disait que nous étions dans le site du Vivarais le plus renommé par son point de vue.

Une providence bienfaisante vint au secours de notre chagrin et de notre isolement. A ces heures si longues et si découragées du voyageur déçu dans ses espérances, elle fit succéder des heures plus douces, et nous offrit des compensations tout à fait imprévues. Vers midi, le brouillard s'éleva, et nous nous empressâmes de retourner sur la butte que nous avions quittée. Le ciel était encore terne et nuageux, mais les objets peu éloignés se distinguaient nettement. Sur notre droite, le manoir de Clavières se montrait à demi, derrière des bosquets semés gracieusement sur les prairies, comme ceux d'un parc anglais. Dans la même direction, notre attention fut fixée par un grand bâtiment qui paraissait être à une lieue ou deux de distance ; on me dit que c'était la commanderie de Devesset, appartenant autrefois à l'ordre de Malte. Du côté du sud-ouest, sur la route du Puy, la tour de Montréal (1) surgissait avec sa masse sombre sur un fond plus sombre encore. Les cimes abruptes et volcaniques du Mézenc et du Gerbier de Jonc, d'où s'échappe la Loire, apparaissaient par intervalles entre les nuages noirs que les rafales de la bise poussaient incessamment sur elles. Les feuilles jaunissantes des hêtres tombaient par millions sous l'influence de ce précoce vent d'hiver, et les forêts de pins de la plaine de Saint-Agrève semblaient exhaler de sourds et gémissants murmures.

C'était comme un signal qui nous avertissait, nous, voyageurs et oiseaux de passage, de quitter les lieux élevés pour aller chercher un climat plus doux qui fût encore éclairé par les rayons vivifiants du soleil. En quelques minutes nous fûmes prêts à partir, et nous répétions joyeusement ces paroles si vraies de J.-J. Rousseau : « Heureux celui qui n'a pas besoin de mettre les jambes d'un autre au bout des siennes pour faire sa volonté. »

---

(1) Appartenant aux Faï. On a vu le rôle que M. de Montréal a joué dans les guerres de religion ; il fut, avec M. de Lestranges, l'un des plus chauds défenseurs de la cause catholique.

Desaignes.

En trois heures nous arrivâmes à Desaignes, par l'ancienne route. Cette route, qui descend en serpentant le long de la croupe ondulée d'une montagne couverte de bois de pins, nous parut être une promenade charmante ; des points de vue variés, en offrant des sources toujours nouvelles de distractions, prévenaient en nous la lassitude, qui naît souvent de l'ennui autant que de l'épuisement des forces.

Desaignes a une physionomie étrange et indéfinissable ; ce n'est pas l'aspect treizième siècle de la Voulte, ce n'est pas non plus l'abandon profond de l'ancienne ville de Crussol, c'est un mélange de ces deux types divers. Du reste, l'antiquité moyen âge y touche à l'antiquité romaine; elles s'appuient l'une sur l'autre.

Les deux portes de Desaignes, et surtout celle du nord-est, ont encore gardé tout le formidable appareil des forteresses du temps féodal; mais rien n'est plus curieux que le vieux castel, adossé au temple protestant : sa tour avancée, qui menaçait ruine, a été démolie, et on y a trouvé, dit-on, un squelette bardé de fer. Le reste de ce colossal édifice, où le temps a imprimé ses couleurs noirâtres, est tout hérissé de machicoulis. La tour du centre existe encore ; elle a conservé son escalier tournant. Si nous étions forcés d'habiter les chambres gothiques qui donnent sur l'obscur préau du vieux castel, il nous semblerait que six siècles pèseraient sur nous de tout leur poids.

Quant au temple protestant, il a été construit en 1822, dans le temps que M. Paulze d'Yvois était préfet de l'Ardèche, sur les débris d'un ancien temple romain. Nous avons dû préciser l'époque de cet acte de vandalisme, en le signalant à l'indignation de quiconque a quelque goût des arts et quelque respect pour les monuments si rares et si précieux de la civilisation romaine dans notre vieille Gaule.

On a conservé les murs de l'ancien temple jusqu'au-dessus des fenêtres, mais les vieux arceaux, à demi ruinés comme ceux des thermes de Caracalla, ont disparu sous le marteau des démolisseurs et sous la truelle des maçons, commis à cet effet par l'administration vandale du département de l'Ardèche.

Nous sommes heureux d'avoir pu perpétuer, au moins par la pierre lithographique, le souvenir de ce curieux monument, dont nous devons le dessin à l'obligeance de M. le comte Hippolyte de Tournon (1).

---

(1) Et de M. du Veyrier, ex-receveur de l'enregistrement à la Mastre, qui nous a transmis la copie du dessin que lui avait prêté M. de Tournon.

On n'est pas d'accord sur l'origine et la destination première du temple de Desaignes.

D'après l'opinion vulgaire, il aurait été consacré à Diane (1); quelques savants, parmi lesquels nous remarquons M. le président Délichère, prétendent qu'il fut érigé à Hercule, surnommé *Deusonnieu*, dans les Gaules; ce serait là l'étymologie de Desaignes. M. Boissy d'Anglas (2) a énoncé l'opinion que ce monument fut construit par Fabius Maximus, après la sanglante victoire qu'il remporta sur les Gaulois commandés par Bituitus.

Or, on saura que, suivant Florus (3) et Strabon (4), Fabius Maximus et Domitius Ænobarbus élevèrent leurs tours monumentales *(saxeas turres)* sur le lieu même où s'était livrée la bataille, et ce lieu était le confluent du Rhône et de l'Isère, qui est situé à sept ou huit grandes lieues de Desaignes. On juge par combien d'inductions forcées il a fallu passer, pour concilier le système que nous venons d'exposer avec des textes qui le contredisent d'une manière si formelle : mais les savants ne s'embarrassent pas de si peu.

Quant à nous, nous déclarons notre ignorance profonde sur le nom et le but de ce vieux monument, qui, du reste, nous a paru ressembler, dans son ensemble, aux ruines de plusieurs temples que nous avons vus dans la campagne de Rome et dans celle de Naples, et peut-être plus encore aux thermes de Dioclétien ou de Caracalla.

Il nous reste maintenant à faire connaître l'état où était, il y a deux ou trois siècles, ce vieux monument que l'on avait fortifié et entouré d'un fossé. Laissons parler, à ce sujet, Giraud Soulavie, qui décrit le temple de Desaignes tel qu'il l'a vu.

« La tradition et les plus anciens titres connus, dit-il (5), donnent le nom de *temple de Diane* à ce majestueux édifice qu'on admire de loin, et qui est bâti d'une pierre quartzeuse.

» Quatre étages divisent cet édifice, qui est en carré long. L'inférieur est un souterrain dans lequel on entrait du haut et du milieu de la voûte un peu écroulée.

» L'étage supérieur est une espèce de salle en carré long. La porte d'entrée, qui est la principale du bâtiment, a sept pieds et demi de haut et sept pieds de largeur : elle est fort simple et ronde supérieurement; elle se fermait avec une poutre traversière. La moitié de la salle est couverte d'une voûte; l'autre moitié le fut d'un plancher, car on observe des pierres saillantes de support.

---

(1) Desaignes s'appelait *Disania* qu'on fait dériver de *Diana*.
(2) Voir la dissertation publiée en l'an X dans l'*Annuaire de l'Ardèche* de cette époque.
(3) *Florus*, lib. 3, cap. 2.
(4) *Strabon*, lib. 4. Voir, sur ce point, l'*Annuaire de 1839*, pag. 229.
(5) *Histoire de la France méridionale*, par Giraud Soulavie, pag. 202 et 203, tom. III.

» De cet étage on monte à un troisième, par un degré pratiqué dans l'épaisseur du mur. Une cheminée, dont le tuyau est un cône parfait, en fait l'ornement ; il est engagé à moitié dans le mur principal, qui a cinq pieds d'épaisseur. Une seule voûte couvre cette salle.

» On monte enfin vers le faîte du monument par un autre degré engagé dans le mur ; on arrive sur une plate-forme à découvert, entourée de meurtrières et de défenses, terminée, d'un côté, par un petit appartement carré, où l'on observe les appuis d'une voûte écrasée qui forme le quatrième étage, en comptant la voûte souterraine.

» Un conduit vide et carré descend de ces hauteurs vers le bas de l'édifice ; son usage n'est pas aisé à déterminer.

» Ce monument, dont l'ensemble est imposant par sa grandeur et sa forme, est entouré d'un fossé ; on ne pouvait même pénétrer dans l'édifice que par un pont-levis ou un pont de bois. On ne trouve aucun vestige de degrés pour entrer par la porte, un peu élevée, dans les appartements. Je laisse aux amateurs de l'antiquité le soin de déterminer l'usage de ce monument : on ne saurait dire que c'est une forteresse bâtie sous le gouvernement féodal ; le château seigneurial qui l'avoisine, et qui est fort ancien parmi les édifices de cet âge, est bien d'un autre goût ! »

Ce monument, dont Giraud Soulavie est tenté d'attribuer la fondation aux Gaulois, nous paraît avoir le caractère d'une construction romaine (1). On peut donc affirmer que les Romains ou au moins les Gallo-Romains ont eu un établissement important dans ce lieu. Desaignes était encore très-considérable dans le moyen âge ; c'était la ville la plus peuplée du Vivarais (2). Outre le grand château que nous avons décrit, il y avait un petit fort sur le devant du temple ; les murs en sont aujourd'hui rasés au niveau du sol. Des sculptures gothiques ornent encore la plupart des vieilles maisons de Desaignes, et témoignent leur splendeur passée.

Cette place est souvent mentionnée dans les annales des temps des guerres de religion. En 1573, lors de la trêve que fit le sieur de Pierregourde avec M. du Pelloux, gouverneur d'Annonay pour le roi, il fut convenu que les calvinistes évacueraient

---

(1) Nous avons remarqué cependant que quelques détails de cet édifice paraissent appartenir à l'architecture gothique ; mais ces détails y auront été ajoutés après coup, quand on aura voulu, au moyen âge, en faire une forteresse ou peut-être un magasin d'approvisionnements. Cela se sera fait à la même époque où on aura tracé, autour du monument, un fossé d'enceinte, et où on aura construit, sur ce fossé, un pont-levis. La campagne de Rome est couverte de tombeaux et de temples que la féodalité changea de même en châteaux et en forts ; le tombeau d'Adrien lui-même est devenu le château Saint-Ange. Du reste, la construction, ou, pour parler plus clairement, la maçonnerie du vieux temple de Desaignes ne doit laisser aucun doute sur son origine romaine.

(2) Desaignes était le lieu le plus peuplé du Vivarais, car on y comptait 683 feux, tandis que le bourg Saint-Andéol n'en avait que 625, Aubenas 360, Annonay 307, et Privas 350. Voir une note du marquis d'Aubays, reproduite dans l'*Histoire d'Annonay*, par Poncer, tom. II, pag. 73.

tous les forts du Vivarais, excepté Desaignes. Cela prouve la haute importance que l'on attachait à cette forteresse.

Le 8 septembre 1580, M. de Tournon, qui était seigneur de la ville de Desaignes, la reprit sur les protestants.

En 1586, nous retrouvons encore l'infatigable et vaillant capitaine Chambaud auprès de Desaignes : il se loge avec ses troupes dans les maisons de deux laboureurs, sur la route de la Mastre ; de là, il inquiète tellement la garnison de la ville, qu'il faut la renouveler deux fois en un an. Plus tard, Desaignes fut repris par les protestants, puis par les catholiques, et dans chacun de ces siéges il eut beaucoup à souffrir. Ses remparts, qui étaient flanqués de tours et *ravelins* à l'antique, étaient tout sillonnés de brèches profondes et portaient de nombreuses traces de boulets de canon. L'église paroissiale, qui était à trois nefs comme l'église de Champagne, fut saccagée et rasée jusqu'aux fondements par les religionnaires. Un emprunt forcé, imposé aux protestants de Desaignes à l'aide de garnisaires, en 1683, au moment de l'édit de Nantes, en fit fuir presque tous les habitants. Le 10 janvier 1684, leur temple fut démoli par ordre du roi. En 1688, une fermentation extraordinaire se fit remarquer dans le Vivarais : le conseil des réfugiés, soutenu par l'Angleterre et d'autres cours du Nord, y envoya des prédicants fanatiques ; ils y firent courir le bruit d'une guerre étrangère prête à éclater. Cette guerre, faite de concert avec une guerre civile à l'intérieur, devait, disaient-ils, forcer Louis XIV à accorder de meilleures conditions aux religionnaires. Il paraît qu'un grand nombre de citoyens notables de Desaignes furent accusés d'avoir participé à la conjuration qui se tramait ; on en arrêta plusieurs, et entre autres M. Gaillard de Bélair, jurisconsulte et lieutenant en la juridiction de Desaignes, et MM. de Villermé, de Montrond, du Chazalet, Lachaisserie, de Vaugeron et Sautel. Quelques-uns furent condamnés à mort, d'autres en furent quittes pour des amendes et pour la confiscation d'une partie de leurs biens. Ce fut le dernier coup porté à l'antique grandeur de Desaignes. Cette ville avait été fondée par les Romains ; le christianisme et la féodalité l'avaient agrandie, enrichie de monuments nouveaux, hérissée de remparts, de machicoulis et de forteresses. Les guerres civiles ont abattu ses murailles, ruiné ses maisons et dépeuplé son enceinte ; ce n'est plus maintenant qu'un groupe de chaumières et de petites maisons adossées à de gigantesques débris et habitées par de pauvres villageois.

La Mastre.

Un peu au delà de Desaignes, en suivant le cours du Doubs, on aperçoit le joli manoir du Verger (1), au-dessus d'une pente douce garnie d'arbres touffus. Des bois magnifiques ombragent les deux côtés du chemin; quelques sapins argentés, d'une belle végétation, se mêlent aux ormeaux et aux pins qui pendent sur les eaux de la rivière : c'est évidemment un semis artificiel; là encore la main du grand propriétaire se révèle à l'observateur. Toute cette route nouvelle (2) de Desaignes à la Mastre est unie comme une allée de jardin anglais. De temps en temps, des vallons s'ouvrent sur l'une ou l'autre rive, et laissent apercevoir, dans le lointain, des habitations modernes ou de vieux châteaux, tels que celui de *Retourtour*, dont M. de Tournon et M. de Grollier étaient coseigneurs avant la révolution.

La Mastre, qui était, il y a deux cents ans, un tout petit hameau, tandis que Desaignes comptait au nombre des villes les plus importantes du Vivarais, est aujourd'hui un chef-lieu de canton, une bourgade bien bâtie, peuplée de près de dix-huit cents âmes, et Desaignes est devenu un méchant village qui n'a plus de vie et d'éclat que par ses souvenirs. Une digue considérable, pour la confection de laquelle le gouvernement doit fournir les deux tiers, achèvera de rendre la Mastre un séjour agréable et salubre, en la mettant à l'abri des ravages du Doubs.

Le lendemain matin, en allant de la Mastre à *Urbillac* par une nouvelle route qui doit conduire à Vernoux, nous aperçûmes les ruines du vieux château auquel se rattachent des souvenirs du temps des guerres de religion. A l'ombre du drapeau de la réforme, un certain Erard de Vernoux s'était fait le capitaine d'une bande de véritables brigands; il s'était emparé des tours d'Oriol, dans le mandement d'Annonay, et il pillait et rançonnait les passants sans pitié ni miséricorde; il faisait plus : il les torturait avec la plus barbare cruauté. L'un de ses moyens était, dit le président Gamon, *de leur billonner la tête à toute force avec une corde nouée*. Deux fois Erard fut pris par les catholiques, deux fois il racheta sa vie à force d'argent. Les leçons qu'il avait reçues n'eurent d'autre résultat que de lui faire changer le théâtre de ses exploits de bandit; il s'empara du fort de la Mastre et continua les mêmes exactions que par le passé. Le sieur de Rochegude, commandant des religionnaires du haut Vivarais, qui s'était posé comme modérateur entre les partis, vint à passer

---

(1) Appartenant à M. le comte Hippolyte de Tournon.
(2) Cette route conduira de la Mastre à Saint-Agrève, par Desaignes, au moyen d'un tracé tout nouveau.

à la Mastre avec quelques troupes. Erard et son lieutenant Lachau accoururent lui rendre hommage comme à leur gouverneur. Pour toute réponse à leurs salutations et à leurs compliments, il les fit arrêter et charger de chaînes. Erard offrit en vain *son chapeau plein d'écus* pour qu'on le mît en liberté; sur la demande du syndic du pays, le sire de Rochegude fit pendre Erard et Lachau aux créneaux de leur fort. En même temps, il délivra six ou sept prisonniers, détenus par ces misérables dans des cachots infects. De ce nombre était Guillaume Baud, châtelain de Rocheblaive.

Cet acte de haute justice, qui honore le caractère du sire de Rochegude, mit fin à d'intolérables brigandages, et inspira aux malfaiteurs de même espèce un salutaire effroi.

La Mastre a pour église paroissiale l'ancien prieuré de Macheville, qui était, avant la révolution, un prieuré dépendant du collége du Puy. La reconstruction de cette église remonte à une époque peu éloignée : elle a eu lieu vers le commencement du dix-septième siècle, sous la direction des jésuites et sous celle de M. de Reboulet, propriétaire à Urbillac. On croit que Macheville, fondée dans le neuvième ou le dixième siècle, fut autrefois un monastère de bénédictins (1).

De la Mastre à Tournon, le chemin, au lieu de suivre par une pente uniforme les sinuosités du Doubs, grimpe par le Crestel sur les collines les plus élevées, laisse dans le fond de la gorge *Boucieu-le-Roi*, qui fut le siége du bailliage du haut Vivarais jusqu'en 1564, redescend sur *Saint-Barthélemy-le-Plain*, paroisse isolée au milieu des montagnes, traverse la rivière de Duzon, près de l'endroit où elle se jette dans le Doubs, passe près d'un vieux pont romain dont il reste une arche et une culée à moitié ruinée, et se rejoint au grand pont (2) avec la route de la Louvesc.

Au nord de Saint-Barthélemy-le-Plain (3), dans une position qui a quelque rapport avec celle de la Tourette, se trouvent les débris du château de Pierre-Feu ou Pierre-Fit. Le Doubs baigne de deux côtés les rochers à pic sur lesquels ce château était perché.

---

(1) On trouve dans l'histoire une première mention de Macheville, en l'année 961, sous le règne de Lothaire. C'est Gelinus, homme très-noble et très-puissant, qui, de concert avec son épouse Raymote, donne à l'abbaye de Saint-Chaffré une église, au lieu de Mansus-Cavallianus (Macheville), laquelle est consacrée au Sauveur; il donne, de plus, la paroisse elle-même, un clos de vignes, un verger, et toutes ses dépendances. (*Preuves de l'Hist. du Languedoc*, tom. II, pag. 106.)

L'église primitive de Macheville serait donc une des plus anciennes du Vivarais. Devenue la propriété d'une abbaye de bénédictins, elle fut sans doute desservie par des religieux de cet ordre. Des inductions historiques d'une certaine force viennent donc, sur ce point, à l'appui des traditions que j'ai recueillies dans la contrée.

(2) Voir ci-dessus, pag. 74.

(3) Il ne faut pas confondre Saint-Barthélemy-le-Plain avec Saint-Barthélemy-le-Puy, qui est plus près de la Mastre. C'est entre Saint-Barthélemy-le-Puy et le Crestel, qu'est situé le manoir appelé les Bosc, résidence actuelle des Faï, qui sont maintenant la branche aînée de cette famille.

Soyons. — Tour penchée et monastère.

Soyons offre, dans son étymologie même, une sorte d'indication de sa position topographique. En ce lieu, près des bords du Rhône, un monastère avait été construit sous l'abri de la muraille colossale d'un rocher; au-dessus de ce rocher, un château fort, dont nous avons reproduit les ruines, élevait dans les airs sa tour, qui s'incline aujourd'hui comme un vieillard penché vers la tombe. Ce château s'appelait Yons ; le monastère et les chaumières qui se groupèrent tout à l'entour, s'appelèrent Sous-Yons ou Soyons.

Je livre cette singulière étymologie, que j'ai recueillie sur les lieux, à l'appréciation des érudits et des archéologues.

Soyons, que les latinistes du moyen âge nommaient *Sub-Dione*, a conservé des traces du culte païen que les Romains y avaient importé ; on y a trouvé un taurobole, qui a été placé à l'entrée du village, du côté de Valence, sur la droite de la grande route. Le vénérable curé du village voulait le faire transporter dans son cimetière, et planter la croix sur ce vieil emblème d'une religion idolâtrique : c'eût été le symbole matériel du triomphe remporté par le christianisme. Cette idée ingénieuse n'a pas reçu d'exécution.

L'église, qui est petite mais d'une bonne architecture, était renfermée dans une antique abbaye dont les ruines, rasées presque au niveau du sol, s'aperçoivent encore tout à l'entour.

On ne peut pas déterminer, *par titres*, la date précise de la fondation de cette abbaye, attendu que ses vieux cartulaires ont été brûlés, au seizième siècle, par les protestants (1). Depuis cette époque, les religieuses de Soyons, de l'ordre de saint Benoît, transférèrent à Valence leur principal établissement. D'après d'anciens catalogues du monastère de Soyons (2), il est constaté qu'en 1245, l'abbesse Bernarde céda à Philippe de Savoie, administrateur de l'église de Valence, la haute justice de Soyons. Des titres postérieurs rapportent, avec l'expression d'une vive douleur, l'apostasie de l'abbesse Louise Damanze, qui, en 1569, embrassa la religion réformée.

Le grand rocher qui domine Soyons offre les traces d'un travail curieux qui,

---

(1) Catellan, *Antiquités de l'église de Valence*, pag. 298.
(2) *Inventaire manuscrit des titres de l'abbaye de Soyons*, in-folio, deuxième liasse, nos 14 et 15. — Ollivier, *Essais historiques sur la ville de Valence*.

suivant les gens du pays, remonterait seulement au temps des guerres de religion (1); c'est un sentier taillé dans le roc, qui conduit, dans la direction du nord au midi, vers la cime de la montagne.

Du reste, il est certain que Soyons était l'une des places fortes des calvinistes; ils s'y maintinrent à plusieurs reprises avec une remarquable ténacité. Comme ils occupaient à la fois les bâtiments fortifiés du monastère sur les bords du Rhône, et le château d'Yons, qui est au-dessus, ils interceptaient sur ce point toute communication entre Lyon et le Midi. En 1627, le célèbre Brison et plus de cinq cents des siens, y étaient retranchés; ils mettaient à rançon, depuis plusieurs mois, tous les convois qui passaient sur le fleuve. Le 12 décembre de cette même année (2), les troupes du roi, commandées par le prince de Condé, vinrent les assiéger; ils demandèrent à capituler, obtinrent une suspension d'armes, et profitèrent de la nuit suivante pour s'évader: le prince de Condé se mit à leur poursuite et leur donna la chasse jusque dans les communes de Beauchastel et de Saint-Aubans. On détruisit alors, sur la montagne et dans la plaine, les fortifications de Soyons.

Après avoir jeté un coup d'œil sur l'histoire de cette localité, nous allons raconter sa légende pieuse et sa légende chevaleresque. Voici d'abord sa légende pieuse :

Venance était un des fils de Sigismond, roi de Bourgogne: dès son enfance, il s'était fait remarquer à la cour de son père par la plus tendre piété; il n'était pas encore parvenu à l'âge mûr, que déjà sa réputation de sainteté s'étendait jusque dans le midi des Gaules. Le clergé de Viviers, qui sentait le besoin de mettre à sa tête un homme apostolique qui joignît à l'autorité de la vertu celle d'un grand nom, envoya des députés à la cour du roi Sigismond pour lui demander son fils. Venance voulut en vain se dérober aux brillants honneurs de l'épiscopat dont il se croyait indigne; on fit violence à son humilité, et on le ramena en triomphe à Viviers. Il gouverna son diocèse avec la plus haute sagesse, et mourut en saint comme il avait vécu. Gondemar, nouveau roi de Bourgogne et frère de Sigismond, redemanda le

---

(1) Le *Soldat du Vivarais* explique à quelle occasion ce travail aurait été fait : « La ville de Soyons, dit-il, ne fut pas relevée depuis le siége qu'en avait fait le prince; mais, quant aux remparts, tours et cavernes du haut du rocher qu'on appelait les Sangles, le tout avait été réparé et fortifié beaucoup mieux qu'auparavant, de sorte que M. de Chabreilles avait complètement interrompu le commerce du Rhône. Chambonnet, fils naturel du défunt sieur de Brison, y commandait. Lors de sa capitulation à Vals, il avait fait la promesse de ne jamais porter les armes contre le service du roi, et Sa Grandeur lui avait fait celle de le pendre s'il contrevenait, de sorte qu'il se résolut d'en éviter le hasard; ce qu'il fit par un bonheur nonpareil, s'étant tous, au nombre de deux cents, coulés, à la faveur de la nuit obscure, en bas du rocher, par un endroit assez difficile, et de là gagnèrent le mauvais pays, laissant le regret à chacun de ce qu'ils n'avaient pas été attrapés, et notamment à M. de Montmorency, etc. » (Commentaire du *Soldat du Vivarais*, pag. 272-274.)

(2) Voir la brochure contemporaine, intitulée : *Récit véritable de ce qui s'est passé en la prise des villes de Soyons, Beauchastel et Saint-Aubans, en Vivarais, par Mgr le prince, avec la fuite du sieur Brison*. (1627, Paris, chez Guillaume Loyseau.)

corps de son neveu pour l'inhumer dans l'église principale d'*Autodunum* (Autun). Le clergé de Viviers, non sans regret, acquiesça à cette demande: le corps du saint fut placé dans un bateau recouvert d'étoffes noires et précieuses, où brillaient les insignes de la maison de Bourgogne. Un équipage de quarante chevaux était destiné à faire remonter ce bateau le long des rives du Rhône et de celles de la Saône jusqu'au-dessus de Châlons; là, d'autres moyens de transport étaient préparés.

Quand l'équipage arriva à la hauteur de Soyons, les chevaux parurent saisis d'une sorte d'engourdissement; ils restèrent insensibles aux plus vives excitations de leurs conducteurs. On mit en réquisition tous les bœufs du pays, car il ne s'agissait, en apparence, que de triompher de la force opposée par le courant à la continuation de la marche du bateau: les bœufs restèrent immobiles à leur tour, et l'aiguillon sembla s'émousser sur leurs flancs. Enfin, on reconnut qu'il y avait là quelque chose de surnaturel, et qu'il ne fallait pas lutter contre la volonté de Dieu. Le corps du saint, sur la demande du seigneur du château d'Yons, fut déposé au bas de son rocher féodal; ce seigneur y fit construire sur-le-champ une chapelle funéraire pour y renfermer un si précieux dépôt, et il fonda, peu de temps après, le monastère de Soyons dont nous avons parlé.

Les calvinistes, par fanatisme religieux, brûlèrent le corps de saint Venance dont les bénédictines de Soyons, en fuyant du monastère, ne sauvèrent que deux fragments. L'une de ces reliques resta à Valence, où la plupart d'entre elles, ainsi que nous l'avons dit plus haut, s'établirent d'une manière stable; l'autre relique fut rapportée dans l'église de Soyons, où elle est encore l'objet d'un pèlerinage annuel (1).

Nous allons maintenant raconter, avec un peu plus de détails, la légende chevaleresque de Soyons, ou la tradition locale sur la fausse lépreuse de la tour des Sangles.

La Lépreuse de Soyons.

Le 25 mai 1098, un ciel pur comme une glace s'étendait sur le Vivarais; quelques légers nuages se repliaient au loin sur les Alpes du Dauphiné, et flottaient dans l'atmosphère sans la troubler. Le soleil se levait radieux derrière ces montagnes dont les cimes semblaient nager dans une douce vapeur. Ses premiers rayons, en inondant de leur lumière la plaine du Valentinois et les majestueux bassins du Rhône, rencontrèrent, au pied du rocher de Soyons, une étrange et solennelle cérémonie.

L'évêque de Valence, revêtu d'un surplis et d'une étole, sortait, avec son clergé,

---

(1) *Columbi, de rebus gestis episcoporum Vivariensium; Ado et alii scriptores ecclesiastici.* — La relique de saint Venance, qui est restée à Valence, est maintenant dans la chapelle attenante à l'église de l'hôpital.

du monastère de l'église de Soyons. Les bénédictines le suivaient, précédées de leur abbesse, puis venait le baron de la Voulte, revêtu de son armure d'acier : quelques-uns de ses officiers l'escortaient respectueusement. Plusieurs seigneurs des environs se groupaient derrière lui. Enfin, à la queue de ce cortége, on voyait une foule immense de peuple, venue de Valence, de Crussol et des villes les plus voisines du Vivarais et du Dauphiné.

L'évêque et son clergé passèrent en dehors du bâtiment du monastère et en firent le tour ; ils arrivèrent au pied d'une cellule dans laquelle on venait de pratiquer une porte extérieure, comme le témoignait le ciment encore humide qui en entourait le cadre : là, le hérault de l'évêque appela par trois fois Iseult du Béage, jeune novice qui habitait cette cellule. Elle descendit la tête couverte d'un voile noir : sa démarche était chancelante ; elle s'appuyait de temps en temps sur une sœur converse qui marchait à côté d'elle. Quand elle fut sur le seuil de la porte, on lui fit signe de s'arrêter. L'évêque de Valence déroula alors un volumineux parchemin (1) contenant une sentence de son juge ecclésiastique, et il en donna lecture à haute voix. Il en résultait que, d'après le rapport d'une matrone, le juge avait reconnu qu'Iseult du Béage, âgée de dix-neuf ans, était atteinte de la lèpre, et, comme telle, il l'avait condamnée à être retranchée de la société civile. On entendit alors de cruels sanglots s'échapper de la poitrine de la jeune fille voilée ; le peuple écoutait dans le silence et la stupeur. Les lépreux n'étaient pas alors aussi multipliés qu'ils le furent depuis, et la coutume de les séparer corporellement du monde, transformée dans la suite en loi générale de l'Eglise, n'était pas universellement établie. C'était la première fois qu'on procédait, dans le diocèse de Valence, à cette imposante et sombre cérémonie, déjà usitée pourtant dans les diocèses voisins.

Iseult du Béage, seul rejeton d'une noble famille du Vivarais, et unique héritière de plusieurs seigneuries depuis que son père, Gérenton du Béage, était mort à la croisade, avait dû se croire promise, par sa naissance et sa fortune, à de hautes et brillantes destinées. Pupille du baron de la Voulte, elle avait en vain imploré son appui contre la sentence qui la frappait ; le baron lui avait fait répondre qu'il ne pouvait rien pour elle, et qu'il fallait que la sentence ecclésiastique s'exécutât : seulement, il avait décidé qu'une tour de son château des Sangles, près de Soyons, serait le lieu de séquestration de la jeune lépreuse, et que sa solitude serait partagée par une villageoise, compagne de son enfance, qui s'était offerte à courir les risques de cette dangereuse cohabitation (2).

---

(1) *Instrumentum judicis ecclesiastici.* Voir *Rituales parisienses* du quinzième et même du seizième siècle. Soyons dépendait de l'évêché de Valence.

(2) Un peu plus tard, les supérieurs ecclésiastiques n'auraient peut-être pas permis de pareils adoucissements. Au reste, il s'établit, dès la fin du douzième siècle, une foule de maladreries, où les lépreux étaient très-bien soignés.

Après avoir donné lecture de la sentence du juge ecclésiastique, l'évêque de Valence jeta de l'eau bénite sur la pauvre malade, puis il l'engagea à subir, avec une résignation toute chrétienne, la terrible épreuve que le Ciel lui envoyait.

« Ma sœur (1), lui dit-il, chère affligée du bon Dieu, pour avoir à souffrir moult tristesse, tribulation, maladie, méselerie, et autre adversité du monde, on parvient au royaume de paradis, où il n'y a nul meschief, ne nulle adversité, mais où sont tous purs et nets, et sans quelconque tache d'ordure, plus resplendissants que le soleil, où que vous irez si Dieu plaît; mais que vous soyez bonne chrétienne et que vous portiez patiemment cette adversité, Dieu vous en donne la grâce! Car, ma sœur, telle séparation n'est que corporelle; quant à l'esprit, qui est le principal, vous êtes toujours à Jésus-Christ autant que vous fûtes oncques, et aurez part et portion à toutes les prières de notre mère sainte Eglise, comme si personnellement étiez tous les jours assistante au service divin avec les autres; et, quant à vos petites nécessités, le très-haut et très-puissant seigneur baron de la Voulte, votre oncle et tuteur, y pourvoira, et Dieu ne vous délaissera point: seulement, veillez sur vous-même et ayez patience; Dieu demeurera avec vous. *Amen.* »

L'évêque de Valence exhorta ensuite Iseult du Béage à le suivre volontairement dans l'église de Soyons, où elle entendrait la messe et recevrait la bénédiction épiscopale.

Alors, tout le cortége se forma en procession pour retourner à l'église; le clergé fermait la marche, et devant le clergé marchait la lépreuse enveloppée de son voile. On chantait, sur un ton lugubre, les Psaumes de la pénitence, où le roi-prophète semble avoir exhalé tous les gémissements de la douleur et du repentir.

Sous le porche même de l'église, tenant à la porte du milieu, deux prie-Dieu, revêtus d'une étoffe noire, avaient été placés entre des barrières qui les séparaient du reste de l'église: c'est là que l'on fit entrer Iseult et sa compagne; puis, la porte par laquelle elles étaient venues, se referma, et la foule, qui augmentait toujours, pénétrait dans le temple par les entrées latérales.

L'évêque dit alors la messe, dont les prières étaient admirablement adaptées à la situation de cette infortunée, à qui on faisait un désert au milieu du monde.

« Autour de moi, disait-il, sont les gémissements de la mort (2); autour de moi sont les douleurs de l'enfer. Du sein de la tribulation, j'ai invoqué le Seigneur, et il a écouté ma voix dans son temple saint. » Et plus loin: « Ayez pitié de moi (3), Seigneur, car je souffre profondément: guérissez-moi, mon Dieu! »

« R. Tous mes os ont été remués, et mon âme a éprouvé un grand trouble. »

---

(1) *Histoire de saint François d'Assise*, par Emile Chavin.
(2) *Introïtus missæ leprosorum* (*Rituales Parisienses de 1544 et 1566*).
(3) *Gradualis* (Idem).

« V. Louez Dieu, qui guérit les hommes au cœur contrit, et qui adoucit l'amertume de leur pénitence. »

L'évêque de Valence donna à la pauvre Iseult le remède mystique qui fortifie et qui soulage; la communion lui fut apportée de l'autel jusqu'à la chapelle cellulaire.

On remarqua ensuite l'accent de foi et de ferveur avec lequel le saint pontife récita ces paroles de l'oraison de la postcommunion :

« O mon Dieu (1)! refuge puissant de toute infirmité humaine! accordez la vertu de votre protection à notre pauvre malade, afin qu'elle mérite d'être représentée à votre Eglise, toute purifiée du mal qui la dévore, etc. »

Après que le sacrifice de la messe eut été achevé, on vit un spectacle imposant : l'évêque fit sortir la lépreuse sur le cimetière qui était attenant à l'église, pendant que son clergé chantait le *De profundis* et le *Libera me*; ensuite, il prit par trois fois une pellée de terre sur le bord d'une fosse récemment ouverte, et par trois fois la lui mit sur la tête en disant : « Meurs au monde, renais à Dieu (2). »

La procession s'éloigna ensuite de l'église dans le même ordre où elle y était entrée; mais, au lieu de tourner autour des bâtiments du monastère pour revenir à la cellule où on avait pris la lépreuse, elle remonta les rives du Rhône jusqu'à la

---

(1) *Postcommunio* (Idem).

(2) Cette portion de la cérémonie était suivie d'une série de défenses légales qui n'auraient eu aucun but pour Iseult, condamnée à une captivité réelle, au lieu d'être reléguée dans une chaumière au milieu des bois. Voici la terrible formule d'interdictions telle que nous la transmettent les vieux rituels du quatorzième, du quinzième et du seizième siècle :

« Je te défends de jamais entrer en l'église, marché, moulin, four public et en toute compagnie et assemblée de gens.

» Je te défends que tu ne voises point hors de ta maison, sans ton habit de ladre, afin qu'on te connaisse et que tu ne voises point déchaux.

» Je te défends que jamais tu ne laves tes mains et autres choses d'entour toi en rivage, ne en fontaine, ne que tu ne boives; et se tu veux de l'eau pour boire, puise en ton baril et en ton escuelle.

» Je te défends que tu ne touches à chose que tu marchandes ou que tu achètes, avant qu'elle soit tienne.

» Je te défends que tu n'entres point en taverne. Si tu veux du vin, soit qu'on te le donne ou que tu l'achètes, fais-le entonner en ton baril.

» Je te défends que se tu vas par les chemins et tu encontres aucune personne qui parle à toi, tu te mettes au-dessous du vent avant que tu répondes.

» Je te défends que tu ne voises par étroite ruelle, afin que si tu encontres aucune personne, qu'elle ne puisse pis valoir de toi.

» Je te défends que si tu passes par aucun passage, tu ne touches point au puits, ou à la corde, si tu n'as mis tes gants.

» Je te défends que tu touches à enfants, ne leur donnes aucune chose.

» Je te défends que tu ne boives ni ne manges à autres vaisseaux que aux tiens.

» Je te défends le boire et le manger avec compagnie, sinon avec meseaulx (lépreux). »

Cette longue série de défenses religieuses, qui avaient pour sanction les anathèmes de l'Eglise, rappelle l'interdiction de l'eau et du feu des anciens païens. Les épaisses murailles, les portes et les barreaux de fer étaient remplacés par ces barrières morales, élevées autour du lépreux. L'Eglise, appuyée sur la foi des peuples, se sentait sûre de sa puissance, et elle en faisait un sublime usage.

première gorge qui s'ouvrait sur la gauche : là, elle s'avança au milieu des haies d'aubépine et d'églantiers fleuris, en chantant les saintes litanies. Elle gravit ensuite les contours d'un chemin escarpé qui conduisait au château de Soyons. Le donjon ou la grande tour carrée était séparé du reste de la forteresse et en commandait les approches ; c'était là que le baron de la Voulte avait fait préparer le triste appartement où la pauvre Iseult devait passer le reste de sa vie. Au moment où elle allait franchir le seuil de la poterne basse destinée à se refermer sur elle pour jamais, l'évêque se contenta de lui remettre la housse de lépreuse, en lui disant :

« Ma sœur, recevez cet habit, et le vestez en signe d'humilité, sans lequel désormais, si jamais le pouvez, je vous défends de sortir de votre maison. »

Il revêtit d'une housse semblable la villageoise qui s'était offerte à servir Iseult dans sa prison ; il loua sa charité tout évangélique, mais il l'avertit qu'elle serait soumise à la même loi de rigueur que celle à qui elle se dévouait.

L'évêque, prenant ensuite la lépreuse par son vêtement, l'introduisit, ainsi que sa compagne, jusque sur le seuil de la poterne de la tour, en récitant ces paroles du Psalmiste : « Voici le lieu de mon repos à jamais ; je l'habiterai : il est l'objet de mon désir. »

C'est ainsi que la religion, avec ses espérances immortelles, apprenait au captif à bénir ses chaînes, et au plus délaissé des êtres, à aimer ses misères.

Ordinairement on assignait au lépreux, pour demeure, une chaumière isolée *(domunculam)* ; on l'y conduisait processionnellement. Devant la porte de cette chaumière, on plaçait les habillements qu'il devait revêtir, la cliquette par laquelle il devait avertir les passants de son approche, et tout ce qui devait composer son chétif mobilier (1). Un tronc était placé contre le mur de sa demeure pour recevoir les offrandes de la charité. Ces humiliantes épreuves furent épargnées à Iseult, qui devait être complétement recluse, et que le baron de la Voulte s'était chargé de défrayer et de nourrir.

Après que cette cérémonie eut été achevée, on lut sur le visage de tous les assistants une expression de tristesse et d'amertume. Dans quelques groupes, composés de serfs, de vilains et d'artisans, on s'apitoya sur le sort de la noble damoiselle ; on fit

---

(1) Le prêtre qui faisait la cérémonie lui remettait, avec les exhortations suivantes, les principaux objets qui composaient ce mobilier. « Prenez ce baril, disait-il, pour prendre ce qu'on vous donnera pour boire, et vous défends, sous peine de désobéissance, de boire aux fontaines et puits communs, de ne vous y laver, en quelque manière que ce soit, ni vos draps, chemises et toutes autres choses qui auraient touché votre corps. » — « Prenez cette cliquette en signe qu'il ne vous est permis de parler à personne, sinon aux autres meseaulx, si ce n'est par nécessité ; et si avez besoin de quelque chose, la demanderez aux sons de cette cliquette, en vous tirant loin des gens et au-dessous du vent. » — « Prenez ces gants, par lesquels il vous est défendu de toucher chose aucune à main nue, sinon ce qui vous appartient et ne doit venir entre les mains des autres. » — « Prenez cette panetière pour y mettre ce qui vous sera élargi par les gens de bien, et aurez soin de prier pour vos bienfaiteurs, etc. »

plus : on osa mettre en doute la justice de la sentence qui l'avait condamnée. « Nous l'avons aperçue, disaient des clercs de Valence, au moment où elle soulevait son voile pour recevoir la sainte communion, et elle n'avait aucune des marques de la lèpre. » — « Quant à moi, dit un homme d'armes au teint basané, venu récemment de la Palestine, je l'ai vue au grand jour, au moment où elle revêtait la housse au pied de la tour des Sangles : jamais yeux noirs n'ont rayonné de plus de feu et de vie ; jamais teint frais et coloré n'a brillé de plus d'éclat aux clartés du soleil. »

On entrevit alors qu'il y avait, dans la destinée d'Iseult, quelque chose de mystérieux ; on soupçonna qu'une horrible machination avait été tramée contre cette jeune fille. Cependant, la sainteté de l'évêque de Valence semblait repousser ces suppositions ; il n'aurait pas été le complice de la fraude, ni de la tyrannie. Dans la première période du moyen âge, les évêques, héritiers de cette espèce de tribunat exercé par les défenseurs de la cité (1), étaient regardés comme les soutiens naturels du faible et les vengeurs de l'opprimé. Quand une opposition populaire ne s'appuyait pas sur eux, elle pouvait difficilement prendre quelque consistance.

L'attention publique continua pourtant à se porter sur Iseult du Béage, et voici ce qu'on apprit au sujet de cette jeune damoiselle (2).

Unique enfant de Gérenton du Béage et de Françoise de Balazuc, Iseult ouvrait à peine les yeux au jour quand elle perdit sa mère. Gérenton du Béage, toujours en expéditions et en courses de guerre, l'envoyait souvent faire de longs séjours au château de la Voulte ; là, elle se trouvait confiée à la tendresse de sa tante Clodine de Balazuc, qui avait un fils plus âgé qu'Iseult et une fille qui l'était un peu moins.

Quand Urbain II prêcha à Clermont la croisade sainte, le grand cri : Dieu le veut ! Dieu le veut ! retentit des montagnes de l'Arvernie dans celles du Vivarais. Pons de Balazuc et Gérenton du Béage annoncèrent qu'ils voulaient prendre la croix ; une foule de Vivarois de tout âge et de toute condition s'empressèrent de s'enrôler sous leur bannière. Le jeune Arthur de Bermond d'Anduze, fils du baron de la Voulte, s'échappa de la maison paternelle, pour aller rejoindre ses deux oncles ; il se rangea avec eux sous la bannière de l'illustre Raymond de Toulouse, et partit pour la Palestine.

Mais, deux ou trois ans après le départ de Gérenton pour l'Orient, Clodine de Balazuc mourut, et Iseult se trouva sans protectrice et sans guide.

Le baron de la Voulte était un de ces guerriers durs et farouches qu'aucune espèce de culture n'avait civilisé ; il n'avait qu'une seule affection, celle que lui inspirait sa jeune fille Berthe, dont il gâtait le caractère naturellement altier et capricieux, en exigeant que tout se soumît à ses volontés d'enfant.

---

(1) *Defensores civitatis.* Voir le savant ouvrage de Savigny.
(2) Nous sommes ici les échos des traditions populaires de la localité.

Cette affection exclusive le rendit injuste pour sa nièce Iseult, qui était réduite à remplir, en quelque sorte, le rôle de suivante de Berthe, pour être tolérée dans le château.

Cependant cette jeune Iseult, qu'on était accoutumé à voir toujours timide et soumise, eut un moment de sublime révolte contre son oncle. Un jour, un jeune serf du voisinage, qui avait été son frère de lait, fut condamné à être pendu pour avoir tué une biche, et pour être allé la vendre clandestinement aux gens de l'évêque de Valence: des lois sévères existaient contre le braconnage, et elles étaient appliquées avec rigueur par les baillis des baronnies féodales; mais presque toujours les seigneurs adoucissaient, par des commutations de peines, les sentences de leurs justiciers; ils donnaient même quelquefois des *lettres d'abolition* complète à des délinquants qui leur étaient particulièrement recommandés. Iseult crut donc pouvoir obtenir la grâce de son frère de lait; elle en adressa la demande à son oncle, au moment qu'il revenait de la chasse où il avait eu un heureux succès; mais le morose vieillard, aussitôt qu'il entendit cette requête, fronça le sourcil, et s'écria:

« Silence, enfant; ne vous mêlez pas de ma justice!

— Mais, quoi! mon oncle, ce malheureux Bertram sera......

— Pendu, oui, pendu, jour de dieu! Où en serions-nous, si nous laissions nos serfs piller nos terres et usurper nos droits? »

La pauvre enfant se retira en sanglottant dans son oratoire; elle comprit alors le vide affreux que laissait, entre elle et le féroce baron, la mort de sa tante et l'absence de son cousin, Arthur de Bermond, jeune homme au cœur ardent et généreux.

Le lendemain matin, son oncle la fit mander auprès de lui et lui annonça qu'elle eût à entrer au couvent de Soyons, où elle prendrait le voile au bout d'une année de noviciat. « Je viens d'apprendre, lui dit-il brusquement, que votre père est mort en Syrie: vous êtes maintenant doublement sous ma dépendance; je suis à la fois votre suzerain et le représentant de l'autorité paternelle à votre égard; ainsi, vous n'avez d'autre parti à prendre qu'à m'obéir. »

Iseult pâlit et pensa s'évanouir en entendant ces paroles; absorbée par le chagrin de la perte cruelle qu'elle venait de faire, elle ne songea pas à protester contre la vocation qui lui était imposée. Quand elle eut un peu recouvré sa présence d'esprit, elle ne demanda plus qu'une grâce, celle de pouvoir emmener avec elle une jeune villageoise appelée Catherine Théaule. Catherine Théaule était la sœur du braconnier pour qui Iseult avait intercédé, et elle avait juré à cette officieuse protectrice un de ces dévouements sans bornes dont notre siècle a perdu le secret.

Le baron de la Voulte savait que le fief du Béage lui ferait retour, pour cause de déshérence, si Iseult mourait du monde, en embrassant la vie religieuse et en renonçant à tout droit de propriété; il accroîtrait ainsi son patrimoine destiné à enrichir son fils Arthur, ou bien sa fille Berthe, si Arthur périssait dans les combats ; enfin, il se débarrasserait d'une jeune fille qui osait censurer ses actions.

Quand Iseult entra au couvent des bénédictines de Soyons, on lui donna une cellule isolée du reste du monastère, on la dispensa d'une partie des rigueurs de la règle, et on permit qu'elle se fît servir par l'excellente Catherine, qui prit l'habit de sœur converse.

Dix mois s'étaient écoulés pour elle dans ces pratiques monastiques dont l'austérité lui paraissait douce, en comparaison des mortifications dont on l'avait abreuvée au manoir de la Voulte. Déjà elle s'était accoutumée à l'idée de passer sa vie entière dans ce cloître sombre, quand un événement inattendu vint troubler son existence et reporter ses désirs vers un monde auquel elle semblait avoir dit adieu pour jamais.

Le bruit avait couru qu'Arthur de Bermond avait été blessé à ce même siége d'Archos où Géronton du Béage et Pons de Balazuc avaient perdu la vie ; Iseult était restée sous l'impression de cette nouvelle quand elle était entrée au couvent. Elle avait passé avec son cousin une partie de son enfance et de sa première jeunesse : Arthur la protégeait contre les exigences et les taquineries de Berthe ; pour lui plaire, il aurait souffert toutes les fatigues, bravé tous les dangers. Enfant, il montait au sommet des tilleuls centenaires pour lui chercher des nids d'oiseau ; devenu plus âgé et plus fort, il veillait sur les jours de sa jeune cousine. Un jour, il eut le bonheur de la sauver des atteintes d'un taureau furieux.

Après qu'il fut parti pour la croisade, Iseult continua de placer en lui je ne sais quelle vague espérance ; elle attendait son retour avec cette foi mystérieuse qui vient du cœur.

Mais tous ses rêves d'avenir s'évanouirent à la nouvelle de la blessure mortelle d'Arthur ; et quand près d'un an se fut écoulé sans qu'elle eût entendu parler de lui, elle ne douta plus de son malheur. Il lui sembla qu'en coupant ce dernier lien qui la rattachait au monde, la Providence l'appelait à la vie monastique : elle ne songea donc plus qu'à consommer tous ses sacrifices par la prise du voile.

Elle était dans ces pieuses dispositions, quand, tout à coup, Catherine Théaule entre dans son oratoire, et lui apporte un petit parchemin au sceau des Bermond, en lui disant d'un air joyeux : « Lisez, madame, lisez. » C'était une lettre d'Arthur, qui annonçait à Iseult son retour prochain, et qui lui disait en substance : « Je sais tous vos maux et j'y mettrai fin ; espérez. » Un de ses écuyers, nommé Pierre Foulque, avait été porteur de cette missive, et, pour la faire remettre à Iseult, il avait gagné la tourière du couvent.

Une révolution se fit alors dans le cœur de la jeune fille ; elle sentit sa vocation religieuse, sur laquelle elle s'était fait illusion jusqu'à ce jour, disparaître pour faire place à des espérances toutes terrestres. Elle demanda une audience à l'abbesse de Soyons : elle se jeta à ses pieds en la suppliant de prolonger encore d'un an l'épreuve de son noviciat ; elle ne se sentait pas encore assez forte, disait-elle, pour accomplir son dernier sacrifice.

L'abbesse parut l'écouter d'abord avec quelque étonnement, puis elle la releva avec bonté, en l'assurant qu'elle n'avait jamais eu recours à la contrainte pour décider la vocation d'aucune de ses religieuses ; seulement elle lui annonça qu'elle ferait part au baron de la Voulte de ce changement de résolution.

A dater de ce jour, Iseult s'aperçut qu'on lui refusait les adoucissements qu'elle avait obtenus jusqu'alors, et qu'on redoubla de surveillance à son égard.

Inquiète, agitée, elle avait perdu cette sérénité qu'elle avait retrouvée à l'ombre du cloître. Un jour elle se sent atteinte d'une fièvre ardente, puis, un mal inconnu se déclare, sa peau se couvre de taches rougeâtres. Le baron de la Voulte lui envoie une matrone habile dans l'art de guérir ; cette matrone déclare que la maladie d'Iseult n'est autre chose que la lèpre : elle en fait son rapport, sur la demande de l'abbesse et du baron, à l'officialité de Valence, et l'officialité juge que, pour sauver le troupeau de la contagion, il faut en séparer la brebis infectée.

On ne mettait pas alors, dans les enquêtes et dans les sentences de cette nature, les précautions qui furent exigées depuis par les canons des conciles : après que la sentence eut été prononcée, l'évêque de Valence fut chargé de l'exécuter ; et le jour même où Iseult avait eu le projet de prendre le voile de bénédictine, fut celui où elle fut corporellement séparée de l'Eglise et de la société.

La malheureuse Iseult, renfermée dans la tour de Soyons, comprit qu'en la flétrissant solennellement comme lépreuse, on avait élevé, entre elle et celui en qui elle avait placé son espoir, des barrières plus insurmontables que celles d'une porte de fer et d'un épais rempart. Les taches rouges dont elle avait été quelque temps couverte avaient entièrement disparu avant le jour même de la triste cérémonie ; Iseult s'aperçut qu'elle était guérie de la lèpre, ou plutôt qu'elle ne l'avait jamais eue. La matrone qui l'avait examinée avait donc fait une grossière méprise : cette méprise avait-elle été tout à fait involontaire ? n'était-elle pas l'effet d'un marché honteux dont le baron de la Voulte aurait été l'auteur ? Il y avait dans tout cela quelque chose d'infernal qu'Iseult frémissait d'avoir à démêler ; elle ne pouvait qu'avec horreur s'approcher de la vérité.

Sous prétexte de procurer à une si noble damoiselle un asile convenable, on lui avait créé une véritable prison ; on ne voulait pas que le mensonge judiciaire pût être reconnu, et que la prétendue lépreuse fût aperçue en plein soleil par des yeux indiscrets. On avait, il est vrai, doré autant que possible les chaînes qu'on rivait autour d'elle : le mobilier de son petit appartement était plus complet et plus riche que celui qui garnissait sa cellule de bénédictine ; à l'heure où la cloche du manoir annonçait les repas de la garnison du baron de la Voulte, on lui apportait des mets préparés avec soin, et on les lui faisait passer par un tour, où Catherine Théaule allait les chercher pour les servir sur une table de chêne poli; un psautier en lettres d'or, revêtu d'élégantes peintures, des heures ornées de riches vignettes, quelques romans contemporains, dont Lancelot du Lac et Rolland étaient les héros, décoraient le dessus d'un bahut finement ciselé; un prie-Dieu était placé dans une chambre à côté du salon, avec un lit large et commode que des rideaux en tapisserie fermaient de tous côtés; un petit cabinet, pratiqué dans l'épaisseur du mur, contenait la couche de paille où reposait Catherine, attentive au moindre appel, au moindre gémissement de sa jeune maîtresse.

Mais ces aisances matérielles de la vie auxquelles on tenait, d'ailleurs, beaucoup moins alors que de nos jours, ne pouvaient remplacer pour Iseult le jour et l'air de la liberté. Sa chambre était éclairée par des meurtrières étroites où des vitraux bleus, jaunes et violets ne laissaient arriver les rayons du soleil qu'en leur prêtant des teintes bizarres et sinistres; les voûtes sombres de cette chambre semblaient peser sur elle comme un manteau de plomb. Désespérée de la tristesse de sa maîtresse, Catherine Théaule obtint une fois pour elle du châtelain de Soyons la permission de monter au sommet de la tour. A travers les créneaux, Iseult aperçut, d'un côté, le magnifique bassin du Rhône et la chaîne dentelée des Alpes; de l'autre, les mamelons ondulés du nord du Vivarais, et les cônes basaltiques de Chenevari et du Coiron. Oh! comme elle aspirait alors l'air et le soleil! comme son imagination courait vers la mer avec les flots du Rhône et les légers esquifs qu'entraînait leur courant! comme elle bondissait sur toutes ces cimes, parmi tous ces glaciers perdus dans un lointain horizon! Après s'être longtemps enivrée de ce vaste spectacle, elle ramena ses regards vers un vallon voisin; là, elle vit un peu de fumée s'élever du milieu des bois, et un toit de chaume lui apparut entre les branches des arbres: « Ah! s'écria-t-elle, si on m'avait donné cette humble demeure (1), eussé-je dû cultiver moi-même mon petit champ de blé et mendier mon pain comme le font d'ordinaire les vrais lépreux, combien je m'estimerais heureuse! En respectant toutes les barrières que la religion aurait élevées entre moi et les autres hommes, je pourrais parfois communiquer avec eux; je participerais à la vie de la nature, et je ne serais pas enfermée comme ici dans un morne tombeau. » Alors sa fidèle Catherine chercha à l'encourager, à la consoler; et la bonne Iseult l'embrassa en pleurant, elle lui demanda pardon de son désespoir, elle s'accusa d'être injuste envers la Providence, qui lui avait donné une telle compagne dans sa solitude, une telle amie dans son malheur!

Du reste, la captivité elle-même n'était pas encore ce qui semblait le plus dur à

---

(1) *Domuncula leprosorum.*

la pauvre prisonnière; ce qui révoltait surtout Iseult, c'est que son persécuteur faisait passer cette captivité comme une grâce, comme un adoucissement aux peines infligées d'ordinaire aux lépreux. Et puis, le pain qu'on lui donnait, de la part du baron de la Voulte, lui semblait amer; il lui paraissait cruel de lui devoir, malgré elle, un abri hospitalier.

Un jour, elle entend un bruit inusité dans l'escalier qui tournait de la poterne d'entrée au seuil de son petit appartement, sa porte s'ouvre avec fracas; un homme d'armes, accompagné de deux clercs, entre en tenant une lettre aux armes de l'évêque de Valence. Iseult ouvre cette lettre en tremblant; elle lit, elle peut à peine en croire ses yeux:

« Prenez courage, ma fille (1), lui disait le vénérable pontife; nous croyons qu'il y a lieu de vous soumettre à un nouveau jugement de notre officialité. Demain une matrone sage et vertueuse, que je connais particulièrement, ira vous visiter dans votre prison; elle fera un rapport, à mon juge ecclésiastique, sur l'état actuel de votre santé. Je cède, en cela, à des doutes qu'on m'a fait concevoir sur la réalité de l'horrible maladie dont on vous a cru atteinte, et aux démarches qu'a faites en votre faveur le jeune Arthur de Bermond d'Anduze, revenu récemment de Palestine: ce jeune homme m'a chargé de vous dire qu'il avait été blessé en défendant votre père, mort glorieusement sur le champ de bataille. Le digne sire du Béage, en rendant le dernier soupir, vous a recommandée à lui : « Soyez, a-t-il dit, » son protecteur et son chevalier. » Arthur de Bermond vous aurait porté lui-même cette lettre, si je ne l'en avais pas détourné, et s'il n'était pas allé voir son père qui est tombé de cheval à la chasse et qu'un sanglier a grièvement blessé. Sur ce, ma fille, que Dieu vous ait en sa sainte et digne garde. » Venait ensuite un *post-scriptum* ainsi conçu : « J'apprends à l'instant que le baron de la Voulte est mort des suites de sa chute et de sa blessure. »

L'homme d'armes qui avait apporté cette missive était l'écuyer d'Arthur de Bermond, Pierre Foulques : c'était lui qui, arrivé en France deux mois avant son maître, avait fait passer une lettre à Iseult dans le couvent de Soyons; c'était lui encore qui, au grand jour de la cérémonie, avait hautement manifesté l'opinion que la prétendue lèpre d'Iseult n'était qu'une fable judiciaire.

Tout se passa ainsi que l'avait fait espérer la lettre de l'évêque: l'officialité, après toutes les formalités requises, rendit un jugement par lequel elle déclara qu'Iseult du Béage était guérie de la lèpre; en conséquence, on célébra pour elle, à Soyons, avec une grande pompe, une messe de réhabilitation ou de réunion corporelle à l'Eglise catholique. Cette messe eut lieu sur le même autel où avait été dite la messe

---

(1) Cette lettre, écrite en latin, a été trouvée dans les archives du monastère de Soyons.

de séparation ; elle avait attiré une foule de curieux encore plus considérable : on y chanta le *Te Deum* avec une sorte d'enthousiasme populaire. Après le saint sacrifice, qu'Iseult avait entendu avec la housse de lépreuse, elle dépouilla, sur le seuil de l'église, cette livrée d'infortune ; auprès de la fosse, encore ouverte, dont la terre avait été jetée sur sa tête comme un symbole de mort, on lui remit un coffre qui contenait de riches vêtements de châtelaine, conformes à son rang et à son âge : elle semblait, en ce moment, ressusciter au monde plus brillante et plus belle que jamais.

Six mois après, une grande fête se célébrait dans la cathédrale de Saint-Apollinaire à Valence : près des portes de l'église, des destriers, richement caparaçonnés, hennissaient et frémissaient d'impatience, tenus en mains par des varlets et des pages ; la cathédrale était pimpante et parée comme dans ses plus belles solennités. Ce jour-là, l'évêque de Valence donnait sa bénédiction nuptiale à deux jeunes époux : l'un était Arthur de Bermond, baron de la Voulte ; l'autre était Iseult du Béage.

Au moment où s'échangeaient, aux pieds de l'autel, les serments sacrés, on remarqua derrière les époux une jeune damoiselle dont la figure paraissait couverte de sombres nuages ; c'était la jeune Berthe de Bermond : le lendemain, elle entrait dans le couvent de Soyons, où elle resta jusqu'à la fin de ses jours. On dit qu'un profond repentir l'avait conduite au cloître, et qu'elle déclara vouloir expier dans les rigueurs de la pénitence les indignes conseils qu'elle avait donnés à son père contre sa cousine.

Après que le mariage d'Arthur de Bermond et d'Iseult du Béage eut été consommé, un simple prêtre bénit, dans la même église, une union plus modeste, celle de Pierre Foulques, écuyer, et de Catherine Théaule, femme de charge de la nouvelle baronne de la Voulte.

Que si vous voyez, sur le rocher de Soyons, cette tour penchée dont la chute, imminente depuis tant d'années, semble suspendue par une main mystérieuse, n'allez pas soutenir que cette bizarre inclinaison provient, ou de l'action destructive du temps, ou d'une démolition opérée par des réactions politiques : les habitants du pays vous diront que la tour de Soyons s'est affaissée sous la réprobation du ciel, et que Dieu l'a maudite depuis qu'elle a servi à punir l'innocence.

Charmes. — Beauchastel. — La vallée de l'Eyrieu. — Le château de Pierregourde.

A une demi-lieue de Soyons, se présente le pittoresque village de Charmes, dominé par son castel démantelé et tout en ruines. Des ruettes sombres grimpent en serpentant dans la vieille enceinte de la forteresse : l'église, qui paraît être fort ancienne, est au centre de cette enceinte ; des voûtes considérables et de grands pans de murs, restes imposants du château, occupent un espace considérable sur une plate-forme élevée. Les maisons de Charmes n'ont pas été abandonnées comme celles de Crussol, et, tout en gardant des habitants, elles ont conservé la physionomie moyen âge dont elles étaient empreintes.

Dès le dix-huitième siècle, le donjon était devenu désert, et un château, d'une assez bonne architecture italienne, décoré, sur le devant de sa façade, d'un élégant perron, avait été construit en dessous du village, près de la grande route. Ce château, qui est déjà fort délabré, deviendra peut-être une ruine à son tour. Ces débris du passé sont comme les couches des civilisations qui se succèdent : il semble qu'on retrouve l'histoire des sociétés en fouillant le sol de la terre à diverses profondeurs ; souvent même elle nous apparaît ainsi plus vivante et plus instructive que dans les livres où elle a été écrite. Ce qui frappe les yeux laisse plus de traces que ce qui s'adresse purement à la pensée.

Charmes fut pris et repris par les protestants et les catholiques, au temps des guerres de religion : c'était une position militaire d'une assez haute importance ; les protestants la considéraient comme faisant partie de cette ligne de forts dont le Pouzin et Bays étaient les plus considérables, et au moyen desquels ils s'étaient rendus maîtres, pendant quelque temps, de la navigation du Rhône.

En 1683, le duc de Noailles rassembla trois mille hommes à Charmes, pour aller combattre un corps considérable de protestants qui occupaient la montagne, et qui avaient refusé à l'intendant du Languedoc, M. d'Aguesseau, toute espèce de capitulation. Il trouva chez ces rebelles une résistance inattendue (1) ; il finit pourtant par en tuer six cents et par mettre le reste en déroute.

Un peu plus loin que Charmes, en s'éloignant un peu du Rhône, on rencontre le joli village de Beauchastel, qui domine les rivages pittoresques de la rivière

---

(1) Voir la quatrième partie de la préface historique.

d'Eyrieu; il a maintenant un pont en fils de fer, qui abrége de près d'une lieue le chemin qui conduit à la Voulte. Auparavant, quand la rivière n'était pas guéable, on la remontait jusqu'à Saint-Laurent-du-Pape, où il y a un ancien pont de pierre.

Saint-Laurent-du-Pape est comme la porte de cette vallée de l'Eyrieu, qui fut l'un des points du Vivarais où le protestantisme avait jeté ses racines les plus vivaces et les plus profondes. Au cœur de cette vallée, Saint-Fortunat, souvent assiégé par les catholiques, avait acheté au prix du sang de ses habitants le droit d'exercer librement son culte: il avait un temple; ce temple fut détruit en 1683 par le duc de Noailles, après sa victoire de Charmes.

Du haut d'un sommet élevé, sur la droite, le château de Pierregourde semble menacer encore la vallée. Le souvenir de ce fameux chef de partisans plane encore sur les rives de l'Eyrieu; quand on va du Pape ou de la Voulte à Vernoux, on peut passer sur les ruines mêmes du castel jadis si redouté. Je ne sais quel aspect de désolation règne sur le mamelon dont il occupe la cime : de ses créneaux brisés, de ses bastions écroulés, gisant çà et là sur le sol, la vue s'allonge sur la vallée de l'Eyrieu, et de là s'élance par-dessus le bassin du Rhône jusque sur les plaines du Dauphiné, qui se dessinent au loin comme des cartes de géographie.

François de Barjac, sire de Pierregourde, qui fut dans son temps le capitaine le plus renommé des protestants du Vivarais, est arrivé à la postérité avec deux figures dont les traits ne sont nullement semblables : il y a en lui l'homme de l'histoire et l'homme de la tradition. L'homme de l'histoire est un général actif, plein de ressources et d'intrépidité dans le péril; du reste, ni plus ni moins sanguinaire que les autres chefs des deux partis: l'homme de la tradition réveille, au contraire, chez les villageois de la vallée d'Eyrieu, l'idée d'une espèce de brigand semblable aux capitaines de routiers du moyen âge. Suivant l'histoire, Pierregourde, proclamé, après la Saint-Barthélemy, commandant du Vivarais pour les religionnaires, n'aurait point obéi au fanatisme réactionnaire qui l'aurait élevé à ce poste important. La preuve en est que, de concert avec M. de Cugières, il aurait fait faire aux Vivarois (1) des deux partis, catholiques et protestants, une sorte de confédération, d'après laquelle ils se seraient garantis une paix mutuelle et se seraient même engagés à se secourir réciproquement, s'ils étaient attaqués les uns ou les autres. Par suite de ce traité, l'agriculture put revivre et le commerce refleurir. Certes, celui qui conseilla et qui fit faire dans son pays une pareille convention entre des partis altérés encore de haines et de vengeances, n'était pas lui-même une homme de colère et de sang.

Loin de lui prêter ainsi des traits d'humanité et de patriotisme, la tradition donne

---

(1) Le 3 mai 1576, à la Beaume de Balzac; *Histoire du Languedoc*, dom Vic et dom Vaissette, tom. 5, pag. 347. La convention de Chomérac, mentionnée dans notre préface, ne fut que le renouvellement de ce traité.

à Pierregourde un cachet de sauvage originalité. Elle en fait le des Adrets du Haut-Languedoc; elle jette sur sa figure, comme sur celle du général dauphinois, de singuliers reflets de cruauté froide et railleuse : tous les deux se seraient plu à des bouffonneries sanguinaires. Il resterait pourtant entre eux une différence saillante : des Adrets, indifférent en religion, abandonna bientôt le drapeau des novateurs, qu'il n'avait adopté que pour satisfaire des vengeances personnelles ; tandis que Pierregourde, protestant enthousiaste et de bonne foi, serait toujours resté fidèle à la cause qu'il avait embrassée.

Un paysan de l'Eyrieu me racontait d'étranges choses au sujet de ce seigneur, qu'il me dépeignait comme un être doué de facultés surnaturelles. « Le sire de Pierregourde, me disait-il, quand il voyait, du haut de ses tours, passer sur le Rhône des bateliers qui ne payaient pas à ses agents les droits de péage et de rançon, ne faisait qu'étendre la main, et les barques étaient frappées d'immobilité, comme si elles eussent été retenues par des liens de fer. »

Cet autre trait, qui ne sent pas la magie, peut servir à faire connaître le caractère sardonique et cruel que lui attribue la tradition :

Pierregourde avait parié avec un de ses compagnons d'armes qu'il ferait danser ensemble deux prêtres et deux religieuses. Voici comment il s'y prit pour en venir à bout :

Les deux religieuses et les deux prêtres étaient ses prisonniers; il les fit entrer de force dans une chambre dont les dalles, chauffées par un feu ardent, étaient au plus haut degré d'incandescence : les infortunés bondissaient en gémissant sur ce sol brûlant, où leurs pieds ne pouvaient se poser sans d'atroces douleurs. Pierregourde amena alors son ami près de la fenêtre grillée de la chambre où avait lieu cette danse cruellement burlesque : « Eh bien, lui dit-il en souriant froidement, mon pari n'est-il pas gagné?... »

S'il faut en croire encore les récits de la vallée de l'Eyrieu, Pierregourde, habitué à la vie aventureuse de chef de partisans, ne voulut pas déposer les armes après la pacification générale de la France : retiré dans son inexpugnable donjon, il n'en sortait que pour quelques brigandages nocturnes; il revenait ensuite entasser dans son repaire le butin qu'il avait recueilli. On redoutait tellement le prestige de son nom et la force de ses murailles, qu'on crut ne pouvoir le réduire que par l'assassinat et la trahison.

Ce Samson du protestantisme trouva une Dalila qui le vendit. Ombrageux et méfiant, Pierregourde était toujours sur ses gardes excepté avec la femme qu'il aimait; cette femme, gagnée par les sbires royaux, leur désigna la chambre et leur indiqua l'heure où elle faisait la toilette de Pierregourde. Au moment convenu, elle le fit asseoir le dos tourné au jour, tout en s'occupant, avec un air d'indifférence, du soin de démêler ses cheveux : les sbires montèrent par une longue échelle au niveau de la fenêtre de l'appartement, garnie de barreaux de fer; ils ajustèrent avec leurs mousquets l'invincible huguenot, et le tuèrent par derrière, comme de lâches meurtriers.

Ainsi périt Pierregourde, encore dans la maturité de l'âge; ses cendres furent jetées au vent, son château fort fut démoli : c'est ainsi qu'après avoir tué une bête féroce, on détruit son repaire. Le peuple, qui grandit par son admiration tout homme fort qui l'opprime, plaça sa mémoire sur une sorte de piédestal, où il lui porta de génération en génération un culte mêlé de respect et de terreur.

NOTA. En 1760, c'était M. le marquis de Veynes qui était seigneur de Pierregourde et du *Pape*. On croit que Saint-Laurent-du-Pape s'appelle ainsi, parce que le pape Pascal II y coucha en revenant de Privas et en retournant en Italie. Son passage en Vivarais eut lieu en 1110.

La Voulte.

Quand on quitte les bords du Rhône pour s'enfoncer dans la vallée de l'Eyrieu (1), on n'a plus, au lieu de vastes et riches perspectives, qu'un paysage resserré entre de hautes collines, que des aspects solitaires et mélancoliques. C'est un de ces sites où une vie fatiguée d'agitations et d'orages peut aimer à abriter un repos obscur; mais une jeune existence, pleine d'activité et d'avenir, y emprisonnerait à regret ses rêves d'ambition et de gloire.

Pour nous, en remontant de Saint-Laurent-du-Pape à la Voulte, nous retrouvâmes avec délices l'aspect du Rhône et des Alpes: puis notre curiosité de voyageur s'éveilla vivement quand nous aperçûmes un immense château féodal, qui était encore presque entièrement debout; et, à côté de cet antique monument du moyen âge, une grande et belle usine, où l'on forge du fer, et qui vomit des flammes et de la fumée par les bouches toujours ouvertes de quatre hauts fourneaux.

(1) L'Eyrieu n'est pas une rivière navigable comme l'Ardèche : quelquefois, c'est un torrent impétueux qui entraîne tout sur son passage; d'autres fois, son lit est presque entièrement desséché. Pendant l'année 1841, il a porté ses ravages dans toute la vallée qu'il arrose.

Sur la droite de la route, à l'entrée de la ville, un large canal se prolonge jusqu'au pied des bâtiments de l'usine : là, des bateaux nombreux amènent sans cesse la houille qui doit devenir la principale force motrice de l'usine; puis, quand le fer s'est échappé des fourneaux, comme un torrent de laves ardentes, ils le remportent en lingots à peine refroidis. Le métal précieux servira plus tard à confectionner les instruments du laboureur, à créer les rails qui sillonneront les diverses parties de la France, et les rapprocheront en quelque sorte à l'aide du vol rapide de la vapeur; à fabriquer ces machines qui économisent le travail humain comme les chemins de fer abrégent les distances...... Mais, si le fer est la matière première qui doit féconder l'agriculture et l'industrie, il devient aussi, entre les mains des nations, un instrument de guerre et de destruction : dans l'établissement même de la Voulte, on le façonne pour cet usage; on y fait des bombes, des boulets, des obus, qui armeront nos forts pour défendre nos frontières, ou qui iront en Algérie semer le désordre et la mort parmi les hordes africaines.

Si on arrive à la Voulte au milieu du silence et de l'obscurité de la nuit, on se croit transporté à l'entrée d'une caverne fantastique, habitée par les gnomes du moyen âge. L'aspect de ces colonnes de feu, qui s'élèvent en tourbillonnant dans les ténèbres; les reflets bizarres dont elles éclairent des ouvriers presque nus, qui circulent comme des ombres autour des bâtiments; le bruit sourd des flammes et du métal en ébullition, tout cela étourdit et fascine les sens du voyageur : il ne sait plus s'il habite le monde des rêves ou celui des réalités.

Si, au contraire, on arrive à la Voulte au grand jour, on admire son joli quai, ouvrage inachevé des états du Languedoc; mais on est désagréablement frappé de la teinte rougeâtre qu'a répandue la fumée des fourneaux, non-seulement sur l'usine, mais même sur les maisons de la ville : on les dirait badigeonnées avec du sang.

C'est au prix de cet inconvénient, fort léger pour des yeux qui y sont habitués dès l'enfance, que ce pays a acheté sa florissante industrie. L'établissement (1) des hauts fourneaux de la Voulte avait d'abord langui dans des mains inhabiles; il marche maintenant vers des destinées de plus en plus brillantes. Des chemins de fer, qui pénètrent par des corridors souterrains jusqu'au sein de la montagne voisine (2),

---

(1) Il y a une vingtaine d'années que les actions de la forge de la Voulte étaient tombées au-dessous de 1,200 fr.; elles se vendent maintenant, à la bourse de Lyon, de 45 à 46,000 fr. Cet établissement, qui était près de périr, a dû sa résurrection et sa prospérité à l'administration intelligente de M. Génissieu et des agents habiles dont il a su s'entourer.

(2) On trouve dans cette montagne une mine de fer hématite, exploitée au sein d'une roche calcaire à trente ou quarante mètres de distance du sol primitif. Le gîte se compose d'une suite de bancs alternatifs de fer hématite compacte à grains fins, tantôt d'un rouge de sang, tantôt d'un rouge terne, et de calcaires argileux, plus ou moins mélangés de fer.

Le minerai de fer hématite rouge forme à la Voulte des couches puissantes et d'une grande étendue. Ce

apportent le minerai dans la partie supérieure des bâtiments de l'usine. L'industrie, cette pacifique conquérante qui a détrôné le vieux système social, poursuit là ses empiétements inoffensifs. Les principaux employés de l'usine de la Voulte sont maintenant les habitants du palais seigneurial, et le bruit des fourneaux a pour jamais remplacé le tumulte des tournois et des fêtes chevaleresques.

Le château, tel qu'il est, a encore quelque chose de royal; il domine majestueusement, avec son donjon et ses tours, le labyrinthe de ruelles étroites, obscures et tortueuses qui composaient la vieille ville de la Voulte. Sur la plus haute de ces tours était le beffroi, qui est devenu aujourd'hui le clocher de la paroisse.

Le préau dont cette tour occupe une portion fut cédé, en 1563, à des moines augustins, dont le couvent, situé près de là, sur la commune de Saint-Michel, était menacé par les incursions des huguenots; ils y construisirent un monastère, à la charge de desservir la cure de la Voulte, dont les revenus leur furent abandonnés. Leur fondation primitive, en 1305, avait été l'ouvrage de Bernard d'Anduze (1); leur transplantation dans l'enceinte des murs du château de la Voulte fut due au généreux intérêt que leur portait Gilbert III de Lévy de Ventadour, gouverneur du Lyonnais et du Limousin.

Ce même Gilbert de Ventadour fit construire et décorer une chapelle funéraire pour sa famille dans l'église du monastère, qui devint en même temps celle de la paroisse: cette chapelle, appelée chapelle Sainte-Croix, existe encore; elle a des sculptures fines et délicates en style de la renaissance. Malheureusement ce joli monument du seizième siècle est loin d'être intact; il a subi de nombreuses altérations, soit par la violence des hommes, soit par la lente dégradation du temps. L'église a été bâtie sur les ruines d'un vieux temple: en parcourant les caves qui étaient au-dessous, on voyait autrefois un trou qui était pratiqué dans le rocher; c'était par là, dit-on, que les prêtres du dieu rendaient leurs oracles. On y a trouvé des ossements de taureaux à demi pétrifiés.

La portion des bâtiments du château qui sont à la droite du grand escalier, fut commencée en 1319 par Roger d'Anduze, sous le règne de Philippe-le-Long. Deux siècles plus tard, Gilbert de Lévy II y ajouta la grande galerie, dont le style rap-

---

minerai s'exploite à l'aide de la poudre, au moyen de puits, de machines à molettes mues par des chevaux, et cent cinquante mineurs sont occupés à extraire le minerai d'un vaste souterrain. Les hauts fourneaux de la Voulte, qui produisent de la fonte à moins de 100 fr. la tonne, sont chauffés avec du coke et soufflés par deux machines à vapeur, dont la force réunie est estimée à celle de cent vingt chevaux.

La fonderie même de la Voulte occupe de cent soixante-dix à cent quatre-vingts ouvriers. Elle expédie à Saint-Etienne la plus grande partie de son fer coulé qu'on y réduit en fer malléable de bonne qualité. Elle fournit des projectiles à Toulon et à nos possessions d'Afrique.

(1) Cet acte est mentionné dans de vieux actes, dont M. le notaire Dupin, de la Voulte, a bien voulu me donner communication. Je dois à son obligeance plusieurs renseignements précieux sur cette localité.

pelle celui des Tuileries et du Louvre. Enfin, Gilbert III fit construire l'aile gauche qui fait face et sert de pendant à la grande galerie. On lit, sur l'une des portes, son nom et sa devise, *duris dura frango*, avec ses armoiries à demi effacées, et le millésime de 1582.

C'est avec bonheur qu'on retrouve ces vestiges de vieille architecture échappée à des ravages de toute espèce. Là encore on a à déplorer les mutilations d'inintelligents restaurateurs :

Les fenêtres sont presque toutes refaites à la moderne; les créneaux du donjon sont rasés; on a abattu la grande et massive tour carrée qui fermait au nord la belle terrasse destinée à la promenade intérieure des nobles châtelaines; on a décapité et ramené au niveau de la toiture du donjon la tourelle svelte qui jadis s'élançait dans les nues en s'évasant sur ses consoles hardies, comme sur des spirales aériennes.

Autrefois les flots du Rhône battaient contre le rocher sur lequel le château est aujourd'hui situé, puis ils revenaient former un golfe au-dessous de ce rocher; de là le nom de *la Volta*, qui voulait dire *le retour* en langue romane, et qui a encore aujourd'hui, en patois languedocien, la même signification.

La ville avait deux portes : au nord, la porte d'Onde; au midi, la porte de Meille.

Il est parlé du château de la Voulte (1) pour la première fois dans une ancienne donation d'un évêque de Viviers, nommé Léodegaire, à l'abbé de Cluny, et à dom Aymard, prieur de Rompon (2). Cette donation est de 1112.

En 1213, une dame Philippe-de-Faï, baronne de la Voulte, épousa Eymard de Poitiers Ier, comte de Valentinois. Cette famille de Poitiers était déjà puissante; car elle avait un droit de péage sur le Rhône, depuis Valence jusqu'à Montélimart : nous verrons plus tard qu'un de ses membres (3) fonda le château de Rochemaure.

Aymard de Poitiers prit parti pour Raymond de Toulouse et les Albigeois, contre l'évêque de Viviers et le clergé du Languedoc; mais Eudes, duc de Bourgogne, qui alla joindre ses forces à celles de Simon de Montfort, mit en passant le siége devant Valence et contraignit à la soumission et au repos le comte de Valentinois.

La dame Philippe-de-Faï eut, de son mariage avec le comte Aymard de Valentinois, une fille unique, nommée Josserande, qui hérita de la baronnie de la Voulte.

Josserande épousa Pierre Bermond d'Anduze (4), cadet de l'illustre famille de ce

---

(1) Nous tenons ces détails de M. l'abbé Brethon, vicaire de Privas, qui a fait une histoire inédite de la Voulte.

(2) Léodegaire donnait les églises du mandement de Saint-Alban, parmi lesquelles était comprise *capella de castello quod Volta dicitur*.

(3) Géraud d'Adhémard, dont le père était de la branche cadette des Poitiers-Valentinois, tandis qu'Aymard de Poitiers était le chef de la branche aînée.

(4) Ce qui est plus singulier, c'est que ce Bermond épousa en secondes noces Clémence de Toulouse, sœur de Raymond et récemment répudiée par D. Sanche d'Arragon, et cependant il ne s'attacha pas au parti des comtes de Toulouse.

nom, déjà implantée dans le Bas-Languedoc, où son fief principal était situé. Cette famille s'était vouée avec ardeur au soutien de la cause catholique et à la défense de l'évêque de Viviers.

Malgré l'alliance étroite qui les unissait aux Poitiers-Valentinois, les Bermond se trouvèrent avec eux en rivalité et même souvent en guerre ouverte; car, ainsi que nous le verrons plus tard, la branche cadette des Poitiers, devenue l'héritière de la branche aînée, succéda à ses haines contre le clergé et la puissance épiscopale.

Quoique partisans des évêques de Viviers, les Bermond furent favorables à la puissance de la royauté française, reconnue depuis peu en Vivarais; ils firent dire à Philippe-le-Bel qu'ils ne se sentaient pas assez forts pour arrêter les incursions des Anglais, et alors ils conclurent avec ce monarque un singulier arrangement: il fut convenu que Roger de Bermond d'Anduze (1), alors baron de la Voulte, céderait son château de la Voulte à Philippe-le-Bel, depuis la fête de l'Assomption 1294, jusqu'à celle de la Toussaint 1295. Ainsi la Voulte devint momentanément une citadelle royale, qui servit de boulevard au Dauphiné et au Vivarais contre les ennemis de la France. A l'époque indiquée, Philippe remit fidèlement à Roger de Bermond le château qui lui avait été confié pendant plus d'un an.

Louis de Bermond se maria, en 1376, avec Marguerite d'Apchon (2); il n'eut que deux filles, dont l'aînée (3) épousa Philippe de Lévy IV, en 1395, et transporta ainsi la baronnie de la Voulte dans la famille de Lévy Ventadour (4). Ce Philippe de Lévy servit le Dauphin, depuis Charles VII, avec soixante hommes d'armes et vingt-quatre de trait, et l'aida à recouvrer le Languedoc.

La maison de Lévy ajouta à son nom celui de Ventadour, depuis l'alliance de Louis de Lévy, chambellan de Charles VIII, avec Blanche de Ventadour.

Cette noble famille (5) se dévoua d'une manière brillante au service de nos rois

---

(1) Ce Roger de Bermond avait épousé Andys Bastet, fille de Géraud Bastet Ier, sire de Crussol.
(2) En 1308, la branche aînée des d'Anduze s'éteignit, et eut pour héritière la branche des Bermond.
(3) La cadette épousa Foulques de Pontevès, sire de Cottignac.
(4) On sait quelles étaient les singulières prétentions de parenté de cette famille avec la tribu de Lévy et avec la sainte Vierge. Les vieillards de la Voulte se souviennent encore d'avoir vu dans l'église du château un tableau qui représentait la madone tenant l'enfant Jésus dans ses bras : elle apparaissait ainsi du haut d'un nuage à un Lévy prosterné devant elle; une banderolle partait de sa main et allait rejoindre le chevalier en prières; on y lisait ces mots: *Venez à moi, mon cousin*.
(5) Voici sur cette famille une note qui complète ce que nous en disons ci-dessus :
Louis d'Anduze était seigneur de la Voulte: en 1395, il maria sa fille Antoinette à Philippe de Lévy IV, et lui donna par contrat la baronnie de la Voulte; celui-ci servit le Dauphin, depuis Charles VII, avec soixante hommes d'armes et vingt-quatre de trait, pour recouvrer le Languedoc, et fut créé *comte* par le duc de Savoie, qui le défraya pendant neuf jours avec soixante-dix écuyers, à Chambéry.
Bermond de Lévy, son second fils, fut institué par sa mère baron de la Voulte, en 1441; il mourut fort âgé, en 1487. Il avait aidé à chasser les Anglais de la Guienne, et avait été chambellan du duc de Bourbon en 1457. Il eut pour fils Gilbert, qui mourut jeune, et Louis de Lévy, qui fut baron de la Voulte et chambellan

et de la France : l'un d'eux fut blessé à la bataille de Pavie ; il put revendiquer sa part dans le mot chevaleresque de François 1er.

La baronnie de la Voulte passa, à la fin du dix-septième siècle, entre les mains des Rohan, les illustres descendants des ducs de Bretagne; puis cette terre, dépouillée de ses droits féodaux, tomba, par succession, moitié au duc de Bourbon, moitié aux Rohan transplantés en Bohême. Le château de la Voulte a été vendu récemment aux actionnaires de l'usine; un ancien procès de la ville contre les représentants des seigneurs a été terminé depuis peu par le duc de Rohan et le duc d'Aumale. L'un et l'autre, pour tenir lieu à la commune de la Voulte d'une rente que les barons,

de Charles VIII, avec lequel il fit l'expédition de Naples en 1495. Ce dernier mourut âgé, en 1521, et fut enterré à Saint-Ruf, à Valence. Il avait épousé Blanche de *Ventadour*, et ses successeurs ajoutèrent ce nom à celui de Lévy. Il eut pour fils Gilbert de Lévy, comte de Ventadour, baron de la Voulte, fut enfant d'honneur de Charles VIII, sous le nom de baron de la Voulte, et prit la qualité de comte de Ventadour, d'après les dispositions testamentaires de son aïeul maternel. Il fut blessé à Pavie, en 1525, mourut en 1529, et fut enterré à Saint-Ruf, abbaye de Valence.

Gilbert de Lévy II, fils du précédent, comte de Ventadour, baron de la Voulte, enfant d'honneur de François Ier en 1524, mourut à quarante-six ans, en 1547; il eut pour fils

Gilbert de Lévy III, qui fut créé duc de Ventadour, en 1578, par Henri III, et pair de France en 1587, et fut gentilhomme de la chambre du roi, gouverneur du Limousin en 1571, puis du Lyonnais, Forez et Beaujolais. *Il mourut à la Voulte en* 1591. Il avait épousé Catherine de *Montmorenci*, fille d'Anne, *connétable*. Son fils aîné Gilbert, comte de la Voulte, avait suivi en Flandre le comte d'Alençon, en 1584; il mourut avant son père : son frère succéda.

Anne de Lévy Ventadour, duc et pair, comte de la Voulte, chevalier des ordres du roi, gouverneur du Limousin, puis lieutenant général du Languedoc, en 1622. Il avait représenté le comte de Champagne au sacre d'Henri IV, en 1594. Il avait épousé Marguerite (bonne duchesse), fille d'Henri, duc de Montmorency, pair et connétable; celle-ci mourut à Paris en 1660, à quatre-vingt-deux ans.

Leur fils aîné, Henri, renonça à toutes ses dignités pour embrasser l'état ecclésiastique; il mourut chanoine de Paris, et fut inhumé à Notre-Dame. Sa femme, Marie H. M. de Luxembourg, se fit carmélite à Chambéry, dont elle fonda le couvent. François de Lévy, son cadet, fut tué dans un combat naval donné contre les Rochelois, en 1625.

Charles de Lévy, troisième fils d'Anne, succéda à ses dignités; il porta un des honneurs aux funérailles de Louis XIII, et mourut à Brièves, en 1649, à quarante-neuf ans. Il n'eut point d'enfant de sa première femme, Suzanne de Lauzdères. En 1645, il épousa en secondes noces Marie de la Guiche de Saint-Géran; il en eut un fils et deux filles : le fils fut

Louis-Charles de Lévy, mort en 1717 et enterré aux Incurables. En 1671, il avait épousé Charlotte-Eléonore-Madeleine de Lamotte-Houdancourt, qui devint par là duchesse de Ventadour; en 1704, elle fut nommée gouvernante des enfants de France, en remplacement de Louise de Prie, sa mère, avec pension de 12,000 liv. De ce mariage il n'y eut point d'enfant mâle, mais une seule fille.

Anne-Geneviève de Lévy, mariée en premières noces au prince de Turenne, tué à Stinkerquis, en 1692; en secondes noces, en 1694, à *Hercules Mériades de Rohan*, duc de Rohan-Rohan. Elle mourut en 1727.

Par elle la baronnie du comté de la Voulte passa aux princes de Soubise, ducs de Rohan-Rohan.

Louis-François-Jules de Rohan lui succéda en 1704 ; il mourut à Paris en 1724. Il eut pour femme Anne-Julie-Adélaïde de Melun, qui fut gouvernante des enfants de France; elle mourut à Paris, douze jours après son mari, et comme lui de la petite vérole. Leur fils fut

Charles de Rohan, prince de Soubise, né en 1714. Maintenant les princes de Rohan sont transplantés en Bohême, où ils ont d'immenses propriétés et une puissance presque souveraine.

leurs devanciers, lui payaient annuellement, lui ont abandonné les grandes îles du Rhône qui sont au-dessous de la ville.

A une époque où l'histoire ne parle guère que des seigneurs et du clergé, on trouve la communauté même de la Voulte mentionnée de la manière la plus honorable. D'après de vieux actes, qui sont comme les titres de noblesse de cette ville, elle aurait résisté avec succès à un roi d'Angleterre qui serait venu l'assiéger : *rege Anglorum obsidente cum magno exercitu.* Suivant la tradition, ce prince anglais, que les habitants de la Voulte auraient repoussé, ne serait autre que le *prince noir.*

Cependant il paraît que les priviléges qui leur furent accordés dateraient d'une époque antérieure, et tout porte à croire que le siége qu'ils soutinrent contre les Anglais remonte au temps de la remise temporaire du château de la Voulte à Philippe-le-Bel.

On ne demanda pas de taille ni de taxe d'aucune espèce aux habitants de la Voulte pour réparer la sanglante défaite de Poitiers ; leurs priviléges existaient déjà : ils s'imposèrent volontairement à cette occasion une contribution de dix écus, et participèrent, jusqu'à concurrence de cette somme, à la délivrance du roi Jean.

Les priviléges qui leur avaient été conférés à l'occasion de leur héroïque défense contre les ennemis de l'état étaient singuliers et nombreux : tous les habitants de la ville, même les paysans et les vilains, étaient exempts de la milice ; tous étaient également dispensés de la taille et de la corvée ; les simples bourgeois avaient le droit de porter l'épée, et, s'ils entraient au service militaire, ils étaient, comme les gentilshommes, admis d'emblée aux grades d'officiers. Enfin la ville de la Voulte n'était pas tenue de loger les troupes royales. Dans le dix-septième siècle, un colonel voulut faire séjourner son régiment à la Voulte : cette obstination fut cause d'une collision entre les bourgeois et les militaires ; les militaires eurent le dessous. La communauté de la Voulte se plaignit de cette infraction à ses priviléges, par l'intermédiaire de Marguerite de Montmorency, duchesse de Ventadour.

En 1789, quand *l'assemblée constituante* prononça l'abolition de tous les priviléges des villes franches, la Voulte (1) demanda à être exemptée de ce décret. « Ces immunités, disait-elle, confirmées par le roi Jean et ses successeurs, servent à perpétuer le souvenir d'un fait glorieux pour nos ancêtres ; n'en effacez pas tout vestige ! » Ce touchant langage ne fut pas écouté ; le niveau de la révolution ne pouvait fléchir.

Au reste, si le gouvernement d'alors proscrivait et poursuivait à outrance tout ce qui restait du passé, il rencontrait parfois d'énergiques résistances, et ses actes sauvages donnaient souvent lieu à des protestations populaires : c'est ce qui arriva à la Voulte en 1793.

---

(1) Voir délibération de la communauté et des principaux notables de la Voulte, sous la date du mercredi 18 mars 1789.

A cette époque, un commissaire de la convention se transporta dans la chapelle des princes et fit exhumer les restes des Lévy de Ventadour et des Rohan, pour les jeter à la voirie; c'était un fanatisme d'égalité rétroactive, qui ne craignait pas de violer la majesté des tombeaux. Parmi les cercueils exposés sur la place publique, se trouvait celui de Marguerite de Montmorency, duchesse de Ventadour, appelée la *bonne duchesse*, et morte en odeur de sainteté dans le siècle précédent (1). Pour dérober ses ossements à la dispersion et à la profanation, un grand nombre de femmes de la Voulte allèrent visiter ce cercueil pendant la nuit; elles se partagèrent les reliques de la sainte et les emportèrent dans leurs maisons. Ainsi, la proscription des supériorités sociales, poursuivie jusque sur des cadavres, ne put atteindre la supériorité de la vertu, et la religion des traditions locales protesta noblement contre la rage sacrilége d'un séide de la Convention.

Eaux de Celles. — Le Pouzin.

A une demi-lieue de la Voulte sont des eaux minérales découvertes par M. le docteur Barrier, il y a environ douze ans (2); pour y aller, on quitte la grande route au sortir de la Voulte, et on monte le long d'une gorge nue et sans accidents pittoresques. Le vallon de Celles, entouré de montagnes arides, est un des endroits les plus affreux du Vivarais. Quand nous y sommes allés, l'établissement thermal était dans son enfance; on dit qu'on y a aujourd'hui des logements assez confortables.

---

(1) Nous avons dit, dans la note sur les Lévy Ventadour, qu'elle mourut à Paris en 1660; mais néanmoins son corps fut transporté dans la chapelle funéraire des Ventadour à la Voulte. On montre encore dans cette ville une ruette qui aboutissait à une petite porte pratiquée dans le bas d'une tour; c'est par là que la bonne duchesse sortait secrètement pour distribuer ses aumônes aux pauvres des quartiers du Portalet et du Mirail. Un jour, dit-on, la rencontre inattendue qu'elle fit de son mari, mécontent de l'excès de ses largesses, donna lieu à un *miracle des roses*, semblable à celui qui est attribué à sainte Elisabeth de Hongrie, et qui est raconté avec une si gracieuse naïveté par M. de Montalembert. (Voir une notice sur *la bonne duchesse*, insérée dans un almanach de 1843 intitulé : *L'Ami des pauvres*.)

(2) Voir l'ouvrage de M. le docteur Barrier intitulé : *Premier mémoire sur les eaux médicinales naturelles de Celles, sur la curabilité des affections tuberculeuses et du cancer.* Valence; Charvin, libraire : 1837.

Il y a cinq sources diverses dont on vante l'efficacité (1) pour une foule de maladies; à en croire le docteur Barrier, qui a peut-être pour sa création la tendresse un peu exagérée d'un père pour son enfant, les eaux de Celles guériraient même la phthysie pulmonaire et le cancer.

On sort avec bonheur de cette prison de rochers pour revoir les rives magnifiques du Rhône; on cotoie à peine ce fleuve pendant une demi-heure, et on se trouve bientôt dans une longue et interminable rue : cette rue, c'est le Pouzin.

Le Pouzin est plus considérable que la Voulte : cette ville a joué un rôle important dans le moyen âge, et surtout dans le temps des guerres de religion; mais le dessinateur ne peut saisir aucun vestige de son ancienne existence. Elle a la physionomie insignifiante d'une bourgade moderne; c'est donc à l'histoire qu'il faut avoir recours pour faire la restitution de ses traits effacés.

Le Pouzin était regardé comme une place très-importante : les protestants s'en saisirent de bonne heure, et y établirent garnison pour s'assurer sur ce point du passage du Rhône; ils bâtirent même, sur l'autre rive du fleuve, en Dauphiné, un fort, qui s'appela, du nom de son constructeur, fort Saint-Ange.

Le général de Gordes, qui commandait en Dauphiné au nom du roi, voulut les débusquer de ce poste important : il assiégea le Pouzin par eau et par terre. Appuyé par une flottille de neuf frégates que le cardinal d'Armagnac lui avait envoyée de Lyon, il se croyait certain du succès; mais le vigilant amiral de Coligny, qui était attentif à tout ce qui se passait dans l'intérêt de sa cause, détacha de son armée le prince Ludovic de Nassau avec l'élite de ses fantassins et douze compagnies de cavalerie. Le prince de Nassau prit, en passant à Aubenas, une couleuvrine qu'il fit transporter à force de bras jusqu'au Pouzin (2), puis il ouvrit un feu si meurtrier contre la flottille catholique, qu'il la força de s'éloigner, après l'avoir fait beaucoup souffrir; en même temps, il fit charger avec impétuosité par sa cavalerie l'armée du général de Gordes, et la mit en pleine déroute.

C'est ainsi que le Pouzin eut le singulier honneur d'être défendu par un membre de l'illustre famille qui donna des stathouders à la Hollande.

Plus de quatre ans après, nous retrouvons encore le Pouzin occupé par le parti religionnaire et assiégé (3) par François de Montpensier, dauphin d'Auvergne, qui avait été nommé au commandement général du Languedoc, à la place du maréchal d'Amville.

Les habitants du Pouzin avaient pour chefs Pierregourde et Rochegude. C'est en

---

(1) Entre autres pour les gastro-entérites invétérées.
(2) Faute de chemin propre à la transporter sur un chariot, disent les annalistes du temps. Ces faits se passèrent dans le mois d'avril 1570.
(3) Le 13 octobre 1574.

vain que le prince dauphin écrasa leurs murailles sous le feu formidable de quatorze canons de gros calibre ; ils ne songèrent pas pour cela à se rendre : ils soutinrent bravement un assaut général, et le repoussèrent. On eut à déplorer des pertes considérables, tant du côté des assiégeants que du côté des assiégés : huit cents hommes y périrent de part ou d'autre.

Saint-Romain, qui était venu au secours du Pouzin, arriva pendant cette action meurtrière ; il jugea lui-même que la place n'était plus tenable, et donna ordre de l'évacuer. En conséquence, à la faveur des ombres de la nuit, la garnison du Pouzin et tous les habitants, hommes, femmes, enfants et vieillards, même les malades et les blessés, défilèrent lentement en remontant le cours de la rivière d'Ouvèze, et en s'enfonçant dans la sombre gorge de Coux. Cette retraite s'opéra avec tant de silence et de précaution, que les assiégeants ne s'en aperçurent pas, et la population exilée put arriver jusqu'à Privas sans être poursuivie par l'armée ennemie.

Le lendemain, quand Montpensier fit entrer son armée par les brèches pratiquées de toutes parts, il trouva, à sa grande surprise, toutes les maisons désertes ; il n'entendit pas, comme il arrive dans les villes emportées par la force, les cris des mourants et les gémissements des femmes accompagner les roulements de ses tambours et les fanfares de ses trompettes. En dédommagement du meurtre et de la violence, il permit à ses soldats le pillage ; ils y ajoutèrent l'incendie (1) : toutes les maisons furent dévorées par les flammes, à l'exception d'une seule.

Le Pouzin avait réparé ses ruines sous le règne paternel de Henri IV ; sous Louis XIII, il prit une part active aux guerres qui désolèrent le Vivarais en 1620 et les années suivantes. Le duc de Rohan, qui voulait assurer au parti religionnaire la possession de cette place, y avait fait élever des bastions et des forts ; le duc de Montmorency, gouverneur du Languedoc, vint en faire le siége à la tête de huit à neuf mille hommes, le 25 ou 26 mai 1628.

Les approches du Pouzin furent défendus pied à pied par les huguenots ; « ils allèrent recevoir les assiégeants plus de demi-lieue dans le mauvais pays, et, de porte en porte, allaient disputant jusqu'à un rocher, une muraille ou un ruisseau (2). »

Les catholiques prirent successivement tous les points fortifiés : le roc de Chanta-

---

(1) Voir comment d'Aubigné, tom. II, liv. II, chap. 10, pag. 705, explique cet incendie. « Il y avait, dit-il, à l'armée catholique, un jeune Nostradamus, fils de Michel. Un des chefs de l'armée, Saint-Luc, lui demandant ce que deviendrait le Pouzin (qu'ils allaient assiéger), le pronostiqueur, après y avoir pensé profondément, répondit qu'il périrait par le feu, et le même fut trouvé, comme on pillait la ville, mettant le feu partout. Saint-Luc, le lendemain, le rencontrant, lui demanda : « Or çà, notre maître, ne vous doit-il point arriver aujourd'hui d'accident ? » Le devineur n'eut sitôt répondu non, que l'autre lui donna de la baguette dans le ventre, et le cheval sur qui il était, fait à cela, lui enfonça la rate d'un coup de pied, paiement de sa méchanceté.

(2) Pag. 228, *Soldat du Vivarais.*

duc, la Tour-de-la-Salle et le fort de Tagenat; puis ils assaillirent et enlevèrent le faubourg, appuyés par une batterie de dix canons, dont le retentissement arrivait jusqu'à Privas, par les gorges de l'Ouvèze.

Les dames de Valence et des environs étaient venues voir le siége, du sommet d'une colline sur l'autre rive du Rhône; elles assistaient à ce spectacle d'horreur, comme aujourd'hui les *lionnes* de nos grandes villes vont suivre les débats d'un procès criminel intenté contre un accusé dont quelque grande passion a armé le bras. De tout temps, à ce qu'il paraît, certaines femmes ont aimé les émotions fortes.

Ravitaillés par quelques renforts venus de Privas, les habitants du Pouzin tinrent encore quelques jours, après quoi ils capitulèrent, abandonnant huit drapeaux, deux canons et diverses munitions de guerre; ils se retirèrent à Privas et dans les Bouttières (1), comme ils l'avaient fait au temps du premier siége. M. de Montmorency ne put pas empêcher de mettre le feu à la ville, qui fut entièrement brûlée en deux jours.

Le Pouzin, après avoir subi tant d'épreuves, s'est relevé peu à peu; il est devenu aujourd'hui florissant et populeux (2). La route nouvelle et si pittoresque qu'on vient d'ouvrir par les gorges de Coux, pour aller directement à Privas, rendra le Pouzin un lieu de passage et d'entrepôt; si ensuite, comme on en a le projet, on fait près de là, sur le Rhône, un pont suspendu qui établira une communication importante entre le Vivarais et le Dauphiné, il ne manquera à cette ville aucun élément de prospérité, et elle marchera rapidement dans la voie du progrès.

---

(1) Suivant les historiens du Languedoc, les huit cent cinquante hommes qui composaient la garnison eurent la liberté de se retirer avec leur épée, seulement à condition qu'ils ne porteraient plus les armes contre le roi; et les habitants du Pouzin furent conservés dans leurs privilèges. (*Histoire du Languedoc*, par dom Vic et dom Vaissette, tom. V, pag. 564.)

(2) Sa population est d'environ 1500 âmes.

Chomérac.

ROUTE DU POUZIN A PRIVAS.

A un quart de lieue du Pouzin, on quitte la route latérale du Rhône pour prendre celle de Chomérac et de Privas. Le chemin du Pouzin à la capitale de l'Ardèche est un peu plus long que celui de Coux, mais il est plus découvert et plus varié. Cependant, le premier aspect de la vallée de Chomérac n'est pas flatteur; ce ne sont d'abord que des champs arides et sillonnés de ravins; un peu plus loin on aperçoit, dans le fond du paysage, la montagne volcanique de Saint-Vincent-de-Barrès et le revers du Coiron, sur le premier plan des châteaux modernes et antiques (1), et une foule de fabriques entourées de verdure animent et embellissent la campagne. Enfin, Chomérac se présente sur un petit mamelon; on distingue à peine, sur la droite, son ancien château au milieu d'une foule de blanches maisons.

Chomérac a été, pendant les guerres de religion, le théâtre d'une foule d'exploits, racontés avec des détails infinis par les chroniqueurs du temps. « Ce lieu, quoique petit, dit le *Soldat du Vivarais* dans ses *Commentaires*, était si commode à ceux qui en étaient les maîtres, que c'est celui de la province qui a été le plus pris et repris (2). » Dans les premières guerres, le sire de Pampelonne prit Chomérac sur les protestants; il y fut assiégé à son tour, et s'y défendit avec une admirable constance jusqu'à ce que M. de Montréal vint le secourir et le dégager. En 1626, le sire de Rochemaure, châtelain de M. de Ventadour, y fut surpris et tué par les religionnaires. Deux ans après, le duc de Montmorency usa de représailles : après être entré de force dans Chomérac, il traita la garnison avec une excessive rigueur; il fit pendre quelques officiers et un grand nombre de soldats.

---

(1) Entre autres, le joli château de Granoux, qui appartient à M. le comte de Joviac, et le vieux château de Moras, qui a soutenu plusieurs siéges dans le temps des guerres de religion.
(2) Pag. 215.

Privas.

§ 1er. — *Temps anciens.*

En quittant Chomérac, on passe par les gorges arides d'Alissas, et on arrive sur un plateau élevé d'où l'on commence à découvrir la ville de Privas; on en est séparé par une gorge profonde où coule l'Ouvèze, qui forme des chutes d'eau assez remarquables. En voyant cette ligne de grandes et belles maisons qui couvrent l'esplanade; ce portique grec du palais de justice, qui se perd à moitié dans l'ombre, sur la droite; ces villas et ces fabriques élégantes qui garnissent la colline inférieure, on dirait l'abord de quelque ville importante et monumentale; malheureusement l'attente du voyageur est déçue quand il approche: Privas est comme certaines boutiques de Paris où tout ce qu'il y a de mieux est sur la devanture, à l'étalage; l'intérieur ne répond pas à l'extérieur.

On est un peu étonné, après avoir traversé, en deux ou trois minutes, la ligne peu profonde des maisons de Privas, de trouver, de l'autre côté, une autre gorge plus escarpée encore que celle de l'Ouvèze. Une espèce de village moyen âge, avec quelques ruines de vieille forteresse, est plaqué sur la pente opposée: c'est *Tournon-lès-Privas*.

Une colline en forme de pain de sucre, surmontée de trois croix, domine la ville; c'est là qu'était le fort de Tournon. On a peine à distinguer des vestiges de ce fort, qui se défendit plusieurs jours contre l'armée de Louis XIII.

Plus près de l'esplanade, sur l'emplacement qu'occupe aujourd'hui un temple protestant et le collége, était l'ancien château de Privas; il ne reste plus rien aujourd'hui de ce château, si célèbre dans les fastes des guerres de religion du Vivarais.

On aperçoit, au loin dans la plaine, le vieux castel d'Entrevaux avec ses tours massives; c'est là que logea Louis XIII quand il vint assiéger Privas.

Privas n'a pas, que nous sachions, la prétention de remonter aux Romains, mais son origine se perd dans la nuit du moyen âge.

En 1110, le pape Pascal II y passa en se rendant en Italie.

Un vieil acte (1), qui est à la date de 1444, contient l'hommage du tenancier du moulin du seigneur à son suzerain Agénor de Poitiers, seigneur de Privas; ainsi

---

(1) Fait qui m'a été communiqué par l'honorable M. de Lagarde, avocat, ancien magistrat et avocat au tribunal de Privas.

cette ville faisait partie des domaines de la puissante famille de Poitiers. On regardait Privas comme la capitale de la contrée montagneuse et sauvage des Bouttières. Au seizième siècle, c'était une place importante par la force de ses remparts et par l'intrépidité de ses habitants; elle fut une des premières, en France, qui embrassa la réforme: dès 1560, elle se déclara pour le parti du prince de Condé.

En 1574, François de Montpensier, dauphin d'Auvergne, commandant les armées du roi, après avoir détruit et brûlé le Pouzin, vint mettre le siége devant Privas. Les malheureux habitants du Pouzin, qui avaient échappé au sac de leur ville, étaient venus doubler les forces de la place assiégée; Saint-Romain, l'un des plus braves capitaines du parti protestant, s'empressa de venir la secourir et la ravitailler. Le prince dauphin, malgré la supériorité de ses forces, fut obligé de battre en retraite après avoir été repoussé dans deux assauts.

Sous Henri IV, et pendant la minorité de Louis XIII, Privas, illustrée par cette belle défense, fut regardée comme l'une des places de sûreté les plus importantes de l'Eglise protestante. Dans tout son territoire, on ne comptait guère de catholiques: le marchand de la ville et le rude paysan des Bouttières; le serf attaché à la glèbe et le seigneur suzerain; le vilain et le gentilhomme, tous professaient avec une égale ardeur le culte nouveau.

§ II. — *Mariage de Mme de la Tour-Chambaud avec le vicomte de Cheylane-Lestrange, malgré l'opposition des habitants de Privas et des religionnaires du Vivarais.*

Il y aurait, dans cette anecdote historique, la matière d'un roman en deux ou en quatre volumes; on pourrait aussi en faire un drame shakspearien, pour peu qu'on voulût en rembrunir les couleurs. Quant à nous, qui ne pouvons pas donner ses coudées franches à la folle du logis, nous en sommes réduit à analyser les chroniques du temps avec une concision qui court le danger de dégénérer en sécheresse. Nous fournissons le bloc informe ou à peine dégrossi; un artiste plus heureux ou plus habile le façonnera à son aise, sans être gêné dans ses allures, ni circonscrit dans d'importunes limites.

Le château de Privas appartenait, à la fin du seizième siècle, à la femme de Chambaud; cette famille avait soutenu avec courage la cause des religionnaires dans les années orageuses qui suivirent la Saint-Barthélemy, et leur dernière héritière l'apporta en dot, en 1601, à M. de la Tour-Gouvernet, gentilhomme dauphinois de la même secte qu'elle.

M. de la Tour-Chambaud, qui avait ajouté le nom de sa femme au sien, fut appelé par le roi au gouvernement du Vivarais: il montra beaucoup d'impartialité dans son administration, entre les divers partis qui agitaient cette province, et s'était concilié la faveur universelle. Le service du roi l'appela en Piémont, où il servit en qualité de maréchal de camp; sous le règne de Henri IV, il y mourut, victime de l'intempérie du climat des Alpes (1).

Cette mort, qui devait être si fatale à Privas, fut d'abord vivement pleurée par Mme de Chambaud-la-Tour : elle reporta alors toutes ses affections sur sa fille, unique fruit qui lui restât de sa trop courte union; puis, pressée de lui donner un protecteur, elle la maria, de l'avis des consuls et des ministres de Privas, à Joachim de Beaumont, baron de Brison, l'un des chefs protestants les plus vaillants et les plus fougueux de ce temps-là.

Il y a des époques de la vie sur lesquelles toutes les fatalités semblent se réunir. Peu de mois après que la jeune damoiselle de Chambaud eut épousé M. de Brison, elle mourut presque subitement, laissant sa malheureuse mère atterrée de ce nouveau deuil, et comme isolée sur la terre entre deux tombeaux.

Les membres d'une noble famille d'une terre voisine, la famille de Lestrange, barons de Boulogne, parurent prendre un vif intérêt au sort cruel de Mme Paule de Chambaud : ce fut d'abord la vieille Mme de Lestrange qui reçut dans son sein les pleurs de la triste veuve; peu à peu tous les habitants du château de Boulogne furent admis dans l'intimité de sa douleur, et vinrent lui faire de fréquentes visites.

Or, il faut dire ici que le baron de Lestrange, l'un des plus illustres et des plus puissants seigneurs du Vivarais, s'était placé, dans les premières guerres de religion, à la tête du parti catholique de cette province, par son bouillant courage et son inflexibilité.

On remarqua bientôt que, parmi les habitants de Boulogne (2), ce n'était plus Mme de Lestrange ni le vieux baron qui prenaient le plus souvent le chemin du castel de Mme de la Tour, mais bien le jeune vicomte de Cheylane, leur fils. Là-dessus, la malignité publique, qui devine souvent si juste alors même qu'on croit qu'elle calomnie, n'épargna ni les commentaires, ni les conjectures. Bientôt le bruit courut que le vicomte de Cheylane-Lestrange aspirait à la main de la belle veuve, et que, de son côté, Mme Paule de Chambaud-la-Tour ne repoussait pas trop durement les hommages de ce seigneur.

Alors l'alarme fut grande dans Privas et dans la contrée des Bouttières. Cette population, presque toute protestante, s'émut à la seule idée qu'elle pourrait devenir vassale d'un Lestrange, dont le nom se rattachait aux plus énergiques réactions des catholiques. Le jeune vicomte joignait sans doute, à l'enthousiasme religieux de sa famille, l'impétuosité de son caractère et l'emportement de son âge; que

---

(1) D'Aubigné, tom. III, liv. 5, chap. 9.
(2) Le château de Saint-Etienne-de-Boulogne est près de Vesseaux, sur la route de Privas à Aubenas; nous en parlerons dans un des articles suivants.

deviendraient donc, sous sa suzeraineté, les nombreux villages des Bouttières, et la ville de Privas elle-même, considérée jusqu'alors comme une des places de sûreté des calvinistes?

Ces inquiétudes, manifestées avec chaleur et souvent avec insolence, effrayèrent la dame de Chambaud; elle craignit quelque violence de la part des habitants des Bouttières, et, *pour se retirer de leurs oppressions*, dit un chroniqueur du temps, *elle songea tout de bon à ce qu'autrement elle n'aurait jamais pensé*, c'est-à-dire à prêter l'oreille aux propositions que le jeune vicomte de Lestrange était sur le point de lui faire.

D'un autre côté, M. de Brison, chef des protestants, se déclara le rival du vicomte de Cheylane. Quoique veuf de la fille de Paule de Chambaud, il ne craignit pas de demander ouvertement la main de sa belle-mère, au mépris de toutes les lois civiles et humaines. Les ministres de la prétendue réforme, qui trouvaient l'intérêt de leur parti dans cette union, ne manquèrent pas d'arguments pour en démontrer la légitimité; ils se joignirent aux consuls de Privas pour engager leur suzeraine à y consentir, et à leur donner ainsi pour seigneur un de leurs plus illustres coreligionnaires. Mais Brison n'inspirait qu'horreur et dégoût à Mme de Chambaud; il lui semblait qu'il fallait passer à travers le cercueil de sa fille pour s'unir à cet homme: elle repoussa donc avec une profonde répugnance l'idée de cette espèce d'inceste, qui outrageait chez elle les sentiments les plus sacrés de la nature.

Il y eut alors beaucoup de démarches, de manœuvres et d'agitation en Vivarais, tant dans un parti que dans un autre. M. de Montréal (1), l'un des seigneurs les plus influents de cette contrée, invita le jeune vicomte de Cheylane à se trouver chez lui avec les principaux chefs des catholiques; là, il l'encouragea à poursuivre avec ardeur les démarches qu'il avait commencées pour obtenir la main de Mme de la Tour-Chambaud; et comme il s'agissait, disait-il, de l'intérêt de la vraie religion dans le pays, et qu'il fallait lutter contre l'opinion et les répugnances des populations des Bouttières, il se faisait fort d'assurer à cette entreprise l'appui de M. le duc de Montmorency, gouverneur du Languedoc. Là-dessus le vieux baron de Lestrange s'écria: « Mort non Dieu! il ne me chaud ni de leur bruit ni d'eux-mêmes; et si le vicomte y est porté, nous y mourrons ou nous en viendrons à bout. Je sais bien que nous aurons sur les bras toute la ribaudaille des huguenots; mais nous les avons déjà vus autrefois, nous ne craindrons pas de les revoir encore (2). »

Pendant ce temps, des scènes non moins vives se passaient chez les réformés.

---

(1) M. de *Montréal* était un *Balazuc*.
(2) Il semble qu'un catholicisme ardent, quoique manifesté de manières diverses, ait été héréditaire dans cette famille. L'un des derniers descendants de ce fier et impétueux baron, le fameux abbé de Lestrange, a été l'austère réformateur de l'ordre des trappistes.

Leurs ministres, voyant que toutes leurs instances n'auraient aucun succès auprès de Mme Paule de Chambaud, convoquèrent une assemblée consistoriale à Privas ; là, le plus notable d'entre eux prend la parole, et s'élève avec amertume contre le projet de mariage de M. de Cheylane-Lestrange avec la veuve de leur seigneur :

« Ce serait, dit-il, la ruine de Privas et de nos églises de cette contrée ; autant vaudrait la domination papale que la domination des Lestrange. Cette maison, que nous avons eue toujours pour ennemie, n'a-t-elle pas pour partisans ou pour séïdes tous les papistes du Vivarais ? Si elle réussit à établir sur nous sa puissance, nos pasteurs seront chassés du pays, l'idolâtrie de la messe sera établie dans nos temples, et tous les réformés auront à choisir entre l'apostasie et la persécution.

» M. de Montréal et M. de Lestrange se proposent déjà le partage de Privas et des Bouttières, comme ils ont partagé jadis le haut et le bas Vivarais. Ne demeurons pas stupides spectateurs de leurs ambitieux complots ; demandons à M. de Brison son assistance : son affection pour notre foi et son dépit des refus qu'il a essuyés nous sont garants de son zèle. On fait de grands préparatifs au château de Privas pour recevoir M. de Cheylane en qualité de fiancé, préparons-nous à lui en empêcher l'entrée ou à lui en fermer les issues ; d'une maison qui a protégé cette ville et notre parti, ne laissons pas faire une citadelle pour nous détruire. »

A la suite de ce discours, les réformés jurent de s'opposer, par tous les moyens, au mariage de la veuve de M. de la Tour-Gouvernet avec un seigneur catholique. « Que si la force ne peut l'empêcher, dit le *Soldat du Vivarais* (1), les suites et charivaris en seront si grands et si sanglants, que toute la France en retentira. »

M. de Brison se rend avec empressement aux vœux de ses coreligionnaires ; il convoque de nombreux renforts dans les Bouttières, ainsi qu'à Vals, Aubenas et Mayres, et fait faire des fossés et des barrières pour défendre la ville et bloquer le château. Plus de neuf cents hommes sont sous les armes, sans compter les gens de Privas.

Une femme multiplie ses ressources à mesure qu'on multiplie les obstacles autour de la passion qui domine son cœur. Mme Paule de Chambaud, indignée de ce que ses vassaux prétendent la traiter, non plus comme une suzeraine, mais comme une esclave, se promet bien de ne pas céder à la contrainte qu'il veulent exercer sur elle ; elle oppose la ruse à la force. Tandis que des centaines de huguenots veillent armés devant le pont-levis de son château pour en défendre l'entrée, elle fait pratiquer une petite porte secrète sur les derrières de ses remparts, du côté de la

---

(1) L'auteur des *Commentaires du Soldat du Vivarais* est Pierre Marcha, protestant converti de Privas, qui fut envoyé dans l'armée catholique, commandée par le duc de Montmorency. Ces *Commentaires* ont été publiés et édités par M. de la Boissière, ancien membre du parlement de Grenoble, mort conseiller à la cour royale de Nîmes.

campagne ; elle introduit par là le sire de Lestrange. Le lendemain, le mariage devait se célébrer dans la chapelle du château ; mais, le soir même, quelque indiscret dénonce aux Privadois cette entrée furtive : pendant la nuit, les réformés cernent le château de toutes parts.

« Les amis du vicomte, qui étaient venus l'accompagner à noces, dit un contemporain, se trouvent bien alors à une autre fête (1). » Cependant ils font leurs préparatifs pour se battre, aussi gaiement qu'ils auraient fait leur toilette de bal, et ils envoient force arquebusades aux gens de Privas, en réponse à leurs travaux de siége contre le château. Averti du danger où se trouvait son fils, le vieux baron de Lestrange arrive, avec quelques seigneurs de ses amis et deux mille hommes, à Saint-Priest, pour attaquer Privas et dégager les assiégés. Une terrible prise d'armes semblait imminente ; déjà quelques coups de feu s'échangeaient de part et d'autre.

A ce moment, M. de Blacons, beau-frère de feu M. de la Tour-Gouvernet, arrive du Dauphiné en toute hâte pour interposer sa médiation entre les combattants. Par la menace et la prière, il obtient des chefs protestants de Privas la cessation des hostilités et la libre sortie du vicomte de Cheylane ; il se rend ensuite au château, et, à force d'instances, il fait consentir la belle veuve et son fiancé à suspendre les préparatifs de leur mariage, qui ne pouvait s'inaugurer que par le sang et les larmes ; il leur fait entrevoir qu'en gagnant du temps, l'agitation des esprits pourra se calmer, et qu'ils trouveront plus tard moins d'inconvénients et d'obstacles à satisfaire aux engagements de leurs cœurs.

Alors (2), le vicomte de Cheylane se décide à sortir du château de Privas, pour se rendre à Boulogne, chez son père.

Deux jours après, M. de Brison licencie sa petite armée, et le corps de troupes venu d'Aubenas et de Vals est ramené par Châteauvieux.

Ces troupes commettent quelques désordres en passant sur la terre de Boulogne : le vieux baron de Lestrange, ne pouvant supporter qu'on insultât impunément ses vassaux, monte à cheval avec neuf ou dix cavaliers suivis de quelques fantassins, rencontre bientôt les cent cinquante hommes de Châteauvieux, et, « voyant que ces insolents étaient plus chargés de chaudrons et de poules de ses vassaux que de civilités pour lui en faire réparation, » il tombe sur eux comme un *rude joûteur* qu'il était, en tue trente-cinq ou quarante avec leur chef, et met les autres en déroute.

Cette sanglante rencontre ne fait qu'échauffer, contre la famille de Lestrange, les esprits des réformés du Vivarais, et, en particulier, de ceux de Privas. — « Voilà

---

(1) *Soldat du Vivarais.*
(2) **Le 2 janvier 1620.**

comme ils nous traitent aujourd'hui, disait-on ; que feraient-ils donc s'ils réussissaient dans leurs projets de mariage, et qu'ils eussent à leur disposition, par la possession de notre château, les clés de Privas et des Bouttières? »

Aussi, les Privadois continuaient d'intercepter toutes les issues du château, pour en interdire désormais l'entrée au vicomte de Cheylane, et ils tenaient leur suzeraine dans une étroite captivité.

Pendant ce temps, Brison se gaudissait et se raillait de son rival ; il disait que, pour soi-même, il pouvait bien avoir partie perdue, mais que, du moins, il avait contraint le vicomte à lâcher prise. Celui-ci sentait son honneur autant que son amour aiguillonnés par de tels propos ; cependant, contenu par la vieille expérience de son père, le jeune homme restait immobile au château de Boulogne, mordant son frein en silence. Il lui était prescrit d'épier une occasion favorable pour délivrer la dame de Chambaud, solitaire et emprisonnée dans son donjon ; cette occasion ne se fit pas attendre longtemps. Un jour, que les huguenots, lassés, n'étaient pas sur leurs gardes, il se jette dans le château de Privas, mieux accompagné que la précédente fois ; il profite de la première stupeur des Privadois pour achever la conclusion de son mariage, pendant que les siens veillaient aux portes et aux bastions du château. La belle Paule de Chambaud voyait un libérateur dans son nouvel époux ; elle se jetait entre ses bras avec abandon et confiance : il était son seul refuge contre un rival odieux et contre les persécutions de ses vassaux. Quant au vicomte, fier des sentiments qu'il inspirait et du noble rôle qu'il s'était donné, il sentait doubler sa valeur et son enthousiasme.

Brison, accouru en toute hâte à la nouvelle de ce qui se passait dans le château, jura que le jeune Lestrange n'en sortirait pas comme il y était entré. Tout Privas se met sous les armes, pendant que lui même occupe, avec quinze cents hommes de guerre, le fort de Toulon, situé au-dessus du château. Brison fait commencer des gabionnades et des tranchées contre les remparts, et ordonne même de faire jouer la sape contre les murs de la cour ; mais ceux du dedans reçoivent les réformés en gens de cœur : plusieurs fois ils les forcent d'abandonner leur ouvrage de siége.

Le vieux baron de Lestrange, qui avait prévu un pareil *trouble-fête* pour les noces de son fils, avait averti d'avance tous les seigneurs catholiques de ses amis, d'amener à son secours toutes les forces qu'ils pourraient réunir. Trois mille hommes furent bientôt rassemblés sous les ordres de M. de Montréal ; de son côté, Brison avait fait demander des renforts aux chefs de son parti en Languedoc, et huit cents hommes venaient de lui arriver des Cévennes au pied du Coiron, sous la conduite de M. de Jarjaye, gentilhomme dauphinois. M. de Montréal, avec une partie de ses forces, alla à la rencontre de cette petite armée : il lui ferma les défilés qui conduisent à Privas, et l'attaqua si rudement, qu'elle se replia sur Villeneuve-de-Berg, ville dévouée alors aux huguenots ; puis elle reprit le lendemain le chemin des Cévennes.

Le duc de Montmorency, gouverneur du Languedoc, arriva à Villeneuve avec une noblesse nombreuse, quelques heures après la retraite de M. de Jarjaye. Pour se dédommager d'avoir manqué cette occasion de victoire, il alla sur-le-champ à Privas, où les assiégés du château réclamaient à grands cris du secours : depuis dix jours, on leur avait coupé l'eau, de manière que, pendant ce temps, « dames et hommes d'armes ne burent ni ne cuisirent viande qu'avec du vin pur. » A l'arrivée de Montmorency suivi d'une armée de six mille hommes, Privas ouvrit ses portes et se soumit ; *les habitants demandèrent pardon de leur révolte ;* les soldats huguenots furent licenciés ; les nouvelles fortifications rasées ; la messe, qui *n'avait pas été célébrée* dans la ville depuis *quarante ans, y fut rétablie.* Brison et Tavernol furent exclus du traité et de l'amnistie ; il paraît qu'ils se réfugièrent dans les bois avec quelques bandes composées de ce qu'il y avait de plus fanatique dans leur parti.

Le château de Privas fut ravitaillé et ses murs réparés. Avant de partir, M. de Montmorency donna des ordres à ses officiers pour qu'ils protégeassent avec appareil la sortie de Mme de Chambaud ; elle fut escortée par des troupes nombreuses jusqu'au château de Boulogne, ainsi que par M. de Lestrange dont elle prit enfin le nom en toute liberté et à la face du ciel.

§ III. — *Suite de la guerre civile dans les Bouttières.* — *Siége et prise de Privas.*

La guerre civile des Bouttières ne finit pas avec le drame dont Paule de Chambaud était l'héroïne.

Les habitants de Privas, assujettis par le mariage de la dame de Chambaud au joug d'un seigneur catholique, en frémissaient d'indignation et de rage. Ils songèrent à s'affranchir de cette domination par la force ; en conséquence, une conjuration s'organisa parmi eux : ils firent venir secrètement d'Orange des munitions de guerre, puis ils creusèrent une mine sous la grosse tour du château, où le roi avait fait mettre garnison, la firent sauter en l'air, forcèrent le capitaine Saint-Palais à capituler, et rasèrent jusqu'en ses fondements le château féodal qui menaçait leur indépendance.

A cette nouvelle, un soulèvement général éclate en Vivarais : M. de Brison, l'amant dédaigné de Paule de Chambaud, descend du haut des Bouttières avec deux ou trois mille montagnards ; les communes catholiques sont mises à feu et à sang ; le vicomte et la vicomtesse de Lestrange sont bloqués dans leur château ; M. de Montmorency vient les secourir, mais les troubles de Montauban le rappellent en Languedoc, et la guerre civile se continue avec des chances diverses entre les deux partis.

A cette époque, les protestants de France, inquiets des dispositions de la cour à leur égard, avaient résolu de réunir tous leurs efforts, afin de rendre leur indépendance complète, ou d'obtenir de nouvelles garanties du maintien de l'édit de Nantes. Ils tendaient à créer dans l'état un état séparé, ayant ses divisions administratives, ses chefs religieux, civils et militaires; cet état protestant était divisé en huit cercles, ces huit cercles en seize provinces, et chacune de ces provinces en colloques.

Afin de donner de la consistance à cette organisation hardie, ils résolurent de choisir pour généralissime un seigneur puissant et habile qui fût en position de leur procurer les secours de la Hollande et de l'Angleterre; ils jetèrent les yeux, à cet effet, sur le duc de Bouillon.

On ne rencontrait pas alors, dans la haute noblesse, ce fanatisme religieux, cet enthousiasme ambitieux et guerrier, qui avaient signalé les déplorables règnes de Charles IX, de Henri III, et le commencement de celui de Henri IV. Malgré un repos de quelques années, il y avait encore de la lassitude et de l'épuisement chez ces puissantes familles, qui avaient tant travaillé à remuer le sol pour propager les idées des religionnaires, et peut-être pour constituer à leur profit une féodalité nouvelle. Aussi, le tiers état protestant, qui était alors ce qu'il y avait dans ce parti de plus énergique et de plus vital, ne rencontra que de la répulsion ou tout au moins de l'indifférence chez la plupart de ces grands seigneurs qui marchaient autrefois à sa tête.

Le duc de Bouillon ne voulut pas compromettre l'antique puissance de sa maison dans une entreprise qui lui paraissait hasardeuse et téméraire; il refusa le commandement qui lui était offert.

A défaut du duc de Bouillon, les colloques protestants songèrent à élire pour généralissime un homme qui devait à leur secte son élévation et sa haute fortune; qui s'était fait un marchepied du parti religionnaire pour arriver au faîte des honneurs et à une autorité presque souveraine dans son gouvernement de Dauphiné: cet homme était le maréchal Lesdiguières.

Mais la position sociale qui est notre ouvrage nous est souvent plus précieuse encore que celle transmise par nos aïeux ; on tient peut-être plus encore à la conserver pour soi et pour ses enfants: on ne veut pas risquer de perdre en un jour le fruit des travaux, des agitations, des périls de toute une vie. D'ailleurs, les biens chèrement achetés dans la jeunesse et la maturité de l'âge, on désire en jouir en paix dans la vieillesse. Presque tous les maréchaux et généraux de l'empire se battirent mollement pour Napoléon aux environs de Paris et à Waterloo (1); plusieurs d'entre eux travaillèrent même à assurer leurs fortunes personnelles en sacrifiant les intérêts de leur ancien chef quand ils prévirent sa chute. Lesdiguières traita de même la prétendue réforme, qui avait été sa nourricière et sa patronne ; il

---

(1) Un historien moderne a remarqué que deux généraux seulement se firent tuer à Waterloo.

repoussa le titre de généralissime des protestants de France : sa cupidité sut même résister à l'offre énorme de cent mille écus par mois, qu'on lui proposait pour appointements, ou, comme on dirait aujourd'hui, pour *liste civile*.

Ce poste brillant et dangereux ne fut donc donné à personne ; mais bientôt il fut habilement saisi par un chef secondaire, par le général élu pour commander seulement les troupes protestantes de la province du haut Languedoc.

Ce chef appartenait à la branche cadette d'une maison souveraine de Bretagne, qui se regardait comme injustement déshéritée de ses états par les rois de France. Illustre par sa race et puissant par sa fortune, il croyait être pourtant un prince déchu, et aspirait à recouvrer la splendeur de ses ancêtres. Nos positions, autant que nos caractères, servent à expliquer nos actions politiques.

Ce chef militaire était Henri, duc de Rohan, prince de Léon, descendant des anciens ducs de Bretagne. Par son génie pour la diplomatie, par son courage et par son talent pour la guerre, il donna une importance toute nouvelle à la révolte des protestants du Midi. Le soulèvement de Privas fut pour lui comme l'étincelle avec laquelle on met le feu à une longue traînée de poudre. Au commencement de l'année 1622, presque tous les réformés de l'ouest et du midi de la France prirent les armes pour demander la franchise de leur culte.

Le duc de Rohan mécontenta le comte de Châtillon (1), qui avait été nommé commandant d'une partie du Languedoc au même titre que lui, et qu'il voulait dominer. Il parvint cependant à lui faire reconnaître sa suprématie, en se faisant conférer, au commencement de 1622, le titre de *généralissime*, par l'assemblée générale des religionnaires tenue à Montpellier.

Le duc de Rohan vint plusieurs fois appuyer en personne les insurgés du Vivarais ; quand la paix fut conclue, au mois d'octobre 1623, il y fit comprendre Privas.

Pour cette fois, les Privadois s'en tiraient à bon marché : le fort de Toulon fut rasé, mais le château de Privas ne fut pas reconstruit. M. de Lestrange fut obligé, pour se faire rendre justice, d'actionner les consuls comme représentant la ville, et de se conformer à la lenteur des voies judiciaires.

Pendant les trois années qui suivirent, le Vivarais respira, pansa ses blessures, cicatrisa ses plaies ; il n'y avait pas une seule famille noble (2) qui n'eût eu quelque perte à déplorer. Mais bientôt on vit peu à peu les vêtements de deuil faire place aux habits de fête ; les gentilshommes de la contrée reprirent leurs vieilles habitudes de joyeuse vie, et on n'entendit bientôt plus parler que de banquets, de bals et de parties de chasse. L'ordre était rétabli et le brigandage partout réprimé par une

---

(1) Rohan et Châtillon sont les deux seuls grands seigneurs qui se soient mis, à cette époque, à la tête de la révolte protestante.

(2) *Commentaires du Soldat du Vivarais.*

justice sévère. Chacun, en jouissant de ce calme, ne se rappelait les troubles qui l'avaient précédé que pour les déplorer amèrement.

Cette paix si douce ne devait pourtant pas être durable. Dans le cours de l'année 1625, une certaine fermentation sourde se fit remarquer en Vivarais : les seigneurs des divers partis dérouillaient leurs armures et préparaient leurs munitions de guerre ; on faisait même dans les montagnes des enrôlements secrets.

Ces mouvements étaient fomentés par le duc de Rohan, qui travaillait encore à faire soulever tous les réformés du royaume ; il comptait sur des secours étrangers. Dans ce vaste plan de confédération, la Rochelle devait être un autre Amsterdam, et il aurait créé, pour lui et pour sa famille, un stathoudérat héréditaire (1).

Au signal donné, tous les protestants du midi de la France prennent les armes : ceux du Vivarais ne sont pas des derniers à combattre pour la liberté de conscience ; leur chef est toujours le courageux et cruel Brison.

Après des succès balancés, Rohan fait la paix avec Louis XIII : le monarque a consenti que le sujet discutât avec lui, et traitât presque d'égal à égal.

Cependant Brison, mécontent de cette paix, qu'il ne trouve pas encore assez avantageuse pour le Vivarais, et peut-être pour lui-même, continue de guerroyer quelque temps ; puis il fait avec Lesdiguières un accommodement particulier, où ses intérêts privés ne sont pas oubliés.

De semblables concessions devaient être et furent bientôt, en effet, suivies d'une insurrection nouvelle.

Très-peu de temps après, Brison périt victime d'une imprudence, non sur le champ de bataille, mais dans le tumulte d'une fête (2) ; il laissa à son frère, M. de Chabreilles, l'héritage du commandant des réformés du Vivarais.

M. de Rohan parut se méfier de ce chef nouveau : ses soupçons étaient fondés. On sut plus tard que dès lors Chabreilles, le *Marotto* protestant de cette époque, négociait sa défection avec le garde des sceaux Marillac, au prix de vingt mille écus.

Pendant ce temps, Louis XIII revenait du Piémont, à la tête d'une armée victorieuse, bien décidé à comprimer et à châtier la rébellion des religionnaires du Midi.

Le duc de Rohan, alors en Languedoc, s'alarme pour lui-même à cette nouvelle ; son inquiétude augmente quand il entend dire que le Vivarais est en voie de paci-

---

(1) La haute ambition du duc de Rohan ne pouvait se plier à la subordination d'une position secondaire. Quand il se réfugia à Venise, en 1629, il négocia avec le sultan la concession de la souveraineté de l'île de Chypre. Son projet était, après avoir été reconnu souverain de ce royaume, d'y attirer tous les protestants français, qui auraient joui, sous son sceptre, du libre exercice de leur culte.

(2) Il fut tué d'un coup de mousquetade dans un baptême, involontairement et par imprudence. Quelques auteurs protestants ont attribué cette mort à la perfidie homicide d'un catholique. Cette assertion ne paraît pas fondée.

fication et de soumission. A ce moment, plusieurs habitants de Privas viennent lui demander un chef et des renforts ; il comprend de quelle importance il est pour lui que cette ville offre aux armes royales une sérieuse résistance. Il avait besoin de quelque temps encore pour organiser ses moyens de défense dans le Languedoc, les Pyrénées et sur les rives de l'Océan ; l'Angleterre lui avait promis des secours, il voulait en attendre l'envoi. Il s'empresse donc d'obtempérer aux désirs des gens de Privas, si bien d'accord avec les siens propres, et il leur dépêche en toute hâte un capitaine dont il est sûr. Ce capitaine était Saint-André-Montbrun, gentilhomme de Dauphiné, et fils du célèbre Montbrun qui, à la tête de quelques huguenots, avait résisté successivement aux armées de trois rois, et avait expié sur l'échafaud sa dernière victoire remportée sur Henri III en personne. Le jeune Saint-André-Montbrun avait fait ses preuves personnelles au siége de Montauban ; quant à son ardeur et à sa fidélité, elles avaient pour garant la tête de son père.

Saint-André-Montbrun arrive à Privas ; il trouve les habitants indécis, les consuls découragés : on le laisse d'abord entrer seul dans la ville, en refusant d'en ouvrir les portes aux hommes d'armes qui l'accompagnaient; Saint-André insiste et obtient que sa petite troupe soit introduite auprès de lui, dans l'intérieur des remparts. Alors, les partisans de la paix appellent Chabreilles, qui se hâte d'accourir ; le conseil de la ville et celui de la province s'assemblent sous la présidence de ce seigneur : ils mettent en délibération si on ne donnera pas suite aux négociations commencées sous Louis XIII. Saint-André se rend au sein de ces réunions ; il montre ses lettres de créance signées par le duc de Rohan ; il déclare qu'il ne sortira pas de Privas sans l'ordre de son généralissime ; il ne cache pas que son intention est de combattre jusqu'à la dernière extrémité. La fermeté et la décision de caractère ont par elles-mêmes une autorité qui subjugue : le conseil de la ville approuve les courageuses résolutions de Saint-André; Chabreilles lui-même n'ose pas les combattre trop ouvertement; seulement, il demande à ne pas être renfermé dans la place, puisque Saint-André se charge de soutenir le siége, et il obtient du conseil le commandement de quinze cents hommes, avec lesquels il se charge de harceler les troupes royales dans les défilés des montagnes.

De cette manière il se préparait les voies à une plus facile défection.

Quant à Saint-André, il ne perd pas de temps ; il fait reprendre les travaux des fortifications, dont on ne s'était pas encore occupé. Grâces à ses soins, Privas, le fort Saint-André qui dominait Tournon-lès-Privas, Coux et le fort de Toulon, sont promptement mis en état de défense. Louis XIII fait de vains efforts pour le gagner ; il lui offre jusqu'à cent mille écus : l'intrépide huguenot repousse avec indignation ce marché honteux.

Privas, réuni par une ligne de remparts aux forts de Saint-André et de Toulon, offrait une vaste enceinte, coupée de gorges et de collines, que l'armée royale pouvait difficilement bloquer en entier. Les assiégés repoussent avec avantage les premières attaques; parmi les assiégeants, on a à regretter la perte du fils du duc de Montmorency.

Tournon-lès-Privas et le fort Saint-André sont emportés par les troupes du roi : alors, l'accès de Privas devient facile. Bientôt on apprend que tout ce qui était en état de porter les armes s'est réfugié au fort de Toulon; on n'avait laissé dans la ville que des malades, des blessés et des vieillards. Les femmes et les enfants, dès le commencement du siége, s'étaient réfugiés dans les montagnes des Bouttières.

Les deux régiments de la division royale entrent d'abord dans la ville avec lenteur et méfiance; puis, quand ils se sont assurés qu'ils n'avaient nulle embuscade à craindre, ils passent au fil de l'épée les malheureux qui n'avaient pu fuir, et se jettent dans les maisons pour se livrer au pillage. La ville est ensuite livrée aux flammes, et Louis XIII écrit à ce sujet au duc de Ventadour : « Quelques défenses que j'aie pu faire, et quelques soins que j'aie pu apporter pour que la ville ne fût brûlée, ayant éteint le feu par diverses fois, elle a été enfin toute consumée, et Dieu a voulu qu'elle portât des marques perpétuelles de sa rébellion. »

Le capitaine Chambaud, qui commandait le fort de Toulon, se sent saisi de terreur : il tâche de s'évader pendant la nuit pour gagner les bois avec mille des siens; M. de Lestrange, à la tête de son régiment, les refoule dans le fort, après leur avoir tué deux cents hommes.

Saint-André-Montbrun veut aussi entrer dans Toulon; mais les principaux habitants de Privas, qui y avaient cherché un asile, lui en font refuser la porte, comme au coupable auteur de leur révolte et de l'extrémité à laquelle ils sont réduits.

Pressé de tous côtés par les troupes du roi, injurieusement repoussé par les siens, Saint-André sent faillir enfin son superbe courage. Il descend au pied du coteau, se rend aux premiers postes de l'armée royale, demande le capitaine Louville, et sollicite la faveur de se jeter aux pieds du roi pour implorer sa clémence. Le roi refuse de le voir et le fait mettre entre les mains du grand prévôt, puis on le force d'inviter par écrit le commandant du fort de Toulon à se rendre; on l'envoie lui-même en personne, sous bonne escorte, jusqu'au pied du fort, et ce même Saint-André, qui avait soufflé dans les cœurs de ces malheureux le feu du fanatisme et de l'insurrection, les engage maintenant à recourir, comme il l'a fait lui même, à la miséricorde du roi.

Grâce à cette démarche, Saint-André-Montbrun obtient la vie sauve; on se contente de l'enchaîner et de le jeter dans les cachots de la tour de Crest.

Quant aux assiégés du fort de Toulon, ils se décident enfin à ouvrir leurs portes : les troupes du roi s'y précipitent en foule. Tout à coup, une barrique de poudre (1)

---

(1) Le cardinal de Richelieu, dans son compte rendu à la reine mère, dit qu'un huguenot de Privas, ap-

prend feu et fait explosion. Plusieurs soldats et quelques rebelles sont tués ou mutilés ; les vainqueurs crient à la trahison, et commencent à massacrer les assiégés, qui venaient de se rendre à discrétion. Leurs officiers veulent en vain arrêter le carnage : heureusement une autre influence se présente, et réclame en faveur de l'humanité avec plus de force et de puissance.

Dans ces siècles où il y avait encore de la foi, comme le prouve l'abus même qu'en faisait le fanatisme, il existait une autorité que respectait le soldat catholique au-dessus de toute autre autorité, une voix qu'il écoutait encore, lors même que l'ivresse du sang fermait son oreille à la voix de son général : c'était l'autorité du prêtre, c'était la voix de son aumônier. La discipline de la religion, fondée sur des bases purement morales, avait encore plus de puissance que la discipline militaire, qui règne par la force brutale et l'intimidation matérielle. Au bruit de la détonation et à la nouvelle du carnage, les aumôniers des régiments royaux accoururent parmi les ruines fumantes du fort : ils se jettent entre les vainqueurs irrités et les vaincus au désespoir ; ils font de leurs manteaux de prêtres une égide inviolable aux huguenots qui les implorent : les mains sanglantes des massacreurs s'arrêtent devant ces sauvegardes de la charité.

Cependant le mal avait été grand avant l'arrivée secourable de ces ministres de miséricorde ; plus de sept cents hommes des Bouttières avaient été tués pendant ou après le combat. La justice royale, qui, dans les premiers moments, prit la ressemblance de la colère, ordonna d'attacher au gibet cent insurgés faits prisonniers ; enfin il y en eut cent autres qui furent envoyés aux galères, et cela fut appelé de la clémence !

L'intervention des ministres de la religion ne fut pas aussi efficace auprès du roi qu'auprès des soldats de son armée ; elle le trouva inflexible. Louis XIII fulmina contre Privas une sentence d'extermination ; il promulgua une déclaration portant que « tous les habitants de Privas qui étaient demeurés dans cette ville pendant le siége encourraient les peines portées par les lois, et notamment la confiscation de leurs biens. » Il fut décidé que tous ceux qui auraient souffert des pertes ou rendu des services seraient indemnisés sur les biens confisqués. A ce titre, M. de Lestrange obtint presque tout l'emplacement de la ville, *le tout sans aucun espoir de*

---

pelé Chamblanc, qui s'était toujours opposé à ce qu'on se rendît à discrétion, mit le feu aux poudres en s'écriant : « Il vaut mieux être brûlé que pendu. » Soulié, prêtre de Viviers, dit la même chose dans son *Histoire du calvinisme*. Mais le duc de Rohan écrit dans ses mémoires : « Ceux de l'armée du roi qui étaient entrés dans le fort mirent le feu aux poudres, afin d'avoir un prétexte de faire main basse sur les assiégés, comme il leur avait été commandé. » Cette dernière version n'est guère probable : des vainqueurs ne compromettent pas leur propre vie pour avoir un prétexte de ne pas épargner des vaincus. La lettre de Louis XIII au duc de Ventadour présente les faits de la même manière que celle du cardinal Richelieu.

révocation. Le fort de Toulon fut conservé, et le commandement en fut donné à M. de Lestrange avec une forte paie.

M. de Chabreilles figura en tête d'une liste d'amnistiés, parmi lesquels nous remarquons les noms de MM. Lagarde, René Ladreyt, Léglise et Dussollier.

On démolit les fortifications de Privas; ses maisons furent désertées et tombèrent en ruines : elles n'eurent plus pour habitants que des prostituées et des voleurs, échappés au massacre de 1629 et à la peste de 1630.

Les habitants de Privas, dispersés sur les montagnes d'alentour, erraient tristement autour de ces décombres; ils célébraient leur culte proscrit au milieu des bois et au fond des cavernes. Dans leurs cantiques sacrés, ils se comparaient aux Juifs pleurant sur les ruines de Jérusalem.

M. de Lestrange, quoique dédommagé largement de ses pertes par de lucratives confiscations, ne craignit pas d'assigner devant les tribunaux les misérables restes de cette population persécutée, pour lui redemander le prix de son château détruit en 1621.

C'était pousser l'oppression au point où elle semble appeler nécessairement l'intervention de la justice humaine ou divine. L'excès des maux en amène le terme.

§ VI. — *Conjuration du duc de Montmorency dans ses rapports avec le Vivarais. Rôle qu'y joue M. de Lestrange.*

Gaston d'Orléans, frère du roi Louis XIII, ne cessait d'intriguer et de conspirer dans l'ombre. Assuré d'une impunité qu'il achetait au prix des têtes de ses partisans, il se jetait dans des tentatives insensées où le danger n'était pas pour lui. En 1632, il parvint à entraîner dans une conjuration follement conçue et inhabilement concertée un homme qui avait jusque-là porté un noble nom, le duc de Montmorency, gouverneur du Languedoc. Henri de Montmorency avait cette bravoure chevaleresque, ces qualités brillantes qui captivent les grands, et cette affabilité, cette générosité qui séduisent le peuple. Depuis les campagnes qu'il avait faites en Vivarais, il avait entretenu avec ce pays de fréquentes relations. Il (1) allait souvent passer des semaines entières au château de Vogüé ou dans celui de Boulogne, chez M. de Lestrange; là, les seigneurs du pays venaient lui faire leur cour, et, comme tous ceux qui avaient pu l'approcher et le connaître, ils ne pouvaient s'empêcher d'obéir au charme irrésistible de ses manières. Lorsqu'il se fut résolu d'embrasser le parti du duc d'Orléans, ou plutôt, comme il le disait, de combattre pour le roi contre le

---

(1) Ces détails sont tirés de mémoires inédits de Cerite-François, comte de Vogüé.

cardinal de Richelieu, il se rendit en Vivarais et, sous le prétexte d'une partie de chasse, il rassembla dans la forêt du Bousquet, entre Vogüé et Aubenas, tous les seigneurs et gentilshommes qu'il croyait lui être le plus dévoués. Là, il leur exposa, avec l'éloquence naturelle qui le caractérisait, le projet qu'il avait conçu de chasser un ministre indigne de la confiance du roi, violateur des priviléges des provinces (1), persécuteur de la noblesse et tyran de la nation tout entière. « En est-il un seul parmi vous, s'écria-t-il, qui refuserait de s'associer à cette généreuse entreprise? » Puis, il tira de sa cassette une espèce de manifeste qu'il leur montra, signé déjà par quelques évêques et par quelques seigneurs du Languedoc; il leur proposa de mettre leurs noms à la suite de ceux de ces courageux défenseurs des libertés et des priviléges de tous les Français. Alors le vieux comte de Vogüé, qui venait de recevoir le maréchal dans son château, et qui était son aîné non moins que son hôte, se lève gravement et demande à parler; chacun écoute le vénérable vieillard dans le silence du respect et de l'inquiétude : « En toute autre occasion (2), Monseigneur, dit-il au duc de Montmorency, je sacrifierais avec empressement pour vous mes biens et ma vie; mais vous me demandez de vous suivre dans une entreprise que je crois opposée à mon devoir...... comme à vos propres intérêts, monsieur le Maréchal : permettez-moi donc de vous refuser dans ce but le secours de mon bras. Plaise à Dieu que vous ne compromettiez pas, par votre témérité, votre honneur, votre existence, la fortune de votre famille! » Montmorency allait répondre, quand le vicomte de Lestrange se leva impétueusement : « Arrière, s'écria-t-il, les vains scrupules et les timides hésitations! N'attendons pas dans nos demeures les sbires et les bourreaux. Richelieu veut nous ôter les priviléges achetés de notre sang et de celui de nos pères, nous mettre à la taille (3), nous faire condamner, comme le peuple, par des juges de second ordre, nous traiter enfin comme des serfs et des vilains; et si nous résistons, nous devenons suspects de lèse-majesté! Il faut, répète-t-il souvent, que ces têtes altières se courbent ou qu'elles tombent. Mort non Dieu (4)! elles ne se courberont pas; elles se relèveront plus fières que jamais quand nous aurons vengé nos droits avec l'épée et fait rentrer cet insolent abbé dans la poussière, d'où il est sorti! » Presque tous les assistants applaudirent à ces paroles et jurèrent de suivre leur bien-aimé gouverneur partout où il voudrait les conduire. Le comte de Vogüé, triste et morne, s'approcha du maréchal, lui fit ses adieux en lui serrant la

---

(1) Richelieu venait de demander aux états du Languedoc l'abandon de leur vieille juridiction financière.
(2) Ces paroles sont extraites du mémoire déjà cité.
(3) Ces griefs furent reproduits en 1641 par le comte de Soissons.
(4) Pierre Marcha, *Commentaires du soldat du Vivarais*.

main silencieusement, et voulut en vain lui cacher une larme qui tomba sur sa moustache blanche; puis il se retira, accompagné de deux ou trois gentilshommes. Les autres signèrent le manifeste du duc de Montmorency, qui partit le soir même pour Montpellier.

Depuis la prise de Privas, Lestrange était devenu le seigneur le plus puissant du Vivarais; les plus grandes maisons du pays recherchaient l'appui de son crédit et de son autorité. Son père et lui avaient été les chefs les plus ardents et les plus opiniâtres du parti qui avait triomphé; on s'était accoutumé à suivre leur impulsion, à leur obéir, comme aux représentants de la cause même de Dieu. Il semblait qu'un signal parti des tours de Boulogne devait réunir sous leur bannière tout ce qui portait un sabre, tout ce qui avait un cœur de soldat.

Exalté par sa haute position, d'un caractère bouillant et présomptueux, Lestrange croyait que rien ne pouvait lui résister. Séduit par les illusions du duc de Montmorency, il s'imaginait que, sur les divers points de la France, des seigneurs puissants s'étaient coalisés contre le cardinal, et qu'ils étaient disposés à jouer comme lui à quitte ou double avec l'ennemi commun de leur caste. Mais l'aristocratie française, abaissée par Louis XI, décimée par les guerres nationales, ruinée par les discordes civiles, ne ressemblait plus à celle qui avait donné le sceptre à Hugues Capet, et, plus tard, chassé les Anglais du pays: elle n'était plus assez forte pour imposer à Louis XIII une grande charte, comme autrefois les barons anglais au roi Jean; du reste, si cela avait pu se faire, on ne peut méconnaître qu'une révolution aristocratique, où les intérêts populaires eussent été convenablement ménagés, aurait retardé indéfiniment la révolution démocratique qui éclata cent soixante ans après.

Quoi qu'il en soit, Lestrange tint loyalement la parole donnée à Montmorency: il remua presque tout le Vivarais et parvint à réunir une petite armée, où figuraient de vieux vétérans de la guerre civile, s'empara de plusieurs places fortes au nom du duc d'Orléans, occupa Tournon-lès-Privas, et reçut de nombreuses adhésions de plusieurs barons et seigneurs du voisinage.

Ainsi, ce nom, qui avait été si longtemps la terreur de révoltés, se trouvait placé à la tête d'une révolte contre le pouvoir légitime.

En apprenant cette nouvelle, le maréchal de la Force, qui se trouvait au Pont-Saint-Esprit, à la tête de l'armée royale, s'empresse d'envoyer un de ses officiers avec quelques troupes dans le haut Vivarais, pour étouffer à sa naissance une si menaçante insurrection. Il fait appeler sous ses drapeaux les bannis dispersés dans les forêts et sur les montagnes: il ne pouvait être bien difficile d'échauffer leurs vieux ressentiments contre leur ancien seigneur. L'enthousiasme de la vengeance et de la haine devient la garantie de leur fidélité envers Louis XIII: on les arme, on les enrégimente, on les fait marcher contre Lestrange, qui s'était enfermé dans les remparts de Tournon-lès-Privas. Le 19 août 1632, l'assaut est livré; Lestrange se défend avec le courage du désespoir, mais il est blessé, il succombe et ses anciens vassaux s'emparent de sa personne : ils l'auraient sur-le-champ massacré, mis en pièces, si le commandant des troupes royales n'avait pas eu mission de le réserver pour le supplice; mais ils obtiennent du moins de lui faire expier, à force d'outrages, une partie de leurs maux et de leurs humiliations passées. Ils l'entraînent, garrotté comme un malfaiteur, sur les décombres amoncelés de Privas; là, ils lui reprochent d'avoir été cause de leur longue misère, de la ruine de leur ville, du carnage de leurs proches; ils lui prodiguent les plus sanglantes injures, les plus grossières dérisions; enfin, ils le dépouillent de ses vêtements et lui donnent le *fouet* sur la place publique...... Quelle ignominieuse torture pour le fier et intraitable baron! Combien ce supplice devait lui être plus dur que l'échafaud!

Peu de temps après (1), Lestrange est décapité sur la place du Pont-Saint-Esprit, et Montmorency périt de la même manière à Toulouse.

Singulières vicissitudes de la fortune! Pendant que ces généraux catholiques, anciens vainqueurs des huguenots insurgés du Midi, mouraient condamnés au supplice par la justice du roi, le duc de Rohan remplissait, au service de Louis XIII (2), les plus hauts emplois diplomatiques et militaires, et Saint-André-Montbrun, échappé des prisons de Crest, puis rentré en grâces auprès de la cour, obtenait des grades élevés dans l'armée, contribuait à la prise de Casal dans le Milanais, et enfin se faisait nommer, avec l'agrément de Louis XIV, généralissime des troupes de la république de Venise.

Quant à un autre personnage que nous avons vu figurer dans cette histoire, Mme de Chambaud, baronne de Lestrange, les traditions locales rapportent qu'elle ressentit si vivement le contre-coup des outrages, du supplice et peut-être des remords de son époux, qu'elle alla bientôt le rejoindre dans la tombe.

Les habitants de Privas, en récompense de leur victoire sur le baron de Lestrange, furent réintégrés dans leurs terrains et leurs propriétés, ainsi que dans leurs anciens priviléges municipaux; une transaction faite avec leur nouveau seigneur n'évalua qu'à 60,000 fr. le prix de ce château, dont la destruction avait attiré sur

---

(1) Lestrange, après avoir passé quinze jours au fond d'un cachot, dans les prisons du Saint-Esprit, fut jugé et condamné à mort par une commission militaire ou chambre ardente que présidait M. de Machaut, intendant de justice. Il périt le 6 septembre 1632.

Le mémoire signé *au Bousquet* fut saisi dans la cassette du duc de Montmorency : les signatures qui y furent trouvées servirent de pièces de conviction contre plusieurs gentilshommes, et donnèrent lieu à la ruine de quelques grandes maisons.

(2) En 1632, M. le duc de Rohan fut nommé ambassadeur de France en Suisse et chez les Grisons; plus tard, il servit contre les impériaux, sous le duc de Saxe-Weymar, et fut blessé à mort à la bataille de Rhinfeld. Il fut enterré à Saint-Pierre-de-Genève, où on lui éleva un beau tombeau de marbre.

eux tant de désastres. Peu à peu les maisons de la ville se relevèrent de leurs ruines : l'industrie et le commerce prirent racine dans ce sol sillonné par tant d'orages ; la culture du mûrier vint parer et enrichir les coteaux des vallons voisins ; les campagnes des Bouttières, autrefois sauvages et désertes, se couvrirent successivement de fabriques riches et animées ; enfin, comme pour achever la réparation des excessives rigueurs d'un autre temps, Privas, la ville jadis proscrite, est devenue de nos jours la florissante capitale du département de l'Ardèche, qui correspond à l'ancien Vivarais.

Bays-sur-Bays.

BAYS-SUR-BAYS désignait le château qui dominait la ville et qui portait le même nom. Bays (1) était au nombre des places riveraines du Rhône que revendiquait le Dauphiné, et dont la possession fut l'objet de procès nombreux entre cette province et celle du Languedoc (2). Les réclamations des états de Languedoc, à cet égard, finirent par leur faire obtenir gain de cause.

Bays fut occupé par l'amiral de Coligny, en 1570, et les religionnaires y mirent garnison ainsi qu'au Pouzin et à la Voulte, pour s'assurer le passage du Rhône. En 1575, vers la fin du mois d'avril, le duc d'Uzès fit à Bays les honneurs d'un siége dans toutes les règles. Pierregourde, informé que les catholiques allaient investir cette place, y avait jeté cent cinquante hommes.

---

(1) Bays est à une demi-lieue du Pouzin, en descendant le Rhône.

(2) Sur les rives du Rhône, Crussol, Charmes, la Bâtie, Saint-Marcel-de-Crussol, Solignac, Soyons, le Pouzin, Bays, Rochemaure, le Theil, et, dans les vallées latérales, Chalençon, Durfort et Saint-Fortunat, faisaient partie, au quatorzième siècle, des comtés de Valentinois et de Poitiers. Quand le comte Louis II de Valentinois mourut, il institua le dauphin Charles son héritier, par son testament fait à Bays le 14 juin 1410. Au mois d'août 1636, Louis XIII déclara soumettre à la sénéchaussée de Beaucaire tout le Vivarais. Son édit commence ainsi : « Attendu que plusieurs terres ont été ci-devant dans la dépendance des dauphins et des comtes de Valentinois, et qu'encore aujourd'hui quelques-unes des places qui sont au long du Rhône, du côté du Vivarais, relèvent de la justice ordinaire du sénéchal du Valentinois, etc. »

Mémoire de Chaix de Loche pour le conseil d'état, dans l'intérêt de la province du Dauphiné (1660-1680). Voir aussi l'*Histoire du Languedoc*, tom. V, pag. 72.

L'artillerie du duc ne tarda pas à faire une brèche aux murs de la ville; alors la garnison se retira dans le château : elle y fut aussitôt attaquée. Les arquebusades du fort firent perdre beaucoup de monde aux catholiques, qui étaient encore assaillis par les protestants, du côté de la campagne. Dans une sortie qui eut lieu le 25 mai, un mois après le commencement du siége, la garnison des forts s'empara de l'artillerie du duc d'Uzès; celui-ci ne vint à bout de la reprendre qu'après des combats meurtriers. Il renonça enfin à réduire ces forts et il leva le siége; mais avant de se retirer, il fit démolir les maisons des deux tiers de la ville, et il fortifia l'autre tiers, afin d'y loger quelques compagnies de gens de pied pour protéger le passage du Rhône.

Lors de la paix de Nérac, en 1571, Bays fut l'une des deux ou trois villes accordées aux protestants comme places de sûreté. Dans les dernières guerres de religion, le maréchal de Lesdiguières, pour le roi; le duc de Rohan, au nom du parti dont il s'était fait le chef, prirent et reprirent tour à tour Bays-sur-Bays.

Bays fut à cette époque le théâtre d'une scène de travestissement impie, qui rappelle celle dont Paris fut témoin en 1831, après le pillage de l'archevêché. « Un vice-légat d'Avignon ayant été envoyé par notre saint-père le pape nonce en Pologne, des huguenots de Bays, informés qu'il passait en Dauphiné, traversèrent le Rhône et pillèrent ses hardes et bagages. En retournant à leurs logis, ces *canailles (sic)* s'habillèrent des habillements pontificaux et sacerdotaux volés au vice-légat et aux ecclésiastiques de sa suite, et, ainsi vêtus, avec des propos insolents, des chants et des cris horribles, ils firent leur entrée à Bays (1). »

Il y a encore aujourd'hui un grand nombre de protestants à Bays et au Pouzin.

Cruas.

Environ à trois quarts de lieue de Bays, Cruas frappe les regards du voyageur. Sur un coteau peu élevé, la vieille abbaye fortifiée étale ses hautes murailles : on ad-

---

(1) Manuscrit du chanoine de Banne, cité par M. de la Boëssière dans les *Commentaires du Soldat du Vivarais*.

mire les arceaux hardis qui y sont suspendus, et qui forment, autour des trois façades du donjon, de gigantesques machicoulis; deux grandes tours en défendent l'entrée du côté de l'ouest, et semblent défier la montagne voisine qu'elles regardent en face; puis les remparts flanqués de bastions suivent la ligne du coteau; enfin, au-dessous de la route et en dehors des vieilles fortifications, s'élève la belle église de Cruas, curieux échantillon de l'architecture romane du dixième siècle.

Si la Voulte offre encore dans sa physionomie générale quelque chose de la féodalité guerrière du moyen âge, Cruas offre un type non moins bien conservé de la féodalité monastique.

Ce donjon élevé, dont la porte basse est défendue par un tel luxe de fortifications, contient à son rez-de-chaussée une chapelle voûtée dont le chœur est encore très-bien dessiné; mais à la place où était sans doute une petite fenêtre qui dominait l'autel, on a fait une large brèche pour le passage des villageois, qui se sont ménagé de nombreux réduits dans les recoins obscurs du vieux monastère. Deux étages voûtés étaient superposés à la chapelle; la terrasse du second, d'où l'on se défendait à l'aide de machicoulis, est entièrement détruite. Des cheminées appendues au mur témoignent qu'on habitait, sinon au-dessus du sanctuaire, au moins au-dessus de la nef de la chapelle. Le premier étage n'était éclairé que par des meurtrières en guise de fenêtres.

Des restes informes de fresques s'aperçoivent encore dans une salle à droite de la chapelle; c'était, dit-on, de fort belles peintures qui ornaient le plafond voûté et représentaient les douze apôtres.

D'après l'aspect actuel du donjon, on serait tenté de croire que l'entrée de la chapelle était en même temps l'entrée principale du monastère ou fort Lamothe; mais les traditions du pays, que confirme l'aspect des lieux, portent à penser que le fort était entouré par une triple enceinte de murailles. On voit encore, sur la droite de la chapelle, une espèce de préau qui devait être renfermé dans cette enceinte; par là, on communiquait sans doute avec les cloîtres et les autres bâtiments du monastère.

L'intérieur du fort contenait, non-seulement l'abbaye proprement dite, mais encore les demeures des vassaux de l'abbé. Plusieurs des portes fortifiées qui y conduisaient sont encore debout : sur la gauche de celle du nord, on remarque une espèce de colonne gothique grossièrement sculptée qui supporte une croix; enfin, près de cette croix et dans toute la partie des remparts qui faisaient face au Rhône et qui règnent aujourd'hui au-dessus de la route, s'étend un chemin couvert et voûté, percé de meurtrières, et revêtu de distance en distance d'énormes contreforts ou tours carrées, qui étaient saillantes en dehors.

Dans la chapelle, nous avons remarqué deux pierres tumulaires, qui sans doute y ont été apportées d'un lieu voisin; elles sont romaines, et ont été érigées par un certain Marpescius à la mémoire de son frère, qui était gouverneur de Lyon.

L'origine de l'abbaye de Cruas remonte aux règnes de Pepin et de Charlemagne. Elle fut fondée, vers l'an 780, par Eribert, père d'Elpodorius, comte du Vivarais. On la construisit sur un terrain inculte et désert qui faisait partie du domaine impérial. Sous le règne de Louis le Débonnaire, le comte Elpodorius demanda à cet empereur de daigner étendre ses bienfaits sur le monastère de Cruas. Louis (1), ce pieux élève du toulousain saint Guillaume, semblait appelé, par sa dévotion un peu ascétique, à protéger particulièrement les monastères; il se rendit donc avec empressement au vœu de son *comte* du Vivarais : il déclara que ses vœux lui paraissaient devoir être agréables au Seigneur; il décréta (2) que les moines de Cruas seraient soustraits à la juridiction du juge public, qu'ils ne seraient soumis à aucune charge, et que leurs hommes, tant ingénus que serfs, ne pourraient être requis pour le service militaire ni être tenus de s'en racheter. En conséquence, il défendit à ses fidèles ou leudes, et à ses délégués ou *missi dominici*, de troubler en aucune manière ces religieux; il ordonna enfin que le monastère de Cruas jouirait d'une *tranquillité* à laquelle nul ne pourrait porter atteinte. Immense bienfait, si, dans ces temps de désordres, de pareilles garanties eussent été inviolables! Mais ce même monarque, qui stipulait pour de pauvres solitaires la paix et le repos, ne put avoir ni paix ni repos pour lui-même!

L'église de Cruas, qui est maintenant l'église paroissiale du village, a été construite un peu après l'abbaye; on en attribue la fondation à dame Gotolinde, vers 970 (3).

La porte et la façade extérieure portent bien l'empreinte de l'architecture de ce temps; il est à regretter que les sculptures gothiques de cette fenêtre soient mutilées et que l'église elle-même soit à demi enterrée. Il faut descendre pour y entrer, mais on est encore plus désagréablement surpris, en pénétrant sous le porche intérieur, de voir les beaux piliers à plein cintre qui le soutiennent, disparaître dans le sol à la moitié ou au tiers de la hauteur que supposent leurs proportions. Les ornements des chapiteaux, vus de trop près, semblent grossiers. La nef et les bas côtés, où régnaient (4), sur deux rangs, des colonnes de même espèce, ont éprouvé le même sort; la voûte, qui était également cintrée et d'une grande élévation, perd aussi de son effet par le rapprochement du sol de l'édifice.

---

(1) Louis le Débonnaire avait dans sa religion la ferveur du Midi et la candeur du Nord, dit M. Michelet.

(2) *Histoire du Languedoc*, tom. 1er, pag. 466, et, *aux preuves,* pag. 50. On peut voir aussi, *aux preuves* du tome 2me, une charte du roi Boson en faveur de l'abbaye de Cruas, à la date de l'année 880.

(3) C'est en cette année 970, que l'archevêque d'Arles Icterius fit au monastère de Cruas sa visite de pasteur et de métropolitain. Une dame du pays, *Gotolinde*, qui avait fait rebâtir l'église de Cruas, pria ce prélat de la consacrer sous l'invocation de saint Michel ; Icterius consentit à le faire, à condition que Gotolinde doterait cette église suivant les canons. Cette dame donna enfin à l'église de Viviers plusieurs de ses biens situés dans le *comté de Viviers*, et entre autres à Bays, et l'archevêque fit la cérémonie de la consécration. Cet acte est daté du 21 septembre, trentième année du règne de Conrad. (*Histoire de Languedoc*. par don Vic et don Vaissette, tom II, pag. 100.)

(4) L'église est en forme de croix avec trois autels dans des absides séparées.

L'exhaussement du terrain est dû aux inondations successives d'un torrent supérieur, qui souvent encore jette ses eaux et son gravier sur le cimetière et sur les dalles presque toujours humides de l'église. On va enfin canaliser les eaux de ce torrent; par là, on préservera les champs inférieurs de trop fréquents ravages, et on sauvera un beau monument d'une ruine totale.

En entrant dans l'église, on remarque sur la gauche une tombe gothique ; un guerrier est étendu depuis des siècles sur cette couche de pierre : c'est Adhémar de Poitiers Valentinois, fondateur de Rochemaure et de Montélimart (1). Une inscription en caractères gothiques du onzième siècle le prouve expressément ; elle est ainsi conçue :

HAC JACENT IN FOSSA ADHEMARTIS COMITIS OSSA,
NOBILIS ET POTENS VIRILITATE SUA.

Cette poésie est barbare et grossière comme la sculpture qui la surmonte.

Dans une des cours, à droite de l'église, se trouve une autre statue couchée sur une pierre tumulaire à demi brisée; c'est celle d'un abbé revêtu de son étole et de ses ornements sacerdotaux.

On descend dans l'église souterraine par un escalier étroit et rapide ; on retrouve sous le porche la base des quatre colonnes supérieures à demi-engagées dans le mur (2). Quand on fit le pavé actuel de l'église, on l'appuya sur des voûtes que soutiennent une foule de colonnettes, dont les chapiteaux de fantaisie diffèrent tous les uns des autres : sur les uns, on a sculpté des feuilles d'acanthe; sur d'autres, des feuilles de chêne; quelques-uns représentent des pélicans, d'autres des oiseaux de proie, d'autres de timides colombes qui becquètent le grain déposé dans leurs mangeoires.

Cette variété de dessins était dans le goût de l'Orient; le délicieux cloître de Montréal, en Sicile, en est un exemple célèbre : ce serait donc plutôt au treizième siècle qu'il faudrait rapporter l'ornementation de cette portion souterraine de l'église de Cruas.

Mais il y a une autre chapelle souterraine séparée par un mur épais de celle que nous venons de décrire; celle-là est dans toute la simplicité du style roman, et elle nous paraîtrait dater d'une époque plus rapprochée de celle de la construction de l'église elle-même. Elle est placée sous le chœur, et le chœur, à cette époque, était souvent élevé sur des marches nombreuses qui le séparaient de la nef. Aujourd'hui,

---

(1) Voir l'article suivant sur Rochemaure.

(2) Par conséquent, l'église avait été autrefois assise sur le sol même qui supporte la base de ces colonnes ; elle fut coupée en deux étages pour remettre le sol de l'étage supérieur au niveau du terrain élevé par les eaux. Lors de la fameuse inondation de 1840, le curé de Cruas eut le courage d'aller à travers les eaux, qui remplissaient déjà l'église, chercher les saintes hosties et les vases sacrés. Son dévouement fut couronné de succès ; il en a été récompensé par la croix d'honneur.

le chœur n'a plus que deux marches, qui auront bientôt disparu à leur tour sous l'exhaussement successif du reste de l'église; mais il y en avait un plus grand nombre dans le principe, et il ne serait pas improbable qu'on eût creusé un caveau sous le sanctuaire pour les sépultures privilégiées. Ce caveau, agrandi plus tard, serait devenu la crypte actuellement existante.

Les sculptures des fenêtres de l'église, et en particulier celles de la rosace au-dessus du portail, doivent avoir été endommagées et brisées dans le temps des guerres de religion. A cette époque, Cruas fut regardé comme une place catholique, de même que Bays et le Pouzin étaient regardés comme des places calvinistes. En 1584 ou 1585, les huguenots, dit le chanoine de Barne, assiégèrent cette abbaye; Etienne Déodel, évêque de Grasse et abbé de Cruas, se défendit avec un courage héroïque, ainsi que tous les religieux de son couvent.

Les assiégeants firent d'abord jouer une mine contre une tour du fort, qui était attenante au monastère; la mine renversa la tour et ils pénétrèrent dans le fort par la brèche que laissa cette ruine : ils enfoncèrent ensuite, au moyen d'un pétard, la première porte du château. Arrivés ainsi dans la première cour intérieure des bâtiments, ils appliquèrent le mantelet contre les premières murailles du donjon, pour se mettre à l'abri des coups d'arquebuse et de la grêle de pierres dont les accablaient l'évêque et les moines; puis, ils reprirent l'offensive en tirant sur les assiégés sans être vus et sans se découvrir.

Les moines repoussèrent cette attaque par de nouveaux moyens : ils enduisirent de poix des cordes, des fagots de sarment et d'autres matières combustibles, et, après avoir brisé à coups de pierres les toits qui couvraient les chambres d'où les ennemis tiraient sur eux, ils y jetèrent des matières enflammées qui y mirent le feu; d'un autre côté quelques-uns des religieux, les plus forts et les plus robustes, firent tomber deux gros chapiteaux de pierre sur le mantelet. Dans ce moment, un groupe de huguenots, qui se croyaient bien en sûreté sous cet abri, s'occupaient à attacher un pétard à la porte du donjon; ils furent tous écrasés sous le poids du mantelet qui s'écroula et se brisa sur eux.

Les assiégeants se trouvèrent alors à découvert dans la cour, où les moines ne cessaient de faire pleuvoir des pierres et des tuiles; ils prirent alors le parti de se retirer en laissant une douzaine des leurs sur la place.

C'est ainsi que la victoire couronna les bonnes dispositions prises par l'évêque Déodel, transformé en général, et la bravoure opiniâtre des moines devenus en un moment des militaires consommés. Mais ils eurent à combattre bientôt après un ennemi contre lequel toutes les armes étaient impuissantes, la peste, que les protestants laissèrent dans le village de Cruas : l'évêque Déodel fut atteint de la contagion, et mourut peu de temps après le siége glorieux qu'il avait soutenu contre les religionnaires.

En 1628, les religieux de Cruas défendirent encore victorieusement leur monastère contre les efforts réunis de M. de Chabreilles et du duc de Rohan.

Mais ces religieux, à ce qu'on assure, ne surent pas aussi bien se défendre contre l'invasion de l'esprit du siècle; la révolution, qui ne savait réformer qu'en détruisant, supprima leur ordre et confisqua leurs biens. Le monastère n'est plus maintenant qu'un monceau de ruines.

Meysse. — Rochemaure. — Le Theil.

Meysse, situé à trois quarts de lieue de Cruas, est un village riche et industrieux, où on exploite des carrières de pierres à fusil. A deux lieues au-dessus, dans les montagnes, au milieu de la vallée de Saint-Martin, on remarque le pittoresque château de Pampelonne, bâti sur le penchant d'une montagne volcanique. La famille de Pampelonne a eu quelques-uns de ses membres qui se sont distingués par des faits d'armes brillants dans le temps des guerres de religion.

A une demi-lieue au delà de Meysse, on aperçoit une grande butte de basalte, surmontée d'une espèce de fort; tout auprès on voit le bourg de Rochemaure et son château posé hardiment sur des rochers escarpés. Ce château, quand nous l'avons aperçu, élevait, au-dessus des rochers volcaniques qui lui servent de base, ses murs sombres, bâtis eux-mêmes en basalte; il se détachait sur l'azur du ciel, inondé des rayons du soleil couchant : on eût dit qu'il avait été jeté par les mains des génies sur ces cimes inaccessibles. La forteresse qui s'élève du côté du nord-est enferme encore de petites cabanes qui se sont adossées à ses pans de murailles colossales; elle semble séparée par d'infranchissables abîmes du château proprement dit, et surtout du donjon, qui se dresse fièrement sur un roc géant taillé à pic de tous les côtés. Autrefois, des galeries construites avec une merveilleuse audace joignaient ensemble les divers corps de bâtiments et formaient des ponts sur ces précipices; aujourd'hui, la nature vaincue reprend peu à peu ses droits : l'abîme engloutit tous les jours quelques pierres de ces pans de murs à demi écroulés qui conduisent au donjon. Nous voulûmes pourtant pénétrer jusque dans cette espèce de sanctuaire inaccessible, protégé par l'épouvante et le vertige qui en gardent les approches; pour accomplir ce projet, il nous fallut passer sur une vieille muraille construite sur un précipice de deux cents pieds : une pierre qui se serait écroulée sous nos pieds nous aurait fait payer cher notre imprudente curiosité. Au-dessus de cet étroit et difficile passage, se trouve la naissance de l'escalier, qui a quatre-vingts marches et qui est pratiqué avec adresse dans la fissure de la lave. Parvenu au plus haut de la tour, on est saisi de surprise et d'horreur en regardant au-dessous de soi : dans la partie qui fait face au Rhône, on est à près de six cents pieds d'élévation au-dessus du sol ; du côté du midi, l'œil plonge dans un immense ravin qui servait de lit aux laves du volcan. Un torrent roule maintenant ses eaux et ses graviers là où coulait une rivière de feu.

Après avoir éprouvé, dans toute sa vivacité, l'émotion du danger, nous parcourûmes encore avec intérêt le reste de ces immenses bâtiments. Cependant, cette espèce de palais-forteresse n'offre plus aujourd'hui que l'image du chaos : çà et là sont des appartements découverts dont l'antique magnificence ne se révèle qu'à des yeux attentifs ; à des voûtes en ruine, on voit des peintures à fresque à demi effacées ; à des frontons de portes, ce sont des chiffres, des écussons mutilés par le temps ; plus loin, le long des murs encore debout, sont appendues, à de grandes hauteurs, des cheminées de marbre finement ciselées. On voyait encore jadis les vestiges d'une vaste salle d'armes, et celles de la chapelle gothique du château ; on retrouve encore avec curiosité les citernes, le souterrain où les seigneurs du lieu frappaient monnaie, enfin, les oubliettes où les grands coupables de l'époque étaient ensevelis.

La première question qu'on s'adresse, à la vue d'un pareil monument, est celle de savoir qui en fut le fondateur ; quelle est la main puissante qui jeta les bases d'une habitation humaine parmi ces abîmes solitaires ; qui élança sur ces pics des tourelles menaçantes, des donjons aux pignons aigus ; qui fit tailler en ogives, en spirales, en balustres à jour, la lave refroidie du volcan, pour les dessiner dans les airs au-dessus de ce cratère à demi comblé. A cette question, la tradition du pays reste à peu près muette : le villageois de Rochemaure a oublié le nom de la famille dont le vieux manoir fut le berceau ; il passe insouciant devant ces ruines, sans se demander quel en fut l'habitant et le maître ; il ne s'inquiète pas de savoir devant quel protecteur ou devant quel tyran se courbait le front des vassaux du moyen âge qui le précédèrent dans sa chaumière et dans le champ héréditaire dont il laboure le sol.

A défaut de la tradition, nous avons dû interroger la science, et elle nous a répondu par l'organe d'un jeune historien (1) que nous avons déjà cité.

---

(1) M. l'abbé Barracan, de Viviers.

Les plus puissants seigneurs du Vivarais, au douzième et au treizième siècle, étaient le comte de Bermond, dont nous avons déjà parlé, et le baron Adhémar de Valentinois, issu de la maison de Poitiers. Ces deux seigneurs, au lieu de s'appauvrir par les croisades, comme tant d'autres, en étaient revenus enrichis des dépouilles de l'infidèle. Au retour de ces expéditions lointaines, le premier acheta la terre d'Anduze, le second les baronnies d'Aps et de Rochemaure; l'un et l'autre reconnurent pour leur suzerain l'évêque de Viviers qui leur faisait ces importantes cessions. Adhémar de Valentinois avait fixé sa résidence habituelle dans un château fort situé au nord de Viviers, sur une colline appelée Tiliaud (1), le Theil; c'est pourquoi il ajouta à son nom celui de Monteil que conservèrent ses descendants. En même temps, il jeta sur l'autre rive du Rhône les fondements d'une ville fortifiée qu'il appela la Montagne du Theil d'Adhémar, *Mons Tilii Adhemaris*, aujourd'hui Montélimart.

Nicolas, évêque de Viviers, s'était mis à la tête d'une ligue puissante contre les comtes de Toulouse; il y avait fait rentrer Adhémar de Monteil et Bermond d'Anduze; mais il eut le tort de montrer pour ce dernier une préférence trop marquée, et il fit ainsi d'Adhémar un des plus ardents ennemis de son église. Ce seigneur dissimula pourtant pendant quelque temps sa haine et ses désirs de révolte; il fut même au nombre de ceux qui, en 1210, déférèrent au cardinal Bernon la haute suzeraineté sur tout le Vivarais. Mais la puissance des Monteil vint tout à coup à s'accroître; la branche aînée des Valentinois s'éteignit, Adhémar recueillit leur riche succession et alla s'établir à Crest, pendant que son fils Géraud d'Adhémar de Monteil élevait le magnifique et inexpugnable château de Rochemaure.

Cependant le cardinal Bernon mourut, et alors le vieil Adhémar prit les armes, souleva contre le nouvel évêque de Viviers tous les mécontents du Vivarais, demanda du secours aux comtes de Toulouse, et ne cessa d'infester de ses brigandages les terres de l'église; enfin, il légua à ses petits-fils ses implacables ressentiments, et ce ne fut qu'au quinzième siècle que les barons de Rochemaure firent une paix définitive avec les évêques de Viviers.

Rochemaure devint, au seizième siècle un lieu d'asile et de sûreté pour les catholiques : les religionnaires l'assiégèrent plusieurs fois, mais en vain.

En 1621, M. de Blacons, gentilhomme dauphinois, pétarda ce fort (2), fit sauter une partie de ses murailles, et fut sur le point de s'en emparer; mais Rochemaure résista encore à cette tentative d'un des généraux protestants les plus renommés de cette époque. Cependant le château souffrit beaucoup dans ce dernier siége; on ne le répara que d'une manière incomplète, et le temps a achevé plus tard la destruction commencée par les hommes.

---

(1) Le Theil est entre Rochemaure et Viviers. C'est maintenant un bourg considérable.
(2) *Commentaires du Soldat du Vivarais*, pag. 61, 87 et 191.

Depuis l'extinction de la maison de Poitiers, le fort de Rochemaure a passé, comme la Voulte, entre les mains des Lévy-Ventadour et des Rohan-Soubise; il appartient aujourd'hui à la famille de Miraval, qui comprend l'importance historique de ces ruines, et qui ne les livrera pas aux dévastations de la bande noire.

Chenavari.

Au-dessus de Rochemaure, environ à une lieue et demie de distance du château, se trouve la curieuse montagne volcanique du Chenavari.

En approchant de la cime de cette montagne on rencontre de nombreux débris de basaltes et de prismes, mieux caractérisés encore que ceux de Rochemaure; ces prismes sont disposés en mosaïques; on arrive ensuite au pied d'une chaussée colossale de basalte qui sert de soutien et de rempart au plateau supérieur. Ce plateau, qui recouvre l'ancien cratère du volcan, forme comme une espèce de vaste terrasse, d'où l'on a une vue admirable sur le Vivarais et le Dauphiné; c'est de là aussi qu'on peut saisir l'ensemble des phénomènes volcaniques qui ont dû se produire sur ce point et sur les points inférieurs dans une antiquité très-reculée. En parcourant du regard cette montagne élevée, les trois buttes basaltiques placées au-dessus du hameau des Fontaines (1), les différents cônes volcaniques de Rochemaure et du château, nous restâmes convaincus que le grand foyer de Chenavari avait donné naissance à ces divers accidents.

Ce qu'il y a de plus curieux à Chenavari, c'est l'escarpement du plateau (2) dans la partie qui fait face au nord-ouest. Cette chaussée basaltique est taillée à pic et comme alignée dans un espace de six cents pieds; les colonnes, placées perpendiculairement,

---

(1) Le hameau des Fontaines, placé au nord de Rochemaure, sur la grande route, en est en quelque sorte comme le faubourg.

(2) A la différence de beaucoup d'autres volcans éteints, Chenavari ne présente pas la forme d'un cône renversé ou d'une coupe, mais il est surmonté d'un plateau. Les matières volcaniques n'auront pas eu assez d'énergie, lors des dernières éruptions, pour s'épandre en dehors du cratère, et elles l'auront ellesmêmes comblé.

ont plus de quarante pieds d'élévation; leurs prismes affectent diverses formes : en général, il sont à cinq, à six et à sept pans. Leur diamètre varie de cinq pouces jusqu'à un pied et demi.

Dans la chaussée qui fait face au Dauphiné, Faujas-de-Saint-Fonds dit avoir trouvé des prismes à huit pans, dont plusieurs avaient jusqu'à deux pieds de diamètre et dix-huit pieds de hauteur.

Depuis plus d'un demi-siècle, ces merveilles naturelles ont attiré l'attention des curieux et même la cupidité des spéculateurs; aussi un grand nombre de ces prismes ont été enlevés ou brisés.

Voici comment Faujas résume l'histoire géologique de Chenavari :

« Ce volcan, dit-il, présente le tableau de trois révolutions frappantes :

» 1° La base de la montagne est à grandes assises calcaires ;

» 2° Ces masses de pierres à chaux sont recouvertes, à une haute élévation, par de grands dépôts de cailloux roulés, parmi lesquels on distingue des silex, des jaspes grossiers, des pierres à fusil en masses arrondies, diverses agathes, etc. Quelquefois ces cailloux se sont joints et agglutinés, et ont formé par là des espèces de poudingues d'un gros volume;

» 3° La troisième révolution est celle des feux souterrains qui se sont fait jour à travers la montagne et ont percé vers sa sommité pour répandre à droite et à gauche les torrents de lave qui ont formé les belles chaussées qui soutiennent le plateau de Chenavari. »

Il n'y a pas longtemps qu'un ouvrier de Rochemaure trouva sur le plateau de Chenavari une médaille romaine frappée à l'effigie de *Vespasien* et une douzaine de poignées de cuivre en forme de demi-bracelets, remarquables par des ciselures d'un travail exquis.

Il paraîtrait donc que les conquérants du monde ont foulé aux pieds le pavé des géants (1); peut-être ont-ils assis un de leurs campements au sommet de la montagne, sur les cendres refroidies du volcan : s'il en est ainsi, la nature n'a pas tardé à effacer les traces de leurs pas et les vestiges de leurs travaux, mais elle a respecté son propre ouvrage : les laves qu'elle a vomies du fond de ses antres de feu ont gardé ses empreintes ineffaçables. Telle est la différence qui existe entre les créations de Dieu et les monuments des hommes.

---

(1) Les chaussées qui soutiennent le plateau de Chenavari sont connues sous le nom de *Pavé des géants*. Un auteur anonyme nous a envoyé un poëme sur l'étymologie *mythique* de ce nom populaire donné à Chenavari. Il y a de fort belles strophes. Nous regrettons que le défaut d'espace ne nous permette pas de l'insérer.

Viviers.

En descendant le Rhône, de Valence (1) à Avignon, on aperçoit, sur la droite et sur un roc isolé, un clocher qui a la forme élancée d'une tour mauresque, et, tout à côté, une vieille cathédrale, avec ses ogives noircies par le temps, et cette espèce de charpente extérieure en pierres qui caractérise les églises gothiques. Au-dessous de ses vastes édifices et au bas de la terrasse sur laquelle ils s'élèvent, se trouvent quelques maisons ou plutôt quelques chaumières qui semblent s'abriter humblement sous la protection de la cathédrale : c'était là une partie de l'ancien Viviers. La nouvelle ville s'est portée du côté opposé, au bord de la route qui suit le littoral du Rhône dans l'intérieur du Vivarais.

Viviers fut d'abord, à ce qu'il paraît, un de ces châteaux forts (*castella*) que les Romains construisaient sur des hauteurs pour commander des vallées ou des cours d'eau, et tenir ainsi le pays sous leur joug. Des colonnes milliaires (2), trouvées le long de la voie antique qui y aboutissait, ne permettent pas de révoquer ce fait en doute, mais aussi il semble incontestable, d'après la tradition du diocèse, que l'église établie dans le pays des Helviens fut fondée vers l'an 200, par saint *Janvier*, à *Alba Helviorum*, ou *Alba Augusta*, ville riche et importante (3), si l'on en juge par les débris de sculpture et d'architecture trouvés sur la place même où étaient assis ses fondements. Cependant quelques savants ont émis l'opinion que Viviers occupait aujourd'hui l'emplacement même de l'ancienne *Alba*, capitale de l'Helvie. Aux arguments tirés de l'existence des colonnes milliaires, sur la route de Viviers, on ajoute des inductions puisées dans le voisinage d'une grotte ou *crypte* qui est à un quart d'heure de cette ville, et où saint Victor a reçu le martyre. Ces raisonnements ne nous ont pas paru assez forts pour prévaloir contre la tradition ecclésiastique ni contre des annales et des chartes qui remontent à une époque assez rapprochée de la fondation de l'église helvienne.

---

(1) Nous ne reparlons pas du *Theil* dont nous avons raconté la fondation : c'est aujourd'hui une bourgade fort importante et fort renommée par son commerce de poterie. Après le Theil, en suivant la route par terre, on laisse sur la gauche le toit hospitalier du château de Lafarge, presque entièrement caché par les chênes verts, les aulnes et les peupliers qui l'ombragent. On traverse l'Escoutaye et l'on se trouve à Viviers.

(2) Des colonnes milliaires trouvées au hameau de Joviac, près du village du Theil, indiquent précisément la distance de cette localité à Viviers, et entre ces deux endroits on a encore trouvé d'autres colonnes de même espèce.

(3) Ainsi que nous le verrons par la suite en parlant du château d'Aps.

Crocus, roi des Vandales, saccagea et rasa la ville d'Albe au commencement du cinquième siècle; il massacra l'évêque Saint-Avole, qui fut vénéré comme un martyr, et les membres de son clergé qui échappèrent au carnage s'enfuirent au désert et dans les montagnes d'alentour. L'un d'eux, Auxonne, fut sacré par saint Mammert de Vienne (1) dans la solitude de Mélas; de là, il vint fixer son siége à Viviers pour restaurer l'église d'Helvie, ruinée et dispersée par les orages de l'invasion. Il rassembla ses ouailles sous son sceptre pastoral, et il fut le premier fondateur de l'église actuelle, qui reçut dès lors le titre d'église mère (2) et cathédrale du diocèse.

L'ancien *castellum* des Romains, devenu la capitale des Helviens, crut, à l'aide de ses fortifications, pouvoir se défendre contre les surprises des barbares dont les invasions multipliées ne cessèrent, pendant plusieurs siècles, de sillonner les Gaules. L'église de Viviers, assise sur son promontoire isolé au milieu des flots du Rhône (3) comme un navire à l'ancre dont la proue serait tournée vers l'orient, semblait devoir être préservée, par la force de sa situation, du contact immédiat des peuples barbares que le nord vomissait sans cesse: par ses cloîtres, ses communautés, ses dépendances, elle était l'âme et le centre de la ville nouvelle.

Cependant, dans la seconde moitié du second siècle, Alaric se rendit maître de la ville, pilla la cathédrale et fit massacrer l'évêque saint Valère, dernier prince de la maison royale des Valériens, souverains du pays.

La piété des fidèles ne tarda pas à réparer tous ces ravages: elle combla de richesses l'église de Viviers, en lui donnant tout le territoire compris entre Aps et le Theil; de plus, elle appela au siége épiscopal un homme dont l'éminente naissance était encore au-dessus de son mérite personnel: nous voulons parler de *Venance* (4), surnommé *le Grand*, issu de saint Sigismond, roi de Pologne. Venance, d'abord simple religieux, ensuite conseiller de saint Avitus de Vienne, enfin évêque de Viviers, gouverna son diocèse, pendant vingt-cinq ans, de la manière la plus brillante. Il restaura magnifiquement l'église cathédrale, et la mit sous l'invocation de saint Vincent, diacre de l'église d'Espagne.

Trois siècles s'étaient à peine écoulés, pendant lesquels Viviers avait goûté un assez profond repos, au milieu des troubles qui désolaient sans cesse les royaumes de Bourgogne, d'Austrasie et de Neustrie, quand les Maures pénétrèrent encore jusque dans le cœur de la ville avec le fer et le feu, sous la conduite d'Abdérame (5).

---

(1) Ces faits m'ont été communiqués par M. l'abbé Barracan, auteur d'une histoire inédite du bas Vivarais, dont j'ai eu déjà occasion de parler.
(2) Les pontifes de Rome eurent toujours des égards tout particuliers pour l'église de Viviers, qu'ils honoraient du nom de sainte. Plusieurs fois ils envoyèrent le pallium à ses évêques.
(3) A cette époque le Rhône, qui s'est retiré depuis, baignait le promontoire de plusieurs côtés.
(4) Nous avons raconté la singulière légende de Venance en parlant de Soyons.
(5) Vers 750 ou 760.

Animés par le fanatisme de la haine contre le culte chrétien qu'ils voulaient détruire, ils ruinèrent la cathédrale jusqu'en ses fondements, et égorgèrent l'évêque saint Longin.

Ce fut vraisemblablement après avoir repoussé les Maures, que Charles Martel introduisit dans l'église de Viviers, comme dans la plupart des bénéfices et des évêchés de France, des éléments séculiers qui vinrent se mêler étrangement aux éléments ecclésiastiques. Plus d'un compagnon des vainqueurs des Sarrasins échangea, comme on le sait, son casque contre une mitre et sa cuirasse contre une chasuble. Ces officiers, devenus évêques et abbés par récompense de leurs hauts faits contre les infidèles, eurent à leur tour des hommes d'armes à pourvoir de charges et d'emplois : ils distribuèrent des canonicats et des prébendes, sous les faibles successeurs de Charlemagne. Ces abus, quelque temps comprimés, reparurent et finirent par prévaloir. C'est à cette époque qu'il faut reporter la singulière composition du chapitre de Viviers, qui comptait dans son sein vingt ecclésiastiques et vingt seigneurs laïques : ces derniers avaient le droit d'entrer dans le chœur armés de pied en cap et d'y amener leurs femmes (2) ; ils prétendaient même pouvoir venir à cheval jusque dans l'église même, c'est-à-dire probablement dans l'enceinte particulière et fortifiée de la cathédrale. Clément VI supprima les membres laïques du chapitre de Viviers. Le chapitre avait le tiers des droits régaliens, et l'évêque les deux autres tiers ; ces droits comprenaient les pouvoirs administratif et judiciaire.

Nous avons déjà rapporté dans notre préface historique les formalités qui accompagnaient à Viviers la nomination d'un évêque : on lui faisait jurer, avant qu'il mît le pied sur le seuil de l'église, de maintenir les priviléges du chapitre.

Cependant, le chapitre ne demandait qu'à partager l'autorité épiscopale ; un autre corps, placé en dehors de l'église, aspira plus sérieusement à l'entraver dans son exercice, ou peut-être à l'arrêter dans ses empiétements : ce corps était la municipalité de Viviers, les *boni homines* du moyen âge.

Pepin-le-Bref et Charlemagne assurèrent à saint Arcance ou saint Arcons (*Arcontius*) la souveraineté temporelle de Viviers, en lui conférant le titre de comte. Une révolte sanglante éclate alors parmi les habitants ; ils s'arment tous en vertu de leurs franchises communales, forcent le palais épiscopal, lapident leur comte-évêque, et proclament leur union à la république helvétienne. Charlemagne, le fondateur du nouvel empire d'Occident, est obligé d'intervenir dans cette lutte, qui pouvait devenir sérieuse ; car elle était un appel à toutes ces vieilles municipalités de la Gaule méridionale, non moins vivaces que celles de l'Italie, d'où sortirent tant de répu-

---

(2) Outre les chanoines, il y avait de nombreux bénéficiers. Jusque dans le quinzième siècle, à plusieurs fêtes solennelles, telles que celle de saint Vincent, plusieurs barons et dames de qualité avaient conservé le privilége d'occuper les stalles du chœur, et d'y porter les uns et les autres des mitres et des chapes.

bliques au moyen âge. Il fallait étouffer ce premier cri d'insurrection bourgeoise et populaire jeté du haut des rives du Rhône, dont les échos auraient pu réveiller, à Marseille, à Arles et dans toutes les anciennes cités gallo-romaines de l'Occitanie, l'esprit communal qui couvait encore sous les couches successives de tant d'invasions et de conquêtes. A la tête de son armée, victorieuse des Bavarois et des Saxons, le grand empereur ne dédaigne pas d'envahir la petite bicoque de Viviers, et de faire flotter sur ses remparts sa redoutable bannière. Il relève la cathédrale (1), donne des constitutions au chapitre, rétablit la paix par la justice et la terreur, et déclare réunie à perpétuité, dans l'église de Viviers, l'autorité temporelle (2) à l'autorité spirituelle.

Cependant, le pouvoir séculier des évêques-comtes de Viviers, troublé par des guerres extérieures et des émeutes intestines, ne s'asseoit d'une manière bien définitive qu'au douzième siècle ; voici à quelle occasion :

L'empereur Conrad III, en 1147, se rend maître de Viviers ; c'était un fort qu'il regardait comme important à cause de sa position presque inexpugnable sur les rives du Rhône. Comme siége épiscopal, placé sur les limites de *l'empire* et de la *France*, Viviers pouvait lui être d'une utilité immense dans ses luttes avec la papauté ; il conçoit donc la pensée d'y placer un pontife qui lui fût dévoué ; il y intrônise le prince Guillaume, son cousin germain, et il fait de tout le diocèse une souveraineté indépendante.

« Depuis lors, dit M. Barracan, les évêques refusèrent, pendant plus de trois siècles, l'obéissance aux rois de France ; ils prétendirent ne relever que du pape et de l'empereur, étendirent leur suzeraineté, tant en deçà qu'au delà du Rhône, sur une étendue de plus de trente lieues carrées, levèrent et entretinrent jusqu'à quinze mille hommes de troupes, comptèrent des rois parmi leurs vassaux, reçurent l'hommage de dix-huit barons tant vivarois que dauphinois, et s'entourèrent, en un mot, de toute la majesté royale. »

Deux grands évêques, Nicolas et le cardinal Bernon ou Bermon, portèrent au plus haut degré la splendeur et la puissance de la principauté ecclésiastique de Viviers. Tous les deux eurent un long procès à main armée avec les comtes de Toulouse, au préjudice desquels ils se prétendaient propriétaires des mines de l'Argentière. Le comte de Toulouse, quoique appuyé par le roi d'Aragon et par Adhémar de Valentinois, fut défait en bataille rangée par le cardinal Bernon.

Le différend au sujet des mines d'argent couvrait de plus graves questions ; la question religieuse d'abord, puis celle de l'indépendance nationale du Vivarais. La

---

(1) Cette même cathédrale fut encore restaurée depuis, et consacrée, vers la fin du onzième siècle, par Pascal II, sur la demande du cardinal-évêque de Viviers, Jean II.

(2) Histoire de M. Barracan.

suzeraineté des comtes de Toulouse fut toujours contestée ; quoi qu'en aient pu dire don Vic et don Vaissette, cette province ne fit pas partie intégrante des domaines de ces seigneurs. S'il faut en croire des autorités respectables, les états du Languedoc, jaloux des priviléges de ceux du Vivarais, n'avaient pas voulu permettre qu'on en rappelât l'origine. Quoi qu'il en soit, une ligue de hauts barons se forma autour de l'évêque de Viviers, pour lutter contre les prétentions des comtes de Toulouse. Cette ligue triompha complétement au temps de la guerre des Albigeois ; Bernon avait eu l'adresse de faire, à cette occasion, un traité d'alliance offensif et défensif avec Simon de Montfort : il cédait à ce célèbre chef de croisades une partie des revenus et des droits féodaux de ses terres, lui remettait la moitié du *commun de paix* (1) de son diocèse, et lui faisait, en outre, pour cinq années, l'abandon de la moitié de ses dîmes. De son côté, le sire de Montfort s'engageait à maintenir les évêques de Viviers dans leurs possessions envers et contre tous, fût-ce contre le roi de France : il se faisait fort d'obtenir du saint père la ratification de ce traité.

C'est à cette époque que l'évêque de Viviers fut définitivement reconnu comme seigneur et baron de l'Argentière. Le pape Honoré III écrivit lui-même à son légat, le cardinal Conrad, ainsi qu'à plusieurs membres du conseil de Montpellier, pour les engager à garantir l'évêque de Viviers de tout trouble et de toute éviction au sujet de cette terre.

Enfin, en 1235, des lettres patentes de Frédéric II confirmèrent toutes les concessions impériales faites antérieurement à l'église de Viviers. Elles assuraient en outre aux chefs de cette église tous les droits de péage sur terre et sur eau, depuis Donzère et le Bourg-Saint-Andéol, jusqu'à la rivière d'Ardèche, qui formait la limite méridionale de l'empire (2).

A la mort de Bernon, une réaction s'opère, les ennemis des évêques et les Albigeois se réunissent ; ils portent le trouble et l'hérésie dans Viviers. Enfin, Bertrand d'Anduze, illustre guerrier, dépose le glaive des combats pour prendre le bâton pastoral, qu'il ne porte pas avec moins de gloire. Après lui, des jours de deuil affligent encore son église ; mais l'autorité temporelle des évêques se relève avec éclat sous Hugues de la Tour d'Auvergne, plus grand encore comme prince que comme pontife.

---

(1) Faisons ici observer que le *commun de paix*, autrement appelé *païsade*, était une contribution établie dans quelques contrées, afin d'avoir le moyen d'empêcher les seigneurs de se faire la guerre entre eux. Les évêques de Viviers, pour remédier à l'anarchie féodale, s'étaient efforcés d'introduire cette institution dans le Vivarais, et ils avaient eu assez d'autorité pour y réussir. Comme représentants du Dieu de paix, ils étaient les arbitres naturels des querelles de leurs ouailles, et ils furent les collecteurs de la païsade. Cet utile impôt était levé et employé sous les auspices de la religion. Bernon crut pouvoir en détourner une portion en faveur du chef d'une croisade approuvée par le pape et prêchée par ses légats ; il créait, en même temps, un puissant protecteur à son siége épiscopal.

(2) *Per Dumzeram et burgum Sancti Andeoli usque ad flumen Ardechii veteris, quod est limes imperii.* (Columbi, *de reb. gest. episcop. Navar.*, pag. 126 et 127.)

A la fin du treizième siècle, les rois de France, qui avaient succédé au vaste patrimoine des comtes de Toulouse, demandent aux évêques de Viviers de se reconnaître vassaux de leur couronne; ces prélats s'y refusent. Philippe le Bel envoie vingt-cinq mille hommes contre la ville épiscopale, qui prétend ne relever que de l'empire: l'évêque Guillaume de Flavacourt capitule, mais refuse de prêter foi et hommage; il se reconnaît tributaire et non sujet et vassal. Son successeur, Adebert de Peret, moins opiniâtre et plus prudent, entre en composition avec Philippe, et, le 10 juillet 1305, intervient un traité entre le roi de France et l'évêque, par lequel ce dernier reconnaît la souveraineté de Philippe le Bel; l'une des clauses de ce traité portait que le comte-évêque de Viviers ne prendrait plus dans son sceau les armes de l'empire, mais celles de la France. Ce règlement fut confirmé par un second traité de l'an 1307, en exécution duquel l'évêque de Viviers prêta serment, en 1334, entre les mains du chancelier d'Orgemont.

Ce fut le signal de l'abaissement de ces prélats, qui avaient été presque des rois. Les hauts barons et les principales communautés du Vivarais s'élevèrent aux dépens de cette autorité qui les avait si longtemps comprimés. De là vint sans doute que, dans les états particuliers de cette province, le clergé ne formait pas un troisième ordre, tandis qu'il était représenté dans les états des autres provinces de France, ainsi que dans les états généraux.

On chercha à rendre de la splendeur à l'église de Viviers en mettant de grands noms à sa tête, tels que ceux des Mortemart, des d'Artois, des Villars, des Tévy, des Montpensier, des d'Aigrefeuille, des d'Ailly, etc.; mais cela n'empêcha pas que la discipline s'affaiblît en même temps que le pouvoir. Pour confondre les voies humaines, Dieu ne releva l'épiscopat de Viviers que par un homme de la plus infime naissance, Jean de Brogny, fils d'un porcher des montagnes. Jean de Brogny, devenu religieux, se distingua par sa science: on l'élut évêque de Viviers, il fut plus tard cardinal-doyen du sacré collége, enfin il devint le président et l'oracle du concile de Constance: il refusa la papauté, et mit fin au schisme d'Occident en faisant déférer la thiare à Martin V.

Il faut aller ensuite jusqu'à Claude de Tournon, pour trouver, sur le siége épiscopal de Viviers, un grand nom rehaussé par de grands talents et de grandes vertus. Il était l'oncle du célèbre cardinal François de Tournon.

Au seizième siècle, Viviers, entouré de tous côtés des feux des guerres de religion, est envahi par les nouveaux sectaires, son église et ses sanctuaires sont profanés, ses trésors pillés, ses lévites et ses pontifes massacrés ou bannis; la plupart des évêques meurent sur la terre étrangère ou périssent de mort violente, pendant que leurs vassaux et leurs ouailles font d'inutiles efforts pour défendre leur église et leurs domaines. Ainsi, le légat de Sales termine sa vie à Trente; le cardinal Farnèse n'ose rentrer en France; le comte de Saint-Vital meurt à Avignon, et le vénérable

Jean VII de l'Hostel expire, le rosaire à la main, privé de la vue, au pied de l'autel de Sainte-Marie-des-Anges, dans sa cathédrale (1).

Enfin, Dieu suscite une famille privilégiée pour soutenir l'église de Viviers; c'est la famille de Suze. Le chef de cette illustre maison se fait tuer sous les murs de la ville en combattant les ennemis de la foi de ses aïeux, et son fils est emmené captif; son petit-fils devient pontife de l'église dont ses pères ont été les champions au prix de leur sang, et la gouverne pendant soixante-douze ans : il passe pour une des lumières de son siècle, et acquiert une gloire sainte qui rejaillit sur son église.

Son successeur, Martin de Stratabon, est jugé digne, par sa science et son mérite, de devenir l'ami de Bossuet. François de Villeneuve réunit toutes les vertus des plus saints pontifes, convertit des milliers d'hérétiques, construit le beau palais épiscopal qu'on admire encore, et érige l'autel de la cathédrale. Sous Joseph de Morel et de Mons, on jette les fondements du nouveau séminaire.

Charles de Lafont-de-Savine flétrit un beau nom par une lâche apostasie; il est l'un des quatre prélats français qui prêtent serment à la constitution schismatique de l'Eglise gallicane, tandis que tous les autres bravent le martyre pour rester fidèles à leur foi. Après la révolution, de plus dignes pontifes viennent consoler l'église de Viviers (2), et lui rendre son ancienne réputation de sainteté, de science, de charité, de pureté dans la foi, seul genre de splendeur qu'elle ambitionne aujourd'hui.

NOTA. La population de Viviers a subi de singulières variations : dans le moyen âge elle s'est élevée jusqu'à quinze mille âmes ; en 1790, elle n'en comptait plus que deux mille. La peste et les guerres de religion expliquent cette immense diminution. La prospérité de la ville de Viviers a suivi le déclin de celle de son église.

Une partie de cette population était composée de juifs, qui étaient venus chercher, au pied de son château fort, un abri contre les exactions des seigneurs et contre les persécutions du peuple des campagnes. Ils habitaient un quartier particulier de la ville, où ils étaient réunis comme ils le sont encore dans le Ghetto à Rome ; là, ils jouissaient, dans l'obscurité de leurs humbles demeures, de la libre pratique de leur religion. La seule condition attachée à cette tolérance, c'était qu'ils fussent rentrés dans leur quartier à la chute du jour : on fermait alors les portes par lesquelles on pénétrait dans l'enceinte du rempart, où ils étaient en quelque sorte parqués ; on levait les ponts-levis des fossés, et la *juiverie* devenait à la fois, pendant la nuit, une prison et une forteresse.

Les évêques de Viviers permirent même aux juifs d'avoir un cimetière sur la colline voi-

---

(1) Ce passage est presque textuellement extrait de l'*Histoire du bas Vivarais*, par M. Barracan.

(2) L'église de Viviers compte, suivant M. Barracan, cent trente évêques, cinquante saints, treize cardinaux et deux papes : un, Roger de Beaufort, chanoine de cette église, fut élevé au souverain pontificat sous le nom de Clément VI ; l'autre, Othon de Columna, également chanoine, devint ensuite pape sous le nom de Martin V.

sine (1) ; mais, quand on y portait quelque juive riche, on était obligé de la déposer devant la chapelle de la Madeleine, et le chapelain s'emparait de tous ses bijoux (2).

Aps et Villeneuve-de-Berg. — Les Rampes de Montbrul.

ROUTE LATÉRALE DE VIVIERS A AUBENAS.

Pour aller de Viviers à Villeneuve-de-Berg, on remonte le lit de graviers du torrent appelé l'Escoutaye, et on laisse sur la gauche la colline élancée de Saint-Thomé, dont de vieilles maisons et un clocher antique couronnent les cimes. Saint-Thomé fut souvent le lieu de refuge des évêques de Viviers, quand les barbares s'emparèrent de la ville épiscopale.

Après avoir suivi les sinuosités d'une gorge profonde, les montagnes s'ouvrent et laissent apercevoir une plaine assez vaste ; on montre là le lieu où était située Alba ou Aps, l'importante capitale des Helviens, *campos ubi Troja fuit*. L'Escoutaye a recouvert de ses alluvions les débris de cette cité romaine ; on y a fait quelques fouilles, qui ont presque toujours été heureuses : nous avons vu des statuettes du travail le plus exquis trouvées dans ces champs, où passe aujourd'hui la charrue. Des inscriptions tumulaires (3), d'un grand intérêt, ont été découvertes au milieu de la plaine d'Aps, et sur des pierres qui en ont été transportées pour bâtir des églises voisines.

Une vieille tradition rapporte que Crocus, roi des Vandales, incendia cette ville au moyen du feu grégeois (4). On dit que, quand il vint assiéger Albe, il fit camper

(1) La montagne de Saint-Martin.
(2) Voir les actes d'un procès qu'intenta le chapelain, duquel il résulte qu'au lieu de bijoux, on ne mettait plus dans les cercueils des juifs que des morceaux de verre.
(3) Voir les pag. 232 et suiv. de l'*Annuaire du Vivarais*, 1839.
(4) Le feu grégeois aurait donc été inventé bien avant Callinique d'Héliopolis, en Syrie, qui vivait vers la fin du septième siècle. Cela confirmerait l'opinion des auteurs, qui prétendent que le feu grégeois a été découvert sous l'empereur Constantin, et qui induisent, d'un passage d'Ammien Marcellin, que l'empereur Julien en fit usage dans le siège d'une ville de Perse.

son armée à *Chantusas*, à l'occident du mont *Julian*; or, le mot Chantusas dérive de Champ-d'Aps. Il est désigné en latin, par d'anciens titres, sous le nom de *Campus Alpis*.

Dès le moyen âge, Aps reprit de l'importance, non plus comme cité ou comme municipe, mais comme siége d'une baronnie féodale. Le vaste château d'Aps, dont la masse noirâtre écrase les maisons du village groupées à ses pieds, a été fondé primitivement par la branche des Poitiers qui s'établit en Vivarais au commencement du douzième siècle. Détruit ou ruiné dans l'intervalle, il fut rebâti au seizième dans ce style rustique et massif qui caractérise l'architecture du temps des guerres de religion.

On trouve des restes de fortifications sur un rocher isolé au milieu de la plaine, à deux portées d'arquebuse du vieux château.

Après avoir traversé la plaine, on remonte une gorge sèche et aride pour arriver à Villeneuve-de-Berg. On laisse sur la droite le pittoresque village de Saint-Jean-le-Noir, ainsi nommé parce qu'il est bâti en laves et en basalte; au-dessus de Saint-Jean (1), les rochers volcaniques du Coiron dessinent dans les airs leurs prismes presque symétriques. Une fort belle route conduit à Villeneuve à travers cette vallée que sillonnèrent jadis des torrents de lave.

Villeneuve-de-Berg, fière de l'importance qu'elle eut longtemps en sa qualité de capitale judiciaire et administrative du Vivarais, est maintenant une ville morne et déchue; plus de bailli d'épée, ni de lieutenant de judicature, qui viennent y montrer, aux cérémonies religieuses ou civiles, l'un, son costume de chevalier, l'autre, sa toge sénatoriale; plus de fêtes ni de bals animés par la présence des officiers de la garnison. L'herbe croît dans les rues de Villeneuve; c'est Versailles en petit.

Nous avons indiqué, dans notre préface historique, l'origine de Villeneuve-de-Berg. Le lieu où est située aujourd'hui la ville était une vaste forêt (Berg), au sein de laquelle était un monastère dépendant de la célèbre abbaye de Mazan.

Les abbés de Mazan étaient devenus suzerains de la terre de Berg à la suite de la guerre des Albigeois, qui avait augmenté dans tout le Vivarais et particulièrement en Languedoc la puissance temporelle du clergé. Reymond VII avait cédé une partie de ses états à saint Louis dès l'année 1229; l'autre partie, dans laquelle se trouvait le bas Vivarais, échut, en 1271, à la couronne de France, par suite du décès, sans enfants, d'Alphonse, frère de saint Louis, et de Jeanne, son épouse, fille unique de Reymond VII.

---

(1) On peut voir, dans l'ouvrage de Faujas-de-Saint-Fonds, intitulé : *Recherches sur les volcans du Vivarais*, pag. 278, la curieuse description du rocher prismatique de Maillas. Il appelle ce rocher, haut de quatre cents toises, une immense géode volcanique. Ce rocher de Maillas appartient à la montagne appelée Mont-Jastrie. Voir, dans le même ouvrage, une longue lettre de cet auteur à M. de Buffon sur un courant de lave qui traverse la vallée de Villeneuve-de-Berg.

Philippe-le-Hardi, pour faire acte d'autorité dans la nouvelle province qu'il venait d'acquérir, y établit sur-le-champ un bailli royal; mais ce magistrat ne résida pas d'abord en Vivarais; il allait y tenir ses assises à la manière de ces juges ambulants de la seconde race, appelés *missi dominici*. Cet état de choses ne pouvait durer dans un temps où les institutions françaises tendaient à la stabilité; déjà les fonctions judiciaires et administratives commençaient à devenir sédentaires; mais, pour avoir en Vivarais un siége royal, où la juridiction de la couronne fût incontestée, il était essentiel que le roi y possédât un fief qui fît partie de son propre domaine : c'est pourquoi Philippe-le-Hardi acheta la coseigneurie de la terre de Berg, de l'abbé de Mazan, qui déjà était entré, à ce sujet, en négociations avec saint Louis; en conséquence, le 12 décembre 1284, en présence du bailli du Vivarais, un acte de paréage eut lieu entre l'abbé de Mazan, seigneur de Berg, et le sénéchal de Beaucaire, comme représentant du roi Philippe. Par cet acte, l'abbé de Mazan associa la couronne de France à la justice et seigneurie d'un certain territoire où il serait bâti une ville, à un endroit appelé anciennement le Champ du Poirier ou le *Périer d'Ibie* ; en forme de prise de possession, *in signum inceptionis urbis*, il y fut dressé deux pierres, symbole de la cité que la royauté française allait y fonder. L'acte de paréage (1) portait que la justice y serait rendue en commun et alternativement par les officiers du roi et de l'abbé; que le cens et les autres droits de la seigneurie seraient partagés, et que les habitants de la ville nouvelle seraient exempts de taille et de corvée. Ainsi, Villeneuve-de-Berg, création de nos anciens monarques, fut, en naissant, une ville royale, indépendante des états du Vivarais et du Languedoc; elle a conservé jusqu'en 1789 ses vieux priviléges, qui ont été ensevelis avec tous les autres dans le gouffre révolutionnaire.

Une *viguerie* royale fut donc établie dès 1285 à Villeneuve. Pour rendre la justice dans cette viguerie, le roi et l'abbé de Mazan y avaient chacun un viguier, un juge, un procureur du roi et un greffier; plus tard, cette viguerie fut transformée par la couronne en un bailliage : ce bailliage ressortissait de la juridiction royale, et connaissait des causes édictales au premier chef, sauf l'appel au présidial de Nîmes. Les officiers de ce tribunal étaient un bailli d'épée, officier de robe courte, qui était chef des deux bailliages d'Annonay et de Villeneuve-de-Berg; un lieutenant principal du bailli; un lieutenant particulier civil (2); un lieutenant assesseur criminel et deux conseillers; un procureur et un avocat du roi; enfin, un greffier.

Villeneuve-de-Berg avait encore une maîtrise des eaux et forêts, créée par édit

---

(1) La viguerie royale et abbatiale de Villeneuve ne fut réunie au bailliage que par un édit du mois d'avril 1767.

(2) On peut voir dans notre préface historique la suite de l'histoire du bailliage de Villeneuve-de-Berg, jusqu'en 1780, époque où il fut transformé en sénéchaussée.

du 7 mars 1671 pour le Vivarais, le pays d'Uzès et le Velay : enfin, une garnison assez nombreuse était logée dans l'enceinte de ses remparts.

Villeneuve, munie de fortifications importantes, commandait les principaux passages du Coiron et la route de Viviers à Aubenas; l'importance de sa position fut comprise par les deux partis qui divisaient la France au seizième siècle : aussi, on en fit le siége plusieurs fois pendant les guerres de religion, et elle tomba tour à tour au pouvoir des calvinistes et des catholiques. Le plus célèbre de ces siéges fut celui qui eut lieu au commencement de l'année 1573; à cette époque, les calvinistes avaient été chassés de Villeneuve par M. de Logières, et s'étaient réfugiés au château du Pradel (1), chez le sieur de Serres, situé à une demi-lieue de la ville, et de là à Mirabel, sur le Coiron (2). Du haut des rochers qu'ils occupaient, ils contemplaient d'un œil de regret la place qu'ils avaient perdue : un serrurier, avec qui ils avaient noué des intelligences, leur proposa un moyen d'y rentrer par surprise; il leur offrit de leur ouvrir un passage en sciant la grille en fer d'un égout, au nord de la ville : ce fut en effet par là que, dans la nuit du 1er au 2 mars suivant, les religionnaires de Mirabel, qui avaient reçu des renforts de Privas, s'introduisirent dans Villeneuve. Arrivés dans le fort, ils en égorgèrent la garnison, puis ils enfoncèrent les portes de la ville, et mirent tout à feu et à sang; leur rage acheva de s'assouvir par le massacre de trente à quarante prêtres qui se trouvaient en ce moment avoir à Villeneuve une réunion synodale : après les avoir tués, ils les jetèrent dans un puits. S'il faut en croire la tradition, Jean de Serres, et même le célèbre Olivier, ne furent pas étrangers à ces cruautés.

Lors des secondes guerres de religion, Louis XIII, après avoir terminé le siége de Privas, parcourut le reste du Vivarais pour en compléter la pacification; il vint à Villeneuve, où il passa plusieurs jours, et y fonda un couvent de capucins : il espérait que ces religieux, voués par une vocation spéciale à la prédication populaire, achèveraient, par la persuasion, des conversions commencées par la force. Après avoir exterminé Privas, Louis XIII chercha à s'attacher Villeneuve (3) par des concessions et des bienfaits.

Villeneuve a donné naissance à quelques personnages illustres, entre autres à Olivier de Serres, qui introduisit et popularisa la culture du mûrier, non-seulement en Vivarais (4), mais dans toute la France. Olivier de Serres est surtout connu par

(1) En mai 1628, trente hommes s'y défendirent pendant quatre jours contre quatre mille hommes et une artillerie de siége. M. de Ventadour prit le château et le rasa.
(2) Il faut lire, dans les *Commentaires du Soldat du Vivarais*, le récit intéressant du siége de Mirabel, qui eut lieu un an avant le fameux siége de Privas.
(3) Nous renvoyons ici à la fin de la troisième partie de notre préface historique, où nous rappelons ce qui s'est passé à Villeneuve en 1788 et 1789.
(4) On peut lire, dans la seconde édition de l'*Education des mères de famille*, par M. Aimé Martin, de

son bel ouvrage intitulé : *Théâtre d'agriculture et ménage des champs* que Henri IV se faisait lire de temps en temps. Villeneuve-de-Berg a élevé à la mémoire d'Olivier un monument assez remarquable qui embellit une de ses places principales. Le frère de ce grand homme, Jean de Serres, était historiographe de France.

L'auteur du *Monde primitif comparé*, Court de Gébelin, est aussi né à Villeneuve.

Une autre illustration de Villeneuve est l'abbé Barruel, jésuite et aumônier de la princesse de Conti. Ce célèbre abbé se fit connaître d'abord par sa collaboration à l'*Année littéraire* de Féron; depuis, il fit divers ouvrages politiques et religieux: les plus estimés sont les *Helviennes* et le *Jacobinisme dévoilé*. L'abbé de Barruel est mort le 5 octobre 1820.

Nous citerons encore, parmi les hommes distingués qu'a produits Villeneuve, M. de la Boëssière, ancien avocat général au parlement de Grenoble. Ce magistrat, mort, il y a peu d'années, conseiller à la cour de Nîmes, a publié les *Commentaires du Soldat du Vivarais*, qu'il a enrichis de quelques notes; c'est lui qui provoqua, au commencement de ce siècle, la réimpression des œuvres d'Olivier de Serres.

Près de Villeneuve, sur les pentes du Coiron, (1) on va voir les rampes de Montbrul, si curieuses pour le naturaliste et si intéressantes pour le peintre.

Ces rampes sont tracées sur un sol couvert de laves et de pouzzolane; elles s'élèvent, par cinq détours successifs, jusqu'aux flancs de la montagne volcanique qu'on appelle les Balmes de Montbrul. De la route, on aperçoit sur la gauche un rocher à pic où ont été creusées une multitude de grottes; on dirait les casiers d'une ruche colossale. Les parois de ce rocher semblent quelquefois coupées dans certaines parties, comme des murs de maçonnerie; d'autres fois, des scories gigantesques imitent la forme de tours et de bastions. Ce précipice bizarre, qui a quatre-vingts toises de profondeur sur cinquante toises de diamètre, fut le cratère ou la bouche latérale d'un ancien volcan; sur l'une des saillies les plus élevées de ce cratère, pendent des murs et des fortifications véritables qui appartiennent à une ancienne chapelle et à un vieux château. Il est fort curieux de visiter les autres souterrains taillés dans le roc volcanique; ils communiquaient les uns avec les autres par des

---

très-belles pages sur les changements heureux que la culture du mûrier a apportés dans les mœurs et la civilisation des habitants du Vivarais.

Nota. *La population actuelle de Villeneuve est de deux mille cinq cents âmes. On compte trois lieues de Villeneuve à Aubenas, en passant par la Villedieu, et en suivant la route royale.*

(1) La chaîne du Coiron, qui se termine, du côté du Rhône, au volcan de Chenavari, se relie, par le col de l'Escrinet, aux cratères éteints de la rive gauche de la Volane jusqu'à Mezilhac. Suivant l'opinion de plusieurs géologues, les volcans du Coiron seraient antédiluviens, tandis que ceux de Jaujac, de Thueyts et de Montpezat seraient postdiluviens; ceux des hautes montagnes du Vivarais, depuis Font-Ollières et Yssarlès, jusqu'au Gerbier-de-Jonc et au Mezinc, formeraient une troisième classe de volcans d'une antiquité encore plus reculée que ceux du Coiron.

plates-formes et des marches taillées dans la matière calcinée : c'est comme une vaste maison à quinze ou vingt étages.

Route de Viviers au Bourg-Saint-Andéol. — Saint-Montant. — Bourg-Saint-Andéol.

En s'éloignant de Viviers, on aperçoit sur la gauche, dans le flanc d'une colline rocailleuse, une grotte qui s'appelle encore aujourd'hui (1) *grotte de Saint-Victor*. Il paraît que ce saint martyr venait de célébrer dans cette grotte le sacrifice de la messe, quand une troupe de païens vinrent le découvrir dans sa retraite et le massacrèrent sans pitié.

Le rétro-aspect de Viviers, vu de cette route, a quelque chose de saisissant ; c'est un tableau pittoresque encadré dans des rochers arides. Cette tour mauresque du clocher, cette charpente gothique de la cathédrale, se groupent admirablement au-dessus des maisons de la ville étagées en amphithéâtre.

A une lieue de Viviers, on traverse la commune de Saint-Montant. Saint-Montant fut, au temps des guerres de religion, une place forte qui eut l'honneur d'être assiégée, en 1570, par l'amiral de Coligny : il est vrai que l'illustre amiral s'en rendit maître assez facilement.

Les environs du Bourg-Saint-Andéol sont d'une fertilité magnifique. La ville a deux parties distinctes : l'ancienne, qui est dans le haut et dont les rues sont mal percées, quoiqu'il y ait des maisons bien bâties ; et la nouvelle, qui se compose d'un joli quai aboutissant à un pont en fils de fer d'une architecture élégante.

S'il faut en croire de vieilles chroniques remises en lumière par les doctes travaux de l'abbé Barracan, ce lieu aurait été le Préneste ou le Tibur de l'ancienne Helvétie. Les sénateurs gallo-romains avaient couvert de leurs villas cette colline riante, assise voluptueusement sur les bords de la Tourne, aux rayons d'un brillant soleil.

(1) Voir ci-dessus, pag. 179.

Pour choisir leur séjour dans des lieux à la fois agréables et salubres, les Lucullus de la Gaule avaient un merveilleux instinct et un goût éclairé. Les Eucherius, les Justus, les Aulus, les Mannus et plusieurs autres riches colons du *Vivarium*, avaient décoré ce site de leurs magnifiques demeures. Mannus y importa le culte de ces divinités orientales au moyen desquelles on cherchait à infuser un sang nouveau au paganisme décrépit, et il grava sur les rochers de la fontaine de Tourne l'idole et les attributs mystérieux de la déesse Mithra.

Saint-Andéol, qui était venu prêcher en Vivarais aux environs de cette colline, souffrit le martyre à *Gentibus*, qui en était comme le faubourg : « Gentibus, dit M. Barracan, était situé sur la rive gauche de la branche orientale du Rhône, vis-à-vis la colline appelée *Insula Martis*. » S'il faut en croire l'antique légende, le corps de l'apôtre fut ensuite poussé par le courant sur le rivage de la colonie du Bourg ou de Berg-Oïati (1); là, il fut recueilli par une vierge de l'une des premières familles du Vivarais, *Anycia* ou *Amycia Eucheria Tullia*, fille du sénateur *Eucherius Valerianus* (2), dont l'aïeul est si honorablement mentionné dans les *Commentaires de César*. C'est ainsi que les Pudentienne et les Praxède, après avoir reçu, à Rome, le grand apôtre des nations, dérobaient pieusement ses reliques quand il était mis à mort comme un vil criminel. Dans les classes élevées de la société, les premières semences de la foi chrétienne ont germé d'abord chez les femmes ; leur cœur est un merveilleux terrain pour faire fructifier la parole divine.

Sainte Amycie fit creuser dans le roc un oratoire, où elle déposa les restes de saint Andéol. Lors de l'invasion des Vandales, une autre vierge, Tullie, les transporta sur les bords de la Durance ; dans ce lieu, un village a été construit, qui porte encore le nom de Sainte-Tullie. Au huitième siècle, les Maures ravageaient les bords du Rhône, et le Vivarais était sur le point de perdre la foi ; alors l'évêque saint Béravin Ier fut averti, par une vision, du lieu où étaient les reliques de saint Andéol, et les rapporta lui-même à Berg-Oïati, dans le tombeau que sainte Amycie lui avait fait creuser. Depuis cette époque, Berg-Oïati devint le but d'un célèbre pèlerinage, et, au lieu de *Berg*, qui signifie *forêt*, fut appelé *Burg* ou ville ; puis on le nomma par la suite *Burgus Sancti Andeoli*.

Au onzième siècle, le saint cardinal Lager, évêque de Viviers, fit construire, en l'honneur de saint Andéol, la vaste et belle église qui y existe encore.

L'erreur populaire a longtemps donné le nom de *tombeau de saint Andéol* à un sarcophage antique, en marbre blanc, qui est placé près de la porte de cette église.

---

(1) Oïati. Le bourg s'appelait Berg-Oïati-Vivarais.

(2) Ce même Eucherius fut depuis évêque de Lyon, et il est inscrit dans nos calendriers sous le nom de saint Eucher. Il ne faut pas confondre *Amycia Tullia* avec sa mère *Amycia Meropœa Galla*, qui était elle-même sœur de saint Paulin de Nôle. Toutes les deux sont honorées comme des saintes dans plusieurs diocèses, notamment dans celui de Lyon. Leur fête est le 4 mai.

Ce sarcophage, qui est d'un bon style de sculpture, paraît remonter au temps du paganisme romain.

Les évêques de Viviers étaient seigneurs du Bourg-Saint-Andéol, et la plupart d'entre eux faisaient dans cette ville leur résidence habituelle; il y avait aussi plusieurs monastères.

Pendant les guerres du seizième siècle, le caractère tout ecclésiastique de cette ville sembla la désigner aux fureurs des religionnaires. En 1562, elle fut prise et pillée par le baron des Adrets; mais, à peine ce fougueux chef de partisans avait-il quitté le Bourg-Saint-Andéol, que Saint-Remèze, son lieutenant, y fut surpris et tué par les catholiques. Le sire de Beaudiné, chef protestant du Vivarais, s'empara de nouveau de la ville épiscopale, mais il ne put pas s'y maintenir longtemps.

En 1570, l'évêque de Viviers avait confié la défense du Bourg au sieur de Blou, seigneur de Saint-Andéol-de-Berg. M. de Blou n'avait qu'une très-petite garnison; cependant, l'amiral de Coligny défila avec son armée, du Pont-Saint-Esprit à Saint-Montant, sans s'amuser à faire le siége de cette bicoque : son arrière-garde était encore au-dessous du bourg, son artillerie et ses bagages arrivaient lentement derrière lui, pendant qu'il était à la tête de ses colonnes, quand tout à coup le sieur de Blou fond, avec quelques soldats d'élite, sur l'escorte du convoi, la met en déroute, s'empare des chariots sur lesquels sont la poudre et les boulets, et les fait conduire dans la place; puis, non content de ce premier succès, il vient chercher les canons, il les saisit également, et les emmène au Bourg-Saint-Andéol. Mais le comte de Montgommery et son frère, à la tête de deux ou trois bataillons, se mettent à la poursuite du capitaine catholique, et l'atteignent près des remparts du Bourg-Saint-Andéol. Là, un sanglant combat s'engage: le courageux de Blou se fait tuer en défendant sa prise; les deux Montgommery sont blessés, mais ils parviennent à ressaisir les pièces de canons et à les ramener à Coligny.

Pendant les guerres de religion, les catholiques se maintinrent mieux au Bourg que dans la ville même de Viviers (1). Le Bourg-Saint-Andéol a toujours eu un caractère religieux fortement prononcé; il conserve encore aujourd'hui quelque chose de sa vieille empreinte. On y compte plusieurs couvents; il y en a un, entre autres, qui est de fondation nouvelle (2).

Au Bourg-Saint-Andéol, le fonds de la société est composé d'anciennes familles, de riches propriétaires qui portent dans le monde des manières distinguées et un

---

(1) Le maréchal d'Amville, grâce à sa haute position, conserva, après sa destitution du gouvernement du Languedoc, quelques places fortes qu'il fit garder par des officiers dévoués à sa personne. Le Bourg-Saint-Andéol fut de ce nombre; mais il fut repris, en 1577, par le sieur de Luynes, capitaine catholique. (Voir *Perussis*, p. 197 et suiv.)

(2) Celui de la Présentation. Mlle Rivier, morte il y a peu d'années en odeur de sainteté, en a été la fondatrice.

esprit qui n'est pas sans culture. Il ne faut pas croire que cette existence de loisirs, cette vie tranquille et un peu morne de nos petites villes de province engendre toujours une sorte de somnolence intellectuelle; on avait fait, sous ce rapport, au Bourg-Saint-Andéol une réputation qu'il ne méritait pas (1), ou tout au moins qu'il ne mérite plus.

L'industrie a fait d'ailleurs quelques progrès dans cette ville, depuis quinze ans; il y a maintenant des filatures de soie, et une marbrerie qui a une grande réputation, non-seulement dans le département de l'Ardèche, mais encore dans les départements voisins.

La fontaine de Tournes et le monument de Mithra.

A ENVIRON trois cents pas, au midi du Bourg-Saint-Andéol, on remonte un ruisseau délicieux qui, dans le temps de l'abondance de ses eaux, forme, à peu de distance de la route, une large cascade qui rappelle, en petit, la chute du Rhin à Schaffouse. Au-dessus de cette cascade, on aperçoit un gros bloc de rocher, sous lequel une grotte est creusée; ce bloc de rocher avait été la table naturelle où on avait sculpté un bas-relief et une grave inscription en l'honneur de Mithra, divinité orientale. Les monuments de ce culte sont, comme on sait, très-rares en France; aussi, celui de la fontaine de Tournes est fort célèbre et regardé comme fort précieux dans le monde des antiquaires et des érudits. Le bas-relief sculpté sur le rocher, qui est la partie la plus curieuse de ce monument, est aujourd'hui mutilé et presque entièrement effacé; il a un mètre quinze centimètres de hauteur sur une largeur d'un mètre vingt-cinq centimètres. Quoique je sois allé le voir, je suis

---

(1) On cite le fait suivant comme une preuve de la naïveté proverbiale des habitants du Bourg. Un jour, un délégué du conseil municipal du Bourg-Saint-Andéol alla voir le préfet de l'Ardèche, et sollicita pour sa commune l'autorisation de l'imposer, afin d'établir des réverbères. « Vous voulez avoir des réverbères dans vos rues, mais ce sera fort cher, dit le préfet. — *Ah! monsieur*, dit l'honnête citoyen du Bourg, *je m'en vais vous dire, on ne les éclairera que la nuit.* »

On attribue d'autres anecdotes du même genre aux habitants du Bourg-Saint-Andéol; mais certainement elles ne sont pas de ce siècle.

obligé de recourir à des descriptions faites antérieurement (1), pour donner une idée exacte de ce qu'il représentait : dans le milieu, on remarque un jeune homme coiffé du kydaris, vêtu d'une légère chlamyde, sacrifiant un taureau accroupi qu'un chien mord au cou et dont un scorpion pique les génitoires ; en haut, sur la droite, est la figure du soleil, à gauche celle de la lune ; au-dessous de l'épaule du jeune homme est un corbeau. Au bas de ces sculptures emblématiques est une inscription devenue aujourd'hui presque indéchiffrable. On y lisait autrefois ce qui suit :

D. S. INVI. MITRAE MAXS.
MANNI F. VIS. MON. ET
T. MVRSIVS MEM. D. S. P.

M. Millin, à l'aide des notes de M. Séguier, de Nîmes, l'a rétablie ainsi : *Deo soli invicto Mithræ, Maxsumus Manni filius, visu monitus, et T. Mursius Meminus de suo posuerunt* (Au dieu Soleil invincible Mithra, Maximus, fils de Mannus, averti par une vision, et T. Mursius Meminus, ont posé ce monument à leurs frais).

Saint-Marcel-d'Ardèche.

§ 1ᵉʳ. — *Histoire de la ville.*

En arrivant du Bourg-Saint-Andéol à Saint-Marcel par le vieux chemin, on découvre une des vues les plus ravissantes de la France méridionale. La plaine qui s'étend de Saint-Marcel à Saint-Just et à Saint-Martin-d'Ardèche se déploie avec son tapis aérien de mûriers, semblables, par leur stature et par la forme (2) qu'une taille habile leur imprime, aux beaux orangers qui décorent le fonds de la vallée de Palerme en Sicile. L'église et les maisons de Saint-Just s'aperçoivent à peine à tra-

---

(1) Le père Eustache Guillemeau, général des Barnabites, a, le premier, fait connaître ce monument. On sait qu'il y avait au Bourg-Saint-Andéol un couvent de Barnabites.
(2) Voir, dans la *Notice sur le cardinal de Bernis,* la description en vers de ce délicieux paysage.

vers ces masses de verdure. L'Ardèche, qui court de l'occident à l'orient pour apporter au Rhône le tribut inégal et capricieux de ses eaux; le Rhône lui-même, avec les milliers d'îles qui divisent son cours, encadrent, de leurs ceintures argentées, deux côtés de cet immense triangle. Au midi, les vingt-deux arches (1) du pont Saint-Esprit s'étalent au soleil, en baignant, dans les ondes agitées du fleuve, leurs fondements immobiles; un peu au delà du pont, sur la gauche, le mont Ventoux se dresse, dans le lointain, comme une sentinelle perdue, en avant de ce corps de géants qu'on appelle la chaîne des Alpes.

On a la même vue des balcons du château de Saint-Marcel, qui appartient encore aux de Pierre de Bernis. La seigneurie de Saint-Marcel avait été acquise, en 1350, par cette ancienne famille, dont les ancêtres se distinguèrent dans les croisades.

Un souvenir historique doit à jamais lier les habitants de cette localité aux descendants de leurs anciens seigneurs : ce souvenir se rattache au temps des guerres de religion.

En 1567, d'Acier-Crussol, sire de Beaudiné, après avoir pillé Viviers et le Bourg-Saint-Andéol, vint mettre le siége devant Saint-Marcel. Le château de Saint-Marcel n'était alors habité que par Louise d'Artifeld, veuve de Bertrand de Bernis et mère de deux enfants en bas âge; elle ne pouvait donc fournir un chef aux habitants de la ville. Cependant Saint-Marcel, quoique entouré de murailles mal fortifiées, résista à un premier assaut. Le comte d'Acier-Crussol, furieux de ce que cette méchante bicoque ne s'était pas rendue, dès la première sommation, à une armée de dix mille hommes, fit dire aux habitants que, le lendemain, il les passerait tous au fil de l'épée. La dame de Bernis, émue de pitié à cette nouvelle, essaya d'intercéder en faveur de ses pauvres vassaux; elle envoya un de ses gens demander une entrevue au comte d'Acier-Crussol, en invoquant le souvenir des liens d'amitié qui avaient toujours existé entre les deux maisons. Le comte de Crussol consentit à venir sous les murs du château de Bernis; la noble châtelaine parut un moment après au haut des créneaux d'une petite tourelle, et de là entama ses négociations avec le chef protestant. Sa beauté et le charme de sa parole empruntaient une nouvelle puissance de l'ardent désir du succès qui animait son âme. Le redoutable général, chez qui la cruauté n'excluait pas la galanterie, ne pouvait être insensible aux charmes de cette douce voix qui lui demandait merci; il s'empresse donc de rassurer la dame de Bernis, et lui jure qu'elle sera respectée par ses troupes. « Cela n'est pas assez, s'écrie Louise d'Artifeld; je ne veux pas d'un traité où je serais seule comprise :

---

(1) Le pont Saint-Esprit a huit cent vingt mètres de longueur. Le parcours en fut longtemps interdit aux voitures; les nouveaux travaux qu'on y a faits ont permis de lever cette défense. La fondation primitive de ce pont remonte au temps des confréries de *Pontistes* qui l'ont construit, c'est-à-dire au commencement du douzième siècle.

je demande le salut de tous mes vassaux. » Le comte avait promis à ses soldats le pillage de Saint-Marcel et le meurtre de ses habitants ; pouvait-il se rétracter ? Enfin, après quelque hésitation, vaincu par l'éloquence de la douleur et de la beauté, « J'engage ma foi de gentilhomme, dit-il, que quiconque franchira le seuil de votre château y trouvera refuge sûr et droit d'asile sacré : ni moi ni les miens ne violerons cette enceinte ; mais, demain matin, je livre un second assaut à la ville de Saint-Marcel, et il ne me sera pas donné de pouvoir épargner ceux que nous y trouverons encore. » Puis, il se retire, étonné de l'impression qu'il avait reçue et de la concession qu'il avait faite.

La dame de Bernis s'empresse alors de publier à Saint-Marcel l'heureux résultat de sa négociation ; elle fait baisser, du côté de la ville, le pont-levis de son château, et en ouvre l'entrée aux habitants. La nuit entière est employée à introduire dans le lieu d'asile les femmes, les vieillards et les enfants ; puis, quoique le château semble déjà regorger de monde, on trouve moyen d'y faire entrer encore un certain nombre d'hommes. Vers la première aube du jour, le comte d'Acier-Crussol ordonne qu'on monte à l'assaut ; ses troupes entrent par la brèche sans coup férir ; quelques malheureux, cachés çà et là dans des réduits obscurs, deviennent les victimes de la fureur du soldat. Le comte de Crussol reste stupéfait de la disparition de la population presque tout entière ; il ne peut croire que le château de Bernis puisse suffire à contenir cette foule immense : cela semblait avoir quelque chose de surnaturel. En effet, c'était un vrai miracle de la charité qui avait en quelque sorte élargi l'enceinte de ce château. Les pauvres familles de Saint-Marcel avaient trouvé un ange gardien qui les avait cachées sous ses ailes ; aussi, elles vouèrent à leur châtelaine une reconnaissance qui fut presque de l'adoration pendant sa vie, et qui devint de la superstition après sa mort. La dame de Bernis était depuis longtemps dans la tombe, qu'on croyait la voir souvent apparaître la nuit, du haut de ses créneaux, sous la forme d'un svelte et blanc fantôme ; les enfants de ceux qu'elle avait sauvés l'invoquaient alors, tantôt comme une fée bienfaisante, tantôt comme une sainte et chère patronne.

Depuis ce temps, bien des années se sont écoulées, bien des révolutions ont ébranlé le sol du pays ; le vieux château, asile des catholiques du seizième siècle (1), est tombé dans la poussière avec ses machicoulis, ses ponts-levis et ses tourelles ; la féodalité tout entière s'est écroulée sans retour, mais le souvenir de la bonne dame de Bernis a survécu à toutes ces ruines ; il a été transmis, comme un culte, de génération en génération, dans les humbles foyers de Saint-Marcel.

La branche aînée de la famille de Bernis, un moment écartée de cette contrée par

---

(1) On dit que cet ancien château était situé sur l'emplacement d'une maison appartenant actuellement à M. V. de Lisleroy.

les orages politiques, est revenue, depuis assez longtemps, y fixer de nouveau sa demeure; elle semble enchaînée à jamais à ce sol par de telles traditions de reconnaissance et d'amour. Du reste, en régnant sur les cœurs par la bonté et les bienfaits, elle s'est créé une suzeraineté nouvelle qu'aucune puissance humaine ne saurait abolir.

§ 2. — *Grottes de Saint-Marcel.*

Pour arriver aux grottes de Saint-Marcel, on traverse une des plaines les plus riches de France; on passe sur le territoire des petites communes de Saint-Just et de Saint-Martin, puis on remonte en bateau la rivière d'Ardèche (1), dont les eaux limpides coulent profondément encaissées entre des rochers aux formes variées et pittoresques. L'ouverture des grottes est à peu de distance des bords de la rivière.

Il n'y a que cinq ou six ans que ces grottes sont connues; elle furent découvertes par un chasseur de la commune d'Aiguèze, dans le département du Gard (2). Ce chasseur, en poursuivant un renard, pénétra sous un rocher par une ouverture étroite et basse; il fit quinze à vingt pas, le corps à demi incliné, sous cette voûte naturelle, puis il se trouva dans une enceinte plus vaste et plus élevée, où il n'osa pas s'avancer, à cause de l'obscurité profonde qui y régnait. Un mois après, le même habitant d'Aiguèze, se trouvant à une pêche de nuit sur l'Ardèche, dans le voisinage de cette même caverne, fit à ses compagnons la proposition de les y guider. Cette fois, ils étaient munis de lumières; ils purent voir l'immensité de la salle qui se trouve au delà de la première ouverture. On l'a mesurée depuis; elle a quatre cent cinquante mètres sur cent cinquante, et la voûte en est fort élevée. Le sol en est très-uni; quelques stalactites ornent les parois du rocher.

Cette salle semblait ne pas présenter d'autre ouverture que celle par où l'on était entré; mais de nouveaux visiteurs ne tardèrent pas à découvrir, à l'extrémité du souterrain, une assez large issue. Au moyen d'une échelle, on pénètre, par cette issue, dans une seconde salle beaucoup plus vaste que la première: on y remarque beaucoup de cristallisations, soit à la voûte, soit aux parois, et, du milieu même du sol, s'élèvent de nombreuses stalactites; les unes ne figurent que des fûts de colonnes brisés, d'autres atteignent la voûte, d'autres pendent d'en haut comme des chapiteaux aériens qui attendent leurs supports. On a trouvé, dans cette salle, des

---

(1) Le touriste qui veut se contenter d'avoir une idée superficielle du Vivarais, ferait bien d'y entrer ainsi par le point où l'Ardèche se jette dans le Rhône, et de remonter cette petite rivière. Cette voie est la plus curieuse de toutes par les accidents pittoresques dont elle est semée.

(2) Ce département a pour frontière, au nord, la rive droite de l'Ardèche.

ossements humains : c'est là, sans doute, que les premiers chrétiens du Vivarais venaient célébrer les mystères sacrés ; que les villageois cherchaient, au moyen âge, une asile contre les invasions des barbares, et que les sectateurs de Calvin se réunissaient pour entendre les discours brûlants de leurs ministres.

Un peu plus loin, on gravit une échelle de vingt degrés, et on entre dans une troisième grotte de trois cents mètres de longueur sur dix-huit de largeur. Quant j'y allai, nous étions nombreux : chacun avait sa torche, qui laissait derrière elle de longs jets de flamme et de fumée. Quelques-uns d'entre nous, jeunes et agiles, s'enfonçaient et disparaissaient, semblables à des ombres, dans des puits naturels, creusés par la goutte d'eau tombant de la voûte depuis des siècles ; d'autres se glissaient le long des stalactites qui revêtaient les parois, se suspendaient aux aspérités des rochers de cristal, et formaient avec leurs flambeaux mille effets magiques de lumière. Ce spectacle devint encore plus curieux et plus pittoresque quand nous arrivâmes à la quatrième salle : là, la voûte tout entière semble incrustée de diamants ; les stalactites imitent les tuyaux d'orgue ou les balustres en marbre des galeries des cathédrales ; il en est qui s'arrondissent comme de gigantesques cariatides qui supporteraient un dôme d'église.

Ce vaste souterrain, que nous mîmes plus de cinq heures à parcourir, n'offre pas beaucoup d'humidité dans le sol qui lui sert de base ; on y a fait de nombreuses dévastations, et la dernière salle ressemble aujourd'hui à ces temples ruinés de Sélinonte ou de Thèbes, qui jonchent le sol de leurs débris. Le vandalisme des hommes n'épargne guère plus les monuments de la nature que ceux de l'art ; les uns par fanatisme, les autres par une curiosité barbare, semblent avoir juré la destruction de tout ce qui est digne d'admiration par l'ensemble et la proportion de ses formes.

Nous avons eu le bonheur de pénétrer des premiers dans ce sanctuaire gardé si longtemps par l'ignorance même où on était de son existence ; nous avons compris comment l'architecture de nos vieilles cathédrales avait trouvé, dans ces souterrains humides et mystérieux, le type primitif de ses fantaisies bizarres et grandioses, tout comme quand nous avons parcouru, sous un beau ciel, les latomies de Syracuse (1), l'acanthe balançant son feuillage au-dessus d'un chapiteau de colonne qui gisait sur le sol nous a expliqué l'architecture corinthienne. Près de cette imitation en ruines, nous aimions à retrouver le modèle éternellement jeune de la nature.

---

(1) On appelle ainsi les immenses excavations que l'on fit pour extraire la pierre qui servit à bâtir Syracuse ; ce sont maintenant des vallons ombragés d'orangers, de palmiers, de caroubiers et d'arbres magnifiques. Les carrières de Syracuse sont plus belles en ce moment que les débris de ses temples et de ses palais.

§ 3. — *Le cardinal de Bernis.*

Le 22 mai 1715, le château de Saint-Marcel donna le jour à François-Joachim de Pierre de Bernis, qui devint, par la suite, cardinal-évêque de la sainte Eglise romaine.

Suivant l'usage du temps, François de Bernis, cadet d'une noble famille, et réduit, par conséquent, à une modeste légitime, fut destiné à l'état ecclésiastique ; il n'avait pas dix ans, qu'il fut mis au collége des Barnabites, au Bourg-Saint-Andéol. Il s'y distingua parmi tous les écoliers de son âge. Ses parents, qui ne voulaient rien négliger pour son éducation, l'envoyèrent à Paris au collége des Jésuites, après qu'il eut accompli sa douzième année ; il fit sa rhétorique sous le célèbre Porée, qui fut aussi, comme on sait, le professeur de Voltaire. L'étonnante précocité du jeune François de Bernis lui permit d'atteindre de bonne heure le terme de ses premières études. En 1731, il entra au séminaire de Saint-Sulpice pour y faire ses cours de philosophie et de théologie : il y eut aussi de brillants succès ; il lui arriva plusieurs fois de remplir les fonctions de maître de conférence en l'absence des professeurs.

Aussi exact dans l'accomplissement de ses devoirs religieux qu'assidu à l'étude, François de Bernis avait partagé ses premières années entre la prière et de graves travaux. A vingt ans, il sort, avec la tonsure et le petit collet, des pieuses retraites où s'était écoulée sa jeunesse ; alors il se lance dans le monde, où on espérait qu'il pourrait parvenir aux plus hautes destinées : ses parents lui avaient donné une bonne éducation, il était abbé, c'était à lui à faire le reste.

Dans nos idées actuelles, nous ne comprenons pas ce costume ecclésiastique, cette couronne symbolique du tonsuré, autrement que comme les signes d'une vocation sérieuse, comme les premiers gages du dévouement volontaire d'un jeune homme au ministère sacré du sacerdoce. Dans le dix-huitième siècle, il n'en était pas toujours ainsi, et le premier degré de la cléricature n'était souvent, pour les hommes de haute naissance, que le commencement de la route qui menait à des bénéfices lucratifs sans charge d'âmes, ou même à des dignités purement temporelles. L'abbé de Bernis entra parfaitement dans l'esprit du rôle que sa famille voulait lui faire remplir : il se répandit dans la bonne compagnie dont son nom lui ouvrait l'entrée ; il fit plus : il rechercha les illustrations de l'époque, et il se plut à ces conversations, tantôt scintillantes, tantôt profondes, qui sont des stimulants si puissants pour de jeunes et vives intelligences. Il fréquenta particulièrement les Torcy, les Polignac, les d'Aguesseau, les Bolingbrocke et les Montesquieu ; il dînait souvent aussi avec les Fontenelle, les Méran et les Crébillon : son esprit de saillies, son goût fin et délicat, furent remarqués au milieu même de ces hommes si éclairés et si spirituels. D'ailleurs, on admirait en lui une incroyable souplesse pour s'accommoder au ton, aux manières des salons où il était présenté; il s'assimilait, pour ainsi dire, au caractère, à l'esprit de chaque société où on le faisait pénétrer: de là, cette immense réputation d'amabilité que tout le monde s'accorda à lui *faire*. Or, sous un régime où les influences de cour étaient toutes-puissantes, et où l'on parvenait par les femmes, une semblable renommée valait celle que l'on acquerrait aujourd'hui par l'éloquence, ou, pour ne pas profaner ce mot, par la *facilité de l'improvisation*. L'amabilité conduisait à tout, même à une ambassade, même à un ministère. On comprend combien il devait y avoir d'agréments dans une société, où les efforts des esprits, même les plus élevés, se concentraient sur les moyens de plaire par le charme de la conversation. Aujourd'hui, l'ambition suit d'autres voies; elle s'exerce aux discussions criardes, aux disputes violentes dans les barreaux ou dans les clubs, pour pouvoir porter aux tribunes des chambres cet imperturbable aplomb que ne déconcertent, ni les trépignements, ni les murmures : cela produit très-peu de Démosthènes..., mais beaucoup d'hommes insociables dans le monde.

L'abbé de Bernis ne se borna pas à des succès de conversation; il vit qu'il y avait, dans le dix-huitième siècle, une puissance qui tendait à tout dominer: celle de la littérature; il sut saisir avec bonheur sa part de cette puissance; il rimait avec facilité; son imagination était brillante et féconde; ses vers, qu'il débitait avec grâce, n'arrivaient à la presse qu'après avoir été goûtés dans les salons à la mode: c'étaient autant de bonnes chances qu'il mit à profit. Il débuta par une épître sur la paresse (1), qui eut un grand retentissement à la cour et à la ville. Quelques prétendus connaisseurs soutinrent que c'était une épître inédite de Gresset; d'autres prédirent que l'abbé de Bernis recueillerait dignement l'héritage littéraire des Chaulieu et des la Fare. Il semblait, en effet, que son vers coquet et voluptueux eût plus d'un signe de parenté avec la poésie, alors fort vantée, de ces abbés du dix-septième siècle.

Cette pièce de vers et quelques autres achevèrent d'établir la renommée de bel esprit du jeune abbé; ces productions légères, auxquelles on attachait alors une importance exagérée, le firent plus promptement arriver à son but que ne l'eût fait un ouvrage sérieux et scientifique. On le recherche partout : l'évêque de Luçon, Bussy-Rabutin, qu'on appelait le *dieu de la bonne compagnie*, voulut faire sa con-

---

(1) Censeur de ma chère paresse,
Pourquoi viens-tu me réveiller,
Au sein de l'aimable mollesse
Où j'aime tant à sommeiller ? etc.

Il y a, dans la poésie de cette petite pièce, un laisser aller et une facilité gracieuse qui conviennent parfaitement au sujet.

naissance; enfin, la duchesse du Maine se le fit présenter. C'est dans la société de cette princesse qu'il conçut le plan d'un grand poëme, intitulé : *La religion vengée* (1); il en composa alors les premiers chants.

L'abbé de Bernis, que l'enivrement des succès du monde et une grande facilité de mœurs avaient écarté des stricts devoirs de l'état ecclésiastique qu'il avait embrassé, n'avait jamais pourtant dépassé les bornes des convenances sociales de son temps; il avait été léger, mais non licencieux; il ne fut jamais impie. Son poëme sur la religion le sépara entièrement de la secte des encyclopédistes; cependant il ne put entrer dans les bonnes grâces du cardinal de Fleury : le vieux ministre lui dit nettement que, tant qu'il serait aux affaires, il ne lui accorderait aucune faveur. « Monseigneur, j'attendrai, » répondit en s'inclinant l'abbé de Bernis. Boyer, évêque de Mirepoix, qui avait la feuille des bénéfices, tint également rigueur à l'abbé de Bernis; c'est alors que ce dernier, s'il faut en croire Duclos (2), « ne trouvant que des obstacles sur sa route, résolut de faire une grande fortune, puisqu'il ne pouvait parvenir à une petite, et il n'y trouva que des facilités. » L'exactitude des faits est ici un peu sacrifiée au désir d'être piquant et original; il paraît pourtant très-vrai que, si l'abbé de Bernis avait eu des bénéfices plus lucratifs que ceux qu'il obtint, il aurait borné là son ambition. Du reste, en 1739, il fut nommé à un canonicat au chapitre noble (3) de Brioude; l'évêque de Clermont, le grand Massillon, conçut pour lui beaucoup d'estime et d'amitié : « Quittez cette vie mondaine à laquelle vous vous êtes trop longtemps livré, lui disait-il, et recevez la prêtrise: vous serez d'abord mon grand vicaire, puis vous parviendrez aux plus hautes dignités ecclésiastiques. » Le jeune abbé de Bernis exposa à l'illustre pontife divers motifs qui l'empêchaient d'accepter ces propositions; peut-être lui dévoila-t-il de secrètes faiblesses : ce qu'il y a de certain, c'est que Massillon n'insista pas.

L'abbé de Bernis retourna à Paris; en 1744 (il n'avait pas trente ans), il fut élu membre de l'Académie française. En apprenant cette nouvelle, Piron s'écria : « C'est avoir bien jeune les invalides! »

Quatre ans étaient à peine écoulés, que l'abbé de Bernis quittait le chapitre de Brioude pour devenir chanoine-comte de Lyon; son archevêque, le cardinal de Tencin, lui fit, comme l'évêque de Clermont, l'offre de se l'attacher comme grand

---

(1) Ce poëme n'est pas aussi remarquable que celui de Racine fils, sur le même sujet. Cependant il mériterait d'être moins oublié. Il ne fut publié qu'après la mort du cardinal, qui y travailla à diverses époques de sa vie.

(2) Voir ses *Mémoires secrets* sous le règne de Louis XV.

(3) A l'occasion de sa nomination à ce chapitre, le cardinal de Bernis présenta ses titres de noblesse : il prouva qu'il était allié des Bourbons et par conséquent du roi régnant. Il établit également que sa famille avait eu, à une époque très-reculée, des affinités avec celles des vicomtes de Béziers, des comtes de Toulouse et des Bermond-d'Anduze.

vicaire : le jeune chanoine lui fit valoir les mêmes raisons pour ne pas accepter ces fonctions. Le cardinal, peut-être moins scrupuleux que Massillon, ne se laissa pas persuader aussi facilement; mais son insistance échoua devant d'inébranlables refus.

Peu de temps après, une ère nouvelle s'ouvre dans la vie de l'abbé-comte de Bernis; il est nommé, en 1751, ambassadeur près la république de Venise. Le voilà entré dans son élément véritable, les affaires diplomatiques. La littérature légère, les bouquets à Chloris, les madrigaux parfumés n'avaient été pour lui qu'un moyen; il abandonne le moyen quand il arrive au but. Il parvient à donner de l'importance à cette ambassade de Venise qu'on regardait alors comme l'une des plus insignifiantes de l'Europe; il étudie, d'une manière plus complète et plus approfondie qu'aucun de ses devanciers, les rouages les plus secrets de ce gouvernement, encore si curieux et si original jusque dans sa décadence; il pénètre avec sagacité le poids que peut avoir encore la république de Venise dans la balance européenne; il comprend qu'elle est, par rapport à l'Autriche et à l'Allemagne, ce que le royaume de Sardaigne est par rapport à la France. C'est cette république qui garde les portes des Alpes, de l'Illyrie et du Tyrol; appuyée sur elle et sur le canton des Grisons, la France pourrait donc ouvrir ou fermer, à son gré, les issues étroites créées par la nature. D'ailleurs, ce qui fait la force des puissances de premier ordre, ce sont leurs alliances avec les puissances secondaires. L'abbé de Bernis conçut donc le projet hardi d'engager la république de Venise, cette ancienne souveraine des mers, à se mettre sous la protection du roi de France. Il faut lire dans ses mémoires inédits le récit des démarches habiles par lesquelles il arriva à réaliser ce projet; il sut se concilier tous les esprits, se faire aimer du peuple par sa splendide générosité, et flatter l'orgueil de la plus fière aristocratie du monde. Sur ces entrefaites, le duc de Penthièvre vint visiter Venise : loin d'exiger de lui l'incognito imposé auparavant à tout prince de sang royal qui passait sur les terres de la république, le gouvernement vénitien, sur la demande de l'abbé de Bernis, rendit au duc les mêmes honneurs qu'à un fils de roi. Il fit plus : par l'organe du fils du procurateur, qui harangua le prince, il exprima formellement le désir que la protection du roi de France lui fût accordée. Ce discours fut remis à l'abbé de Bernis qui l'envoya sur-le-champ à Versailles. Mais le fruit de tant de soins sa trouva perdu; le ministre des affaires étrangères, jaloux peut-être des succès du jeune ambassadeur, ne fut pas d'avis de prendre la république de Venise sous la protection de la France.

Avant de quitter cette ambassade, l'abbé de Bernis reçut à Venise les premiers ordres majeurs (1).

Il revint à Paris dans un moment où Mme de Pompadour, désespérant de continuer à maîtriser le cœur du roi par les plaisirs, voulut se rendre nécessaire en le

---

(1) Le sous-diaconat et le diaconat.

déchargeant du souci des affaires publiques. Il avait depuis longtemps des relations de société avec cette dispensatrice de toutes les faveurs; on lit dans le recueil de ses œuvres de petits vers fort galants, œuvres de sa jeunesse, adressés à cette dame. La vanité féminine est toujours reconnaissante des hommages adressés sous une forme ingénieuse; d'un autre côté, l'abbé-comte de Bernis s'était fait une grande réputation dans le monde des affaires par le talent supérieur de sa correspondance diplomatique autant que par l'habileté de sa conduite pendant l'ambassade de Venise.

Il fut donc appelé par Mme de Pompadour à donner son avis sur la marche à suivre dans des circonstances très-difficiles et très-délicates pour la France. L'Angleterre, par suite d'un de ces procédés qui sont familiers à sa politique, s'était emparée, en pleine paix, de plusieurs de nos vaisseaux, avait fait prisonniers dix mille de nos matelots, et avait engagé sur ses escadres tous ceux d'entre eux qui y avaient voulu prendre du service; puis ses ministres n'avaient fait, à nos plaintes réitérées, que des réponses évasives ou hautaines. Sur ces entrefaites, l'Autriche, par l'organe de son impératrice, nous offre son alliance; cette alliance devenait importante au moment où nous allions engager une lutte avec notre puissante rivale, mais elle amenait une subversion totale dans les conditions de la politique européenne, telles que les avait créées le traité de Westphalie: notre rôle de garant de ce traité, de protecteur des puissances secondaires de l'Allemagne contre l'Autriche, allait devenir impossible. Notre union étroite avec l'Espagne, affaiblie par le régent, mais resserrée depuis sa mort, en recevrait peut-être une nouvelle atteinte; nous risquions aussi de mécontenter la Prusse, qui avait été jusque-là notre alliée, et, quoique ce royaume ne fît que de naître, on pouvait prévoir que le caractère et le génie du grand Frédéric lui donneraient une influence toute nouvelle.

Ces objections furent portées au conseil et présentées dans toute leur force par le comte de Bernis : ce fut lui qui fit repousser un premier plan de traité proposé par l'impératrice d'Autriche; il fut chargé d'en présenter un autre qui parerait autant que possible à tous les inconvénients, et ménagerait les intérêts de la France: il s'en acquitta avec bonheur, et son projet fut adopté par l'Autriche; puis il fit déclarer la guerre à l'Angleterre, après avoir présenté au roi un mémoire dans lequel il lui traçait tous les moyens d'exécution. Les idées contenues dans ce mémoire furent approuvées par Louis XV et par son conseil; en conséquence, la France tint à la cour britannique un langage digne et ferme : elle demanda la restitution de ses vaisseaux et de larges indemnités pour notre commerce, puis elle s'empara de Minorque, en déclarant qu'elle ne s'en dessaisirait qu'après avoir obtenu l'affranchissement de Dunkerque et une complète satisfaction relativement à tous ses griefs.

Le roi et le parti militaire auraient désiré que le traité avec l'Autriche fût offensif; M. de Bernis avait obtenu qu'il ne fût que défensif; mais, contre son avis, il ne resta pas secret.

La bataille de Rosbach et les succès du grand Frédéric, dont se réjouissait Voltaire, apparemment en sa qualité de bon Français, rendirent impopulaire cette politique et ce traité, qui avaient d'abord été l'objet des applaudissements publics : on n'est que trop disposé à juger de la sagesse des conseils humains d'après les résultats imprévus des événements.

Duclos, dans ses *Mémoires secrets*, s'exprime ainsi : « Le seul homme capable de suivre le système qu'il avait adopté forcément, mais le seul capable de le suivre, puisqu'il en avait combiné tous les ressorts, n'était pas maître de leur donner le mouvement ; le comte de Bernis, enfin, avec plus de faveur que de crédit, n'avait pas l'autorité active. » Ce jugement, si honorable pour l'abbé de Bernis, le décharge amplement de la responsabilité des revers essuyés, à cette époque, par notre gouvernement.

L'état déplorable de nos finances, le mauvais choix et les fautes de nos généraux, semblaient ouvrir un abîme sous les pas de la France ; M. de Bernis proposa de négocier la paix. Il soutint courageusement cet avis, contraire à celui de Mme de Pompadour ; il lutta contre elle avec énergie : le roi parut ébranlé par ses raisonnements. La favorite comprit qu'il fallait promptement se défaire d'un homme qui ne voulait pas être son servile instrument, et qui pouvait balancer son crédit ; après lui avoir fait mille protestations hypocrites de bienveillance, elle parvint, en s'entendant avec le duc de Choiseul, nouvellement arrivé au ministère, à perdre ce ministre indocile, et le fit exiler par une lettre du roi.

On dit qu'un jour Mme de Pompadour, furieuse d'être contrariée par le ministre-abbé de Bernis dans ses prétentions à faire l'*homme d'Etat*, dit devant lui au marquis de Stainville (1) : « Que veut donc ce petit abbé ; il oublie que je l'ai tiré de l'indigence et de la poussière. — De l'indigence, peut-être, s'écria l'abbé en se retournant vivement ; mais de la poussière !.... Ah !.... Madame !.... » Son regard fier et son sourire dédaigneux achevèrent d'exprimer ce que sa bouche ne disait pas.

On peut dire que la disgrâce de l'abbé de Bernis racheta son élévation : s'il avait fait des concessions pour parvenir, il n'en fit aucune pour se maintenir au pouvoir.

Un peu avant sa disgrâce, l'abbé-comte de Bernis avait reçu le chapeau de cardinal (2). Dans un siècle où l'abbé de Tencin avait dû cette éminente dignité à des protections de cour et l'abbé Dubois à de viles intrigues, il est important de mon-

---

(1) Depuis, duc de Choiseul.
(2) Vers la même époque, il avait été nommé par le roi commandant de l'ordre du Saint-Esprit. Voici le quatrain qu'on fit sur sa chute, qui suivit de si près son élévation au cardinalat :

> Que le sort de Bernis est beau,
> Mais qu'il a peu de consistance !
> N'a-t-il donc reçu le chapeau
> Que pour tirer la révérence ?

trer combien fut différente la voie qui y conduisit le comte de Bernis à un âge encore peu avancé.

L'abbé de Bernis, peu de temps après avoir obtenu son entrée au conseil, avait été employé pour terminer une lutte du parlement contre le ministère (1); le crédit qu'il avait sur l'esprit de plusieurs membres influents de cette compagnie, l'adresse et l'habileté de ses manières, le firent réussir dans la mission dont on l'avait chargé : il parvint à réconcilier le parlement avec la cour.

La république de Venise avait alors, avec le pontificat romain, des discussions qui ne faisaient que s'envenimer et qui semblaient tendre à un schisme déclaré, à une séparation totale. Le pape Benoît XIV, instruit de la sagesse avec laquelle l'abbé-comte de Bernis avait terminé l'affaire du parlement, s'adressa à lui, par l'intermédiaire du nonce, pour lui demander les moyens de ramener le gouvernement vénitien à l'union avec le saint-siége apostolique: l'abbé de Bernis, qui avait laissé à Venise la meilleure opinion de son talent et de sa loyauté, fut en quelque sorte accepté pour arbitre par la république elle-même, dans cette querelle; il ménagea tellement les intérêts de part et d'autre, que, grâce à lui, tout fut bientôt arrangé et conclu de manière à satisfaire à la fois Venise et la papauté. Benoît XIV conçut une si haute estime pour l'esprit de conciliation du négociateur (2), qu'il consulta le cardinal de Tencin et le marquis de Stainville, afin de savoir si le roi ne verrait pas avec déplaisir que *le chapeau* fût donné *proprio motu*, en cour de Rome, à l'abbé de Bernis; le cardinal envoya au roi la lettre du pontife. Le roi se montra favorable à cette demande; l'impératrice et le roi d'Espagne (3) y donnèrent aussi leur agrément. L'abbé de Bernis, pour lier les mains à Louis XV, alla lui faire des remercîments publics, de l'assentiment qu'il avait donné aux propositions du pape. Sur ces entrefaites, Benoît XIV mourut sans avoir fait la promotion; mais Rezzonico, qui lui succéda sous le nom de Clément XIII, acquitta la parole de son prédécesseur : il devait en partie la tiare à l'abbé de Bernis, qui avait fait prononcer l'exclusion (4), au nom de la France, contre le cardinal Cavalchini; c'était aussi l'abbé de Bernis qui avait dirigé tous les suffrages dont il pouvait disposer, sur la tête de Rezzonico, vénitien, dans la pensée que cette nomination mettrait le sceau à la réconciliation de la cour de Rome avec la république.

C'est en vain que des dénonciations et des calomnies, parties de Versailles, traversèrent la nomination de l'abbé de Bernis, dont le crédit commençait à baisser;

---

(1) Cette querelle était née à l'occasion d'un lit de justice, du 13 décembre 1756.
(2) Voir les *Mémoires secrets* de Duclos, vers la fin.
(3) Ces sortes de nominations *proprio motu* au cardinalat devaient avoir l'assentiment des trois grandes puissances catholiques.
(4) Les puissances catholiques ont encore aujourd'hui le droit d'exclusion dans les conclaves. Voir la *Vie de Pie VII*, par M. Arthaud.

la bienveillance personnelle de Louis XV et la reconnaissance de Clément XIII furent des obstacles contre lesquels vinrent se briser tous les efforts de l'envie.

Le lieu d'exil du cardinal de Bernis avait été fixé au château de Vic-sur-Aisne, dépendant de l'abbaye de Saint-Médard ; mais le roi lui donna la permission d'aller revoir sa famille en Languedoc : c'est à cette époque (1), dit-on, qu'il fit son épître sur l'amour de la patrie. Nous croyons devoir donner à nos lecteurs le début de cette pièce, qui contient une description assez brillante de Saint-Marcel-d'Ardèche ; ce sera un moyen de faire connaître à la fois les lieux que nous décrivons et l'homme que nous essayons de peindre :

> Je vous salue, ô terre, où le Ciel m'a fait naître !
> Lieux où le jour, pour moi, commença de paraître,
> Quand l'astre du berger, brillant d'un feu nouveau,
> De ses premiers rayons éclaira mon berceau.
> Je revois cette plaine où des arbres antiques
> Couronnent les dehors de nos maisons rustiques :
> Arbres, témoins vivants de la faveur des cieux,
> Dont la feuille nourrit ces vers industrieux
> Qui tirent de leur sein notre espoir, notre joie,
> Et pour nous enrichir s'enferment dans leur soie.
> Trésor du laboureur, ornement du berger,
> L'olive, sous mes yeux, s'unit à l'oranger.
> Que j'aime à contempler ces montagnes bleuâtres
> Qui forment devant moi de longs amphithéâtres,
> Où l'hiver règne encor, quand la blonde Cérès
> De l'or de ses cheveux a couvert nos guérets !
> Qu'il m'est doux de revoir, sur des rives fertiles,
> Le Rhône ouvrir ses bras pour séparer nos îles,
> Et, ramassant enfin ses trésors dispersés,
> Blanchir un pont bâti sur ses flots courroucés (2) !
> D'admirer, au couchant, ces vignes renommées
> Qui courbent en festons leurs grappes parfumées,
> Tandis que, vers le nord, des chênes toujours verts
> Affrontent le tonnerre et bravent les hivers !
> Je te salue encore, ô ma chère patrie !
> Mes esprits sont émus, et mon âme attendrie
> Echappe avec transport aux troubles des palais,
> Pour chercher dans ton sein l'innocence et la paix.
> C'est donc sous ces lambris qu'ont vécu mes ancêtres ! etc.

Le roi n'oublia pas entièrement l'ancien ministre dans sa retraite ; il le chargea de quelques négociations avec la cour de Rome, relativement à des affaires ecclé-

---

(1) On a contesté ce fait, et on a prétendu que cette pièce de vers date, comme toutes les autres du même auteur, de l'époque de sa jeunesse. Cependant, le ton grave qui y règne, les réflexions politiques et philosophiques qui y sont semées, et enfin de fréquentes allusions à un récent exil de la cour, se rapportent évidemment à la maturité de l'âge du ministre déchu.

(2) Le pont Saint-Esprit, qu'on aperçoit du château de Saint-Marcel, comme je l'ai dit plus haut.

siastiques de quelque importance. Du reste, il est probable que la cessation des faveurs de la cour ramena le cardinal de Bernis à des pensées religieuses ; c'est pendant le temps de son exil qu'il se fit ordonner prêtre (1).

Au mois d'avril 1764, le roi rappela le cardinal de Bernis à la cour par une lettre très-flatteuse qu'il lui écrivit entièrement de sa main ; on a remarqué que c'est le seul ministre de Louis XV, qui, après avoir été exilé, soit rentré complétement en grâce auprès de ce monarque.

Un mois après, le cardinal fut nommé à l'archevêché d'Alby ; il résida dans cette ville jusqu'en 1769, époque où il alla à Rome pour le conclave. Confident des secrètes pensées du roi, avec qui il correspondait directement, il concourut à l'élection du cardinal Ganganelli, Clément XIV. Le nouveau pape dit, en prenant possession du pontificat : « M. le cardinal de Bernis ne peut prendre la tiare, mais il la donne (2). »

Cette nomination préparait un grand crédit au cardinal à la cour de Rome ; aussi il fut nommé sur-le-champ ministre de France auprès du saint-siége par le roi Louis XV.

Pendant le pontificat de Clément XIV, eut lieu le fameux procès des jésuites pardevant la cour de Rome. En homme habile, le cardinal de Bernis ne voulut pas, dans cette circonstance, compromettre sa réputation de modération et de sagesse ; il lui répugnait d'ailleurs de se poser comme un ennemi de cette compagnie célèbre qui avait élevé sa jeunesse, et qui avait rendu tant de services à l'Eglise. En conséquence, il obtint que la cour d'Espagne serait seule chargée de poursuivre cette affaire, et que la France n'aurait qu'à donner son acquiescement à la sentence définitive de la papauté.

En 1774, le pape nomma M. de Bernis, qui n'était que cardinal-prêtre, à l'évêché cardinaliste d'Albano. En réunissant à son traitement d'ambassadeur les revenus de ses bénéfices de France et d'Italie, le cardinal de Bernis avait alors plus de quatre cent mille livres de rentes ; il faisait un magnifique usage de cette haute fortune : sa maison était la plus splendide qu'il y eût à Rome. On disait de lui : « Il tient l'auberge de France dans un carrefour de l'Europe. » Les grands seigneurs, les princes, les souverains même du monde chrétien venaient en quelque sorte lui faire la cour, comme au plus brillant représentant du sacré collége. Il y reçut tour à tour l'empereur Joseph II, le roi de Pologne, la reine de Naples, l'infant de Parme et le malheureux roi de Suède (3), qui tomba, quelques années après, sous les coups d'un

---

(1) Il suffit, comme on sait, d'être simplement engagé dans les ordres pour pouvoir être cardinal ; et l'abbé de Bernis ne se fit conférer la prêtrise qu'après avoir reçu le cardinalat.

(2) A cause de sa qualité de Français. Depuis longtemps on ne nommait que des Italiens à la papauté.

(3) Nous avons parcouru les correspondances du cardinal de Bernis avec toutes ces têtes couronnées ;

assassin. Ce faste extérieur, qui a tant de prestige sur l'esprit des peuples, fascina singulièrement les Romains, amis du luxe et des fêtes. Le cardinal de Bernis était devenu une véritable puissance dans la capitale du monde chrétien : on assure qu'à la mort de Clément XIV, plusieurs membres du conclave lui offrirent, malgré sa qualité de Français, de le porter au souverain pontificat; mais il ne voulut user de son influence que pour faire nommer pape le cardinal Braschi, Pie VI, dont il fut toujours le consolateur et l'ami.

En 1789, les prétendues réformes de l'assemblée constituante le privèrent de ses immenses revenus; il serait passé sans transition de l'opulence à la misère si le chevalier d'Azara ne lui avait pas obtenu de la cour d'Espagne une pension de soixante mille livres (1). C'est avec ces ressources, bien médiocres en comparaison de celles dont il disposait auparavant, qu'il trouva moyen de donner dans son palais un asile honorable à mesdames de France, filles de Louis XV.

Il mourut à Rome (2), le 2 novembre 1794, regretté des artistes qu'il protégeait, de la haute société dont il faisait le charme, du peuple, enfin, qu'il comblait de ses largesses presque royales. Un ambassadeur de la république française, M. Cacaut (3), espèce de révolutionnaire corrigé, voulut qu'un monument fût élevé dans l'église de Saint-Louis-des-Français au cardinal, son prédécesseur : ce monument, sculpté avec soin sur le modèle du tombeau d'Agrippa, renferme encore les entrailles du cardinal de Bernis; son corps a été transporté en France en 1803, et déposé à Nîmes dans l'église de Notre-Dame et de Saint-Castor, par les soins de sa famille.

Jamais le nom français ne fut porté aussi haut à la cour du saint-siége que par le cardinal de Bernis; ses correspondances sont encore aujourd'hui proposées pour modèles aux jeunes gens qui veulent s'initier à la science des affaires étrangères; ses traditions diplomatiques sont toujours suivies, en ce qui regarde spécialement nos relations avec Rome.

Il faut chercher dans les archives de nos ministères et dans celles de la chancellerie du saint-siége ses véritables titres de gloire; c'est là seulement qu'on pourra voir tous les services qu'il a rendus à la France et à l'Église pendant sa carrière politique.

Lui-même n'attachait plus depuis longtemps d'importance qu'à ce genre de succès. Un jour, quelqu'un le complimentait sur les poésies de sa première jeunesse (4);

elles sont d'un grand intérêt. Les lettres du roi Gustave de Suède nous ont révélé tout ce qu'il y avait de chevaleresque et de poétique dans ce noble caractère. Il ne nous a pas été permis d'en publier des fragments.

(1) Suivant des documents, qui paraissent authentiques, cette pension aurait été élevée plus tard à cent vingt mille livres.
(2) Agé de soixante-dix-neuf ans et quelques mois.
(3) Voir la *Vie de Pie VII*, par M. Arthaud.
(4) Le recueil complet de ses poésies fut imprimé de son vivant, mais sans son aveu, par un spéculateur ou un ennemi.

il se contenta de répondre, avec un mélange exquis d'urbanité du monde et d'humilité chrétienne : « *Domine, delicta juventutis meæ ne memineris* (1) ! »

Un sage esprit de famille, un honneur nobiliaire bien placé, une loyauté à toute épreuve, guidèrent M. de Bernis dans la première partie de sa vie. Une piété éclairée le guida mieux encore sur la fin de sa carrière, et consola ses derniers moments, profondément attristés par l'effrayant spectacle des excès de la révolution française. On peut dire de lui que ses défauts furent ceux de son siècle, et que ses hautes qualités n'appartinrent qu'à lui-même.

Pont-d'Arc. — Vallon.

RIVES DE L'ARDÈCHE EN REMONTANT DU VILLAGE DE SAINT-MARTIN JUSQU'AU COUVENT DE LA MADELEINE ET AU PONT-D'ARC.

Quand on quitte le Rhône au Bourg-Saint-Andéol ou au pont Saint-Esprit pour s'enfoncer dans le Vivarais, il faut préférer, à toute autre voie, le cours même de l'Ardèche, que l'on remonte facilement en bateau pendant tout le printemps et une partie de l'été.

C'est au village de Saint-Martin (2) que l'on trouve des bateliers (3) qui conduisent les voyageurs jusqu'au Pont-d'Arc et à Vallon.

A peine a-t-on quitté Saint-Martin, qu'on aperçoit sur sa gauche le singulier village d'Aiguèze ou *Aiguize*, placé, comme par une fantaisie artistique, dans une large

---

(1) Je ne sais s'il n'aurait pas mis au nombre des délits de sa jeunesse sa *Correspondance avec Voltaire*, 1 vol. in-folio, Bourgoin, 1799. Ces lettres ne contiennent rien pourtant qui fasse un fâcheux contraste avec son caractère ecclésiastique ; mais celles du patriarche de Ferney sont souvent sur l'extrême limite de la décence. Après tout, une lutte d'esprit aussi prolongée avec le chef de la secte impie des sophistes du dix-huitième siècle n'était-elle pas à elle seule un acte de complaisance condamnable dans un membre du clergé ?

Il est à remarquer que la publication de cette correspondance n'eut pas lieu de son vivant.

(2) De Saint-Marcel-d'Ardèche au village de Saint-Martin, il y a environ une lieue et demie.

(3) Au prix de quatre ou cinq francs par homme. Il faut au moins deux bateliers pour pouvoir remonter le courant souvent impétueux de l'Ardèche.

brèche de rochers : son vieux château surgit entouré de quelques masures, comme pour remplir cette brèche laissée par la nature. La vue d'Aiguèze ressemble à une décoration d'opéra ; on serait tenté de reprocher à ces fortifications et à ces rochers d'avoir trop peu de profondeur, de ressembler trop à des feuilles de carton, d'être trop *aiguisés* comme des lames de couteau.

A mesure qu'on s'avance, la rivière s'encaisse de plus en plus, les montagnes s'escarpent et s'élèvent sur les deux rives ; leur hauteur moyenne, au-dessus du lit de l'Ardèche, est au moins de trois cents pieds. Après avoir dépassé la hauteur de la grotte de Saint-Marcel, on se trouve comme enfermé entre deux murs de rochers : nul vestige d'habitation humaine, nul chemin, nul sentier tracé le long de ces rivages ; quelquefois les montagnes offrent l'aspect de clochers aux flèches aigües, de tours ou de bastions ruinés, et les naïfs bateliers de Saint-Martin vous disent les noms des fées qui les habitaient ou qui les habitent encore.

Tout le long du cours de l'Ardèche, les rochers offrent dans leurs parois élevées mille nuances de couleurs, mille accidents variés ; ils se tapissent de lierres, de scolopendres, de pariétaires, de saxifrages : leurs moindres cavités, leurs bancs les plus étroits se garnissent de terre végétale, d'où surgissent des figuiers, des grenadiers, des arbres de Judée, dont les rameaux en fleurs se balancent sur l'abîme comme d'ondoyants panaches. L'aspect de ces sites sauvages et déserts, la végétation orientale dont ils sont parés, transportent la pensée du voyageur dans la Syrie ou dans la Haute-Egypte, sur les rives du Nil ou au fond de quelque gorge ignorée du Liban. On n'y rencontre d'autres êtres animés que des corneilles séculaires, quelquefois des pélicans, et même des vautours blancs ou phénicoptères d'Egypte : nous avons vu deux de ces vautours, à la large envergure, s'envoler pesamment de l'aire élevée où ils avaient suspendu leurs nids, et planer avec majesté sur nos têtes en faisant mille circuits, comme pour attirer l'admiration sur leur beau plumage blanc, noir et isabelle.

Dans le cours de cette navigation, de nombreux obstacles retardaient notre marche ; souvent d'énormes cailloux roulés et amoncelés retenaient, dans toute leur largeur, les eaux de l'Ardèche, qui tombaient ensuite avec impétuosité et fracas : alors nos bateliers quittaient les rames et les piques, devenues insuffisantes pour lutter contre le courant ; ils se jetaient dans l'eau et remontaient le bateau à bras le long de ces espèces de cascades, puis ils retrouvaient des eaux plus tranquilles et reprenaient leurs moyens ordinaires de navigation.

Environ aux deux tiers de la route, les rochers qui étaient à notre gauche, sans devenir moins hauts ni moins escarpés, s'écartèrent, et nous aperçûmes, sur une espèce de promontoire garni d'arbustes et de quelques arbres fruitiers, d'immenses ruines enlacées par des lierres noueux qui en attestaient la vétusté. La route qui conduisait autrefois à cette vieille forteresse nous a semblé ne pouvoir être que le lit même de la rivière : c'étaient les restes de la Madeleine, ancien monastère des Templiers. Cette retraite mystérieuse et sombre semblait être encore empreinte du caractère de l'ordre auquel elle avait appartenu. Là, peut-être, après le supplice de Jacques Molay et la proscription de leur ordre, quelques chevaliers du Temple, profitant des basses eaux de l'Ardèche, remontèrent son cours à gué sur leurs coursiers robustes, et cherchèrent, sous l'abri de ces pics inaccessibles, un refuge ignoré. Mais il n'est pas de retraite que le despotisme ne fouille et ne découvre; et ces malheureux, traqués dans toute la France comme des bêtes fauves, durent sans doute périr en ce lieu sous les coups des sbires de Philippe, ou fuir encore, pour y échapper, vers de plus lointains rivages.

Plus de sept siècles ont passé sur ces ruines : l'orfraie y a fait son nid, le renard y a creusé sa tanière, mille plantes grimpantes y ont enfoncé leurs racines, et pourtant les murs ne se sont pas encore abaissés au niveau du sol; ils élèvent encore çà et là leurs pans inégaux et branlants, qui se drapent dans la verdure comme autrefois le templier dans son manteau. Grâces à leur isolement et à la difficulté des lieux, ces débris ont échappé à une destruction totale, pendant que quelques chevaliers du Temple, autres débris vivants d'un édifice religieux et politique, ont, dit-on, perpétué leur ordre jusqu'à nos jours, à l'aide des formules secrètes et des rits accomplis dans l'ombre. Peut-être verrons-nous relever les remparts *de la Madeleine*, et l'étendard à la croix rouge flotter encore sur leurs créneaux ! Cette résurrection partielle du moyen âge aurait au moins le mérite d'être originale et poétique.

Au delà de ces ruines, si intéressantes par les souvenirs historiques qu'elles rappellent, nos bateliers nous montrèrent, dans les flancs des rochers, l'entrée d'une multitude de cavernes presque toutes inconnues. Les curieux et les naturalistes auraient là beaucoup de découvertes à faire. Ces cavernes ont servi d'asile aux proscrits de tous les âges, depuis les Albigeois, jusqu'aux chouans de 1795.

Enfin, après une navigation de plus de huit heures, prolongée, il est vrai, par les distractions d'une pêche assez fructueuse, nous vîmes les rochers des deux rives se rejoindre, et de loin ils semblaient nous barrer le passage; mais, en nous rapprochant, nous aperçûmes un majestueux arceau qui frayait une large voie aux eaux de l'Ardèche et à nous-mêmes. A travers ce cadre gigantesque, quelques maisons du hameau de Chames nous apparaissaient perdues dans des bois d'aulnes, de saules et de peupliers. La clef de la voûte était surmontée par un rocher élevé, qui unissait, de sa cime dentelée et inégale, l'un et l'autre rivage ; ce rocher était garni d'arbustes et de chênes verts, qui formaient, en quelque sorte, les parapets du pont. Quelques chèvres paissaient sur le haut du rocher; elles semblaient comme suspendues sur l'arête étroite qui séparait les deux précipices. Un berger les rappela avec sa cornemuse, et elles s'acheminèrent, en longue file, vers la rive gauche de l'Ardèche : le bruit de leurs grelots parvenait à peine jusqu'à nous.

Il faut visiter près de là une grotte assez profonde : cette grotte est percée de portes et de fenêtres naturelles, présentant à peu près la forme de pleins cintres ; des jets brillants de lumière et des masses d'ombres épaisses y forment de mystérieux contrastes. Rien n'est curieux comme le Pont-d'Arc aperçu de derrière ces piliers et du fond de ces voûtes; si on transportait tout à coup, dans ce site sauvage et grandiose, quelque enfant de nos grandes cités, il croirait voir se réaliser un rêve des mille et une nuits. Pour nous, artistes et voyageurs, nos impressions sont presque toujours déflorées par les dessins, quoique infidèles, des lieux, et par les descriptions pompeuses lues ou étudiées d'avance ; nous ne pouvons plus nous étonner, et nous ne savons admirer qu'avec réflexion.

Du reste, ce genre d'admiration ne peut manquer à l'homme qui s'interroge sur les causes qui ont produit (1) de pareilles merveilles. Que de siècles il a fallu à cet architecte puissant, mais lent dans ses œuvres, la nature, pour creuser et façonner le Pont-d'Arc, moins remarquable encore par sa grandeur que par ses belles proportions! Quel ample sujet de méditations pour le poëte, le philosophe et le naturaliste!

Afin d'établir entre eux des communications dans le temps des grandes eaux de l'Ardèche, les Cévenols et les Vivarois avaient pratiqué un passage sur la cime du rocher qui surmonte le pont. Pendant les premières guerres des calvinistes et des catholiques, au seizième siècle, ce passage était regardé comme fort important; on y éleva une forteresse pour le défendre. Nous voyons, dans les chroniques et dans les mémoires de cette époque, que cette forteresse fut souvent prise et reprise, tantôt par un parti, tantôt par un autre. S'il faut en croire Giraud-Soulavie (2) : « Lorsque les religionnaires l'avaient en leur puissance, c'était, parmi eux, une fête de se saisir de quelque catholique ; on le menait sur le pont et on lui *permettait* de sauter dans l'Ardèche. Les catholiques, non moins fanatiques quelquefois, usaient aussi de représailles, lorsque le Pont-d'Arc et son fort tombaient en leur pouvoir. »

---

(1) Dans le cadre étroit qui nous a été assigné, nous ne pouvons nous livrer à des discussions ni à des explications scientifiques ; qu'il nous suffise de dire ici que nous n'admettons pas les opinions de Giraud-Soulavie (*Histoire naturelle de la France méridionale*, tom. Ier, pag. 102). Nous croyons que la voûte était d'abord un portique de grotte, à plein cintre comme les ouvertures de celle qui est près de là, et nous attribuons ces formations à des courants diluviens ; quant à la partie inférieure de la voûte, il est hors de doute qu'elle est l'ouvrage des eaux de la rivière, qui, à force d'affouiller la grotte, s'y sera creusé un lit nouveau à la place de l'ancien, qui faisait un vaste circuit autour du rocher, et dont il est facile de reconnaître encore les traces. Nous ne croyons pas que la main de l'homme ait contribué en rien au percement du rocher, ni à la forme élégante du pont. Lors de l'inondation de 1827, l'Ardèche s'éleva de quarante à cinquante pieds au-dessus de son niveau ordinaire : comme le Pont-d'Arc n'offrait pas une issue assez large à l'abondance de ses eaux, elle reprit momentanément son ancien lit, par le petit vallon circulaire qui s'ouvre du côté de la rive gauche.

(2) *Histoire de la France méridionale*, par Giraud-Soulavie, tom. Ier, pag. 103.

Après le sac de Privas, Louis XIII fit démolir les fortifications du Pont-d'Arc; il détruisit aussi le sentier qui y était frayé, et fit couper une corniche étroite qui existait du côté du midi, et sur laquelle les passants ne pouvaient aller qu'un à un : ce passage était, par conséquent, devenu impraticable depuis. Les chevriers des villages voisins ont jeté des fascines et des pièces de bois sur le point du précipice où la corniche avait été coupée : ils la traversent ainsi avec leurs troupeaux sur une espèce de petit pont branlant, même pendant la nuit, tandis que les voyageurs les plus hardis n'oseraient se hasarder à la franchir en plein jour.

Il y a plus de deux cents pieds de ce sommet du Pont-d'Arc (1) jusqu'au lit de l'Ardèche.

La voûte du pont a quatre-vingt-dix pieds d'élévation au-dessus du niveau moyen de la rivière, et sa largeur, prise d'une pile à l'autre, est de cent soixante-trois pieds.

Lassés des lenteurs et de la monotonie de notre interminable navigation, nous voulûmes aller de Pont-d'Arc à Vallon par terre; il nous fallut aborder du côté du petit hameau de Chames, puis gravir un sentier montueux taillé dans le roc. Enfin, du haut de la colline escarpée que nous ne tardâmes pas à atteindre, nous vîmes s'ouvrir devant nous un riche paysage, en parfait contraste avec les rocs arides entre lesquels nous avions été emprisonnés tout le jour : des plaines riantes, coupées de mamelons cultivés, se déployaient devant nous, encadrées dans les montagnes lointaines des Cévennes et de la Lozère. Sur la gauche, le long du cours de l'Ardèche, on apercevait la vieille tour de Salavas, près de laquelle s'élevait un pont en fils de fer, élégante création de l'industrie contemporaine. Tout auprès de nous, sur un coteau à droite, brillaient au soleil couchant les ruines du Chastelaz ou Vieux-Vallon. La ville de Vallon, création toute féodale, doit sa première origine au Chastelaz : c'est au Chastelaz que serait née Clotilde de Surville; nous savons qu'on a fait de grands efforts pour prouver la non-authenticité (2) de ses poésies, et pour établir

---

(1) La roche du Pont-d'Arc, dit Giraud-Soulavie, est une sorte de marbre grisâtre, susceptible d'un beau poli; trois ou quatre couches horizontales la divisent depuis son fondement jusqu'à son sommet, où la roche est incrustée de quelques bélemnites et cornes d'Ammon.

(2) On peut lire, à ce sujet, un article fort spirituel et fort ingénieux de M. Sainte-Beuve, inséré dans la *Revue des Deux-Mondes*, le 1er avril 1841. On a tiré des arguments, qu'on croyait fort concluants en faveur de la contemporanéité de ces poésies, d'un chant du poëme *De la nature et de l'univers*, où se trouvent ces vers :

> Ton vaste Jupiter et ton lointain Saturne,
> Dont sept globules nains traînent le char nocturne!

Il est très-vrai que le premier des satellites de Saturne fut observé par Huyggens en 1655, et le septième par Herschell, en 1789; mais cela prouverait seulement que ce morceau est apocryphe, et qu'il a été ajouté à tort aux premières poésies de Clotilde, éditées par M. de Vanderbourg. Dans ce fragment de poëme, on reconnaît une autre main et un langage plus moderne que dans la pièce délicieuse adressée par la trouveresse à ses enfantelets.

que leur véritable auteur était M. de Surville, condamné à mort pour fait de chouannerie, en 1798. Quant à nous, nous ne saurions penser que tant de délicatesse dans la sensibilité, tant de suavité dans la couleur, puissent appartenir à un homme : il y a telle de ces poésies qui n'a pu sortir, n'en doutons pas, que du cœur d'une mère. Ainsi, en effet, si la perfection de la langue parlée par Clotilde semble être un anachronisme littéraire, nous aimerions mieux attribuer les plus jolies pièces du recueil qui porte son nom à *Jeanne de Vallon*, contemporaine de Louis XIV, qu'à ce guerrier de la fin du dix-huitième siècle (1), tout préoccupé, jusqu'à la fin de ses jours, de conspirations et de discordes civiles. D'ailleurs, ce n'est qu'à la pudeur d'une femme qu'il a pu appartenir de chercher à se dérober à la gloire littéraire sous le nom d'une aïeule vénérée.

Après avoir dépassé le Chastelaz, on aperçoit le *Nouveau-Vallon*, enfoncé dans une vallée profonde. Cette ville, célèbre par les siéges qu'elle a soutenus, conserve à peine quelques vestiges de ses anciens remparts : on y remarque un singulier amalgame de vieilles masures et de maisons élégantes bâties à la moderne.

Le *Nouveau-Vallon* a aussi son château, que les habitants du lieu avaient été condamnés à construire dans la ville même, en punition de leurs révoltes contre le roi.

En montant sur une petite colline (2) qui sépare Vallon de l'Ardèche, on découvre la plaine délicieuse que traverse cette rivière, et au bout de la plaine, sur les limites de l'ancien Vivarais, la montagne inaccessible de Sampzon. C'était là qu'étaient renfermées les archives de la province. Quoique placées ainsi sous la garde de ces remparts élevés par la nature et fortifiés par l'art, ces précieuses archives furent pillées et brûlées par la révolution, qui avait des intelligences dans toutes les places.

C'est en 1621 que Vallon soutint son dernier siége; le duc de Montmorency vint attaquer cette ville en personne : elle était défendue par un gentilhomme protestant appelé d'Antiéges. Après des prodiges de valeur, d'Antiéges fut obligé de capituler. Le duc de Montmorency fit complétement raser les fortifications de Vallon, dont les religionnaires (3) regrettèrent beaucoup la perte.

---

(1) Mme de Surville, veuve de ce même M. de Surville, morte il y a quelques mois au Pradel, près de Villeneuve-de-Berg, ne croyait pas à la capacité poétique de son mari, qui, en effet, n'a jamais écrit que des vers fort médiocres. Elle était d'ailleurs convaincue de l'impossibilité où il aurait été de trouver le temps de composer ces poésies en vieux langage, pastiche achevé dont la correction même accuse un long travail. Cette vie passée dans l'émigration, sous la tente, ou dans les cavernes du Vivarais, était, disait-elle, toute contraire à l'existence du doux loisir que supposent des créations de ce genre. Ces considérations, déjà assez puissantes par elles-mêmes, tiraient une nouvelle force de la bouche même de celle qui les faisait valoir.

Du reste, cette question littéraire mériterait un ouvrage à part, et ce n'est pas ici le lieu de la discuter *ex professo*. Qu'il nous suffise d'avoir indiqué notre opinion, qui diffère de celles de M. Sainte-Beuve et de quelques autres savants de nos jours.

(2) De cette même colline on aperçoit aussi, tout près de l'Ardèche, le château de Salavas.

(3) Les protestants du bas Languedoc furent très-irrités contre Châtillon, leur général en chef, de ce

Vallon faisait partie de la baronnie de M. de la Gorce (1), qui était un des chefs de l'armée catholique de M. de Montmorency. A la suite de la prise de cette ville, ce seigneur y rétablit la plénitude de sa juridiction, puis il partit pour le siége de Montauban. Nous verrons, dans le chapitre suivant, comment sa femme et ses enfants tombèrent, en son absence, aux mains des religionnaires.

Vallon n'a point de fabriques ni de manufactures ; ses richesses proviennent uniquement de la culture des terres fertiles qui l'entourent. On y compte deux mille sept cents âmes. Près de la moitié de la population est protestante.

NOTA. Aux environs de Vallon, il y a des grottes fort curieuses que l'on visitait beaucoup avant la découverte des grottes de Saint-Marcel. Pour raviver la curiosité des voyageurs, les habitants de Vallon voulurent aussi avoir leur grotte *nouvelle* (2), et, après quelques recherches, ils la trouvèrent près du hameau de Saint-Martin, à deux portées de fusil de l'Ardèche ; on y descend par une échelle et on y rencontre des stalactites brillantes et variées. Cette grotte se termine par une espèce de précipice, où l'on n'a pas encore osé pénétrer.

Les anciennes grottes de Vallon ont été décrites par M. Eldin avec beaucoup de détails et dans un style plein de clarté et d'élégance. Voir l'*Annuaire de l'Ardèche de* 1839, pages 349 et suivantes.

qu'il avait laissé prendre une place aussi importante sans la secourir, et ils lui ôtèrent le commandement de leurs armées. On peut voir, dans les *Commentaires du Soldat du Vivarais*, les détails intéressants du siége de Vallon. D'Antiéges avait passé avec cinq cents hommes sur le Pont-d'Arc, pour devancer M. de Montmorency, et arriver avant lui dans la ville.

(1) Non pas comme propriété, mais comme fief qui en dépendait. La terre de Vallon ne fut acquise par la famille de la Gorce que dans le dix-huitième siècle.

(2) La grotte nouvelle de Vallon, découverte en 1839 par un chasseur au furet, est située au midi des anciennes grottes, sur la rive gauche du torrent d'Ibie, un peu au-dessus du hameau de Mezeler, à deux kilomètres de Vallon. Elle n'a qu'une seule entrée fort étroite, et se divise en trois compartiments ou galeries : le premier a cinq mètres de hauteur dans sa partie la plus élevée, et douze ou quinze mètres de largeur ; la deuxième galerie, vue aux flambeaux, est d'une remarquable beauté : elle a trente mètres de profondeur ; on y descend au moyen d'une échelle fixée dans le roc. Elle renferme des cristaux de carbonate de chaux d'une admirable pureté, et dont la teinte est jaune, noirâtre ou légèrement rosée, des stalagmites énormes, une surtout dont la circonférence est de quatre mètres et la hauteur de huit mètres. Le terrain est fort accidenté et peut avoir cent cinquante mètres de longueur. On y voit des orgues ayant dix lames de deux mètres de longueur ; chaque lame rend un son différent. La troisième galerie est d'un accès extrêmement difficile ; deux personnes seulement y ont pénétré : on y a trouvé des ossements humains pétrifiés, ainsi que des monnaies romaines. Les cristaux de cette partie de la grotte, qui a cinquante mètres de longueur, forment des pyramides triangulaires aussi blanches que le lait.

(*Note communiquée par M. Villard, de Vallon.*)

Salavas et la Gorce.

Salavas est au midi de Vallon, la Gorce est au nord; mais nous rattachons aux deux châteaux de ce nom quelques détails sur la famille Merle de la Gorce: nous avons donc cru devoir les réunir dans le même chapitre.

Dans l'ouvrage du marquis d'Aubaïs, contenant les jugements sur la noblesse des gentilshommes de Languedoc, on lit que « Mathieu Merle, né à Uzès, qui avait obtenu une commission du roi de Navarre le 25ᵉ juin 1580 pour commander dans Mende, acheta de Jean, baron d'Apchier, les château et seigneurie de la Gorce. Il était fils d'Antoine de Merle et de Marguerite de Virgilli; il avait épousé Françoise d'Auzolle, dont il eut Marie de Merle, qui se maria avec Louis de Barjac, seigneur de Vals, et Hérail de Merle, baron de la Gorce et de Salavas. Celui-ci avait épousé, en 1609, Anne de Balazuc, fille de Guillaume de Balazuc, seigneur de Montréal, Chazan, Joanas et Sanilhac, et de Françoise Duroure.

» De cette alliance vint François de Merle, qui épousa Lucrèce Pape, fille de Guy Pape, seigneur de Saint-Auban....; ils eurent Henri de Merle, qui fut tué au combat de Vagnas le 10 février 1703, etc., etc., etc. »

Ainsi, d'après le marquis d'Aubaïs, qui passe pour avoir puisé à des sources authentiques, le père de Mathieu Merle était déjà noble. Au contraire, suivant des pamphlets contemporains, et suivant une tradition perpétuée dans le pays jusqu'à nos jours, Mathieu Merle, fils d'un paysan ou d'un marchand, aurait été l'ouvrier de sa propre fortune. Calviniste fanatique et intrépide, il serait devenu chef de partisans puissant et cruel. De même que d'autres capitaines de son temps, il aurait été peu scrupuleux sur le choix de ses moyens de succès (1). On prétend, enfin, que c'est avec le fruit du butin conquis par son épée, qu'il acheta la terre de la Gorce. Il obtint du gouvernement, qui avait besoin de le ménager, l'érection de son fief de la Gorce en baronnie, avec le droit d'envoyer un délégué pour le représenter aux états (2) du Vivarais; mais il n'eut pas l'entrée aux états du Languedoc.

---

(1) Voir un vieil ouvrage du temps, intitulé: *Des mémoires et exploits de guerre du capitaine Mathieu de Merle, écrits par le capitaine Goudin, religionnaire.* C'est dans cet ouvrage, dont la véracité nous paraît fort douteuse, que don Vic et don Vaissette ont puisé les détails que l'on trouve aux pages 379 et 381 du tome V de l'*Histoire du Languedoc*. La preuve que le capitaine Mathieu de Merle jouissait dans son parti d'une grande considération, c'est qu'il fut commissaire du roi de Navarre, précisément après avoir repris Mende, dont on l'accuse d'avoir dévasté et pillé la cathédrale.

(2) Voir notre préface historique. Il n'avait pas le droit de présider les états à son tour. Son délégué prenait rang après celui du baron de Pradelles, qui n'était pas non plus *baron de tour*.

Nous sommes portés à croire que les accusations dont on charge la mémoire de Mathieu Merle sont empreintes d'esprit de parti, et, par conséquent, suspectes d'exagération ou même de fausseté; voici pourquoi :

Le redoutable huguenot, devenu protecteur des religionnaires du bas Vivarais, eut un fils, Hérail de Merle, qui épousa la fille du comte de Montréal. Le comte de Montréal était un ardent catholique; il était de la famille de Balazuc, la plus antique et la plus illustre de la province. Dans un temps où l'on comptait pour quelque chose le nombre des quartiers et l'ancienneté de la race, cette alliance avec un baron de création nouvelle ne peut s'expliquer que comme une alliance *politique;* elle avait pour but de rattacher au parti catholique une famille puissante, que le protestantisme regardait dans la contrée comme son plus ferme soutien. Une promesse d'abjuration de la part du jeune Hérail fut sans doute la condition de ce mariage, et, en effet, cette abjuration eut lieu bientôt après; Hérail se fit catholique.

Les calvinistes de Vallon et des environs poussèrent des cris de rage à cette nouvelle; ils jurèrent une haine à mort à leur baron, qu'ils traitaient d'apostat : ils firent circuler contre sa famille mille bruits diffamatoires. Mais ce ne fut pas tout.

Quand M. de la Gorce fut allé au siége de Montauban, ils en profitèrent pour surprendre (1), à l'aide de la trahison, le château de Salavas, où il avait laissé sa femme et ses enfants (2); la garnison, composée de quatre-vingts soldats, fut égorgée ou mise en fuite. Mme de la Gorce n'échappa que par hasard au fer d'un assassin; elle vit rouler à ses pieds les corps de ses plus vaillants défenseurs. Enfin, elle fut obligée de se rendre à discrétion, avec sa nourrice et ses enfants, à une bande indisciplinée, commandée par un serrurier de Vallon, appelé Chalanqui.

On peut penser quel fut le sort de la fille du célèbre comte de Montréal, entre les mains de ces hommes grossiers et fanatiques : on la spolia brutalement de tout ce qu'elle possédait de précieux, et on lui ôta jusqu'à ses bagues. Les vassaux de M. de la Gorce se plaisaient à se venger, par toutes sortes de mauvais traitements, de cette noble dame, dont ils disaient que *la damnable influence avait entraîné leur seigneur au giron du papisme.*

La tour de Salavas (3), qui commandait l'un des principaux passages de l'Ardèche, était vaillamment défendue par la garnison qui y était renfermée. Chalanqui s'avisa d'un cruel expédient pour l'amener à capituler : il traîna Mme de la Gorce sous les murs de la tour, le pistolet sous la gorge, et menaça de la tuer ainsi que ses

---

(1) On peut en voir les détails dans les *Commentaires du Soldat du Vivarais.*
(2) Voir le chapitre précédent.
(3) Giraud-Soulavie donne dans son ouvrage le plan de la tour de Salavas, qui était autrefois dans une île formée par l'Ardèche.

enfants, si elle n'engageait pas les soldats de la garnison à se rendre. Ses larmes et ses cris vainquirent la résistance de ces braves, qui se défendaient en désespérés depuis trois semaines; elle sauva ainsi leur vie et la sienne. Sa délivrance fut une des conditions de la capitulation. Un gentilhomme protestant du Dauphiné, M. de Blacons, qui était venu pour achever de réduire la tour de Salavas, acquitta la parole donnée, et tira Mme de la Gorce de l'étroite captivité où elle gémissait depuis près d'un mois, sans cesse en butte aux imprécations, aux menaces et aux propos insultants de ses propres vassaux.

Peu de temps après, le baron de la Gorce, qui s'était conduit en bon soldat au siége de Montauban, revint en Vivarais. Il s'occupait de reconquérir sa baronnie, l'épée à la main; mais, s'étant emporté presque seul à la poursuite d'une troupe de ses vassaux révoltés, il fut jeté à bas de son cheval et blessé à mort. « Quoiqu'il ne pût se lever qu'à genoux, dit le *Soldat du Vivarais*, quand ses ennemis se jetèrent sur lui, il en tua un d'un coup d'épée, et en blessa deux ou trois. Il donna tant de preuves de ce grand courage, qu'il rendit plutôt sa vie par plus de cinquante blessures, que l'épée, qu'on ne put jamais lui arracher des mains (1) qu'au dernier soupir. »

Il existe encore au Bourg-Saint-Andéol des rejetons de la famille de cet intrépide guerrier.

Roche-Colombe et Vogué. — Balazuc.

§ Ier. — *Roche-Colombe et Vogué.*

Environ à deux lieues de la Gorce, près de la route d'Aubenas, on découvre le pittoresque village de Roche-Colombe, surmonté par son vieux château.

Ce château, ruiné par les siècles, se distingue à peine aujourd'hui des rochers sur lesquels il avait pris racine : quelques pans de muraille épais et déchirés s'élèvent encore sur des débris épars; des espèces de galeries et d'étroits passages sont

---

(1) *Commentaires du Soldat du Vivarais*, pag. 76.

taillés dans le roc. Ces constructions furent, suivant la tradition du lieu, payées en blé aux travailleurs en poids égal à celui de la pierre qu'ils avaient péniblement enlevée. Des tours rondes marquent l'enceinte de la forteresse; les maisons du village se sont groupées sous leur abri : elles se dressent d'étage en étage sur les flancs escarpés des rochers, et les cloches de l'église qui les domine touchent aux premières pierres de la plate-forme du château.

A une lieue plus loin, en se rapprochant d'Aubenas, le château de Vogué, ruiné par la main des hommes et le marteau des révolutions, élève encore, entre un mur de rochers et la rive de l'Ardèche, ses quatre tours décapitées et ses vastes corps de logis, dont les murs, découpés et mutilés (1), portent l'empreinte des peintures et des arabesques qui les ornèrent autrefois.

Suivant l'opinion de quelques personnes du pays, *Roche-Colombe* serait le berceau primitif de la famille de Vogué; suivant l'opinion de plusieurs autres, ce serait Vogué même. On fait remonter à une très-haute antiquité la fondation d'une tour dont les restes existent encore sur une aiguille de rochers voisine du château de Vogué, mais bizarrement isolée, et d'un accès difficile.

Cependant, la position de Roche-Colombe était encore plus forte, et dans le temps où les guerres féodales ne laissaient aux seigneurs ni repos ni trêve, les sires de Vogué y ont cherché un abri inexpugnable contre les invasions de leurs voisins. Il faut recourir aux goûts et aux nécessités de cette époque pour expliquer le choix de cette retraite sauvage, accessible d'un côté seulement, et, de l'autre, tournée vers la profondeur d'une aride et étroite vallée, vers des murs de rocher perpendiculaires, sans végétation et sans verdure.

Plus tard, l'existence seigneuriale devient moins rude et moins laborieuse; la guerre n'est plus l'attitude de chaque jour, mais un accident dans la vie privée ou la conséquence des grandes agitations politiques : alors Roche-Colombe est abandonné; Vogué paraît plus riant et plus sociable, et la noble famille qui y avait trouvé son berceau y transporte de nouveau son habitation principale.

Melchior de Vogué (2), vers la fin du seizième siècle, construisit donc à Vogué le château qui existe encore aujourd'hui; il y ajouta au dehors de très-beaux jardins, qui furent emportés par la rivière au lieu qu'on appelle encore le Parc.

La famille de Vogué remonte au onzième siècle; cela a été prouvé dans le temps par les cartulaires de l'abbaye de Villedieu. En 1020, Bertrand de Vogué avait fait à cette abbaye une fondation qui fut confirmée par son fils Pierre de Vogué. Ce dernier avait épousé une Bermond, de l'antique et illustre famille de Bermond d'An-

---

(1) M. le marquis de Vogué, qui a racheté ces ruines et qui les a réparées avec soin, y a fait dernièrement jeter un toit qui leur ôte quelque chose de l'aspect pittoresque qu'elles avaient auparavant.
(2) Il était plus connu sous le nom de Roche-Colombe. C'était le fils de Guillaume de Vogué.

duze. Des Vogüé parurent dans une assemblée de la noblesse du Languedoc que présida saint Louis en allant à sa première croisade. Dans le temps des guerres de religion, les Vogüé se sont montrés toujours attachés au parti catholique, et ils ont déployé autant de loyauté que de bravoure. Au siége de Vallon, M. de Montmorency était sur le point d'être forcé dans ses retranchements par les assiégés, qui avaient fait une sortie tout à fait imprévue, quand M. de Vogüé de Roche-Colombe vole à son secours avec son régiment : M. de Vogüé parvient à contenir et même à repousser les ennemis ; mais au moment qu'il s'applaudissait d'avoir sauvé son chef, et avec lui toute l'armée royale, son fils aîné, le capitaine de Saint-Maurice, tombe à ses côtés, mortellement atteint d'une balle. A cette vue, M. de Vogüé s'écrie : « Mon fils, souvenez-vous de Dieu ! » Le jeune capitaine répond : « Je mets mon entière confiance en lui, et en l'intervention de la Vierge, ma vie... » Là-dessus il expire (1). Plusieurs soldats s'empressent autour de son corps pour le relever; mais M. de Vogüé craint de donner aux ennemis le temps de se rallier; il ne veut pas non plus laisser se ralentir l'ardeur de ses troupes : « Enfants, leur dit-il, ce n'est qu'un homme mort, vengeons-le et faisons notre devoir; après quoi, nous serons à temps de lui accorder des regrets et de lui décerner de justes hommages. » Il donne donc l'ordre de recommencer à charger les ennemis, et les pousse si vivement, qu'il achève leur déroute; puis, au retour du combat, il s'acquitte de ce qu'il devait à un fils tendrement aimé, et « sa douleur, pour avoir été plus longtemps contrainte, n'en est que plus forte et plus amère (2). »

Le Brutus chrétien diffère, comme on voit, du Brutus de l'antiquité profane. Après avoir, pour un moment, refoulé héroïquement dans son cœur les sentiments de la nature, il s'en dédommage bientôt en leur donnant un libre cours, et il redevient père dès qu'il cesse d'être général.

On se rappelle (3) le beau rôle que joua ce même comte de Vogüé, quand M. de Montmorency, complice de Gaston d'Orléans, vint en Vivarais embaucher des conspirateurs.

Les Vogüé furent, pendant longtemps, grands baillis du Vivarais, ainsi que nous l'avons dit dans notre préface historique (4).

Leur illustration ne se renferme pas dans les limites de leur province : elle appartient à la France entière.

Melchior, marquis de Vogüé, né en 1638, se dévoua de bonne heure au service

---

(1) Extrait des mémoires du comte Cérice-François de Vogüé, communiqué par M. le marquis de Vogüé.
(2) Expressions textuellement empruntées aux mémoires déjà cités.
(3) Voir le paragraphe IV de l'article sur Privas.
(4) Voir la liste des grands baillis du Vivarais, que nous avons donnée dans une note de notre préface historique.

de son roi et de son pays. Il se distingua sous les murs de Gigiry en Afrique, et il commanda une brigade au siége de Gironne en Catalogne, sous le maréchal de Noailles.

Le marquis de Vogué, son petit-fils, eut une longue et brillante carrière militaire. Lieutenant général et cordon bleu, il mourut en 1782, au moment où il allait être nommé maréchal de France.

Le nom de Vogué est encore aujourd'hui noblement porté. Dans les deux branches de cette famille, il semble qu'on ait gardé comme une tradition vivante les idées vraiment libérales exprimées de la manière suivante par Cérice-François (1), l'auteur des mémoires déjà cités : « Mon intention n'est pas de m'étendre beaucoup sur la noblesse, dont je fais peu de cas lorsqu'elle n'est pas soutenue par la vertu dont j'aimerais bien mieux laisser des exemples à mes enfants que de vains titres, qui ne serviraient qu'à les déshonorer s'ils n'y répondaient pas par leurs sentiments ou par leurs actions. »

§ II. — *Balazuc.*

Les Balazuc, du onzième au quatorzième siècle, furent les suzerains de tout le bas Vivarais; les autres seigneurs n'étaient que leurs vassaux.

Pons de Balazuc, qui alla à la croisade à la fin du onzième siècle (2), et qui fut tué au siége d'Archos, fut l'un des premiers historiens de ces expéditions lointaines; comme Ville-Hardouin, comme Joinville, il tenait tour à tour la plume et l'épée. Au temps des guerres du calvinisme, nous retrouvons encore un Balazuc, sous le nom de comte de Montréal, parmi les principaux chefs des catholiques. Dans les siècles suivants, pendant que les Vogué grandissaient toujours, les Balazuc voyaient décroître peu à peu leurs richesses et leur puissance. Cependant, M. de Balazuc présida l'ordre de la noblesse du bas Vivarais, en 1789, quand cet ordre élut des députés pour les états généraux; puis cette illustre famille s'éteignit pendant la tempête révolutionnaire. Ainsi, elle brilla une dernière fois sur le bord de l'abîme et y disparut pour toujours.

La vue du village de Balazuc est un des nombreux et riches paysages qui embellissent le cours de l'Ardèche quand on redescend cette rivière de Vogué à Ruoms. Il

---

(1) Pour la généalogie des Vogué, on peut recourir à Moréry, qui en a donné une assez exacte. Il y a, près de Vogué, une chapelle de saint Cérice, saint qu'on vénère beaucoup dans la localité.

(2) En 1096, Pons de Balazuc accompagna dans la première croisade Raymond de Saint-Gille, comte de Toulouse, et écrivit l'histoire de cette expédition, conjointement avec Reymond d'Agile, chapelain du comte. Il fut tué en 1099.

paraît que les sires de Balazuc ont demeuré d'abord sur la cime d'un roc isolé dont les assises calcaires sont superposées l'une à l'autre comme des pierres de taille cyclopéennes, et dont la base a dû autrefois être baignée par les eaux. Il reste encore sur ce roc des pans de murs informes, les restes d'un beffroi gothique et une tour presque intacte. Un château plus commode et de plus facile accès, situé sur une colline à pente douce, environ à deux portées d'arquebuse de l'ancien château, paraît être devenu, au commencement du seizième siècle, l'habitation des Balazuc : ce manoir nouveau est une masse lourde et imposante comme le château d'Aps ; il appartient à cette époque de transition où le style gothique n'existe plus et où celui de la renaissance ne se montre pas encore.

Ruoms. — Rosières. — Joyeuse.

Nous empruntons à une autre plume (1) une description fort exacte des merveilleuses bizarreries que présentent au naturaliste les environs de Ruoms :

« Les environs de Ruoms présentent un assemblage de rochers et de pics qui sont dans le désordre le plus singulier. De tous côtés on ne voit que des masses énormes brisées et isolées les unes des autres. On admire encore davantage les espèces d'auges creusées avec beaucoup de régularité dans le rocher qui porte toutes ces masses : ce sont des moules sphériques enfoncés de quatre, six et huit pieds dans le marbre ; mais ce qui est encore plus singulier et plus admirable, ce sont les rochers cubiques du même canton. Ici la régularité et l'ordre succèdent à la confusion qu'on remarque ailleurs : de toutes parts, on voit des blocs de marbre s'élever au-dessus du sol ; on aperçoit des cubes d'une hauteur de vingt à trente pieds, d'autres de quatre à cinq ; il y en a qui ont vingt pieds de diamètre. La vue générale de tous ces cubes et le contraste entre leur masse régulière et toutes les irrégularités des objets voisins offrent le tableau frappant d'une ville ruinée, incendiée ou renversée par des tremblements de terre ; ce ne sont cependant que les ruines de la nature. L'étonnement augmente encore en voyant s'élever, entre ces masses, des chênes

---

(1) *Annuaire de* 1839, pag. 346 et 347.

majestueux dont les racines s'y cramponnent en suivant les sillons creusés dans la pierre lorsqu'elles ne peuvent s'étendre de côté. »

Il y a en dessous de Ruoms un pont en fils de fer; on en a jeté un grand nombre sur l'Ardèche, et, en vérité, il semble que ce genre d'industrie soit fait spécialement pour les torrents du Vivarais, qui, dans les orages du printemps et de l'été, roulent tout à coup, dans leurs lits débordés, de véritables montagnes d'eau et de graviers : des arches en pierre résistent difficilement à ces irruptions subites et impétueuses.

A une lieue et demie du pont de Ruoms, en approchant de Joyeuse, on apercevait sur la gauche, il y a peu d'années, un clocher (1) qui élançait sa flèche hardie dans les airs. Ce clocher était celui de l'église de Rosières, village habité par les Sarrasins au temps de leur domination dans le midi de la France. On assure que le nom de *Rosières* vient d'une distillerie de roses que ces sectateurs de Mahomet y avaient établie et dont ils écoulaient sans cesse les produits dans les sérails de leurs princes. Le nom de *Guilhen*, qui voulait dire *Rose* en arabe, se trouve encore assez répandu dans le pays. Peu de temps après la bataille, Charles Martel, s'il faut en croire la tradition populaire, vint chasser ces mécréants du Vivarais et joncher le sol de leurs cadavres; on a trouvé, en effet, une multitude d'ossements dans les champs de Rosières. Suivant cette même tradition, Charles Martel aurait fait élever dans ce lieu un monument funéraire à l'un de ses officiers les plus chers, tombé sous le fer des Sarrasins, et ce monument, de style gréco-byzantin, serait devenu l'église paroissiale du village, à laquelle on aurait ajouté un clocher au commencement du douzième siècle.

La ville de Joyeuse a rattaché son nom et son origine à la célèbre épée de Charlemagne. On prétend que ce prince, ayant perdu sa Joyeuse dans une bataille livrée en Vivarais, finit par la retrouver après quelques recherches, et qu'en mémoire de cet événement il fit bâtir, près du lieu où avait été cachée son épée, un château auquel il donna le même nom qu'à son arme favorite.

La ville de Joyeuse a été construite, comme toutes les villes d'origine féodale, sur la pente de la colline où était assis le château de Charlemagne, rebâti et agrandi dans les siècles suivants. Elle est comme entourée d'une ceinture de mûriers et d'oliviers, qui cachent, de leurs branches, quelques-unes de ses maisons inférieures. Du pont de la rivière de Beaume, qui est dans le bas, elle présente l'aspect d'un riant amphithéâtre, et naturellement, à la vue de ce paysage gai et gracieux, on cherche dans la situation même de la ville l'étymologie de son nom.

---

(1) Ce clocher s'est écroulé tout à coup le 4 novembre 1839, à quatre heures après-midi, sans écraser personne. On prétend que cet accident a eu lieu par suite de l'imprudence des habitants de Rosières, qui avaient creusé un sous-œuvre dans un des piliers destinés à soutenir cette énorme masse.

La famille des Châteauneuf-Randon, tige des sires de Joyeuse, remonte au onzième siècle, et dès cette époque elle s'allia aux Bermond d'Anduze et aux Polignac; elle s'implanta en Vivarais en 1255, et elle acquit (1) à cette époque, par une alliance, la terre de Joyeuse, qui fut érigée en baronnie au quatorzième siècle. Les sires de Joyeuse commencèrent leur illustration nationale sous Charles VII et sous François Ier, aux batailles de Crévant et de Pavie; ils s'élevèrent encore plus haut sous Henri III (2) et sous Henri IV. Cette famille fournit au Vivarais trois maréchaux de France, trois lieutenants généraux et gouverneurs de province, un amiral et deux évêques, dont un fut élevé au cardinalat. Ce fut aux Joyeuse qu'on dut l'extension de la ligue dans le Languedoc et dans le midi de la France: trois d'entre eux périrent pour elle sur le champ de bataille. Ceux qui survécurent à la glorieuse mort de leurs frères ne déposèrent les armes qu'après l'abjuration de Henri IV.

Henriette-Catherine, fille unique de Henri de Joyeuse, épousa en premières noces Henri de Bourbon, duc de Montpensier, et en eut une fille, Marie de Bourbon, qui épousa Gaston de France, duc d'Orléans, frère de Louis XIII; en secondes noces elle se maria avec Charles de Lorraine, duc de Guise. Unique rejeton des Joyeuse, elle en apporta tous les biens dans la famille de Lorraine; tous ces biens furent vendus en 1787 par la veuve du comte Charles de Lorraine, qui était une Rohan-Soubise. Le château de Joyeuse, confisqué pendant la révolution comme bien d'émigré, fut concédé à la ville pour des établissements publics; il était dans un grand état de délabrement, car, depuis longtemps, les Joyeuse et les Lorraine ne l'habitaient pas, à cause des grandes charges dont ils étaient pourvus.

Les seigneurs de Joyeuse avaient accordé de grandes immunités aux hommes de leurs terres; les habitants de la ville même furent exemptés des droits de leude et de péage.

Il y a un siècle que la population de Joyeuse n'était que de douze cents âmes (3); aujourd'hui elle s'élève à plus de deux mille trois cents.

Depuis plusieurs siècles, Joyeuse avait des foires et des marchés très-fréquentés; mais leur importance s'est beaucoup accrue depuis vingt-cinq ans par la vente des soies: le marché de Joyeuse est devenu le plus considérable du Vivarais pour la vente en détail de ce produit du sol, qui est d'une qualité supérieure dans les environs de cette ville. Aussi, quoique éloignée des grandes voies de communication, Joyeuse semble avoir des chances indéfinies d'agrandissement et de progrès.

---

(1) La terre de Joyeuse ne fut érigée en baronnie que quand Louis Ier du nom eut épousé Tiburge, dame de Saint-Didier et de la Mastre, unique héritière de sa maison, en 1379.
(2) Henri III érigea la terre de Joyeuse en duché-pairie en faveur d'Anne de Joyeuse.
(3) Il y avait autrefois à Joyeuse un collége doté par la maison de Lorraine.

Environs de Joyeuse. — Jalais. — Largentière.

Environ à deux lieues de Joyeuse, le château et la forêt de Jalais (1) furent le théâtre d'une confédération qui attira l'attention et qui excita les colères de l'assemblée constituante et de l'assemblée législative. Cette confédération était, dans le principe, une fort belle idée; elle avait pour but de surveiller la marche de la révolution, et de cesser de s'y associer, de lutter même contre elle, du moment qu'elle deviendrait anti-religieuse et anti-monarchique : c'eût été une imitation de la ligue au temps de Henri IV. Malheureusement l'entreprise de Jalais, ainsi que d'autres mouvements du Midi, ne se lia pas à un plan d'association fortement combiné dans la France entière : en l'absence des princes du sang, il n'y eut pas des Guise et des Mayenne capables de rallier à eux les forces des catholiques.

La conspiration et les mouvements de Jalais pourraient fournir le sujet d'un ouvrage à part dont nous nous occuperons peut-être un jour. Comme cette contrée se trouve en grande partie hors des limites de l'ancien Vivarais, elle ne doit pas entrer dans notre itinéraire (2) : nous nous dirigeons donc du côté opposé, et nous allons à Largentière, chef-lieu de l'arrondissement de ce nom.

En prenant cette direction, on aperçoit de très-loin la tour de Brison (3), située

---

(1) Jalais ou Jalès était un château qui avait jadis appartenu aux Templiers; plus tard, il fut donné aux chevaliers de Saint-Jean-de-Jérusalem. Il est situé sur une éminence au centre de la plaine de Berrias, et, il y a cinquante ans, cette plaine était couverte d'une vaste forêt dont il reste aujourd'hui quelques vestiges. C'est là que tous les habitants du bas Vivarais furent convoqués le 10 août 1790, par un comité composé de MM. de Malbosc, Graffand, le prieur de Chambonnas, et l'abbé La Bastide de la Mollette.

(2) Par la même raison, nous ne parlerons pas des bois de *Païolive*, délicieux labyrinthe formé par des rochers qui imitent toute espèce de fortifications, et parmi lesquels il y a des allées sinueuses et ombragées, des cirques immenses, et des espèces de petits boudoirs formés par la nature. A l'entrée des bois de Païolive sont des dolmens magnifiques; on en trouve aussi près de *Beaulieu*. Les bois de Païolive sont entre Berrias et les Vans. Cette contrée faisait jadis partie du diocèse d'Uzès.

Un écrivain de l'Ardèche, M. de Valgorge, qui va faire paraître un ouvrage étendu sur son pays, prétend que les bois de Païolive étaient autrefois un bois sacré, *lucus*. Il y a à Berrias un naturaliste fort distingué, M. de Malbosc; il a fait, sur la contrée qu'il habite, des mémoires géologiques qui ont excité l'intérêt et mérité les éloges de l'Académie des sciences.

(3) Chaque année, suivant une superstition populaire, *le diable emporte une pierre de cet édifice*; cependant, si l'on en croit des vieillards du pays, elle est dans le même état où elle était il y a soixante-dix ans, c'est-à-dire échancrée du côté du couchant jusqu'au tiers de sa hauteur.

Cette tour avait été destinée autrefois à servir de *phare*, ou plutôt de *télégraphe de nuit*, pour annoncer aux habitants, au moyen de feux allumés pour signaux, l'approche des Anglais et des routiers. La paroisse de la Beaume et quelques autres paroisses des environs payaient, à cet effet, un droit de guidage.

sur une colline qui domine la ville de Largentière. Cette tour rappelle le nom du fameux chef calviniste que nous avons plusieurs fois mentionné dans cet ouvrage ; elle a continué d'être, jusqu'à ces derniers temps, la propriété de la famille Duroure, dont le sire de Brison était membre.

Des deux côtés de la route, le pays est coupé de jolis coteaux parsemés de villages ; on y aperçoit quelques oliviers. Toute cette contrée a la physionomie des environs de Florence.

Après deux heures de marche, depuis Joyeuse, on quitte le chemin d'Aubenas et on tourne à gauche. Largentière est située au fond d'une gorge étroite, resserrée entre deux montagnes : son château la domine du côté du nord ; on y arrive par une allée en pente douce qui monte le long de la colline. C'est une masse imposante qui présente divers styles d'architecture ; depuis le plein cintre jusqu'à l'ogive, et depuis l'ogive jusqu'aux ornements de la renaissance, tous les genres s'y rencontrent : c'est de l'éclectisme en architecture fait en grand par les siècles.

Nous nous trompons pourtant ; le genre grec n'y est pas représenté, et c'est apparemment pour remplir cette lacune qu'on a élevé, sur le coteau opposé, de l'autre côté de la gorge, une espèce de monument en forme de pâté chaud, avec un portique orné de lourdes colonnes qui ont la prétention, ce semble, d'être de style dorique : c'est la plus massive et la plus grossière parodie qu'on ait jamais faite du Parthénon et de la basilique grecque. Cet édifice sera, nous a-t-on dit, le nouveau palais de justice de Largentière. Jusqu'alors, le tribunal avait siégé dans le vieux château ; mais aujourd'hui, on a voulu lui faire, à grands frais, un logement plus vaste et plus commode : là, du moins, les juges ne se trouveront pas sous des voûtes féodales, et ne respireront plus une odeur de moyen âge.

L'histoire de ce château, qui va bientôt être désert, est l'histoire même de Largentière.

Cette histoire se rattache à celle même du Vivarais. Voici comment :

Largentière avait une mine d'argent qui était connue et exploitée depuis les dixième et onzième siècles. Quels étaient, dès cette époque, les seigneurs de Largentière et les propriétaires de cette mine ?

Ici se renouvelle, entre les écrivains nationaux du Vivarais et les historiens du Languedoc, le grand débat historique que nous avons indiqué, soit dans notre préface, soit dans notre article sur Viviers. Les premiers (1), à quelque opinion poli-

---

(1) Ainsi M. Challamel, républicain et appartenant à l'école philosophique du dix-huitième siècle, s'accorde sur ce point avec l'abbé Barracan, écrivain catholique, monarchique, et qui plus est, épiscopal, c'est-à-dire épousant avec chaleur les prétentions des évêques de Viviers. Or, ce dernier n'a pas eu connaissance des notes historiques de M. Challamel, ce qui donne plus de force à l'harmonie de leurs opinions sur ce point. Il est à remarquer, encore, que ces deux écrivains tirent des mêmes faits des conclusions différentes : l'un prétend que le Vivarais était une véritable république au temps du moyen âge ; l'autre sou-

tique qu'ils appartiennent, soutiennent que le Vivarais était indépendant du Languedoc et des comtes de Toulouse; ils s'appuient sur une charte de donation de la suzeraineté du Vivarais, faite par l'empereur Conrad à son cousin Guillaume de Franconie (1), évêque de Franconie. Cette charte fut confirmée plus tard par Frédéric Barberousse (2), qui accorda à l'évêque de Viviers le droit de battre monnaie. L'évêque Nicolas des Aulumces, fort de cette dernière concession, fit exploiter sur-le-champ, avec une grande activité, une mine d'argent située au pays des Ségaliers, et, pour protéger les mineurs, il fit construire une tour (3) qu'on appela *Argentaria*. Ce fut là l'origine du château et de la ville de Largentière.

A ces faits, qui sont incontestablement établis, les historiens du Languedoc opposent des chartes émanées des comtes de Toulouse, dans lesquelles ceux-ci se qualifient de seigneurs et comtes de Viviers. Ils citent même un acte de donation de Bertrand de Toulouse à son épouse Hélène, dans lequel Bertrand lui donne Viviers et ses dépendances comme cadeau de noces. Mais on ne se crée pas de titres à soi-même : les rois d'Angleterre ont pris longtemps le titre de roi de France, ils ne l'étaient pourtant pas plus de droit que de fait; les rois de Sardaigne s'intitulent rois de Chypre et de Jérusalem : nous ne voyons pas en quoi consiste, depuis plusieurs siècles, cette prétendue royauté.

Il paraîtrait même que, par une transaction de 1193, Raymond aurait reconnu à Nicolas la suzeraineté de Viviers et de ses dépendances (ce qui comprenait Largentière), et qu'il s'était contenté des seigneuries de Gros-Pierre et d'Aiguèze (4).

A la vérité, en 1198, Adhémar de Poitiers et Bermond d'Anduze, ligués avec le comte de Toulouse, obtinrent par la force, de l'évêque Nicolas, d'entrer en partage des mines de Ségalières, de Chanier et de Taurier. D'après ces conventions nouvelles, les comtes de Toulouse en eurent la moitié, Adhémar et Bermond se firent adjuger chacun un tiers de l'autre moitié, et l'évêque de Viviers n'eut que l'autre tiers (5) de cette moitié, c'est-à-dire le sixième.

Mais bientôt eut lieu la guerre des Albigeois, et l'église de Viviers, gouvernée par

---

tient que cette province, connue alors sous le nom de comté de Viviers, était une vaste seigneurie soumise à la domination absolue de ses évêques.

(1) En 1146.

(2) En 1159.

(3) Reymond, l'ancien comte de Toulouse, fit élever, à côté ou vis-à-vis de cette tour, celle de Fanjau : l'une et l'autre furent démolies par Simon de Montfort, parce qu'elles étaient devenues les repaires d'une bande d'Aragonais qui pillaient et rançonnaient toutes les contrées des environs. Voir l'histoire de l'abbé Barracan.

(4) *Histoire du Languedoc*, tom. III, pag. 174.

(5) Voir *Columbi*, pag. 104 et 108, *De rebus gestis episcoporum Vivariensium*, et l'*Histoire du Languedoc*, tom. III, pag. 109. Au reste, la concession faite à Adhémar ne fut pas gratuite, car ce dernier eut à payer mille sous d'or à l'évêque Nicolas.

Bernon de Brabant, profita de cette circonstance pour se venger de cette espèce d'avanie féodale : c'est alors que Simon de Montfort reçut en fief la moitié de tous les droits et revenus attachés au château de Fanjau et à la terre de Largentière (1); Bernon s'en réserva l'autre moitié. Après la mort du vainqueur des Albigeois et de son fils Amaury, l'église de Viviers devint entièrement propriétaire de la baronnie de Largentière.

Depuis ce temps, Bernon donna des lois à sa baronnie et les mines de Largentière furent exploitées d'une manière régulière et active; une ville se bâtit au pied du château, Claude de Tournon la fortifia, et les protestants s'en emparèrent et la dévastèrent. Dans le dix-septième et le dix-huitième siècles, les évêques de Viviers relevèrent ces ruines; enfin, en 1785, Raynaud de Villeneuve, pontife justement estimé, vendit la terre et le château de Largentière au baron de Brison, ainsi que les mines, abandonnées depuis la découverte de l'Amérique, et il bâtit, avec le fruit de cette vente, le nouveau palais épiscopal de Viviers.

Il existe encore un assez grand nombre de pièces d'argent frappées à l'effigie des évêques de Viviers; M. Rousset, de Tournon, en possède plusieurs (2).

Le produit des mines appartenait à l'évêque pour les deux tiers, et au chapitre pour un tiers. On voit encore, dans les jardins de M. de Valgorge, les grottes pratiquées jadis par les évêques de Viviers ou par les comtes de Toulouse; elles sont de temps en temps interrompues par des puits que l'on creusait pour chercher des filons. Cette méthode est aujourd'hui abandonnée.

Largentière possède une église gothique qui est remarquable par son élégance et sa légèreté; les trois nefs sont soutenues par des piliers d'une élévation hardie, mais la voûte du chœur, les chapelles et le clocher sont d'un style plus moderne que le reste de l'édifice.

NOTA. Largentière est chef-lieu d'arrondissement ; il y a par conséquent un tribunal et une sous-préfecture. Mais en même temps cette ville n'est pas sans quelque industrie; on y compte plusieurs fabriques de soie ouvrée, des filatures de soie et des tanneries. Sa population est de deux mille huit cents âmes.

(1) *Preuves de l'histoire du Languedoc*, tom. III, pag. 247.
(2) Voir les articles que ce savant, aussi versé dans la numismatique que dans l'histoire du Vivarais, a publiés dans *l'Annuaire du Vivarais* de 1839, pag. 243 et suiv.

Jaujac. — La coupe de Jaujac et le pavé des géants. — Les ruines de Ventadour. — Le volcan de Nayrac ou de Saint-Léger.

En sortant de Largentière, on suit une route montueuse, le long de la gorge; on laisse sur la droite de jolis villages ornés de clochers (1), qui élancent à travers les arbres leurs flèches aiguës. Arrivé, après deux heures de chemin, sur un col élevé, on est dominé, sur la gauche, par les hautes montagnes de la Lozère, et on aperçoit à une grande profondeur, d'un côté, Saint-Cyrgues, la Souche, et tout le vallon qui conduit à Pradelles, et de l'autre, Jaujac avec ses fabriques, ses maisons de campagne, et son cratère éteint, revêtu maintenant de forêts magnifiques. Au delà de Jaujac, on voit, sur le couchant de la montagne opposée, des débris de fortifications : c'est le vieux château de Jaujac dont les ruines datent du temps des guerres religieuses. Au moment où nous descendions, le soleil, avant de se coucher derrière les montagnes, illumina de ses rayons ces fraîches vallées, coupées de bois, de ruisseaux et de prairies; puis il se cacha et laissa toute cette brillante végétation ensevelie dans les teintes grisâtres d'une soirée assez sombre. L'enchanteur avait disparu, et la nature avait perdu presque tous ses charmes.

Nous nous sommes empressés d'aller visiter, le lendemain matin, les eaux minérales dites de Peschier (2), et le cratère de Jaujac, qui est au-dessus.

Ce cratère n'offre pas la forme parfaite d'un cône renversé comme ceux d'autres volcans éteints que nous avons vus depuis; il se dessine d'abord comme une immense crevasse longitudinale, de près de mille pas de longueur sur cent de large. C'est par cette espèce de défilé, ombragé aujourd'hui par des châtaigniers (3) trois fois séculaires, que l'on parvient avec facilité dans l'intérieur de la coupe.

Il est plus pénible de faire le tour extérieur des sommités du cratère; on marche là sur des laves spongieuses, sur des scories qui présentent de nombreuses aspérités. Dans l'une de ces excavations formées par ces matières volcaniques, la superstition du moyen âge a placé la mystérieuse demeure des fées du pays : la nuit, on les voit encore de temps en temps, dit-on, voltiger sur ces cimes calcinées.

La force expulsive de ce volcan a été prodigieuse; nous avons suivi les laves

---

(1) Il y a entre autres, près de là, le clocher de Chassiers.
(2) Ces eaux minérales contiennent beaucoup d'acide carbonique et sont très-salutaires pour certains maux d'estomac.
(3) Nous n'y avons pourtant pas vu d'arbres aussi gros que sur les pentes de l'Etna.

qu'il a lancées et qui se sont cristallisées en basaltes sur les bords de l'Alignon : elles y occupent un espace de plusieurs lieues.

Ces laves, qui se sont étendues comme une espèce de table horizontale entre les collines et le ruisseau, ont formé des cirques d'une grande beauté, presque au sortir de Jaujac : les basaltes, tantôt carrées, tantôt pentagones et quelquefois même octogones, représentent comme des colonnes engagées qui soutiennent l'espèce de rempart aux pieds duquel vient se briser la fureur des eaux de l'Alignon. On distingue parfaitement le point de jonction des basaltes et du granit sur lequel ils sont venus s'appuyer. Souvent des sources abondantes suintent entre ces rocs de diverses formations, et marquent très-bien leur ligne séparative. Le naturaliste et l'architecte remarquent avec étonnement, et sans pouvoir s'en rendre raison, que la grosseur de ces colonnes de basalte est presque toujours en raison de leur hauteur. Ainsi la nature aurait observé, dans leur formation, les préceptes de l'art.

Nous avons marché sur ce *pavé des géants*, élevé de soixante à quatre-vingts pieds au-dessus du niveau de la rivière, pendant l'espace de plus d'une heure ; nous avons vu de loin, sur notre gauche, un des côtés du cratère de Nayrac ou de Saint-Léger (1), plus curieux encore que celui de Jaujac. Nous en reparlerons tout à l'heure. De là encore ont coulé des torrents de lave qui sont venus, sur la rive gauche de l'Alignon, dresser de nouveaux remparts de basalte en face de ceux de la rive droite.

Nous sommes allés aboutir au pont de la Beaume, où des colonnades de basalte (2) s'élèvent au-dessus de la grande route elle-même.

Ce site a encore plus d'intérêt et de grandeur quand on l'aborde par la route d'Aubenas. De ce côté, la vallée, après s'être considérablement élargie, se resserre tout à coup, comme encombrée par les débris accumulés de plusieurs volcans. La montagne rapide sur laquelle s'élève le clocher de Niaigle semble présenter au voyageur des colonnes d'Hercule. Tout à coup la route tourne et s'engage entre les pavés des géants ; un village est bâti à l'abri de ces boulevards formés par la nature : c'est le pont de la Baume.

Une forteresse en ruine qui s'élève en face, sur une éminence basaltique, domine au loin cet étroit défilé ; c'est Ventadour.

La position de ce château était très-forte : il commandait à la fois les rives de l'Ardèche et celles de la rivière de Fontaulières ; il fermait les trois routes de Jaujac, de Thueyts et de Mayras.

---

(1) Voir, sur ce volcan, le chapitre IX du tome II de l'*Histoire de la France méridionale*, par Giraud-Soulavie.

(2) Là les colonnades de basalte ont moulé leurs bases sur une espèce de poudingue d'une dureté infinie, et cimenté, à ce qu'il paraît, par la lave en fusion.

Quand une famille féodale possédait un fort aussi admirablement situé, il était impossible que, dans un temps donné (1), elle ne devînt pas puissante.

Un site pareil n'a rien d'analogue avec ce que peuvent présenter de plus beau les Pyrénées, les Alpes ou les Apennins; il suffit pour caractériser la physionomie particulière de cette portion du Vivarais. On ne trouve ici ni glaciers, ni amphithéâtres grandioses se perdant dans la vapeur des lointains horizons; ce sont des tableaux resserrés et sévères, dont la lave aux teintes noirâtres fait le fonds, et où mille accidents de ruines et de végétation ressortent comme des ornements aussi riches de formes que de couleur.

La même nature se reproduit en remontant le cours de l'Ardèche du côté de Thueyts; elle offre, de plus, quelques particularités intéressantes pour le géologue. Telles sont ces grottes, dont les voûtes formées par des basaltes présentent l'aspect de mosaïques aux larges proportions (2).

A une demi-lieue du pont de la Baume, au commencement de la montée rapide qui conduit à Thueyts, il faut quitter la grande route, traverser l'Ardèche, et aborder par ce côté l'ancien volcan de Nayrac ou de Saint-Léger. Il n'est exhaussé au-dessus de l'Ardèche que de la hauteur d'une table basaltique de douze à quinze mètres; sa forme est celle d'un amphithéâtre demi-circulaire. Sur la droite se trouve un petit hameau habité par des laboureurs qui cultivent le cratère du volcan. Autrefois, il y avait dans ce lieu une église bâtie en l'honneur de saint Léger (3), évêque

---

(1) Voici quels sont les souvenirs historiques qui se rattachent au château de Ventadour :

Les Guigons, barons de la Roche-en-Regnier, dans le Velai, sont les plus anciens propriétaires connus de ce château, qui portait le nom de CHATEAU DE LA CROISETTE ; il passa à la maison des Ventadour par le mariage de Guigonette avec le duc de Ventadour, originaire du Limousin, lequel donna son nom à ce château et à cette terre.

Le château de Ventadour fut détruit en 1626 ; voici comment:

Le seigneur de ce château, qu'on désigne dans cette chronique sous le nom de baron des Eperviers (du nom d'un château féodal qui est tout près du village de Saint-Cirgues-en-Montagne, dont il était seigneur sans doute), était du parti des protestants et tenait une garnison dans son château de la Croisette-de-Meyras, situé sur la route du bas Languedoc, en Auvergne, d'où il donnait de grandes inquiétudes aux catholiques de Meyras, avec lesquels il guerroyait tous les jours.

Le sieur des Alros, propriétaire du domaine des Alros, commune de Montpezat, où son frère était prieur, réunit deux ou trois cents catholiques, dont vingt-cinq de Montpezat, et, ayant vu sortir du château les sodats qui le gardaient, il l'investit et se rendit maître de la basse-cour, où *le combat fut très-bon, bien attaqué, par petards, échelles et mantelets, et bien défendu par douze ou quinze hommes qui étaient dedans.* Le combat dura tout un jour, et le château tomba enfin au pouvoir des assiégeants, qui le mirent dans l'état où nous le voyons aujourd'hui. (Note fournie par M. Dalmas, de Montpezat.)

(2) « Quelquefois, dit Giraud-Soulavie, ces monticules, affaissés par des causes et dans des temps postérieurs aux éruptions et aux refroidissements, présentent des voûtes de basalte qui soutiennent, par la géométrie de leur architecture, des carrières énormes de basaltes supérieurs. Ces voûtes, dont les pierres de basalte forment plusieurs points et en même temps plusieurs faces qui pointent contre le centre des arcs, sont ainsi de la plus haute antiquité, etc. » (Pag. 74, tom. II, ouvrage déjà cité.)

(3) S'il faut en croire la légende relative à cet évêque, ses ennemis lui firent endurer toutes sortes de

d'Autun, et on y avait établi une maladrerie ou hôpital de lépreux. Les sources d'eau chaude du volcan avaient une immense réputation pour guérir la lèpre, rapportée d'Orient par les croisés; nous avons retrouvé cette fontaine d'eau thermale, aujourd'hui mal séparée des eaux froides qui l'entourent: telle qu'elle est, elle a encore vingt-deux degrés de chaleur. Nous sommes convaincus qu'avec des travaux peu dispendieux on pourrait purifier encore cette source précieuse, et que son efficacité surpasserait alors celle des eaux les plus renommées pour la guérison des maladies de la peau. Nous connaissons des personnes qui les ont prises en transportant un bain et des meubles dans une chaumière voisine; elles en ont éprouvé des effets surprenants. Dans l'intérêt de l'humanité, nous appelons l'attention des spéculateurs sur les eaux de Nayrac.

Lorsque la maladie de la lèpre disparut de l'Occident, la maladrerie de Nayrac tomba en ruines, et, quant à l'église, elle fut pillée, dévastée et démolie par les protestants dans le temps des guerres de religion.

Près des sources d'eau chaude, il y a, dans la même prairie, des sources d'eau froide qui paraissent aussi avoir quelque vertu.

On remarque, soit dans cette prairie, soit dans la vigne qui est au-dessus, des trous d'où s'échappent des gaz méphitiques. Ces trous sont soigneusement entretenus par les paysans des environs, comme des espèces de soupapes pour le dégagement des vapeurs délétères. Quand on ferme ou qu'on laisse boucher ces soupapes, le gaz se répand tout à l'entour, et brûle l'herbe ou les plantes qui sont auprès.

On retrouve là le même phénomène que l'on fait observer aux voyageurs à la fameuse grotte du Chien, près de Naples; seulement les convulsions et les syncopes sont produites plus rapidement sur les poules ou sur les chiens qu'on approche des trous méphitiques de Nayrac : deux minutes suffisent pour leur donner une mort complète.

---

souffrances: il fut traîné dans une pièce d'eau froide, puis jeté de nouveau dans les ruisseaux fangeux d'une rue. C'est en l'honneur des souffrances de ce saint que les bains de Nayrac lui furent dédiés et prirent le nom de *Bains de Saint-Léger*. (Voir la *Vie de saint Léger*, qui vient de paraître, par Dom Pitra, bénédictin).

Thueyts. — L'Echelle du Roi. — La Gueule d'enfer. — La Gravenne de Montpezat. — Le Château de Pourcheirolles. — Montpezat.

Dans cette portion du Vivarais la nature par elle-même offre tant d'intérêt, que nous avons peu de place à donner aux souvenirs historiques; cependant nous mentionnerons, à l'entrée de Thueyts, le joli manoir de l'antique famille de *Blou*, et nos lecteurs doivent se rappeler que nous avons rapporté un beau fait d'armes d'un membre de cette famille dans notre article sur le bourg Saint-Andéol.

Thueyts est situé sur un plateau formé par les laves et par les débris d'un volcan supérieur, dont les traces sont encore visibles, quoiqu'il ait perdu son ancienne forme de cratère : c'est un chef-lieu de canton et un bourg de quelque importance; cependant il y a moins d'industrie qu'à Jaujac.

On descend du plateau basaltique du Thueyts dans le lit de l'Ardèche par une espèce de fissure ou de cheminée naturelle, pratiquée dans les parois du Pavé des Géants, qui a dans cet endroit plus de deux cent cinquante pieds de hauteur. Une espèce d'escalier fait grossièrement en laves brisées a été pratiqué dans cette fissure ou cheminée; quand la pluie est récemment tombée sur cet escalier, appelé dans le pays l'*Echelle du Roi*, il devient glissant et dangereux, surtout quand on le descend.

C'est pourtant la seule voie praticable pour aller de Thueyts dans un vallon voisin, qui est si riant qu'on l'a comparé à Cythère, et qu'on a appelé *Monts de Vénus* deux jolis coteaux qui séparent ce vallon de l'Ardèche.

Quant à nous, au lieu de continuer notre route du côté de ce vallon enchanté, nous sommes revenus par le bas du Pavé des Géants (1), le plus beau et le plus grandiose qu'il y ait en Vivarais. Sa hauteur moyenne est au moins de soixante-cinq mètres. Le diamètre des colonnes basaltiques grossit toujours, comme nous l'avons dit, en proportion de leur élévation; elles offrent souvent, dans cet endroit, l'aspect d'immenses tuyaux d'orgues.

Il y a plus d'un quart de lieue du pied de l'Echelle du Roi jusqu'au bas du site

---

(1) Nous recommandons encore à l'attention des voyageurs une portion du Pavé des Géants qui est peu connue; pour la visiter, il faut quitter la route de Thueyts à Nayrac, et descendre dans le domaine de *Gourdon*. Là, les basaltes ont un peu moins de grandeur, mais leur base est baignée par un petit ruisseau d'une merveilleuse limpidité, qui arrose de délicieux vergers s'étendant jusqu'à l'Ardèche.

célèbre connu sous le nom de *Gueule d'enfer*. Là, le Pavé des Géants, après avoir formé comme un promontoire avancé, se replie majestueusement jusqu'au pont qui est à l'entrée de Thueyts. De dessous les arches de ce pont s'élance une cascade, dont la blanche écume forme un contraste admirable avec le lit de lave noirâtre sur lequel elle suspend ses eaux. Des maisons et des usines adossées sur la gauche aux parois du mur basaltique mêlent un peu de vie à l'austère grandeur de ce tableau.

C'est au printemps, après la fonte des neiges, qu'il faut voir ce site, d'un caractère si original et si sauvage. A la fin de l'été, il ne reste que très-peu d'eau dans la cascade de Gueule d'enfer.

De Thueyts, nous sommes allés par la montagne à Montpezat, afin de voir en passant le volcan de la Gravenne; nous avions pour guide un de ces hommes éclairés et studieux (1), tels qu'on en rencontre souvent dans le clergé du Vivarais. Nous remarquâmes ensemble que Faujas de Saint-Fonds avait pris le pic de la Gravenne pour le cratère lui-même; de là vient que Faujas refuse à ce volcan la forme de cône renversé qu'il a au contraire au plus haut degré : nous n'avons pas vu de cratère en Vivarais qui ressemblât davantage à celui du Vésuve. Le volcan de la Gravenne paraîtrait éteint depuis moins de temps que celui de Jaujac : aucune végétation arborescente ne s'est encore formée ni sur les flancs ni dans le fond du cratère; l'herbe même y est rare et maigre; la cendre, les scories, les laves spongieuses, abondent sur le haut même du cratère et sur les versants extérieurs. Nous suivîmes les coulées de la lave jusqu'au ruisseau qui est au-dessous, et là nous trouvâmes encore de belles cristallisations de basaltes.

Ce ruisseau se jette dans la rivière de Pourseilles, et forme avec elle une longue presqu'île; cette presqu'île, qui est elle-même une table basaltique, offre la configuration d'un vaisseau qui se termine par une large proue, entourée de précipices formés par la lave. La rivière de Pourseilles se précipite elle-même en cascades dans un cirque plus beau que celui de Jaujac, et également revêtu de colonnes basaltiques.

A l'un des bouts de ce cirque et à l'extrémité de la presqu'île, au-dessus de précipices qui peuvent avoir de tous les côtés une centaine de pieds, a été assis, fièrement et carrément, le château de Pourcheirolles, petit donjon gothique passablement conservé. Sur la langue de terre qui y conduit s'élèvent les ruines d'un autre castel. Voici la tradition qu'on m'a contée sur ces vieilles forteresses :

Le château de Pourcheirolles, encore actuellement existant, fut fondé par le cardinal Pierre Flandin (2), né à Borée. Ce cardinal avait un neveu appelé Jean

---

(1) M. Maurin, vicaire de Thueyts.
(2) Fait cardinal du titre de Saint-Eustache en 1371.

Flandin, qui fut chanoine de Viviers, archevêque d'Auch, et enfin cardinal à son tour (1).

Il y avait alors schisme dans l'Église; le vieux cardinal Flandin était de l'obédience du pape d'Avignon. Un jour, comme son neveu allait de Viviers à Boréc, il lui donna la clef de son château de Pourcheirolles; c'était, disait-il, une étape où il trouverait à se loger commodément. Mais le malin vieillard avait un autre but; après avoir bâti son château, il en avait fait hommage au pape d'Avignon, et s'était reconnu son feudataire. Or, d'après les formules symboliques de la féodalité, accepter la clef d'un donjon et en faire usage, c'était se mettre sous l'obédience de celui qui en était reconnu comme suzerain.

Jean Flandin ne sut le tour que son oncle lui avait joué qu'après avoir naïvement profité de l'hospitalité qui lui avait été offerte; il résolut alors de s'en venger, et voici ce qu'il imagina :

Il rassembla un grand nombre d'ouvriers et fit construire à la hâte un donjon sur l'étroite langue de terre qui conduisait au château de Pierre Flandin; il en fit hommage au pape résidant à Rome, puis il alla trouver son oncle et lui offrit la clef du nouveau donjon. Pierre Flandin la refusa. « Il faut bien, lui dit son neveu, que vous l'acceptiez; vous ne pouvez plus arriver à votre château sans passer par le mien (2)! »

La tradition ne dit pas comment le vieux cardinal se tira de ce pas difficile; ce qu'il y a de certain, c'est que son château existe encore, tandis qu'il ne reste que de faibles vestiges de celui de Jean Flandin.

Le hameau inférieur de Montpezat, où sont l'église et le presbytère, n'est qu'à un demi-quart de lieue de Pourcheirolles; le bourg même de Montpezat, qui s'étend un peu plus haut, est industrieux et commerçant : il y a une coutellerie assez estimée.

Nota. La population de Montpezat est de plus de 2600 âmes.

---

(1) En 1390.
(2) Cette tradition a été racontée avec plus d'étendue par M. Dalmas, dans le journal de la Drôme et de l'Ardèche.

Abbaye de Mazan. — Lac d'Yssarlès. — Le Béage. — Mœurs des montagnards du Vivarais.

En sortant de Montpezat, il faut suivre le vieux chemin, et sur la droite on voit un grand ravin tout rempli des ruines d'un volcan supérieur, celui de Fontollières. Après avoir monté une heure et demie, on entre dans le cratère même de ce volcan, presque méconnaissable aujourd'hui, tant une végétation antique en a recouvert le fond et les parois de ses verdoyantes draperies; là on trouve des couches de sable de rivière superposées aux torrents de lave.

Dans un vallon, sur la gauche, on aperçoit le petit lac Féraud, qui est le cratère d'un ancien volcan.

Pour aller à l'abbaye de Mazan, nous avons côtoyé les bords du lac Féraud et nous nous sommes enfoncés dans les bois de Boson. On prétend que le nom de ces bois vient du roi Boson, qui s'en était emparé et les avait fait exploiter. Ils sont aujourd'hui fort mal conservés; les hêtres et les pins, qui y dominent, n'y sont ni bien gros ni bien élevés.

Cependant c'était la première forêt un peu étendue que nous rencontrions en Vivarais. Les clairières étaient remplies de nombreux troupeaux. Nous nous trouvions avec plaisir dans la haute région des pâturages et des bois résineux. Après avoir fait trois lieues sur ces cimes, sans autre guide que notre carte de Cassini, nous redescendîmes à travers un pays tout à fait dépouillé d'arbres, jusqu'au hameau de Pratjurat (1). De là nous vîmes s'étaler, à l'extrémité d'une vallée profonde, de grandes et épaisses forêts, comparables à celles de la Grande-Chartreuse. Ce sombre rideau fut le point sur lequel nous nous dirigeâmes sans hésiter; nous nous dîmes aussitôt : « L'abbaye de Mazan doit être là, au pied de cette colline couverte de sapins; des bois pareils n'ont pu appartenir qu'à un ordre religieux, et n'ont été jusqu'à ce jour aussi bien conservés que parce qu'ils sont passés entre les mains de l'Etat. » Ces conjectures étaient fondées. En remontant le ruisseau qui coulait au bas de l'allée, nous ne tardâmes pas à apercevoir les bâtiments de l'abbaye : ces bâtiments, à moitié démolis ou ruinés, occupaient un carré parfait; des pans de murs couverts de bastions, une vieille tour carrée encore debout, enfin, au milieu de l'enceinte, une vaste église sans toiture, avec son dôme byzantin, voilà ce qui frappa notre vue

---

(1) Nous aurions pris une route plus directe en passant par Lalizier.

dans ce séjour sauvage et solitaire. Tout alentour, d'immenses prairies étendaient leurs tapis de verdure émaillés de fleurs jusqu'au pied des noirs sapins de la forêt, qui commençait à trois cents pas de l'abbaye.

Les cloîtres antiques et les fenêtres d'un autre petit bâtiment qui est derrière les cloîtres appartiennent à un style gothique, évidemment antérieur à celui de l'église. Cette église aura été construite par un architecte florentin sur le modèle de celles que l'on faisait en Italie au seizième siècle ; notre opinion sur ce point est confirmée par des traditions recueillies sur les lieux. L'église de Mazan ne serait donc pas de style roman, ainsi que l'ont cru quelques auteurs, mais bien de ce style italien du seizième siècle, qui mêlait le genre byzantin au genre grec (1).

L'église de Mazan a trois nefs soutenues par des piliers, mais les nefs latérales semblent n'avoir pas été achevées. Le chœur, placé sous le dôme, offre la forme d'une croix ; la longueur de ce beau vaisseau est de cinquante-deux mètres, et sa largeur, de seize.

A l'époque où nous y sommes allés, le curé de la paroisse s'était casé dans le chœur de cet édifice, et y célébrait l'office divin ; mais il se trouvait incommodé par l'excessive humidité qui a pénétré dans ce lieu. En ce moment, il fait bâtir une nouvelle église paroissiale, c'est-à-dire une méchante chapelle qu'il adosse à une des parties latérales du vieux colosse. Il nous semble que les 15 ou 20,000 fr. qu'il va faire dépenser à la commune pour cette construction auraient été beaucoup mieux employés, soit à refaire la toiture de l'ancienne église, soit à détourner les eaux supérieures qui filtrent dans les murs. Le gouvernement serait probablement venu au secours de cette tentative de restauration artistique, et on aurait ainsi sauvé un monument qui, par la double action des eaux et du temps, sera bientôt entièrement ruiné.

Nous dénonçons ce nouvel acte de vandalisme aux colères éloquentes de MM. Victor Hugo et de Montalembert.

L'abbaye de Mazan (2) était une abbaye de bénédictins, fondée en 1119 ou 1121.

---

(1) Cette opinion est aussi celle de M. Guillaume, architecte du département.

(2) Cette abbaye était une des plus anciennes de l'ordre de Citeaux ; elle fut fondée par Saint-Jean, abbé de Bonneval au diocèse de Vienne, et ensuite évêque de Valence, lequel y envoya quelques-uns de ses religieux avec Pierre, qui fut leur premier abbé, et qui parvint à une sainteté éminente. Quelques auteurs rapportent la fondation de cette abbaye à l'an 1119, mais il paraît qu'elle est postérieure de deux ou trois ans. Quoi qu'il en soit, il est certain que c'est la plus ancienne abbaye de Citeaux dans la province du Languedoc. Ce lieu s'appelait anciennement le *Mas d'Adam* ; les seigneurs du voisinage donnèrent le fonds pour la construction du monastère qu'ils dotèrent richement. (*Histoire du Languedoc*, par dom Vic et dom Vaissette, tom. II, pag. 423.)

Au lieu appelé Mazan-Vieux, à peu de distance des bâtiments du monastère que nous avons visité, se trouvent des débris informes de la primitive abbaye, fondée vers 1120. Cette abbaye fut détruite en 1375 par les *routiers anglais* et gascons qui s'étaient emparés de Château-Randon dans le Gévaudan. Les trente

ABBAYE DE MAZAN. — LAC D'YSSARLÈS. — LE BÉAGE.

De Mazan nous avons passé à Saint-Cyrgues, village assez important; nous avons traversé la Loire déjà grosse sur le pont de la Palisse, et nous nous sommes dirigés sur le lac d'Yssarlès par le Cros de Géorand.

Le point par lequel nous sommes arrivés au-dessus de ce lac le domine entièrement, ainsi que tout le vallon qui s'étend jusqu'au village même d'Yssarlès : sur notre gauche se présentait un beau bois de pins, à travers lequel passait la route que nous avions à suivre; sur la droite, encore des bois avec quelques rochers; sur le devant, des bords peu élevés, couverts de prairies. C'est dans cette portion du lac, à l'ouest, que sont des grottes (1) habitées par les gardes de M. le comte de Maillé, à qui appartiennent les eaux du lac et une partie des forêts qui bordent ses rivages. Le lac lui-même, placé au milieu de ce joli cadre, est remarquable par les courbes élégantes de ses anses et de ses golfes; c'est un ovale irrégulier. Ses flots sont d'une limpidité admirable : là, plus de montagnes à lignes rudes et heurtées, plus de rocs à anfractuosités immenses; les pentes sont riantes et douces. On a quitté le versant du Rhône et de la Méditerranée; on entre sur le versant de la Loire et de l'Océan.

Le lac d'Yssarlès est certainement l'un des plus grands lacs du centre de la France; il a près de quatre mille mètres de tour : nous avons mis plus d'une heure à parcourir les deux tiers de ses bords. On ne peut pas le comparer au lac de Gaube, dans les Pyrénées, qui est dans une région supérieure, au pied des glaciers du Vignemale, ni à celui de Thoun, que dominent les Alpes de l'Oberland. On admire peut-être moins les paysages d'Yssarlès, mais on les aime mieux; on sourirait à l'idée d'habiter une *blanche maison* (2) sur ces gracieux rivages.

En quittant le lac d'Yssarlès pour aller au Béage, on monte sur la droite à travers d'assez belles forêts; mais, arrivé à un petit hameau au sommet du col, on ne trouve plus jusqu'au Béage que des champs et des prés tout nus. On a achevé pendant la révolution de *déboiser* toutes ces montagnes.

Le Béage se divise en deux parties, le bas et le haut Béage. Le bas Béage est plus ancien; la partie supérieure a dû être construite depuis qu'on a pratiqué dans ce lieu la route d'Aubenas au Puy.

La *commune* même du Béage n'est pas très-étendue ni très-peuplée (3); mais la

---

moines du couvent furent massacrés par ces barbares. Enfin, les habitants du pays, indignés de ces meurtres et de ce pillage, attaquèrent les Anglais, près de Saint-Abeille, les mirent en déroute, et achevèrent de les tailler en pièces à un endroit appelé les Meules. On voit encore sur un rocher, au-dessus de la chapelle de Saint-Abeille, à trois quarts de lieue de l'abbaye de Mazan, une inscription qui porte ces mots : *Quartier des Anglais.* (Renseignements fournis par M. Dalmas, de Montpezat). Ainsi l'abbaye de Mazan n'aurait été reconstruite qu'à la fin du quatorzième ou au commencement du quinzième siècle.

(1) Ces grottes, qui sont excavées dans le poudingue, n'ont rien de curieux; elles s'appellent *les grottes de Rome*.

(2) **Lamartine.**

(3) **La population est de 1880 âmes.**

paroisse du Béage a seize lieues de circonférence : c'est l'étendue de beaucoup de diocèses en Italie. Cela s'explique par le grand nombre de rochers et de déserts compris dans cette circonscription ecclésiastique.

C'est au Béage qu'est né un sculpteur plein d'avenir, appelé Brès (1). Brès, encore enfant, gardait les troupeaux sur la montagne, et il passait ses journées à sculpter avec son couteau des morceaux de bois ; plus tard, il devint apprenti coutelier, et il ciselait admirablement les manches des couteaux qui sortaient de ses mains. Ces merveilleuses dispositions attirèrent enfin l'attention du préfet et du conseil général de l'Ardèche ; on envoya Brès à Paris étudier l'art auquel la nature semblait l'appeler : il vient de remporter le second grand prix à l'école de sculpture, et peut-être le pâtre des sources de la Loire est sur le point de devenir un des plus grands artistes de France.

Le Béage est comme la capitale des montagnes du Vivarais ; c'est donc autour du point central que nous devons grouper quelques observations de costumes et de mœurs.

A partir de Mazan et de Saint-Cirgues-en-Montagnes, nous avons été frappés d'un changement notable dans les costumes des femmes. Pendant la semaine, elles ont un chapeau noir entouré de plumes sur un bonnet noir, et de grands pendants d'oreilles en or ; le dimanche, elles portent un chapeau blanc, autour duquel pendent circulairement d'assez belles dentelles du Puy : elles aiment les couleurs tranchantes dans le reste de leurs vêtements. Leur costume a conservé son caractère pittoresque et original, malgré les invasions croissantes d'une civilisation tristement uniforme. Mais il ne faut pas croire que l'attachement aux vieilles mœurs soit, dans ces montagnes, une garantie de simplicité et d'économie : quand un jeune villageois se marie, il va au Puy acheter la *corbeille* pour sa fiancée, et, s'il appartient à une famille aisée, il faut qu'il y mette au moins de deux à trois mille francs.

Le montagnard du Vivarais est hospitalier, fidèle à sa parole et religieux jusqu'à la superstition ; mais, à côté des vertus des temps héroïques, les Vivarois de ces contrées en ont les défauts : ils sont colères, sanguinaires et vindicatifs. Il y a un siècle et demi, ils ne quittaient pas leurs fusils, et quand ils allaient à la messe, ils les déposaient dans le vestibule de l'église ; plus tard ils se sont contentés d'avoir une gaîne en peau dans leurs pantalons, dans laquelle ils mettaient un couteau-poignard. Nous en avons encore vu quelques-uns qui portaient la *coutelière*.

Les enfants et les adolescents ont toujours des couteaux passés en sautoir autour du col et cachés dans les poches de leurs vestes. Pour le moindre mot, pour le moindre geste malveillant ou impoli, le montagnard de l'Ardèche ne se fait pas faute de donner un coup de couteau : il a son point d'honneur à lui, et il lave dans

---

(1) Voir une intéressante notice sur Brès, insérée par M. Ovide de Valgorge dans la *France littéraire*.

le sang toute offense qui lui paraît grave. Mille usages barbares rappellent dans cette contrée les mœurs d'un autre âge. Quelquefois les communes ennemies nomment des représentants pour combattre en leur nom, et leurs champions se livrent à des luttes acharnées et meurtrières; souvent encore, des familles qui se sont juré des haines héréditaires engagent entre elles des espèces de duels à mort : tel fut, il y a peu d'années, à La-Champ-Raphaël, le mémorable combat des trois Merle et des trois Ollier, les Horaces et les Curiaces de la montagne. Le *Grand-Merle* était appelé ainsi, moins à cause de sa taille qu'à cause de sa force et de son courage : c'était l'Hercule du pays; il succomba pourtant dans le champ clos, et ses blessures l'empêchèrent de survivre à sa honte. Ses deux fils furent aussi tués ou estropiés.

Giraud-Soulavie attribue à l'influence des terrains volcaniques l'ardeur et la violence de ces caractères de feu ; c'est une question d'histoire naturelle que nous soumettons à l'examen des savants de nos jours.

La chartreuse de Bonnefoy. — Le Gerbier de Jonc. — Le Ray-Pic.

Du Béage à la chartreuse de Bonnefoy, il y a à peu près une lieue un quart; au bout d'une heure, on aperçoit le vallon au fond duquel sont situés les grands bâtiments du monastère. De très-beaux bouquets de bois de sapins sont répandus sur la pente qui domine le vallon, du côté du midi : ce sont les débris des forêts que les disciples de saint Bruno conservaient avec tant de soin par une sage et habile administration; c'est le reste de cette splendeur de végétation qu'ils savaient toujours entretenir autour de leur demeure.

Ce vallon de Bonnefoy n'a aucune échappée de vue sur des lieux habités; il est dominé de presque tous les côtés par des montagnes dont une seule a des pentes escarpées : on ne pouvait donc pas le *fermer*, comme on *fermait* le désert de la Grande-Chartreuse. C'est, d'ailleurs, par son étendue, comme une miniature de ce désert si vaste et si renommé. Cependant les bâtiments, construits sur le même plan que ceux de toutes les chartreuses de France, n'avaient pas moins d'élégance ni de grandeur; mais l'acheteur de ces bâtiments, après avoir tenté vainement de les revendre, a fini par les exploiter, comme il avait exploité les bois qui en dépendaient. Il a vendu les portails avec leurs ornements d'architecture, les autels et les stalles de l'église, et même les pierres de taille qui encadraient les fenêtres. Aussi, l'aile droite du couvent, que l'on aperçoit en venant du Béage, se présente avec ce caractère de nudité et de désolation qui appartient aux ruines modernes faites de la main des hommes : point de ces arbustes suspendus en l'air, de ces manteaux de lierre dont la nature recouvre les vieux monuments dégradés par les siècles. L'aile gauche, où étaient l'appartement du prieur et le réfectoire, est un peu mieux conservée que le reste des bâtiments ; c'est là que les propriétaires actuels ont fixé leur demeure.

La chartreuse de Bonnefoy fut fondée en 1179, par suite d'une donation de Guillaume Jourdain ; comme sa position n'était pas très-forte, elle fut plusieurs fois prise, pillée, incendiée, soit par les routiers du quatorzième siècle, soit par les calvinistes du seizième ; mais elle se releva toujours de ces défaites et de ces ruines : il fallut que la révolution de 1789 lui portât le dernier coup (1), quoique l'ordre des chartreux eût été représenté à l'assemblée constituante par le célèbre dom Gerle.

La chartreuse de Bonnefoy est presque aux pieds du Mézenc (2), le géant des volcans éteints du Vivarais : c'était le vieil Etna du pays, dominant, de sa bouche de feu, tous les cratères du Vivarais et du Velay. De ses sommets, convertis aujourd'hui en paisibles pâturages, on a un panorama qui s'étend sur les Cévennes, les Alpes, les plaines de la Bresse et celles de la Provence.

Nous avons joui de ces aspects magnifiques en deux fois ; pour cela nous avons

---

(1) Faujas de Saint-Fonds et Giraud-Soulavie parlent avec une haute estime des connaissances de la politesse et de l'humilité des religieux de ce monastère, auxquels ils demandaient l'hospitalité dans leurs pèlerinages scientifiques. Cela nous a rappelé l'excellent accueil que nous avions reçu d'un moine d'un autre ordre, au pied d'un autre volcan qui fume et brûle encore, l'Etna ! Nous voulons parler du père Barnabo della Via, prieur d'un couvent de bénédictins, à Catane. Nous étions avec des géologues et des minéralogistes, qui furent émerveillés de la science profonde du prieur ; et son urbanité, la grâce de ses manières, n'étaient pas moins remarquables que sa science. Il nous montra de fort belles collections d'histoire naturelle, qui remplissaient les musées de son couvent.

Il nous fit voir aussi que les laves en fusion de l'Etna s'étaient arrêtées aux pieds du couvent de Catane, sans lui faire aucun mal ; et le volcan de la révolution française, plus redoutable dans ses éruptions, a dévasté les bâtiments de la chartreuse de Bonnefoy et en a chassé à jamais les pieux habitants.

(2) De ce belvéder, le plus beau peut-être de l'intérieur de la France, on découvre, à l'ouest, les cimes jadis embrasées du Cantal, du Mont-Dore et du Puy-de-Dôme ; au nord, les plaines de la Bresse ; vers le sud, autour du Mont-Ventoux, celles de la Provence ; à l'est, les Alpes du Dauphiné et de la Savoie, ou (comme les nomme dans son langage expressif l'habitant des Bouttières) *les montagnes du matin*, bordent un immense et vaporeux horizon : au-dessus d'elles, aux rayons d'un beau jour d'été, se montre, dans la région des nuages, le gigantesque Mont-Blanc. Du Mézenc jusqu'au Rhône, les gorges des Bouttières, escarpées, profondes, innombrables, déchirent en tout sens le sol granitique. Aux pieds de l'observateur s'élancent, du fond des abîmes, des rocs aigus, des crêtes tranchantes, des pics inaccessibles, affectant, dans leur décrépitude, les formes les plus étranges. (*Description géognostique des environs du Puy-en-Velay*, par Bertrand Roux, 1823, pag. 124.) La plus grande partie du Mézenc est dans le Velay.

fait d'abord l'ascension du *Suc de Montfol* (1), d'où se découvrent le Velay et le Gévaudan ; puis, pour voir toute la chaîne des Alpes, du Mont-Ventoux jusqu'au Mont-Blanc, nous avons escaladé le *Gerbier de Jonc*, bizarre pain de sucre, accessible seulement du côté des sources de la Loire. Son nom exprimait sans doute sa forme ancienne, mais cette forme a varié de siècle en siècle : au temps de *Giraud-Soulavie*, on pouvait monter à cheval jusqu'au quart de sa hauteur ; aujourd'hui, les éboulements successifs des laves lamelleuses qui composent cette montagne volcanique l'ont rendue escarpée dès sa base même : on ne peut la gravir, parmi les rocs nus ou les pierres mouvantes, qu'après des difficultés infinies ; il faut près de trois quarts d'heure d'une marche presque forcée pour arriver à son sommet. Ce sommet est une plate-forme de sept à huit pas carrés avec un petit enfoncement au milieu ; du côté du nord-est, il domine sur un précipice d'environ quatre cents pieds, au-dessous duquel se trouvent encore de profondes anfractuosités. Au contraire, en nous retournant du côté par lequel nous étions montés, nous apercevions le délicieux vallon de Sainte-Eulalie, qui semblait s'incliner doucement pour frayer un chemin à la Loire naissante.

De ce sommet élevé, on est étonné de la différence d'aspects que présentent les gorges qui communiquent avec le bassin du Rhône, et les vallons qui rejoignent celui de Loire : sur le versant du Rhône, tout est anguleux, heurté, coupé en rudes et gigantesques saillies ; sur le versant opposé, tout est riant, gracieux : au lieu de rochers, ce sont des collines à pentes douces, des terrains à molles inflexions. Ce contraste est frappant pour les yeux les moins observateurs.

En redescendant du *Gerbier* (2), nous vîmes, près de la Grange de *Loire*, les sources principales du fleuve de ce nom :

Il est là ; sous son pas un enfant le mesure (3).

Les sources sont réunies sous une cabane de branchages, dans une espèce d'auge en bois ; les habitants de la Grange s'en servent pour désaltérer leurs bestiaux et préparer leurs fromages. Déjà, au-dessous du village d'Yssarlès, cette rivière porte

---

(1) Rocher au-dessus du Béage.

(2) La hauteur du Mézenc, d'après les nouvelles observations géométriques faites pour la carte de France, est de mille sept cent cinquante-quatre mètres deux dixièmes au-dessus du niveau de la mer. La hauteur du Gerbier de Jonc est de mille cinq cent cinquante-un mètres quatre dixièmes. Suivant d'anciens calculs, la hauteur du Gerbier, au-dessus de la Grange de Loire, est de cent vingt-deux mètres. Quand je laissai mon compagnon de voyage sur ce sommet, où il voulait faire des opérations scientifiques, il me dit avec une politesse spirituelle : « Vous n'exigerez pas que je vous reconduise au pied de l'escalier. » Il me fallut une demi-heure pour descendre cet escalier. On pourrait l'appeler l'*Escalier des géants* à plus juste titre que celui du palais du doge, à Venise.

(3) Lamartine, *Ode à Napoléon*.

bateau; plus loin, elle sera couverte de paquebots et de navires. Du village de Sainte-Eulalie jusqu'à Nantes, elle ira fertiliser et enrichir les plus belles provinces de France; enfin, elle unira, par une chaîne mystérieuse, le Vivarois et le Breton, ces deux types divers de chouannerie et de foi religieuse.

En quittant la Grange de *Loire*, nous marchâmes deux ou trois heures sur des plateaux élevés, à travers de vastes pâturages, pour aller à La-Champ-Raphaël; c'est là que nous prîmes un guide pour nous mener au Ray-Pic (1), la plus belle cascade du Vivarais.

Nous descendîmes près d'une heure pour y arriver. Pour bien voir ce site si renommé, il nous fallut quitter le sentier et nous enfoncer dans le lit même du ruisseau, que nous remontâmes ensuite pendant une cinquantaine de pas. Bientôt nous aperçûmes les deux cascades du Ray-Pic, l'une sur la droite, formant trois chutes principales; l'autre, sur la gauche, se précipitant d'un seul jet et de quatre-vingts pieds de haut dans le gouffre profond où toutes les deux confondent leurs eaux écumantes. Du fond de ce gouffre, ces eaux rebondissaient furieuses jusque dans le lit de rocher qu'elles se sont creusé. Brisées et dispersées en poussière humide, en vapeur impalpable, elles se teignaient, aux rayons du soleil couchant, des vives couleurs de l'iris. Voici maintenant quel est l'entourage de ce tableau, peut-être plus majestueux que le tableau lui-même :

Un immense rempart de matières volcaniques (2) s'élève à trois ou quatre cents pieds de hauteur au-dessus des cascades, vers le nord; des prismes basaltiques partent de trois points différents, en suivant, dans leurs rayonnements, des lignes divergentes : çà et là ils forment des espèces de ruines suspendues en l'air, ou bien de grandes voûtes aux arcades légères et fantastiques; leur base repose, à droite et à gauche, sur des masses, coupées à pic, de cendres agglutinées et d'une brèche volcanique d'un noir très-intense. Au-dessus de tous ces bouleversements de la nature, produits tour à tour par le feu et par les eaux, on distingue les cimes de la montagne autrefois brûlante de La-Champ-Raphaël, presque aussi haute que le *Gerbier-de-Jonc*. Des hêtres et des sapins lui forment une sombre et imposante couronne.

C'est là encore un de ces sites dont la Suisse elle-même ne peut donner l'idée, quoique plusieurs de ses cascades l'emportent sur celles du Ray-Pic, soit par l'élévation, soit par le volume des eaux; car on n'y peut pas rencontrer ces contrastes de couleurs si âpres et si tranchées : cette blanche écume qui rejaillit sur trois étages

---

(1) Il y a sur le Ray-Pic un distique populaire en idiome du pays ; le voici :

Quaou a pas jamay vis Paris,
Ni lou Ray-Pic, o parè vis.

Celui qui n'a pas vu Paris, ni le Ray-Pic, n'a rien vu.

(2) Voir dans un numéro de l'*Annonéen* une description de ce site, par M. de Malbosc, qui l'a vu au mois d'avril, avant la fonte des neiges et des glaces.

de noires colonnes de basaltes, ces entrailles mêmes d'un volcan dénudées par l'action continue des torrents qui bondissent du haut de ces sommets, d'où s'échappaient jadis des rivières de feu.

Dans ces espèces de sanctuaires privilégiés, où la nature semble révéler elle-même à l'observateur ses magnifiques secrets, on se laisse aller à d'ineffables rêveries, on se perd dans les abîmes du passé, et on se reporte vaguement vers ceux de l'avenir.

Il semble aussi que la difficulté de ces lieux, où l'on ne pénètre qu'à force de fatigues et même de dangers, ajoute à l'attrait qu'ils ont par eux-mêmes : c'est la possession d'une jouissance qui devient plus chère, parce qu'elle a été plus chèrement achetée ; et puis, l'on est fier de penser que cette jouissance n'est pas tombée dans le domaine du vulgaire des touristes : elle tient en quelque manière au sentiment si doux de la *découverte* plus encore peut-être qu'à celui de la difficulté vaincue.

En Suisse, on finit par être las de ces gouffres au-dessus desquels on arrive par des allées sablées, et que l'on contemple paisiblement du haut d'une plate-forme entourée d'une solide barrière. Ces beautés de la nature ont perdu presque toute leur sauvage poésie, depuis qu'on leur a donné des abords si confortables, et qu'on les a rendues accessibles aux pieds les plus timides et les plus délicats.

On n'a pas civilisé de la sorte les entours de la cascade et des précipices du Ray-Pic ; jusqu'à présent, le montagnard exercé peut seul s'en approcher sans crainte : on ne comparera pas non plus à une allée de jardin l'affreux sentier qui mène de cette cascade à Burzet, et qui, trois heures durant, offre l'aspect d'un escalier inégal, pratiqué sur le granit nu et anguleux.

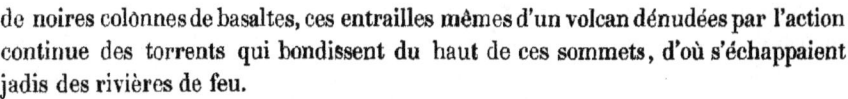

Burzet, situé dans une vallée profonde, sur les bords de la rivière du même nom, est maintenant une ville de plus de trois mille âmes, qui ne manque ni de commerce, ni d'industrie, quoiqu'elle soit en dehors des grandes voies de communication. Autrefois, c'était un village qui descendait des puissants comtes de Peyre, dont le castel en ruine s'aperçoit encore sur le coteau voisin ; il y avait aussi, à

Burzet, un couvent de moines, à qui l'on attribue la principale part (1) dans la fondation de l'église. Cette église, qui est fort remarquable, a un clocher ou beffroi au-dessus de son portail d'entrée; c'est un de ces beffrois, assez multipliés dans le Vivarais, qui forment une pyramide triangulaire : celui-là, dans les deux premiers étages, a quatre fenêtres en ogive, et dans le haut une seule. Enfin, le clocher de Burzet a cela de remarquable, qu'il éprouve deux mouvements lorsqu'on sonne les cloches, l'un de frémissement et l'autre de déplacement, selon les allées et venues des cloches.

L'église elle-même est un fort beau vaisseau à trois nefs, achevé dans un temps où le style gothique commençait à décliner. On trouve, sur l'un des piliers, l'inscription suivante en caractères gothiques (2) : *Anno Domini 1400, fuit incepta præsens ecclesia per Petrum Octembonis, et continuata per Bartholomæum Innungat et Claudium Aymati.*

On regrette que cette église soit défigurée par un affreux badigeon.

La vallée de Burzet a aussi ses richesses volcaniques provenant des laves qu'a vomies jadis la montagne du Cros-de-Pélissier; mais on voit, à deux lieues plus loin, des accidents encore plus curieux dans la commune de la Bastide. La plaine de la Bastide, dont le niveau est inférieur de plus de cinq cents mètres au cratère éteint du Pic-de-l'Etoile, n'est elle-même qu'une immense table de laves-basaltes qui se sont précipitées du haut du volcan en cascades de feu presque perpendiculaires.

Le château de la Bastide, placé sur une croupe entourée de ruisseaux et de cirques basaltiques d'une grande beauté, appartenait, en 1780, à M. le comte d'Antraigues, ami éclairé des arts et des sciences. Le château n'offre plus maintenant qu'un monceau de ruines : il a été brûlé en 1792. Le volcan des révolutions ne s'éteint pas dans un éternel repos, comme ceux du Vivarais ; ses feux couvent toujours au fond des sociétés humaines, et les menacent d'éruptions sans cesse renaissantes.

Au-dessous du château, on passe, pour aller à Antraigues, sur un pont sans parapet, au-dessous duquel gronde un torrent de cent cinquante pieds de profondeur; ce torrent qui coule sur la lave noirâtre semble se frayer un chemin aux enfers.

---

(1) Nous disons la principale part, car il paraît que la paroisse et les seigneurs du voisinage y contribuèrent également.

(2) En voici le fac-simile :

L'extrémité de la table basaltique qui est sur la droite du ruisseau de la Bastide s'appelle le *Mortier*, sans doute parce que c'est le lieu où vinrent *s'amortir* les laves du volcan.

En allant à Antraigues, nous voulûmes voir *la coupe d'Ayzac*. Ce volcan est fort élevé, mais son cratère nous parut avoir des dimensions inférieures à ceux que nous avions vus les jours précédents : le fond de ce cratère renfermait jadis un lac d'eau stagnante; mais un éboulement considérable du côté d'Ayzac fraya un passage aux eaux, et détruisit ainsi, par une brèche, la régularité du cône primitif. Aujourd'hui cet ancien bassin est ombragé par des châtaigniers séculaires.

Nous redescendîmes ensuite sur Antraigues, en suivant la coulée de lave dont la trace est encore marquée des cimes orientales du cratère jusqu'à la rivière de Volane.

Antraigues est le bourg le plus pittoresque du Vivarais; il est posé sur une table basaltique qui se détache comme une île entourée de noires et hautes colonnades. Si ce n'est pas une île, c'est au moins une péninsule baignée de presque tous les côtés par le ruisseau du *Colet d'Ayzac*, par la rivière de *Volane*, et par celles du *Mas* et de *Bize*. De là, son nom *Antraigues*, réunion de deux mots languedociens qui veulent dire *entre les eaux*. Le comte d'Antraigues avait là un château qui a été vendu nationalement et en partie démoli; il en restait une tour que le curé du lieu a eu la bonne idée de sauver de la destruction en la convertissant en clocher. On voit de fort loin cette tour, qui domine encore les maisons d'Antraigues, déjà perchées si haut au-dessus d'un pavé des géants qui a, dans plusieurs endroits, plus de cent vingt pieds de hauteur. Il y a de curieux débris du donjon primitif d'Antraigues au-dessus du confluent de la rivière de Bize avec la Volane; c'est là surtout qu'on distingue bien les deux couches de lave dont se composent les basaltes d'Antraigues. La couche supérieure vient d'Ayzac; la couche inférieure a été formée par le volcan de Crau (1), qui est du côté du nord.

D'Antraigues (2) à Vals, il y a trois petites lieues par un chemin magnifique. Nulle part, en Vivarais, on ne remarque des accidents basaltiques plus curieux et plus multipliés que le long de ce chemin. On y voit une foule de petites grottes for-

---

(1) La forme du volcan de Crau, à vue d'oiseau, représente un cône dont le sommet finit en sphère... Ce volcan est dépourvu de cratère : le sommet ne présente qu'une petite plaine circulaire d'environ deux mille pieds de diamètre; elle est convertie, en partie, en champ labourable, et le reste ne présente qu'une immense roche de basalte formée de plusieurs blocs informes. Ce volcan a trois cents toises d'élévation. Sur ce sommet se trouve le beau château de M. de Fabrias, qui passe l'été sur ces lieux élevés. Nous exhortons MM. les académiciens et les naturalistes qui se proposent de venir considérer la nature dans cette province, de visiter la montagne et le château; ils seront très-satisfaits et de la beauté des lieux, et de l'honnêteté du seigneur, qui aime les arts et les cultive. (Giraud-Soulavie, *Histoire naturelle de la France méridionale*, tom. II, pag. 209, 210 et 211.)

(2) Antraigues est chef-lieu de canton ; sa population est de deux mille âmes environ.

mées par des basaltes carrés, heptagones et pentagones. Nous signalons en particulier à l'attention des naturalistes les colonnades basaltiques du Rigaudel et du pont de Bridon. Jusqu'auprès de Vals, la Volane forme une multitude de chutes d'eau et de cascades, dont la blanche écume contraste fortement avec les cristallisations noirâtres de ses rivages si singulièrement accidentés.

Vals était dominé par un château dont les ruines s'aperçoivent encore, et qui fut démoli à la suite du siége qu'en fit le duc de Montmorency, en 1627. C'est aujourd'hui une jolie bourgade, enrichie par des fabriques de papier et de soie, et par ses eaux minérales qui sont fort connues et qui mériteraient de l'être plus encore. Ces eaux se boivent et ne se prennent pas en bains. Sur six sources principales (1)

---

(1) Ces six sources, qui sont acidulées et ferrugineuses, sont la Marie, la Marquise, la Camuse, l'Espérance, la Dominique, la Saint-Jean.

Analyse de la Marquise, faite par M. Berthier.

Eau (un litre).

	gram.
Bi-carbonate de soude.....................	7 157
Chlorure de sodium........................	0 160
Sulfate de soude...........................	0 053
Carbonate de chaux.......................	0 180
— de magnésie.....................	0 425
Silice.....................................	0 116
Oxide de fer...............................	0 015
	7 806

Les sept sources de Vichy, dont la composition est identique sont ainsi composées :

Eau (un litre).

	gram.
Bi-carbonate de soude.....................	3 813
Carbonate de chaux.......................	0 285
— de magnésie.....................	0 045
Chlorure de sodium........................	0 558
Sulfate de soude...........................	0 279
Silice.....................................	0 045
Péroxide de fer............................	0 006
	5 031

Le bi-carbonate de soude est ce qui donne le plus d'efficacité à cette espèce d'eaux minérales ; il y en a à peu près quatre grammes de plus dans les eaux de Vals que dans celles de Vichy.

Les autres sources des eaux de Vals ont un goût piquant et aigrelet, et possèdent des propriétés énergiques ; elles sont fondantes et apéritives. Elles sont très-efficaces dans les maladies des voies digestives, ainsi que dans les obstructions au foie et dans les affections calculeuses des reins et de la vessie.

Ce sont les eaux de la Marie qui ont tant de réputation pour les maladies des femmes, et qui détruisent, dit-on, les causes qui engendrent la stérilité.

Les eaux de la Dominique contiennent beaucoup d'acide hydro-sulfurique et ont une action vomitive si marquée, qu'on peut les employer comme émétique.

Trois médecins d'Aubenas, du plus grand mérite, ont été tour à tour inspecteurs des eaux minérales de Vals. Depuis quelques années, M. Ruelle (*) exerce avec talent ces fonctions importantes.

(*) Le prédécesseur de M. Ruelle, à Vals, était M. Tailhan.

qui sourdent presque toutes du sein du roc vif, il y en a une, la Marquise, qui a des propriétés semblables et supérieures à celles des eaux de Vichy. Les établissements sont propres et bien tenus, mais ils n'offrent pas les mêmes avantages que ceux de Vichy ou de Bagnères ; aussi le nombre des preneurs d'eaux est infiniment moins grand. Et cependant, indépendamment du mérite intrinsèque de ses eaux minérales, Vals a l'avantage d'être situé dans un vallon délicieux, au centre de ce qu'il y a de plus pittoresque et de plus curieux dans le Vivarais. Si une fois la mode, cette puissante fée, transportait dans ce lieu, par son talisman magique, le monde élégant de Paris, on verrait de brillantes amazones galoper sur ces pavés des géants; de gaies caravanes, s'enfoncer dans les cratères ombragés des volcans éteints; des touristes sans nombre, sillonner en tous sens ces contrées, depuis le pont d'Arc jusqu'au Ray-Pic et au Mézenc. Des chalets confortables s'établiraient au sommet des montagnes, d'excellentes auberges s'ouvriraient dans les bourgades et les villages, de jolis bateaux flotteraient sur le lac d'Yssarlès, et la vieille Helvie n'aurait plus rien à envier aux Pyrénées ni à la Suisse.

Mais, pour attirer les voyageurs et les preneurs d'eaux à Vals, il faudrait faire quelques frais de plus qu'on n'en a fait jusqu'ici; on devrait faciliter l'accès des sources minérales; tracer, pour y arriver, des allées propres et commodes, et construire un pont élégant sur la Volane: l'entrée de l'hôtel pourrait avoir plus de grandeur, l'intérieur, plus de confortable; enfin, il serait nécessaire d'ouvrir un cercle et un salon près de cet hôtel, pour y réunir les plaisirs qu'on est accoutumé de trouver aux eaux. Il faut absolument se mettre au niveau de Vichy et de Bagnères, si l'on veut rivaliser avec ces établissements.

Pour notre compte, nous nous estimerions bien heureux si nous avions pu contribuer à faire connaître Vals (1) et les sites admirables qui l'environnent.

---

(1) Vals est un bourg de deux mille huit cents âmes.

Aubenas. — Boulogne.

§ 1ᵉʳ. — *Aubenas.*

Aubenas (1) se présente, au voyageur qui arrive de Privas, sur le couronnement d'une haute colline toute plantée d'oliviers. Ses deux châteaux, d'âges très-différents et pourtant l'un et l'autre brunis par le temps et revêtus de lierre; deux dômes assez hardis, celui de l'ancien couvent des bénédictines, et celui de l'église du collége; enfin, le clocher de l'église paroissiale, tels sont les principaux monuments qui surmontent une foule de maisons d'assez bonne apparence. Du côté du midi, la croupe de la colline où est assis Aubenas s'abaisse, couverte de vergers et de jardins; du côté du nord, cette colline continue et se relie à d'autres montagnes; sur le revers, du côté du couchant, elle s'incline en pente douce dans la direction de Joyeuse. La vue qu'on a d'Aubenas s'étend sur une vallée large et fertile, baignée par l'Ardèche ; vers le nord-est, Saint-Etienne-de-Fontbonne et Ucel groupent leurs *villas* et leurs fabriques sur la pente et sur les cimes de coteaux couverts de bois. Fontbonne, où sont les délicieux jardins de M. de Bernardi, a été appelé avec raison le parterre d'Aubenas. Aux pieds même de la colline, le Pont-d'Aubenas s'étend sur les rives de l'Ardèche, avec ses nombreuses fabriques et ses quinconces de mûriers qui couvrent la plaine comme une vaste forêt artistement taillée.

Les villes devenues importantes sont comme les parvenus qui se sont élevés aux honneurs et qui se cherchent des généalogies; elles veulent toutes remonter à une origine romaine. Aubenas s'est donnée une étymologie qui séduit : elle aurait été construite peu après *Alba augusta*, capitale des Helviens, et on l'aurait appelée *Alba nascens;* de là, *Albenas* ou *Aubenas*. De plus, s'il faut en croire M. Eymard, habitant au Puy, des inscriptions trouvées près d'Aubenas témoigneraient que l'Helvie tout entière jouissait du privilége des cités libres.

Une autre inscription, découverte à Saint-Pierre-le-Vieux, fait mention d'un temple érigé dans cet endroit au dieu Mars : elle est datée du règne d'Antonin le Pieux.

Plusieurs inscriptions tumulaires, relevées également dans les environs d'Aubenas, sont écrites en grec; c'est une preuve de plus de la domination phocéenne dans l'Helvie.

Cependant il paraîtrait qu'*Albe naissante*, si jamais elle a existé, n'a pas eu une

---

(1) Aubenas est à une lieue et demie de Vals.

longue vie, et qu'elle a ressuscité, dans le moyen âge, sous la forme d'un village protégé par les créneaux et les meurtrières d'un château féodal. Ce village n'était même pas très-étendu; car toute la portion d'Aubenas qui est au revers septentrional faisait autrefois partie de la paroisse de Saint-Etienne-de-Fontbonne. On ne sait pas la date précise de la fondation du vieux château, ni le nom du fondateur; seulement il paraît certain qu'il a appartenu aux Allard et aux Montlaur. Les Montlaur ont commencé le nouveau château, qui a été achevé, vers la fin du seizième siècle, par les Ornano, devenus possesseurs de la terre d'Aubenas. C'est une de ces forteresses massives, revêtues de bastions et de machicoulis, comme on les construisait au temps des guerres de religion.

Le collége d'Aubenas, qui a eu une grande importance dans le temps de l'ancien régime, est, après le château, l'un des édifices les plus remarquables de cette ville: on admire surtout la chapelle de cet établissement, qui est ornée de sculptures en bois habilement ciselées, et dont le dôme est élancé et hardi.

La fondation du collége d'Aubenas remonte à l'année 1574; il fut érigé par lettres patentes du roi Charles IX, qui lui attribua, à titre de dotation, les biens de toutes les confréries du pays, dans un rayon de quatre lieues autour de la ville. Les états du Vivarais contribuèrent aussi à cette fondation, par une délibération du mois de janvier 1575 : ils imposèrent aux habitants d'Aubenas le soin de fournir les bâtiments nécessaires, et ils se chargèrent du traitement des professeurs.

Ces professeurs, qui d'abord avaient été des laïques, furent ensuite choisis dans l'ordre des jésuites.

Par lettres patentes du 17 mai 1628, Louis XIII donna au collége les biens de plusieurs protestants rebelles et exilés du royaume; le pape, et les évêques de Viviers encouragèrent aussi cet établissement par des donations de biens ecclésiastiques restés sans emploi lors des guerres de religion.

Enfin, la générosité éclairée des Ornano, seigneurs d'Aubenas, acheva d'assurer l'existence du nouveau collége par une dotation importante : en 1638, Marie de Mantlaux, veuve du maréchal d'Ornano, créa, au profit des professeurs jésuites d'Aubenas, une rente de 1,875 liv., au capital de 30,000 liv. Cette donation était faite à condition que les jésuites feraient bâtir, à leurs frais, sur les terrains qui leur seraient concédés, le collége et son église.

C'est donc dans le milieu du dix-septième siècle que furent construits ces beaux bâtiments, qui existent encore.

La révolution de 1793 détruisit le collége d'Aubenas et confisqua ses biens; mais sous le consulat, quand des idées d'ordre et de restauration sociale succédèrent à la tourmente politique, les bâtiments du collége, qu'on avait été sur le point de démolir, furent rendus à leur destination primitive. On donna une nouvelle vie à cet établissement en le recréant sous le titre modeste de collége communal d'Aubenas;

il a maintenant plus de deux cents élèves, et paraît destiné à de nouveaux progrès. A l'histoire de ce collége se lie celle de la famille d'*Ornano*, qui contribua si puissamment à sa prospérité.

On sait que le maréchal d'Ornano, accusé d'être le complice de Monsieur, duc d'Orléans, dont il avait été le gouverneur, fut renfermé à Vincennes, comme prisonnier d'Etat, et mis à mort secrètement dans son cachot par les ordres du cardinal de Richelieu. La maréchale d'Ornano obtint du roi, comme une haute faveur, la remise du corps de son mari; elle le fit inhumer dans l'église d'Aubenas, et elle lui érigea un magnifique mausolée, qui fut sculpté par un artiste de Gênes. En 1793, la fureur révolutionnaire mutila ce monument de la douleur conjugale; au nom de la liberté, elle poursuivit jusque dans son effigie inoffensive une victime du despotisme de Richelieu.

Nous avons vu, dans la sacristie de l'église d'Aubenas, ce qui reste du mausolée du maréchal d'Ornano: le tombeau lui-même est en marbre noir; le maréchal et la maréchale, sculptés en marbre blanc, sont représentés agenouillés au-dessus du tombeau, l'un avec les insignes de ses ordres, l'autre avec de riches draperies. Les deux statues sont aujourd'hui décapitées.

Au dix-septième siècle, le prince d'Harcourt hérita de la terre et du château d'Aubenas, comme gendre du maréchal d'Ornano; il perdit au jeu, avec le marquis de Vogué, son beau-frère, cette même terre d'Aubenas, et avec M. de Rochepierre, quelques autres terres qu'il avait en Vivarais et en Languedoc.

Au moment de la révolution, la ville s'empara du château; elle y a placé maintenant le tribunal de commerce, la municipalité, le conditionnement et le pesage de la soie, et les frères de l'école chrétienne; dans les dépendances on a trouvé, d'un côté, de quoi faire une vaste et belle auberge (1), et de l'autre, de quoi loger la gendarmerie. Aucun propriétaire de nos jours, fût-il des plus opulents, ne serait de taille à occuper convenablement ces châteaux princiers d'un autre âge.

Ici ne doit pas se borner notre tâche; car, si l'histoire de certaines localités est tout entière dans celle de leurs châteaux et des fondations de leurs seigneurs, il n'en est pas de même des villes qui se constituèrent en communes, et qui eurent par conséquent une existence distincte et séparée de celle de leurs seigneurs. Aubenas fut dans ce dernier cas : nous ne savons à quelle date précise rapporter son affranchissement, mais il paraît que son importance communale était bien reconnue au commencement du quinzième siècle; car, en 1439, les consuls de trois villes du Vivarais, parmi lesquelles se trouvait Aubenas, furent appelés par Charles VII aux états généraux du royaume, convoqués à Orléans (2).

---

(1) Celle de M. Bary.
(2) Les représentants du Vivarais à ces états furent l'évêque de Viviers, les seigneurs de Tournon et de

Dans le seizième siècle, Aubenas se prononça de bonne heure pour la réforme. Dans l'année même où commence la guerre civile, au mois d'octobre 1562, le baron de Lestrange, chef catholique, descend de son château de Boulogne (1) à la tête de troupes assez nombreuses, et vient mettre le siége devant Aubenas, qu'il somme de se rendre. La Roquette, gouverneur protestant, repousse fièrement cette proposition; le baron de Beaudiné-Crussol accourt au secours d'Aubenas; Lestrange ne juge pas à propos de l'attendre, il lève le siége précipitamment, et va se renfermer dans les remparts de Boulogne; La Roquette tombe sur son arrière-garde, fait quelques prisonniers, et enlève une partie des bagages.

Dans le premier édit de pacification qui suivit cette prise d'armes, Aubenas fut désigné comme l'une des villes où les réformés auraient le libre exercice de leur culte.

Il paraît qu'à travers toutes les vicissitudes des guerres civiles et des pacifications précaires, Aubenas fut une des villes du Vivarais qui se maintint indépendante sous le drapeau de la réforme; mais la formation de la ligue avait donné une nouvelle consistance au parti catholique. Les ligueurs, dès 1785, avaient mis des garnisons dans les châteaux qui entouraient Aubenas; tous les jours, il y avait des engagements entre leurs soldats et les habitants de la ville : ils voulurent mettre fin à cet état de choses par un hardi coup de main.

Plusieurs chefs ligueurs, MM. de Logières, de Sanilhac-Montréal, Vogué de Roche-Colombe, de Clastre-Vieille, etc., prirent, à cet effet, leurs mesures le plus secrètement possible : ils avaient gagné un habitant d'Aubenas, nommé Jean Ranchet, dit Baudouin; cet homme, à leur instigation, avait placé dans un trou du rempart une énorme quantité de poudre, et, à une heure convenue de la nuit du 10 au 11 février 1587, il mit le feu à cette mine. L'explosion fit une énorme brèche aux murailles et renversa trois maisons; les ligueurs, qui étaient réunis près de là, passèrent sur ces débris fumants et s'introduisirent dans la ville. Les miliciens protestants, pris au dépourvu, s'enfuirent presque tous à Vals; ceux qui étaient restés furent désarmés : les maisons des protestants les plus zélés et les plus riches furent pillées et saccagées. Si ce coup de main ne fut qu'une surprise sans gloire, il eut du moins le mérite d'épargner l'effusion du sang. Deux mois après, le sire de Chambaud vint à la tête de douze cents arquebusiers pour reprendre Aubenas, mais il ne put y réussir.

Ce fut encore par une surprise que les protestants parvinrent, plusieurs années plus tard, à recouvrer Aubenas : M. de Montréal était alors gouverneur de cette

---

la Roche, les consuls de Viviers, de Villeneuve-de-Berg et d'Aubenas. (*Histoire du Languedoc*, par dom Vic et dom Vaissette, pag. 492 et suiv.)

(1) A deux petites lieues d'Aubenas. Voir l'article suivant.

place. C'est dans la nuit du 15 au 16 février 1593 : cent vingt protestants arrivent, à la faveur de l'obscurité, jusqu'aux pieds des remparts, sous les ordres de Farjas, de Vals, des sieurs Laborie et Boule-de-Vallon; quarante d'entre eux pénètrent par escalade dans la ville, mais leurs échelles se brisent et leurs camarades ne peuvent les suivre.

Mais ceux qui y ont pénétré paient d'audace; ils sonnent de la trompette, battent le tambour, et crient *ville gagnée*. Une terreur panique se répand dans la ville : les uns courent au vieux donjon, transformé en citadelle; d'autres cherchent un asile au château; d'autres, enfin, se réfugient dans la campagne, et, en sortant, laissent ouverte la porte des cordeliers : c'est par là que passent les quatre-vingts soldats protestants restés en dehors des murailles. Dès le lendemain, Chambaud arrivait à Aubenas avec quelques renforts, et, le 10, il obtenait la reddition de la citadelle.

Restait encore le château : M. de Montréal, qui y commandait, s'évade et va chercher des secours au dehors; il avait confié la défense de la place au capitaine Bornet, et lui avait laissé sa fille comme une espèce d'otage et de garantie de retour prochain. Le général de Maugiron, avec quelques troupes catholiques, vient faire une démonstration sur Aubenas, mais il trouve le sire de Chambaud si bien disposé à le recevoir, qu'il se retire sans coup férir. Alors le commandant du château, saisi de crainte, veut capituler; Mlle de Montréal, catholique enthousiaste, intrépide héroïne, gourmande en vain sa faiblesse, elle excite en vain le courage chancelant des officiers et des soldats : sa voix n'est pas écoutée; elle ne rencontre aucun cœur de chevalier qui lui réponde, et le capitaine Bornet, moyennant une capitulation (1) qui promet la vie sauve à lui et aux siens, remet le château aux protestants, déjà maîtres d'Aubenas (2).

On peut voir, dans les *Commentaires du Soldat du Vivarais*, le rôle que joua Aubenas au temps des secondes guerres de religion. Dans nos idées de tolérance actuelle, nous sommes indignés du cynisme grossier avec lequel un soldat fanatique raconte la conversion des protestants de cette ville, obtenue par les garnisaires. Le même recueil contient un récit très-circonstancié de la révolte de Roure (3). Nous avons mentionné, dans notre préface historique, cet épisode important de l'histoire du Vivarais, et nous croyons avoir donné à cette petite guerre civile le caractère qui lui convient; nous n'en reparlerions pas si, tout dernièrement, un écrivain de l'Ardèche (4) n'avait pas tenté de grandir ce chef de partisans jusqu'aux proportions d'un

---

(1) Le 3 mars 1593.

(2) Ces détails sont tirés, 1° de manuscrits sur Aubenas; 2° des notes de M. Challamel sur l'*Histoire du Vivarais*. Nous croyons qu'ils sont inédits.

(3) Pag. 378. On a remarqué le singulier et prophétique anagramme que présentent ces nom et prénom : *Jacques Roure, qui sera roué*.

(4) M. Martinais.

héros démocrate, d'un nouveau Spartacus, entreprenant, avec la conscience de sa mission, une espèce de guerre sociale. Si l'auteur que nous combattons avait voulu faire du roman et non de l'histoire, s'il avait prétendu mettre l'idéal à la place de la vérité, nous n'aurions pas à le poursuivre dans le domaine des fictions; tout au plus lui rappellerions-nous, en passant, que Walter-Scott n'a jamais faussé un caractère historique; mais si, au contraire, il a voulu faire un tableau sérieux de faits réels, nous devons rectifier les traits sous lesquels il a peint Jacques Roure. Roure, ancien militaire, fut tiré de sa charrue (1), où il était retourné, pour se mettre à la tête d'une émeute populaire, assez semblable à celles qu'excita, il y a peu d'années, la question du recensement. Il déploya (2), dans le feu de l'action, du courage et de la présence d'esprit; il eut, sur ses complices de révolte, la facile supériorité que lui donnaient ses connaissances militaires; mais nous pourrions citer tel ouvrier en soie, qui, dans les deux dernières émeutes de Lyon, a montré, de nos jours, autant d'intrépidité et de talent que le laboureur des environs d'Aubenas. Ce qui manqua à Roure, ce fut de savoir profiter du succès et d'organiser la victoire; en cela il fut d'une désespérante médiocrité.

Par contre, l'auteur de l'ouvrage que nous signalons n'a pas rendu justice au rôle que consentit à remplir, vers la fin de la révolte, M. le comte de Vogüé. M. de Vogüé n'accepta le commandement des insurgés, poussés déjà aux dernières extrémités, que pour devenir leur protecteur et le pacificateur du pays. Il aurait désiré qu'il fût fait droit à quelques-uns de leurs griefs; il espérait qu'à ce prix leur soumission serait complète et qu'elle serait suivie d'une amnistie générale. S'il n'obtint pas ce qu'il voulait; s'il fut joué lui-même par de menteuses promesses; si, enfin, le sang des rebelles fut versé à grands flots par une justice devenue inique à force de rigueur, il ne faut pas s'en prendre à ce noble gentilhomme, qui avait peut-être compromis sa propre tête en voulant sauver celles de ses compatriotes égarés.

Depuis ces troubles momentanés, Aubenas pacifié, Aubenas, protégé et enrichi par les donations et les fondations de ses seigneurs, MM. de Vogüé, commença d'entrer dans cette voie de progrès industriel où il marche si rapidement aujourd'hui. Cette ville avait autrefois des foires où se faisaient toutes les affaires de soie du bas Vivarais et d'une partie du Languedoc; maintenant elle n'en a plus qu'au mois de janvier, et ses marchés, qui ont lieu tous les samedis, présentent un aspect fort animé. Il s'expédie chaque mois, d'Aubenas, pour un million et demi de marchandises; il se fait, aux foires de janvier, pour environ trois millions d'affaires.

(1) A la *Chapelle*, près d'Aubenas; c'est là qu'était le champ qu'il cultivait.
(2) Même sous ce point de vue, c'est une grande exagération de comparer Jacques Roure à Jean Cavalier, qui eut le génie organisateur et militaire d'un grand général.

Il y a, près d'Aubenas, une papeterie (1) mue à la vapeur par dix roues qui représentent la force de soixante chevaux; elle emploie annuellement cinq cents kil. de chiffons, qui peuvent produire trois cent quatre-vingt mille kil. de papiers.

Le territoire d'Aubenas et celui de toutes les communes environnantes sont couverts de filatures et de moulinages de soie, qui répandent la vie et l'abondance jusque dans les gorges les plus sauvages et les plus reculées.

Quoi qu'en ait pu dire un auteur plus spirituel que juste (2), les habitudes commerciales des habitants d'Aubenas n'ôtent rien à leur urbanité et à la grâce de leurs manières; on trouve même chez plusieurs d'entre eux un goût éclairé pour les arts et pour les sciences. Quelquefois au-dessus d'un comptoir se trouve un atelier de peinture, et la même main qui fait des comptes et tient des livres avec ordre, manie ensuite avec bonheur et talent le pinceau de l'artiste. C'est ainsi que les émotions désintéressées des beaux-arts font un utile contre-poids aux préoccupations toutes matérielles d'une profession si éminemment honorable, quand elle ne se laisse pas exclusivement dominer par l'amour du gain.

Ce *confort* sans faste, qui caractérise le commerce de Lyon, se rencontre aussi chez les bons négociants d'Aubenas; sans doute les rapports d'affaires ont amené entre ces deux villes des rapports de mœurs.

Après Annonay, Aubenas est la ville la plus importante du département de l'Ardèche; sa population est moins considérable (3), mais ses marchés hebdomadaires y établissent peut-être une plus grande circulation d'argent, et donnent à sa physionomie une vie et une activité que l'on ne trouve pas chez son industrieuse rivale.

§ 2. — *Boulogne.*

Boulogne est à deux lieues d'Aubenas, dans la direction de Privas.

Les ruines du château de Boulogne sont au nombre des plus grandioses et des plus intéressantes du Vivarais; elles occupent un mamelon situé au centre d'un défilé à l'entrée d'une vallée qui se prolonge jusqu'au col de l'Escrinet. On remarque parmi ces ruines une grande tour à machicoulis et à créneaux, qui est une des parties les mieux conservées du fort, et qui est en même temps, dit-on, la plus ancienne.

Boulogne a été un fief des Valentinois et, par conséquent, de Diane de Poitiers; puis il a appartenu aux Lestrange, ces illustres seigneurs catholiques qui en fai-

---

(1) Appartenant à M. Verny.
(2) M. de Valgorge.
(3) La population d'Aubenas n'est que de quatre mille neuf cents âmes.

saient le centre de leurs courses guerrières et le dépôt de leur butin. Boulogne fut érigé pour eux en baronnie; c'était une baronnie de *Tour*, revêtue de tous les priviléges attachés à ce titre. Enfin cette terre passa aux Faï-Gerlande, et, de ces derniers, aux Faï-la-Tour-Maubourg; les la Tour-Maubourg, branche cadette des Faï, semblèrent vouloir racheter leur droit d'aînesse à force d'illustration. Arfhaud-de-Faï de la Tour-Maubourg fut l'émule des Saintrailles et des Dunois; Charles VII l'arma chevalier sur le champ de bataille. Dans le dix-huitième siècle, Hector de la Tour-Maubourg gagna, par plus de cinquante années de glorieux services, le bâton de maréchal de France (1).

De nos jours, nous avons eu encore un général de la Tour-Maubourg qui a obtenu aussi presque tous ses grades sur le champ de bataille, pendant les guerres de l'empire, et qui, ensuite, fidèle au malheur comme il l'avait été à la gloire, a consacré sa noble vieillesse au culte d'une royauté proscrite.

Saint=Laurent=lès=Bains. — Église de Thines.

NOTRE Album ne serait pas complet s'il ne faisait pas mention d'un établissement thermal qui a une grande réputation dans le Vivarais et dans les provinces voisines : nous voulons parler des eaux de Saint-Laurent.

Le village de Saint-Laurent, où est placé cet établissement, est environ à huit lieues au nord-ouest de Largentière; de l'abbaye de Mazan, où nous nous sommes arrêtés, il faut près de quatre heures pour y aller. Saint-Laurent est situé sur le penchant de la montagne de l'*Espervelouze* (2), dans une gorge étroite, ouverte seulement au midi. Un ravin, qui descend du haut de la montagne, traverse le village.

---

(1) Il fut fait maréchal de France en 1757. Voir l'article sur le château de Payraud, où se trouve la généalogie des Faï, qui, suivant M. de Fortia, remontent à saint Louis.

(2) L'Espervelouze est élevée d'environ 1200 mètres au-dessus du niveau de la mer. Au midi de l'Espervelouze, à 470 mètres au-dessus du sommet de cette montagne, coule, dans un vallon, la rivière de Bornes, qui la sépare de la montagne dite le Cha-del-Bos.

La source la plus élevée des eaux thermales sort par une ouverture horizontale (1), au pied d'un haut escarpement de rochers granitiques ; ces eaux se réunissent à celles d'une source inférieure, et sont distribuées ensuite dans trois établissements sanitaires : elles ont de plus un conduit particulier pour fournir à l'usage du public. Ces sources donnent, dans les vingt-quatre heures, un volume d'eau qu'on évalue à 7924 pieds cubes et 6 litres. La température de la première source est de 50 degrés centigrades; celle de la seconde est de 48. Les eaux de Saint-Laurent tiennent en dissolution du sous-carbonate et du sulfate de soude, du chlorure de sodium, de la silice et de l'alumine; on les emploie en boisson, en bains et en douches. Elles sont très-salutaires dans le traitement des affections rhumatismales, de la goutte et des tumeurs blanches; elles produisent aussi de bons effets dans les maladies nerveuses et cutanées.

Environ huit ou neuf cents malades fréquentent, tous les ans, les eaux de Saint-Laurent.

A une ou deux lieues de Saint-Laurent, on trouve un édifice remarquable par son antiquité et par son style d'architecture, antérieur au style gothique : c'est l'église de Thines, qui a été fondée dans le onzième ou le douzième siècle.

Les ruines du château d'Yserand (2).

Sur la route d'Andance à Tournon, un peu avant d'arriver au village de Vion, on trouve un pont sur un ruisseau appelé *le ruisseau d'Yserand*. On remonte le cours de ce ruisseau, et, après trois quarts d'heure de marche au travers d'une gorge profonde et sauvage, on arrive en face d'une colline escarpée qui s'élève, chargée de bastions et de tours en ruines, entre deux montagnes plus hautes, dont

---

(1) Voir l'*Annuaire de l'Ardèche* de 1839, pag. 313 et 348.

(2) Les ruines du château d'Yserand, comme beaucoup d'autres ruines semblables en Vivarais, sont au milieu de montagnes presque inaccessibles, loin des routes battues et fréquentées. C'est *un type* que nous devions faire connaître, pour compléter nos études pittoresques sur le Vivarais. Parmi ces vieux châteaux, médailles à demi effacées du moyen âge, nous avons choisi celui sur lequel nous avons pu réunir le plus de documents historiques.

deux ravins étroits la séparent. Au bas de ces ravins coulent des torrents qui entouraient de trois côtés le château féodal d'Yserand, et lui tenaient lieu de fossés creusés par l'art. Du quatrième côté, vers le couchant, le vieux donjon se rattachait par une croupe étroite à des mamelons supérieurs; c'était son entrée principale, défendue par des ponts-levis et des tourelles. Ces ruines occupent, sur le prolongement de la colline où elles sont assises, un espace assez considérable. On distingue parfaitement le grand corps de logis que devaient habiter la châtelaine et les gens de la maison; le préau intérieur, soigneusement aplani pour qu'on pût s'y exercer au maniement des armes; les oubliettes, espèce de cachot long de dix pieds sur une largeur d'un pied et demi à deux pieds, et une hauteur de sept à huit; et la grande tour carrée du levant, du sommet de laquelle on apercevait le Rhône, ainsi que les créneaux du château de Serve sur l'autre rive de ce fleuve. Les seigneurs de Serve pouvaient facilement donner des signaux à ceux d'Yserand, quand ils voyaient arriver des convois de bateaux et qu'il y avait des droits de péage à percevoir, ou bien quand ils étaient attaqués par quelques bandes de routiers, et qu'ils avaient à demander main-forte à leurs voisins, comme suzerains ou comme vassaux. En l'absence d'une autorité une et protectrice, on défendait de son mieux l'ordre public à l'aide de cette confédération hiérarchique qu'on appelait la féodalité.

L'ogive rapportée de l'Orient n'apparaît nulle part dans ce château, qui semble être d'une date antérieure aux croisades.

Dans l'une des caves voûtées qui existent encore, on trouve, au fond d'un trou taillé dans le roc, une source abondante; ces provisions naturelles d'eau pure, fournies par la nature dans l'intérieur du fort et presque au sommet d'une colline, étaient, en cas de blocus, bien préférables à des citernes, réservoirs qui ne sont jamais inépuisables.

Il y avait dans le haut Vivarais un nombre assez considérable de ces châteaux forts, placés à une plus grande distance encore que celui d'Yserand des rivières navigables et des voies de communication les plus fréquentées : on dirait que les comtes, viguiers et barons des premiers siècles de la monarchie, au lieu de défendre contre les incursions des barbares les peuples dont le gouvernement leur était confié, ne songeaient qu'à cacher leurs manoirs dans les sinuosités profondes des gorges creusées par les torrents.

L'ancienneté du château d'Yserand n'est pas de notre part une conjecture ou une induction tirée du style d'architecture et du mode de construction qu'offrent ses ruines; elle est prouvée par des manuscrits que nous avons sous les yeux (1).

---

(1) Je dois à l'obligeance de M. de la Chaisserie la communication de ce manuscrit, écrit, il y a plus de deux siècles, par Nicolas de Bergède, sieur de Lens. Les faits relatés dans ce manuscrit sont tirés de vieux actes et d'anciens terriers.

Pons d'Yserand, qui vivait vers l'an 1300, recueillit et mit en ordre les terriers et les actes de sa famille, déjà illustre depuis plusieurs générations. Ces actes passèrent plus tard dans les archives du château de Tournon, parce que les barons de Tournon devinrent les seigneurs du château et du mandement d'Yserand. Suivant les uns, cette translation de propriété fut due, non à une convention à l'amiable, mais à la violence : notre vieux manuscrit fait entendre qu'elle fut la suite d'une confiscation prononcée contre les Yserand, qui, peut-être comme les sires de Roussillon, avaient pris parti pour les Anglais et les Bourguignons contre le roi de France (1). Il paraît que le baron de Tournon, qui devint adjudicataire des dépouilles de ces criminels d'État, voulut joindre à son titre de propriété tout politique, et par conséquent un peu odieux, un titre fondé sur une alliance avec la famille qu'il dépossédait. Il épousa Blanche d'Yserand, tandis que les frères et les cousins de la noble demoiselle se transportaient en Dauphiné, dans la vallée chevaleresque du Royannais, et y formaient trois branches : celle de Fénaut, celle du Mollard et celle du Mouchet.

Les Yserand, devenus Dauphinois, semblèrent vouloir racheter, à force de loyauté et de dévouement chevaleresque, l'infidélité politique de leur aïeul.

Philibert d'Yserand, sous Charles VIII et Louis XII, s'acquit beaucoup d'honneur dans ces guerres d'Italie où périt avec Bayard la fleur de la noblesse dauphinoise.

Jean d'Yserand (2), digne soutien de sa race, fit aussi des prodiges de valeur à la bataille de Cérisolles.

En 1674, nous retrouvons encore un capitaine d'Yserand, qui sert avec distinction, en Catalogne, dans le régiment du Saussey (3).

Quant au château d'Yserand, il resta dans la famille princière de Tournon, qui le fit réparer au temps des premières guerres, et lui rendit ainsi une partie de son ancienne importance. Il ne paraît pas qu'il ait été alors enlevé aux Tournon par les protestants; mais, en 1685, lors de la révocation de l'édit de Nantes, ce château, qui avait échappé aux ravages de tant de guerres civiles, fut surpris par un simple chef de partisans huguenots, le capitaine Clavel. Ce capitaine, homme aventureux et hardi, s'était composé une bande avec les débris de la petite armée mise en déroute à Charmes par le duc de Noailles, et il s'en allait dans les montagnes rançonnant les bourgeois catholiques et pillant les châteaux des seigneurs. Furieux d'avoir trouvé quelque résistance à Lens, au manoir de M. de Bergède (4), il assouvit sa

---

(1) Le rapprochement des dates donne beaucoup de vraisemblance à cette conjecture.

(2) Cette famille portait d'*azur au griffon d'argent au chef cousu de gueules*. — Généalogie par Guy-Allard, 1671, Grenoble.

(3) Manuscrit du sire de Bergède.

(4) Auteur du manuscrit que M. de la Chaisserie a bien voulu me communiquer, et dans lequel j'ai trouvé des renseignements précieux sur Yserand. Ce M. de Bergède avait tiré au capitaine Clavel un coup d'arquebuse qui avait coupé la bride de son cheval.

colère sur la cure et l'église de Lens, qu'il incendia après en avoir emporté les cloches; puis, peu satisfait de ce succès trop facile, il se jeta la nuit sur Yserand, dont une poterne extérieure lui fut ouverte par la trahison d'un des serviteurs du château. Le châtelain (1), aidé de quelques braves, voulut en vain se retrancher et se défendre dans la tour du levant; ils furent tous forcés dans leur dernier asile et impitoyablement massacrés. Le château fut pillé et livré aux flammes.

Depuis cette époque les ruines d'Yserand n'ont pas été relevées; pendant plus d'un siècle, les animaux sauvages en ont été les seuls habitants : les villageois du voisinage n'y auraient pas établi leur demeure, car la nuit on y entendait, dit-on, des rumeurs étranges, et on y apercevait des fantômes ensanglantés!

Cependant, depuis que, par suite des événements de la révolution, Yserand est devenu une propriété communale, on a permis à des indigents de chercher un abri dans quelques parties des décombres du château. Or ils n'y ont pas trouvé les hôtes fantastiques qu'y avait placés la crédulité populaire; le *féroce capitaine*, le redoutable Clavel, n'y revenait pas, dans les ténèbres, avec son armure sombre et son cheval noir : ils n'ont mis en fuite que les renards, qui s'étaient creusé des tanières sous les voûtes des caves à demi écroulées, et les hiboux, qui avaient fait leurs nids dans les racines des arbustes venus aux sommets des tours.

En 1836 il n'y avait plus à Yserand qu'une pauvre femme qui couchait sur la paille, et qui vivait des dons de la charité publique aux mêmes lieux où de hauts et puissants seigneurs recevaient jadis la taille de leurs serfs et les hommages de leurs vassaux. Elle s'était construit une petite cahute dans le corps de logis du milieu; elle y mourut dans l'isolement le plus complet. Au bout de quelques jours, un passant trouva son cadavre gisant sur des haillons.

Ainsi finit l'histoire de ce castel antique, où régnèrent pendant si longtemps les splendeurs de la féodalité!

---

(1) Ce châtelain était sans doute un officier ou intendant des Lévy-Ventadour ou des Rohan-Soubise, qui, au milieu du dix-septième siècle, avaient succédé aux possessions des comtes de Tournon.

NOTES.

I.

(Voir les pages 151 et suivantes.)

Documents relatifs au siége de Privas, extraits d'un recueil fort rare et fort peu connu publié à Aix en Provence par Jean-Etienne, imprimeur du roi, du clergé et de la noblesse, et successeur de Tholoson; 1629.

Lettre du roi à la cour de parlement de Provence, contenant les particularités de tout ce qui s'est passé au siége, prise et embrasement de la ville de Privas.

A M. D'OPPEDE,

CONSEILLER EN MES CONSEILS ET PREMIER PRÉSIDENT EN MA COUR DE PARLEMENT DE PROVENCE.

Monsieur d'Oppede,

Par la lettre que vous trouverez cy-jointe pour ma cour de parlement d'Aix, vous verrez les particularitez de ce qui s'est passé au siége et réduction de ma ville de Privas en mon obéissance; je m'asseure que vous les sçaurez bien faire valoir pour mon succès où vous jugerez être à propos. C'est pourquoi je ne vous ferai plus longue lettre sur ce subjet, que pour prier Dieu qu'il vous ayt, M. d'Oppede, en sa saincte garde. Escript au camp de Privas, le dernier jour de mai 1629. — Signé LOVYS, et plus bas BOUTHILLIER.

A NOS AMEZ ET FEAUX CONSEILLERS, LES GENS TENANT NOSTRE COUR DE PARLEMENT DE PROVENCE.

Nos amez et feaux,

Vous aurez appris par mes précédentes comme, après mon retour de Suze à Valence, je m'étois résolu de commencer le chastiment des rebelles de mon royaume par le siége de la ville de Privas, qui en avoit esté jusques icy la retraite en tous les quartiers de deçà : maintenant je vous diray qu'ayant, par un extreme travail et diligence, fait mener mon canon devant la place (ce que lesdits rebelles avoient jusques alors tenu comme impossible, veu la difficulté des chemins et des advenuës de ladite ville), je les ay si vivement battus par mon artillerie et pressés de telle sorte par une attaque générale que je fis faire le vingt-sixième de ce mois, qui me donna tous les dehors, que les assiégés, étonnés et cognoissant que, par leurs crimes et par l'audace qu'ils avoient eue de m'attendre avec mon armée, et voir tirer mon canon huit jours durant, ils s'étoient rendus indignes de toute grace, une partie se résolut de chercher son salut en la fuite et sortit de la place le lendemain vingt-septième au soir, pour se retirer à la faveur de la nuict et des montagnes, ce qu'ils ne purent faire si diligemment, que plusieurs, tombant dans les gardes que j'avois mises aux advenuës et passages des montagnes, ne receussent en cet endroict la juste punition de leurs crimes; l'autre partie, avec Saint-André de Montbrun que le duc de Rohan avoit jeté dans la place pour y commander et faire résoudre les habitans à une si téméraire défense, se retira en foulle dans le fort de Thoulon, qui est au-dessus de la ville sur une haute montagne, jusques au nombre de sept à huict cens, tant soldats qu'habitans d'icelle. Mais comme, par un juste jugement de Dieu, la confusion et le désordre estoient parmi eux, Saint-André et quatre des cappitoines qui estoient avec luy, voyant qu'ils ne pouvoient davantage tenir ny se sauver de ce fort, que je fis aussitost environner de quelques régimens, estans venus d'eux-mesmes, sans parole de qui que ce soit, dans mon camp pour se présenter à moy et implorer ma miséricorde (ce qui m'eust touché le cœur s'ils y eussent eu recours plus tost), j'estimoy que je les devois retenir pour adviser à ce que j'avois à faire d'eux. Ceux qui estoient restés, ayant encore depuis faict contenance de se défendre, comme ils ont veu qu'ils ne pouvoient éviter le mal qui les pressait, se sont pareillement rendus à ma discrétion.

Mais Dieu voulant les perdre, et vanger par eux-mesmes leur rébellion et désobéissance, a permis que quelques-uns d'entre eux, endurcis de plus en plus au mal, ont, de propos délibéré, mis le feu dans un sac où il y avoit quantité de poudre à canon, laquelle ayant enlevé celui qui l'avoit allumé et quelques autres, tant de ces misérables que des soldats de mes gardes françoises et suisses que j'avois ordonné pour asseurer le fort et empescher qu'il n'y arrivast du désordre; mes gardes, excitées par le mauvais acte, estimant que ce fust une mine que l'on eust faict jouer contre eux, s'emportèrent de fureur, et, contre mon intention et mes défences expresses, tuèrent la plus part de ceux qui s'estoient jetés dans ledit fort; si bien qu'il se peut dire que ceux là ont reçu, par leur faict mesme, le chastiment qu'ils méritoient. Aucuns sont sauvez, dans cet accident inopiné, et d'autres ont été faicts prisonniers en grand nombre, entre lesquels (outre Saint-André, Clausel et Vauderonne) il y a encore six ou sept hommes de commandement et le reste sont des soldats et habitans de ladite ville : et ainsi cette place, dont l'assiette est fort avantageuse et les dehors bien fortifiés de bastions, cornes et demies lunes, outre les forts qui estoient à l'entour, dont celuy de Thoulon sembloit estre inaccessible, a esté emportée en dix jours, et ce succès se peut dire (comme il est véritablement d'autant plus important et considérable) que cette prise asseure le repos du pays du Vivarez et la liberté de la rivière du 'Rosne, qui avoit esté depuis plusieurs années incessamment troublée par ceux qui étoient dans ladite ville, en laquelle ont pris naissance les troubles et factions excitées en ce royaume, en divers tems, par les rebelles de la religion prétendue réformée. Ayant fait sauver les femmes, je n'ai pu desnier le pillage de la ville à mes soldats qui m'ont servy si courageusement en cette occasion : mais, chose estrange ! quelque défence rigoureuse que j'aye pû faire, et quelque soing que j'aye faict apporter pour empescher que la ville ne fust bruslée, ayant faict esteindre le feu par diverses fois, elle a été enfin toute consommée, et Dieu a voulu qu'elle portast des marques perpétuelles de sa longue rébellion. Ce que je plains est la perte que j'ay faicte d'aucuns des officiers de mon armée et de ma noblesse que je regrette plus que je ne puis dire; entre autres des marquis d'Uxelles et de Portes, maréchaux de camp; Marcillac, cappitoine du régiment de mes gardes; Espagne, lieutenant, et dix ou douze autres officiers et gentilshommes de marque; mais telles actions ne peuvent arriver sans pertes, et mesme de ma noblesse, que je ne puis retenir, et qui se porte dans les périls avec tant de hardiesse et de valeur, qu'il ne se peut qu'il n'en demeure toujours quelques-uns, lesquels sont estimez des autres heureux de mourir glorieusement en la présence de leur roy et pour le bien de l'estat. Je veux espérer que la suite de mon voyage sera plus douce, et que l'obéissance volontaire, plutost que l'exemple, me conviera à user d'autant de clémence et de bonté envers ceux qui s'y porteront d'eux-mesmes que la rébellion et l'opiniastreté de ceux-cy m'a contrainct (à mon grand regret) d'user de sévérité et de rigueur contre eux. C'est de quoy je prie Dieu de tout mon cœur. Donné au camp de Privas, le dernier may mil six cent vingt-neuf. — Signé LOVIS, et plus bas BOUTHILLIER.

Suit une autre lettre du roy, envoyée à la cour de parlement de Provence, contenant tout ce qui s'est passé depuis la prise de Privas jusques à présent, avec la réduction de toutes les villes rebelles à l'obéissance de Sa Majesté. (Même imprimeur, même année.) Cette lettre est datée du camp de Ledignan, le vingt-neuvième jour de juin 1629; elle ne contient que des généralités et est adressée *à nos amez et feaux conseillers, les gens tenant nostre cour de parlement de Provence, de par le roy, comte de Provence.* — Elle est signée LOVIS, et plus bas PHELIPEAUX.

Récit véritable de ce qui s'est passé au siège et prise de Privas, suivant la lettre escripte mandée à M. le vice-légat d'Avignon, par un gentilhomme de la suitte du roy. — A Aix, chez Jean Roize, imprimeur ordinaire de l'Université, 1629. Jouxte la copie d'Avignon.

RÉCIT VÉRITABLE

DE CE QUI S'EST PASSÉ AU SIÉGE ET A LA PRISE DE LA VILLE DE PRIVAS.

Dieu qui favorit l'équité, quoique clément, pour monstrer sa puissance, use de sa justice contre les méchans et rend à chacun selon son mérite ou démérite. Plusieurs exemples en sont fort trivials et un nouvellement de la ville de Privas (dont la juste punition en laissera mémoire à la postérité) doit donner terreur au reste des rebelles : car estant une ville très-forte, bien munie de gens, de vivres et de munitions, située en lieu de très difficile accès pour une armée, et estant la retraicte des plus pervers et agguerris huguenots des Cévennes, se crut mieux résister aux armes royales que aucune autre ville de ce royaume, tant forte fust-elle.

Et sur cet espoir ayant attendu jusques au seizième de mai dernier les forces royales de notre invincible monarque françois Lovis *le juste*, croyoit au moins de les supplanter.

Mais Dieu, qui préside, a permis que ledit jour les advenuës d'icelle ville fussent forcées, quoique très-difficiles à cause des roches et passages estroitz, là où fut tué M. le marquis *Dusel* (Duxelles) et autres notables, et environ cent des gens du roy avec lui.

Les approches étant faictes, le quartier du roi fut placé à demie licuë de Privas, d'où il pouvait voir les attaques.

Le jeudi 24 mai, Privas fut sommé de se rendre, et M. le cadet de Saint-André, qui commandait dedans, fit responce qu'il fallait disputer plus de six mois avant que de parler de se rendre.

Le vendredi suivant, sur la nuit, quelques habitants se sauvèrent par les montagnes, rochers et bois, lieux où difficilement quinze cents hommes des gens du roy avaient pû se loger, et ne peurent si bien faire que six ou sept vingt desdits habitans ne se sauvassent.

Le samedi au matin, avant l'aube, ceux de Privas firent une sortie par dedans des tranchées couvertes, dont ils eussent fait beaucoup de mal si la générosité de nos gens campés par quatre batteries, à chacune six canons, ne les eussent repoussés.

Le même jour fut donné un assaut par les volontaires de l'armée du roy, qui entrèrent par une brèche qui fut faite d'environ vingt-cinq pans, où étant montez, non sans grande peine, et comme l'assaut fut furieux, aussi la résistance en fut grande. Mais enfin iceux défendans furent contraincts, reculans de barricade en barricade faites dans la ville à trente pas loing les unes des autres (à la seconde desquelles fut tué M. le marquis de Portes) faire joug aux armes royales : et alors le pillage fut de grand lucre à ceux qui, les premiers, en coururent l'hazard.

Ne resta plus, le dimanche matin, que la citadelle, dont les capitaine et soldats de la garnison tançaient tous les moyens de pouvoir obtenir la grace du roy, ce que ne purent : mais entre eux ayant consulté, se mirent à la discrétion de Sa Majesté, et, ouvrant les portes, crièrent tous : *vive le roy* ; ce qui leur eust peut-estre sauvé la vie, si, par malheur pour eux, un soldat ayant laissé tomber sa mesche allumée proche d'une tonne de poudre, le feu en brusla trois, qui offencèrent quatre des gens du roy, qui creurent que fust une mine faicte pour les dommager : et cette croyance les anima tellement contre ladite garnison, qu'ils la mirent toute en pièces, une grande partie furent pendus et les plus notables furent faicts prisonniers, parmi lesquels ledit M. de Saint-André, s'étant retiré dans un petit fort nommé le fort Tournon, sous espérance de s'aller remettre à la miséricorde du roy, fut pris et mené, lui quinzième, à Sa Majesté, tous nuds en chemise, teste et pieds, for ledit de Saint-André qui avait seulement son chapeau. Etant tous liez ensemble aux corps et aux mains comme forçats criminels de lèze-majesté, lesquels prisonniers le roy ne voulut point voir, ains les fit tous remettre entre les mains du grand prévost pour en faire la justice telle que son conseil de guerre advisera.

On fait compte que dans ladicte ville de Privas, en moins d'une heure et demie que dura ledict assault, on tua plus de quinze cents hommes sans les femmes et les enfans, et le reste des habitants et soldats qui s'étaient cachés pour éviter la furie des assaillans étant pris, furent pendus jusqu'au nombre de plus de deux cents : peu de femmes et enfans, et de vieilles gens malades et impotens, étaient restés, ayant été mis dehors lorsqu'on se battoit aux advenuës, et se sont sauvez aux *Cévennes*, pays montagneux et de difficile accès. La dicte ville, ayant été le levain des émotions, avait mérité le pain de la punition et le saccage de feu et de sang, comme il est arrivé, n'y ayant eu que le viol expressément défendu par Sa Majesté, et, pour les biens, tous mis au pillage et la ville rasée. Dieu conserve notre roy et lui donne longue et heureuse vie et victoire sur ses ennemis. Ainsi soit-il.

Le recueil contient, outre *les deux lettres du roi à sa cour de parlement de Provence*, et *le récit ci-dessus*, une autre pièce intitulée : *La prise de la ville et du fort de Privas en Vivarez, avec la juste punition qui a été faite des rebelles qui s'y sont trouvés.* (A Aix, Etienne David, imprimeur, 1629.)

C'est dans cette pièce que se trouvent les détails suivants :

« Saint-Preuil le Menu (Saint-André Montbrun) vint au logis de Sa Majesté, laquelle ne le voulut voir et le renvoya à M. le cardinal, avec lequel, après avoir parlé, il a depuis été conduit avec sept ou huit autres (à ce qu'on dit) à Valence ou à Montélimart, pour lui faire faire leur procès comme à des criminels, tous à pieds, liés et garrotés et nue teste, excepté ledit Saint-André Montbrun, à qui, par privilége, on donna un bien chétif cheval, entre lesquels on dit estre le sieur *Clausel* qui avait servi M. de Savoye, et un soldat que le roi voulut voir, lequel avait crevé les yeux à un pauvre capucin qu'il avait prins.....

» ..... Ce qui fit croire (l'explosion d'une barrique dans la citadelle) que ce fut une mine qu'on eut fait jouer, à dessein de les perdre, et anima tellement les troupes du roi contre ceux dudit fort, qu'ils en taillèrent en pièces une partie, puis se mirent à faire pendre les autres : et enfin furent tous achevés de tailler en pièces par les Suisses quand on se lassa de pendre et que les cordes commençaient à manquer pour cet effet.

» Le roi a donné (comme on croit) tous les biens fonciers de Privas (comme à luy acquis par la félonie des habitants), au viscomte de Lestrange, qui aura bien de quoi (si cela est) pour réparer ses pertes passées.

» Aucuns disent toutefois qu'un brave soldat avoit prins un desdits habitans qui lui offroit mille pistoles s'il lui sauvait la vie : lequel alla supplier le roi de lui octroyer cette grâce, qui le pouvoit enrichir pour toute sa vie, et que le roy s'estant enquis du prisonnier combien il avoit vaillant, qui respondit qu'il avoit bien dix mille écus, commanda qu'on fit expédier en faveur du soldat un don de toute la confiscation de ce prisonnier et qu'on le fit passer, luy, par la rigueur des armes, ce qui fut exécuté sur-le-champ..... »

II.

(Voyez page 215.)

M. Sainte-Beuve reçut, en avril 1842, à l'occasion de son article sur Clotilde de Surville, dont nous avons parlé, une lettre de M. La Vialle de Mas-Morel, président du tribunal civil de Brives et ex-député de la Corrèze. Voici un fragment de cette lettre : « .... Vous avez rencontré parfaitement juste, lorsque vous avez attribué ces poésies au marquis de Surville. Ce fait est pour moi de la plus grande certitude ; car il m'a été certifié par mon père, qui, ayant été le compagnon d'infortune du malheureux Surville et son ami intime, avait fini par lui arracher l'aveu qu'il était réellement l'auteur des prétendues œuvres de son aïeule..... Vous pouvez compter entièrement sur l'exactitude de ces renseignements.... (1). »

(1) Note insérée à la fin du volume de l'ouvrage intitulé : *Tableau historique et critique de la poésie française au seizième siècle*, par Sainte-Beuve ; 1843. Paris, Charpentier, éditeur, etc.

Un témoignage si formel semblerait devoir clore le débat relatif à l'authenticité des poésies de Clotilde de Surville. Nous croyons pourtant encore que M. de Surville a eu du moins l'artifice de mêler à ses compositions quelques fragments véritables de ses aïeules Jeanne de Vallon et Clotilde de Surville, qui ne sont, ni l'une ni l'autre, des personnages imaginaires; « de sorte que la confusion devenait plus facile et que l'écheveau était mieux brouillé, » comme le dit M. Sainte-Beuve des *Poésies occitaniques* de FABRE-D'OLIVET.

Il suivrait de là aussi que la veuve du marquis de Surville aurait été trompée toute la première par la fiction littéraire de son mari.

Nous disons que Clotilde de Surville et son époux Bérenger n'étaient pas des personnages imaginaires. la preuve en est vivante encore dans une épitaphe placée sur la porte principale de l'église de Vesseaux. Cette épitaphe la voici:

INDNI · PECTVS · IOBS · IACVIT · BENE ·
TECTVS · NOSVTINA · LVSAS · PARADISI ·
AD · GAVDIA · DVCAS ·

On peut la traduire ainsi : « Au nom de notre Seigneur Jésus-Christ, le cœur de Jean Bérenger Surville repose bien caché. Fasse le ciel que tu nous conduises en paradis, nous qui, en te perdant, avons été si cruellement déçus! » Cela prouve, non pas que Clotilde soit l'auteur du recueil complet des poésies éditées sous son nom, mais que son descendant, le dernier des Surville, connaissait bien la généalogie de sa famille.

III.

(Voyez page 226.)

Un magistrat, qui consacre à la culture des lettres les intervalles de loisir que lui laissent ses fonctions, a bien voulu nous communiquer la légende relative à la tour de Brison, sous la forme d'un petit poëme en vers de dix syllabes. Nous regrettons que ce poëme, dont la lecture nous a pourtant paru bien courte, soit trop long pour pouvoir trouver place dans la dernière page de notre *Album*. Tout ce que nous pourrons faire, ce sera d'en donner une sèche analyse, et de reproduire les faits principaux qui y sont racontés, en les dépouillant du charme d'un coloris animé et du prestige d'une versification facile.

Brison, seigneur du château de ce nom, était allé à la croisade : il se trouvait sous les ordres de Godefroy de Bouillon, devant les murs de Jérusalem, quand il apprend qu'abusée par le faux bruit de sa mort, sa femme, se croyant veuve depuis plus d'un an, va épouser en secondes noces le sire de Surville. D'après le message qu'il a reçu de sa sœur, la dame de Tavernol, Brison calcule quel jour doit se faire cette cérémonie sacrilège....: « Quoi ! c'est demain ? » s'écria-t-il avec rage :

« Oui, c'est demain..... ! Satan, où sont tes ailes ! »

A peine a-t-il prononcé ces mots, que la terre s'ouvre sous sa tente et vomit des tourbillons de feux. Satan paraît. Il était nuit. Brison se sent saisi par une puissante étreinte : il est soulevé dans les airs et emporté au loin au milieu des ténèbres.

Pendant ce temps, de grands préparatifs de fête avaient lieu au château de Brison. Après une nuit agitée par de tristes souvenirs ou de vagues inquiétudes, la fiancée du sire de Surville entend les premiers sons de l'angélus qui devançaient l'aube matinale; elle appelle ses femmes, se lève....... Tout à coup elle aperçoit de sa fenêtre une clarté qui enveloppe la tour de son château comme d'un manteau de feu; la clarté s'évanouit, mais en laissant après elle une longue odeur de soufre.

Effrayée de ce présage, la jeune veuve voudrait retarder l'heure de la cérémonie nuptiale ; mais déjà le prêtre pare l'autel, et fait allumer les flambeaux. Bientôt après, le bruit des coursiers et le cliquetis des armures se font entendre près du pont-levis : c'est le sire de Surville qui arrive avec un nombreux cortége d'amis, d'écuyers et de varlets. Au moment où le pont allait s'abaisser pour lui livrer passage, un chevalier à l'armure noire s'avance sur un coursier qui fend les airs ; il s'approche de Surville, lève à demi sa visière, et le défie à un combat à outrance. Le fer croise le fer, le sang coule ; la dame de Brison sort au bruit, on murmure autour d'elle le nom de son premier époux ; le chevalier noir tombe, et son casque, qui roule à terre, laisse voir des traits trop connus de celle qui s'était crue veuve sur des rumeurs mensongères, veuve bien réellement cette fois : elle s'évanouit à ce spectacle.

Le ministre de paix était aussi sorti pour séparer les combattants ou les secourir de sa parole. Quand il étend sa croix sur le corps encore palpitant du croisé, le démon s'en échappe en rugissant, détache une pierre au bas de l'angle de la tour, et disparaît dans un abîme de feu.

Surville, blessé à mort, embrasse la croix sainte et expire dans le Seigneur.

La dame de Brison ne survit pas longtemps non plus à cette scène de deuil.

Depuis ce temps, Satan, s'il faut en croire la tradition du pays, revient, à chaque anniversaire de cette funèbre nuit, arracher quelques pierres du château de Brison ; cette œuvre de destruction est maintenant achevée. La tour carrée, vaste débris de ce vieux monument, reste seule debout : subira-t-elle le sort du reste de l'édifice ?

Adressez cette question à un habitant de la contrée ; il se signera et gardera le silence.

FIN.

TABLE DES MATIÈRES.

NOTICE SUR LE VIVARAIS.

Introduction... page 5
  § 1. Position géographique de l'Helvie, du Vivarais et du département de l'Ardèche..   6
  § 2. De l'histoire du Vivarais, depuis les Gaulois et les Romains jusqu'au quatorzième
       siècle...   9
  § 3. Des états du Vivarais et de la constitution de cette ancienne province........ 17
  § 4. Des guerres civiles en Vivarais................................. 30
Note sur quelques points de statistique comparée....................... 39

ALBUM.

Serrières et le château Peyraud.. 41
L'église de Champagne.. 45
Le couvent des Célestins et Annonay.................................... 47
La Roche-Péréandre... 61
Quintenas.. 64
Notre-Dame-d'Ay.. 65
La Louvesc... 68
Tournon.. 75
Châteaubourg et Crussol.. 89
  § 1. Châteaubourg.. Id.
  § 2. Crussol... 90
La Tourette.. 99
Chalencon.. 102
Le Cheylard.. 104
Rochebonne. — Saint-Martin-de-Valamas.................................. 107
Saint-Agrève... 109
Desaignes.. 115
La Mastre.. 119
Soyons. — Tour penchée et monastère.................................... 121
La lépreuse de Soyons.. 123
Charmes. — Beauchastel, la vallée de l'Eyrieu. — Le château de Pierre Gourde...... 135
La Voulte.. 138
Eaux de Celles. — Le Pouzin.. 145
Chomérac, route du Pouzin à Privas..................................... 149

TABLE DES MATIÈRES.

Privas.. page 150
  § 1. Temps anciens... Id.
  § 2. Mariage de Mme de la Tour-Chambaud avec le vicomte de Cheylane-Lestrange.... 151
  § 3. Suite de la guerre civile dans les Bouttières. — Siége et prise de Privas....... 157
  § 4. Conspiration du duc de Montmorency dans ses rapports avec le Vivarais ; rôle qu'y joue M. de Lestrange................................... 164
Bays-sur-Bays... 168
Cruas... 169
Meysse. — Rochemaure. — Le Theil................................ 174
Chenavary.. 177
Viviers... 179
Aps et Villeneuve-de-Berg. — Les rampes de Montbrul, route latérale de Viviers à Aubenas.. 187
Route de Viviers au bourg Saint-Andéol. — Saint-Montant. — Bourg Saint-Andéol... 191
La fontaine de Tournes et le monument de Mithra..................... 194
Saint-Marcel-d'Ardèche... 195
  § 1. Histoire de la ville.. Id.
  § 2. Grottes de Saint-Marcel..................................... 198
  § 3. Le cardinal de Bernis....................................... 200
Pont-d'Arc. — Vallon... 210
Salavas et la Gorce... 217
Roche-Colombe et Vogüé. — Balazuc.............................. 219
Ruoms. — Rosières. — Joyeuse................................... 223
Environs de Joyeuse. — Jallais. — Largentière..................... 226
Jaujac. — La coupe de Jaujac et le pavé des géants. — Les ruines de Ventadour. — Le volcan de Nayrac ou de Saint-Léger................................ 230
Thueyts. — L'Echelle du Roi. — La Gueule d'enfer. — La Gravenne de Montpezat. — Le château de Pourcheirolles. — Montpezat........................... 235
Abbaye de Mazan. — Lac d'Yssarlès. — Le Béage. — Mœurs des montagnards du Vivarais. 237
La chartreuse de Bonnefoy. — Le Gerbier de Jonc. — Le Ray-Pic............. 241
Burzet. — La Bastide. — Antraigues. — Vals........................ 245
Aubenas. — Boulogne.. 251
Saint-Laurent-lès-Bains. — Eglise de Thines........................ 257
Les ruines du château d'Yserand.................................. 258
Notes.. 263

FIN DE LA TABLE.

ERRATA ET CORRECTIONS.

Page 28, ligne 3 de la note, au lieu de : *et de prononcer eux-mêmes*, lisez : *et* CONTRE LA NÉCESSITÉ *de prononcer eux-mêmes*.

Page 41, ligne 1, au lieu de : *dans la plus grande longueur*, lisez : *dans* SA *plus grande longueur*.

Page 89, ligne 3, au lieu de : *trois nids du pirate*, lisez , *trois nids du* MÊME *pirate*.

Page 100, ligne 9, au lieu de : *les deux branches de la Dimière*, lisez : *de la* DUNIÈRE.

Page 116, ligne 5, au lieu de : *Hercule surnommé Deusonnieu*, lisez : *Hercule surnommé* DEUSONIEN.

Page 143, ligne 27, au lieu de : *Turenne tué à Stinkerquis*, lisez : *Turenne tué à* STEINKERQUE.

Page 164, ligne 18, au lieu de : § VI, lisez : § IV.

Page 173, ligne 10, au lieu de : *le chanoine de Barne*, lisez : *le chanoine de* BANNE.

Page 192, note 1, ligne 1, au lieu de : *Berg-Oïati-Vivarais*, lisez : *Berg-Oïati-*VIVARII.

Page 226, 2ᵐᵉ ligne de la note 3, au lieu de : *elle est dans le même état*, lisez : LA TOUR *est dans le même état*.

Page 240, ligne 14, au lieu de : *autour du point central*, lisez : *autour* DE CE *point central*.

Page 245, à l'avant-dernière ligne, au lieu de : *un village qui descendait*, lisez : *un village qui* DÉPENDAIT.

Page 251, ligne 28, au lieu de : *Marie de Mantlaux*, lisez : *Marie de* MONTLAUR.

ANNONAY
Vu de la Roche Chevalier

ALBUM DU VIVARAIS.

ANNONAY
Pont de la Diaume

ALBUM DE L'ARDÈCHE
Pl. 3.

Victor Cassien.

ROCHE PÉRÉANDRE.
Près d'Annonay.

ÉGLISE DE QUINTENAS

VIVIERS.

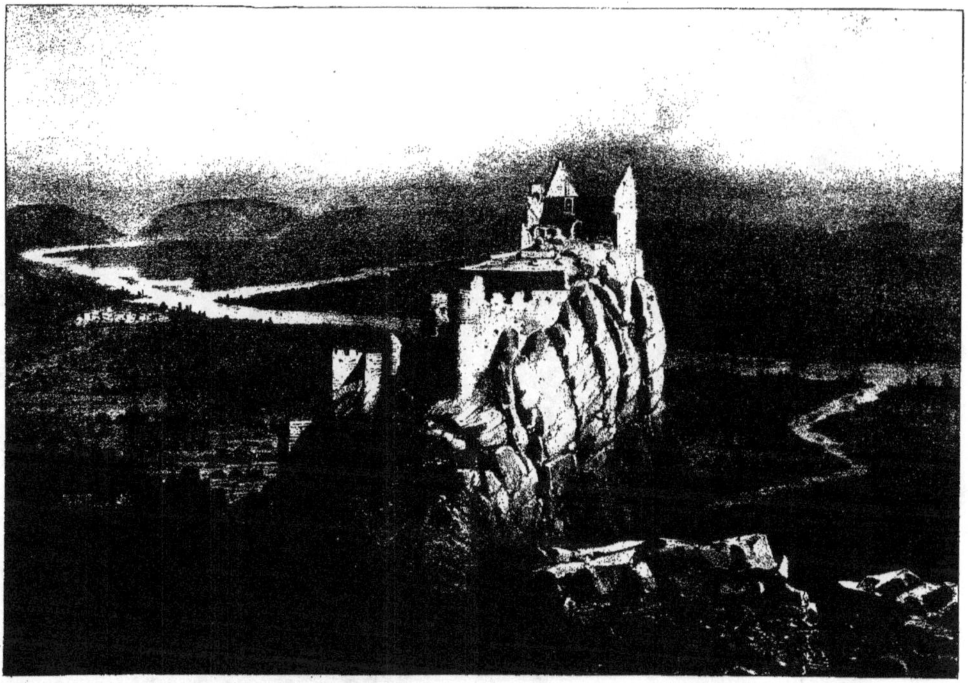

Victor Cassien.

RUINES DE CRUSSOL

On s'abonne à Grenoble chez Ch. Vellot et Cie Succ^rs^ de Baratier.

Lith. de C. Pegeron

ALBUM DU VIVARAIS.
Pl. 7

Victor Cassien.

LA LOUVESC.

ALBUM DU VIVARAIS.
Pl. 8

RUINES D'UN TEMPLE ROMAIN A DESAIGNES.

TOURNON

ALBUM DU VIVARAIS.
Pl. 10.

TOUR PENCHÉE DE SOYONS

ALBUM DU VIVARAIS
Pl. II.

Victor Cassien.

BOURG S.T ANDÉOL.

ALBUM DU VIVARAIS
Pl. 12

PONT DE PRIVAS SUR L'OUVÈZE.

FONTAINE DE TOURNE

ALBUM DU VIVARAIS.
Pl 14.

CHÂTEAU DE PAYRAUD.

GROTTE DE St MARCEL

Victor Cassien

ALBUM DU VIVARAIS.

Pl. 16.

ÉGLISE DE CHAMPAGNE.

NOTRE DAME D'AY.

LE CHAILARD.

PONT D'ARC SUR L'ARDÈCHE.

LA VOULTE.

ALBUM DU VIVARAIS.
Pl. 22

Victor Cassien

LA TOURRETTE.

On s'abonne à Grenoble chez Ch. Vellot & C.ie rue P.te de Prudhomme.   Lith. de C. Pegeron

L'ARGENTIÈRE.

CHÂTEAU DE LA BASTIDE.

CHUTE D'ENFER (à Thueyts.)

LAC D'ISSARLÈS.

AUBENAS
Vu de la Route de Pradelles.

ALBUM DU VIVARAIS
Pl.30.

VOGUÉ.

JOYEUSE.

TOUR DE SALAVAS.

ALBUM DU VIVARAIS.
Pl. 33

RUINES DU CHÂTEAU DE BOULOGNE.

GERBIER DE JONCS.
Sources de la Loire.

ALBUM DO VIVAHAIS
Pl. 35.

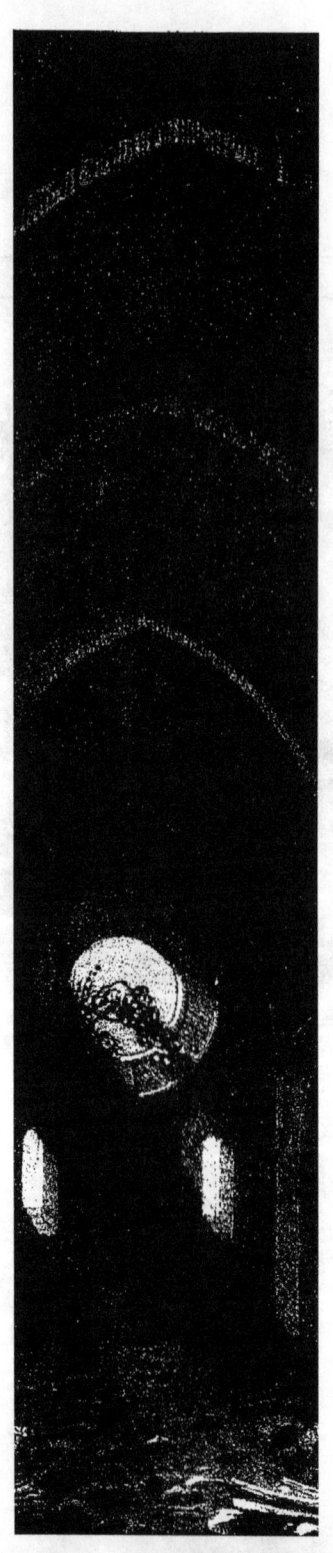

LE CARDINAL DE BERNIS.

CHÂTEAU DE POURCHEIROLLES,
près Montpezat

CHÂTEAU D'APS.

ALBUM DU VIVARAIS.
Pl 39

MONTBRUL.

ANTRAIGUES.

www.ingramcontent.com/pod-product-compliance
Lightning Source LLC
Chambersburg PA
CBHW071529160426
43196CB00010B/1719